# 毛澤東祕錄

## 毛沢東祕錄

產經新聞「毛澤東祕錄」取材班——著

童長義——譯

五南圖書出版公司 印行

# 前言

## 大獨裁者的榮光與末日

《毛澤東祕錄》編輯採訪小組組長　名雪雅夫

「認眞學習、保重身體。」毛澤東在自己所發動的無產階級文化大革命當中，一方面把國家主席劉少奇看作是最大的目標窮追猛打，卻又在某一天晚上突然把劉少奇叫來，用這兩句聽起來體貼關心的話對他說。

然而，因爲這一句話而期待著能夠獲得「寬容處分」的劉少奇，結果卻遭到了比這句話更加殘酷地糾彈侍候，受到了公開的殘酷批鬥。誰都想不到，從這一句話開始的兩年十個月之後，劉少奇會被徹底地拋棄，最後死於非命。在這段期間裡面，雖然毛澤東接見了劉少奇兩次，可是連表現一下伸出援手的姿態都不做。

毛澤東也對國防部長彭德懷做了同樣的事。彭德懷率直地指責了「大躍進、人民公社化」的失敗，招來了毛澤東的憤怒，因而失勢。某一天毛澤東突然把彭德懷叫來說了這些話：「我收到你的信高興得睡不著。」「說不定我對你做了什麼批判，我批判錯了。」

雖然接下來彭德懷很高興地接下了遠離中央到地方從事國防建設的任務，其實這一招是毛澤東在發動文化大革命之前，把那些身強體健的「危險分子」下放到地方以免礙事的一招。文革一開始，彭德懷就被紅衛兵揪回北京，暴露在暴力的批判攻擊當中含恨死去。

只有毛澤東的妻子江青，一直到最後都沒有受到毛澤東令人措手不及，又慘烈無比的行動和措施的對待。毛澤東用常人思考所想不到的做法，對待他身邊的人，讓他們常常措手不及並困惑不已；對那些膽敢批判他的人毫不手軟的窮追猛打。毛澤東和劉少奇最後的對話，是根據劉少奇祕書的回憶而公諸於世。毛澤東最後一次接見彭德懷的情況，也是根據彭德懷身邊人員的訪問寫成，而非小說所描述的材料。毛澤東這些言語舉動，可以把它看成是一個獨裁者的陰冷殘酷；或者也可以把它看成是毛澤東為了「繼續革命」，絕不放鬆他的路線和原則的頑強意志表現。總而言之，至少從這些文獻資料，我們可以聽到毛澤東「本人的聲音」，可以看到毛澤東「本人的表情」。

一九九九年，在迎接建國五十週年的中華人民共和國裡，根據被層層機密的紗幕所包裹住，以文化大革命為中心的「內部資料」和回想錄等為基礎所寫成的各種著作，在最近這幾年大量出版。雖然，這些著作基本上是沿襲著中國共產黨現在的「歷史認識」，也就是：「毛澤東所主導的文化大革命雖然是錯誤的，毛澤東本人功勞遠遠多於過錯。」不過這些著作裡面有不少材料，可以填補到目前為止中國共產黨史的空白部分。

我們從在北京得到的高達兩百五十本的著作當中，把這些「零珠散玉」的片段，一個一個揀選出來，像拼合馬賽克一樣拼湊起來，努力從事二次檢證史實的作業。經過這樣努力所產生的結果，不單單只是板狀的馬賽克圖畫而已，而是一幅可以把多面向的、立體圖的毛澤東和文化大革命的全貌，很鮮明的浮雕出來的作品。這個成果遠遠超過我們當初的構想。

在這一本由長谷川周人先生和阪本佳代小姐所執筆，由劉中儀先生擔任資料整理助手，而在《產經新聞》長期連載的《毛澤東祕錄》，要說裡面有什麼能對讀者產生強烈訴求、吸引力的東西的話，那麼我們要說：最大的功勞是該歸給那些把寶貴資料，如零珠散玉般保存在各著作當中的中國作者和編者們。而且，要說到我們自己的角色的話，那麼我們也稍稍可以自負的說：我們好像在做考古發掘歷史遺跡一樣，把土石挖開，把寶貴的東西挖出來，看出它們的價値；把這些東西對著陽光檢視，賦予它們作爲獨特的歷史檔案文獻的新氣息。

# 目次

## 第二部　砲打司令部

## 第三部　人民戰爭　勝利萬歲

## 第四部 毛主席的親密戰友

## 第五部　儒者宰相對紅都女皇

## 第六部 關於若干歷史問題的決議

## 中國共產黨第8屆11中全會所決定的黨政治局的官方排名（1966年）

| 【舊】 | | 【新】 | |
|---|---|---|---|
| 【政治局常務委員】 | | | |
| 1 | 毛澤東 | 1（1） | 毛澤東 |
| 2 | 劉少奇 | 2（6） | 林彪 |
| 3 | 周恩來 | 3（3） | 周恩來 |
| 4 | 朱德 | 4（一） | ●陶鑄 |
| 5 | 陳雲 | 5（21） | ●陳伯過 |
| 6 | 林彪 | 6（7） | 鄧小平 |
| 7 | 鄧小平 | 7（22） | ●康生 |
| | | 8（2） | 劉少奇 |
| | | 9（4） | 朱德 |
| | | 10（11） | 李富春 |
| | | 11（5） | 陳雲 |
| 【政治局委員】 | | | |
| 8 | 董必武 | 12（8） | 董必武 |
| 9× | 彭眞 | 13（10） | 陳毅 |
| 10 | 陳毅 | 14（13） | 劉伯承 |
| 11 | 李富春 | 15（14） | 賀龍 |
| 12× | 彭德懷 | 16（15） | 李先念 |
| 13 | 劉伯承 | 17（16） | 李井泉 |
| 14 | 賀龍 | 18（17） | 譚震林 |
| 15 | 李先念 | 19（一） | 徐向前 |
| 16 | 李井泉 | 20（一） | 聶榮臻 |
| 17 | 譚震林 | 21（一） | 葉劍英 |
| 【政治局候補委員】 | | | |
| 18 | 烏蘭夫 | 22（18） | 烏蘭夫 |
| 19× | 張聞天 | 23（23） | 薄一波 |
| 20× | 陸定一 | 24（一） | 李雲峰 |
| 21 | 陳伯達 | 25（一） | 謝富治 |
| 22 | 康生 | 26（一） | 宋任窮 |
| 23 | 薄一波 | | |

## 四人幫被逮捕當時的政治局架構（1976年）

【政治局常務委員】

1 華國鋒（黨第一副主席）
2 王洪文（黨副主席）= 逮捕
3 葉劍英（黨副主席）
4 張春橋 = 逮捕

【政治局委員】

5 韋國寶
6 劉伯承
7 江青 = 逮捕
8 許世友
9 紀登奎
10 吳德
11 汪東興
12 陳永貴
13 陳錫聯
14 李先念
15 李德生
16 姚文元 = 逮捕

【政治局候補委員】

17 吳桂寶
18 蘇振華
19 倪志福
20 賽福晉

×代表失勢　　●代表是中央文革小組成員

# PART 1

# 四人幫垮台

# 1. 一九七六年十月六日
## ——「下令隔離審問江青」

「情況緊急！火速下令！」拿起電話筒的中國共產黨副主席兼國防部長葉劍英，耳朵裡面傳來一陣急迫的聲音，這通電話是急著要求逮捕四人幫。這一天是一九七六年十月四日，距中國共產黨主席毛澤東死亡後才一個月。

地點是北京西方人民解放軍特別區域內的西山十五號辦公室，分成紅、黑、白三種顏色的話筒當中，葉劍英手中拿的是直通人民解放軍幹部的紅色電話，打電話的人是海軍司令員蕭勁光。十年前在毛澤東所發動的無產階級文化大革命最激烈的時刻，蕭勁光是被毛澤東的妻子江青等文革激進派的四人幫當作是要拉下馬的目標之一。葉劍英也是在文革初期遭到激進派整垮而嘗到了屈辱滋味的人。

這時候，四人幫（其他還有黨政治局常務委員張春橋、黨政治局委員姚文元）在他們最大根據地上海市，急著將民兵六十萬人加以武裝化。四人幫和上海熱線電話的通話次數，在這幾個月甚至高達一百四十六次。他們更進一步策劃讓人民解放軍的裝甲部隊衝入北京，同時也暗中進行著對北京軍區的一部分師長展開懷柔的工作。

在毛澤東死後，四人幫爭奪權力的動作終於進入了最後的階段。蕭勁光之所以打電話向葉劍英投訴，正是因爲他對這些動作抱持迫切的危機感。[1]

不只是通電話而已，蕭勁光進一步向葉劍英請求緊急接見，他直言道：「我們再不動手的話，他們就會先下手爲強。」

葉劍英本人也說：「逮捕四人幫進入了倒數階段。」不過他對蕭勁光模糊其詞：「我們現在正在商量辦法！」葉劍英是擔心機密一旦洩漏，反而會被四人幫先下手打擊。

當初的計畫是在動手逮捕之前準備期間「從十月一日國慶日算起大約十天」，但是「逮捕行動稍有延遲的話，我們就危險了」。正如同中央辦公廳主任兼黨政治局委員汪東興後來所回顧的，當時的情勢簡直是生死存亡的緊要關頭。

十月四日和蕭勁光密談後，葉劍英一個人關在辦公室內，密切地注視著部隊層級的移動狀況。嚴格命令全國分成十三個大軍區以及海空軍「立刻制止非法的移動」。特別是，他對首都北京軍區內的北京衛戍區指示：「和各大軍區的指揮官密切的聯絡，加強軍備！」

傍晚的時候，葉劍英從西山前往北京的中心地帶——東交民巷的十五號樓，這是黨第一副主席兼國務院總理華國鋒的新住宅，後來成爲柬埔寨國王西哈努克流亡至中國的住處。

葉劍英單刀直入地說：「國鋒同志，我們現在不容許絲毫的猶豫，有必要立刻決斷。」華國鋒猶豫不決地說：「我想再過幾天沒有問題……。」葉劍英又進一步毫不放鬆地說：「要先發制人！」

這時候，華國鋒有客人來訪，密談不得不暫告一段落，分手的時候葉劍英貼著華國鋒的耳朵說：「一口氣加以粉碎，立刻除四害（四人幫）。」進而追問說：「行動的日期是六天乃至七天後？」

葉劍英隨後又立刻轉往聚集了中國共產黨以及國務院的重要機關，並往重要人物住宅的中南海方向前去。他在那裡的辦公室聽取汪東興對最後準備狀況的說明。汪東興擔任黨中央辦公廳主任，他的辦公廳是中國共產黨黨中央直屬的事務局機關，擁有掌握黨內外情報，以及包括重要人物動向的機密。

藉著這一次葉劍英跟汪東興的密會，兩天後的「六日下午八點」逮捕四人幫行動的日期就這樣祕密的敲定了。

葉劍英回到西山的辦公室後，就把解放軍總政治部副主任梁必業叫到辦公室來說：「我和華國鋒總理說過了，要加強警戒總政治部的關係機構，強化部隊的管理教育。」他也透過副總參謀長楊成武，對黨中央軍事委員會的中心人物聶榮臻元帥說：「商量妥當，請安心。」這是向他傳出了「決戰日已近」的信號，這麼一來「戰鬥狀態」就嚴密地準備好了。

葉劍英在六年後的一九八二年十一月，接受《人民日報》記者紀希晨訪問時則是說：「逮捕四人幫的日子，是在逮捕前的十月五日作出最後決定的。」

當天上午，葉劍英在北京市西部的玉泉山九號樓裡，極機密地和華國鋒及汪東興見面，葉劍英當時爲了躲避四人幫的監視網，除了將此次活動的據點設立在西山、中南海之外，也在北京玉泉山設立一個，就在這三地來回移動。

葉劍英首先開口說話：「這是黨和國家命運所在的決戰，行動要縝密，不容萬分之一的失敗。」華國鋒則回應說：「以黨、人民及毛主席的遺志來執行逮捕。」至此，最後決斷終於下達了。

回到中南海的中央辦公廳，汪東興立刻對直屬部下副主任（中央警衛隊隊長）張耀祠所領導的行動組（執行部隊）下達隨時待命的指令：「明天動手！」

汪東興再度把張耀祠叫到辦公室，是在他下達「隨時待命」指令的一夜後，即十月六日下午三點。「黨中央決定粉碎四人幫，今天晚上八點三十分，逮捕江青」，行動組並未武裝，指揮官張耀祠穿著便服，二位女性的護衛官則著軍服。

當晚行動組來到中南海內萬字廊二〇一號，這棟建築是江青的自宅。極盡奢華的宅邸內，江青穿著絹布睡衣，橫臥在沙發上，正在欣賞著高級幹部特權才有的進口錄影帶，享受著晚飯後的休息時間。

「幹什麼！」面對江青怒氣沖天地責問，行動組一字不答，一擁而入。「江青，華國鋒總理指示黨中央的決定，將妳隔離審訊，立刻帶妳到別處去！」張耀祠毫不畏縮地對本是黨政治局委員的江青直呼名諱。

「隔離審訊」是中國共產黨對那些反黨行爲等的政治犯、思想犯，爲了調查而將他們和家屬隔離調查的措施。因此「隔離審訊」對黨員而言，意味著政治生命的死亡。以前，江青自己不知將多少個「反革命分子」打入這種「隔離審訊」的境地。

張耀祠對沉默不語的江青要求交出文書庫的鑰匙。

江青的文書庫裡可能有已死的毛澤東的親筆信、紙條。雖然毛澤東已死，但他的字與話，依然是絕對的聖旨。猜想當時江青一定狠狠回瞪，不過她還是靜靜地拿出牛皮紙信封，以鉛筆寫上「華國鋒同志親展」之後，將繫在腰部，寸不離身的鑰匙串放入，親手交出。這意味著「鑰匙不是交給行動組的」，表現出江青強烈的自尊心。【2】

## 註解

【1】有關於當時硝煙彌漫的北京政情，中國共產黨中央黨校出版社在一九九八年三月出版的《關鍵會議親歷實錄》（李劍主編）這本書當中有詳細的描寫。

【2】到目前爲止，中國普遍流傳，江青被逮捕當時，是歇斯底里地抵抗著。但是一九九二年直接向張耀祠等當事人訪問取材的歷史作家葉永烈，在他的著作裡所重現當時逮捕的情況倒不是這樣，情形是像上述的乾脆俐落。

# 2. 改變歷史的逮捕劇

## ——掏出手槍壓制抵抗

一九七六年十月六日晚間，執行部隊逮捕江青前，深秋的暗夜已籠罩北京，黨政軍中央機關林立的復興路上，工作了一整天的人們也騎著自行車趕回家。

幹部專用插著紅旗的黑頭車高速通過，人們面無表情的讓路，任它和自行車陣、人潮逆向馳去。黑頭車在接近木樨地十字口時，速度慢了下來。坐在後座，穿著灰色軍服的葉劍英，透過車窗注視著政府賓館的釣魚台。因爲那兒正是即將爆發巨大政變戲碼的「主角」們的據點。

對政敵們迅速的奪權動作抱著危機感的葉劍英，爲了粉碎政敵的野心，進行著檯面下的工作；心想「情報大概沒有走漏」，確認了釣魚台沒有什麼奇怪的動靜後，葉劍英命令車子開向中南海。[1]

位在北京市中心地帶三口湖中，中南海周邊是黨幹部的住宅及政府機關的專用區域。這一個與外界隔絕的「中南海」一角矗立著懷仁堂。

下午七點五十五分，懷仁堂的大廳裡坐著華國鋒和葉劍英，他們等待四人幫中扣除江青以外的張春橋、王洪文、姚文元的到來。負責指揮現場部隊的汪東興聽了葉劍英說「你也坐吧！」這句話後，謙辭說：「不敢，我不是常務委員。」就退到屏風後，以備「突發的瞬間」之需。

張春橋首先抵達充滿緊張氣氛的懷仁堂。當他抱著黑色公文包準備踏入建築物時，肩負著警衛中央特殊任務的「八三四一部隊」轄下，由紀和富等人所領導的行動組衝出，緊緊包夾住張春橋的兩側。

張春橋喃喃自語道：「有什麼事？」他滿懷驚訝地進入大廳，發現直立如門神的華國鋒與滿臉冷峻表情的葉劍英正等在那裡。

「怎沒我的椅子……？」

當他注意到室內只有兩張椅子的瞬間，張春橋終於領悟到自己的處境。

「你是江青、王洪文的同夥，犯了反黨、反社會主義難以饒赦的重罪，因此決定將你隔離審訊，即刻執行。」華國鋒嚴峻地宣讀了由汪東興所準備的宣布文。

張春橋對這一瞬間突發的事啞然無措，毫無抵抗乖乖地被行動組帶走。[2]

整個逮捕過程走出順利的第一步。但是，在張春橋之後抵達懷仁堂的王洪文的逮捕過程，則出現了緊張的場面。

武鬥派的王洪文，在懷仁堂前被行動組的劉桂陽等人一揪住身子時，高喊：「幹什麼！」並激烈地反抗。最後雖被帶入屋內，但是當聽完華國鋒重複兩次「隔離審訊」的宣布文之後，立刻甩開行動組的制止，向著站在約五公尺外的葉劍英飛撲過去。

對於張開雙手作勢要掐葉劍英脖子的王洪文，汪東興從屏風後面衝出，飛快地掏出手槍。但是，兩人身子捱得太緊，無法開槍。千鈞一髮之際，行動組一個人衝上去制伏王洪文，銬上手銬。王洪文終於放棄抵抗地垂下肩來，當他被架離時，嘆息說：「想不到下手如此狠快！」

行動組火速包圍姚文元，姚文元感受到危機，大聲叫著他的貼身侍從：「小朱！小朱！」但是，小朱被命令在外等候著，無法接近懷仁堂。

姚文元還沒有進入大廳，就在傳達室直接被行動組帶走。這是爲了避免像先前逮捕王洪文那樣引起騷亂，因此汪東興變更逮捕的地點。姚文元要被「隔離審訊」的決定也非由華國鋒宣布，而是由中央警衛隊警衛局副局長告知的。

以江青爲首的四人幫，個別地被關在中南海的地下室。左右中國命運的歷史性逮捕劇，只花一個半小時就落幕了。這是毛澤東死後第二十八天所發生的事。

## 註解

【1】一八九七年出生的葉劍英，當時七十九歲。一九二四年，他進入由蘇聯推動而創立，由國民黨的蔣介石任首任校長的廣州黃埔陸軍軍官學校擔任教官。他在那結識了周恩來，周是以創黨不久的中國共產黨政治代表的身分被派去黃埔軍校。在周的影響下，葉劍英進入了中國共產黨，他和後來高升爲國務院總理的周恩來可以說是盟友。

不過，在文化大革命裡，他被捲入對軍方元老批判的漩渦中，這個批判漩渦是由激進派所發動的。他在黨與軍中的指導地位實質上被剝奪了。不久，雖在周恩來出力下恢復平反，但在周恩來死後的一九七六年，再度成爲文革激進派鬥爭的目標。

【2】有關葉劍英當時一連串的行動，歷史作家范碩的著作《葉劍英在一九七六》一書記述詳盡，范碩是參考由黨中央文獻研究室及軍事科學院等單位提供的史料而寫成的。

有關張春橋等四人幫被逮捕的情況，綴輯了汪東興對這件事所作的證詞而成的《鄧小平改變中國：一九七八中國命運大轉折》（葉永烈著，廣州出版社，一九九七年）一書有詳細的描寫。

# 3. 封鎖情報——武裝占據，軟禁職員

毛澤東死後，逮捕以奪取中國領導階層實權爲目標的四人幫的行動結束了。一九七六年十月六日晚間九點，緊接在毛的未亡人江青於自宅被逮捕之後，中國共產黨副主席兼國防部長葉劍英，不留一點間隙給四人幫，立刻進行下一波的行動。

這一波行動就是要奪回由江青等人所控制的一部分報導機構，以便阻止逮捕消息的報導。因爲要是「逮捕四人幫」一事洩漏，恐怕與他們保持聯繫的激進派會發動政變。[1]

在北京市的懷仁堂，確定了江青以外的三人也被逮捕之後，葉劍英就足不出戶。他致電人民解放軍北京軍區的副政治委員遲浩田，命令他立刻回北京。遲浩田這時正在七月發生大地震的唐山現場忙著指揮復建工作。

在自宅看電視的黨中央對外聯絡部長耿飈，也接到了直接來自黨第一副主席兼國務院總理華國鋒的電話說：「十萬火急！快來懷仁堂！」

葉劍英在兩天前和華國鋒密談，討論擔任「封鎖情報」這個特殊任務的工作組人選。他們舉出二

位出身人民解放軍的名單，正是耿飇與遲浩田兩人。

根據《葉劍英在一九七六》一書，華國鋒在決定逮捕四人幫之前，把耿飇叫到辦公室說：「這幾天，不要出門，等我的指示。別相信祕書的電話，在確認我的聲音之前別說話。」也不說理由，就這樣下達所說的指示。

猜想已逮捕四人幫的耿飇焦急地詢問：「解決了嗎？」葉劍英答道：「解決了！」但是，華國鋒則說「鬥爭才剛開始，不容樂觀。」隨即下令占據國營電視台，即中央電視台。葉劍英也進一步確認說：「控制轉播室！」

不久，北京軍區的北京衛戍區副司令官邱衛高也來到懷仁堂。耿飇問道：「武器帶了嗎？」他對搖著頭的邱衛高急切地說：「槍是必要的，每個人帶一把去！」

二人搭吉普車抵達中央電視台是晚間十點前，耿飇對著先到的鎮壓部隊做說明：「有情報傳入黨中央，說有恐怖行動要破壞中央電視台。我們要擔任警戒任務。」說完，就從部隊中挑選最精銳的十人控制了值日室，邱衛高則率領其他士兵突襲轉播室。[2]

當天晚上值日的是廣播事業局長鄧崗，他和耿飇是一九三〇年代時，中國共產黨逃避蔣介石國民黨軍追剿而建立延安基地的「延安時代」以來的舊識。

耿飇對鄧崗出示了由華國鋒所寫的親筆信「一切聽從耿飇的指示！」並說：「黨中央派我來此處理一切！」耿飇將姚文元剛剛被逮捕的事隱而不宣，用威迫的口氣對遇到這突發狀況不知所措的鄧崗說：「你想向姚文元確認？可以！但是，要打電話就在這裡打。」同時，身後還有兩個武裝士兵警戒著。

四人幫的姚文元在新聞界有強大的影響力，中央電視台也在他的控制之下。不過，鄧崗雖然高升到局長的地位，和姚文元關係倒不太密切。鄧崗回答：「沒必要打電話，我服從黨中央的決定。」依照指示將幹部集合到會議室，向全體人員宣告：「禁止進出這個房間，至少三天三夜！」

雖然獲得食物飲水的供應，這些幹部的軟禁沒被一般職員知道。就這樣，即使經過三天，他們仍繼續被軟禁。終於捱到第六天，部分人員獲准回家，但耿飈說道：「這幾天發生的事不准對外洩漏半字！要是被查明誰洩漏，會有什麼後果，不用我說！」

另一方面，被叫回北京，緊急派往《人民日報》的遲浩田，也逮捕總編輯魯瑛等人，陸續地調動本來處在四人幫影響力下的幹部，得意地宣告說：「違逆歷史潮流的人，絕無好下場！」

遲浩田在一九七七年十月被任命為副總參謀長。在這之前，他一直擔任「對《人民日報》工作組」負責人，舞動其手腕。

歷史作家葉永烈在他的著作中指出：「葉劍英認為有關逮捕四人幫的報導，應該可以封鎖二個月之久。」

曾經和四人幫一起激進地推動文化大革命的林彪，後來雖被指名為毛澤東的接班人，卻又失勢，進而釀成「墜機死亡」事件（一九七一年九月）。毛澤東曾試著封鎖這個事件的情報，在當時也成功了。

但是，這一次事件卻未如預期。

逮捕四人幫，在六天後發行日為十月十二日的英國報紙《每日電訊報》突破封鎖情報，以頭條標題「毛遺孀被捕」向全世界報導，並說這是江青等人「政變失敗」所造成的。

## 註解

【1】所謂「四人幫」是指黨政治局委員江青之外，加上黨副主席王洪文、政治局常務委員張春橋、政治局委員姚文元。「四人幫」的稱呼，是逮捕行動後，黨正式使用、廣泛通用的。在此之前，他們一般是被新聞界等稱爲「上海幫」。

【2】有關中央電視台的制伏過程，耿飈自己在一九八四年六月於黨中央文獻研究室裡詳細地描述。這番證言的內容詳載於葉永烈所著《鄧小平改變中國：一九七八中國命運大轉折》一書。

# 4. 武裝根據地上海

## ——逮捕領導階層

毛澤東和未亡人江青等四人幫的最大據點是上海市。一九七六年十月七日一早，黨中央對四人幫的根據地，即中國共產黨上海市黨委員會的最高幹部，發出了「來北京市」的傳喚。

平常黨中央一有動靜，四人幫都會傳話來。這回什麼都沒說，理由不清楚。

「總覺得怪怪的，平常從兩邊來的聯絡都沒了！」上海市黨委書記馬天水以牽強的表情這麼說著。

在上海市康平路上的市黨委學習室裡，市黨委的幹部齊聚露臉。這是因爲收到黨中央發出的突然傳喚，馬天水緊急召集大家前來。

前一天的十月六日晚上，北京市四人幫被逮捕之事，馬天水等人並不知情，逮捕的事被嚴密封鎖。在北京市，四人幫的支持派和上海市聯絡的電話線已被斷絕。

企圖持續毛澤東所鋪設的無產階級文化大革命路線的江青等文革激進派的四人幫當中，黨政治局常務委員張春橋與王洪文，在當時分別兼任上海市黨委的第一書記與書記。平常馬天水總是毫不思索地公開說：「死也要保護張春橋。」

「到北京市後，兩個小時內，我會聯絡。」馬天水留下這句話，懷著不安的心情與其他書記前往北京市。[1]

馬天水等人一離開上海市，留在上海市的人就拚命地試著和北京市的「上海幫」接觸。四人幫的在地祕書們也盡其所能地和他們各自的老闆聯絡，但就是掌握不到線索。

就這樣過了混沌不明的一夜。早上，來自魯瑛（姚文元所控制的黨機關報《人民日報》總編輯）的電話響了。但魯瑛講不到兩、三句話，電話的那一頭就被切斷了。因爲反四人幫的人民解放軍北京軍區副政治委員遲浩田已經控制《人民日報》了。

緊接著，透過軍方專用線路，留在上海市的人終於和被軟禁在北京市領導階層專用的「京西賓館」內馬天水的祕書聯絡上。但是祕書只簡單地回答說「胃病復發！」就切斷了。接著，北京市的上海幫也開始傳來不祥的片斷情報。

「嚴重胃病發作，夫人心肌梗塞死了！」

「胃病發作」代表「右派掌權」，「心肌梗塞」代表「失勢」，這是他們事先約好的暗號。「夫人」顯然是指江青。本來預期用來表示「情況安定」的暗號：「身體安好」並未出現。

晚上八點，上海市黨委再度召開緊急集會。會場上傳來上海市人民政府《文匯報》的電話：「也有幾位《文匯報》的人病倒。」聽到這句話，王洪文的祕書發出悲痛的聲音：「完了！接下來輪到我們了。」

在大混亂中，留在上海市的書記徐景賢和當地的報導機關取得聯絡。「注意新華社（國營通信社）所發布的新聞！若有和上海市數人（四人幫）的處置有關的新聞，別刊登！也不能在廣播局播出。」

在毛澤東死亡之前的八月下旬，在上海市有七萬四千多支的槍械，三百門大砲的大量武器及一千萬發以上的彈藥，發放給十萬人的民兵部隊。九月九日即毛澤東死亡翌日起，更追加了子彈六百萬發，砲彈一千五百枚。

對在人民解放軍內設有堅強據點的四人幫而言，民兵部隊是邁向掌握權力的支柱。本來，民兵部隊是無事時工作，有事時動員的部隊，但這一陣子，上海市的民兵則建立起「隨時可出動」的待命體制。

「四人幫垮台」的情報，也一瞬間傳到民兵指揮部，以「發生政變」、「修正主義抬頭」爲由的緊急動員令下，除了將武裝民兵派駐到上海市各地外，也發出預備役民兵三萬一千人「準備出動」的指令。

四人幫被逮捕的三天後，即十月九日早晨，很快地，彈藥、食物等軍事物資的補給狀態已備妥。占據新聞界、封鎖包括機場在內的主要交通網的準備工作也陸續進行著。

到了英國報紙《每日電訊報》十二日刊出「逮捕四人幫」的世界性報導當天，「上海幫」把這個逮捕行動視爲「文革派發動的政變」。他們也準備了《告全市、全國同胞書》，高揭「放回江青，放回張春橋，放回王洪文，放回姚文元」檄文，準備武裝起事。

不過，這時候，反四人幫的北京領導階層已掌握實權，並發出「用人民解放軍的陸海空軍部隊架起上海市包圍網」的指令。另一方面，黨第一副主席兼國務院總理華國鋒、黨副主席兼國防部長葉劍英等人，也發動對馬天水等上海市領導階層的施壓工作。

「站在四人幫一邊是沒前途的，要站在廣大人民群眾的一邊來處理問題。黨中央信賴諸位。」葉劍英威脅利誘、軟硬兼施地迫使他們放棄武裝鬥爭的念頭。

到了十三日，黨中央說：「用你們自己的手讓事態冷卻下來吧！」於是，就讓馬天水等人返回上海市。但在另一方面，卻派遣政治局候補委員蘇振華、倪志福等人前往上海市，追捕馬天水等人。十八日馬天水、徐景賢等人先後被逮捕。黨中央對被困在人民解放軍壓倒性的包圍網中、失去領導階層的民兵部隊發出解散命令。

就這樣，原先企圖由上海市向北京市反攻的武裝起義以空包彈作結了。

## 註解

【1】當時仍是市黨委書記的徐景賢在四人幫被逮捕後，對當時上海市頭頭們的行動與心理有所供述。黨史研究者曹英等人所著《特別別墅》（改革出版社，一九九八年）有所引用。所謂「特別別墅」是指領導階層內各勢力一再聚會的祕密據點。

# 5. 華新黨主席誕生

## ——「後毛時代」早已多方交戰

小丘連綿不絕的北京市，西部的丘陵地區有座玉泉山。搖晃著車頭燈，一層又一層地登上暗夜的山道，中國共產黨的幹部專用車在屹立於山崖的玉泉山九號樓前陸續停下。下車的是黨政治局委員、政治局候補委員等中國共產黨最高領導階層的各方要員。

這裡是黨副主席兼國防部長葉劍英的別墅。時間是一九七六年十月六日，晚間十點半，也就是由葉劍英扮演主要策劃，逮捕江青等四人幫的行動兩個多小時後。政治局成員們在對逮捕四人幫一事完全不知情下，被召集來到這個緊急的政治局會議。

一進入宅內，政治局委員李先念一面走在走廊上，一面向職員問道：「有什麼事？是啥會議？葉劍英元帥的身子怎麼了？」早先到達的政治局委員紀登奎顧慮到元老們的存在，坐在後席上。

「全員到齊了，因此請往前坐。」葉劍英的親信馬西金來回地請託。黨中央辦公廳主任兼政治局委員汪東興也催促著說：「是的，全到齊了，請大家往前坐。」[1]

黨第一副主席兼總理的華國鋒和葉劍英攜手，滿臉笑容地進入室內。會議在晚上十一點，由華國鋒的報告開始：「王洪文、張春橋、江青、姚文元四人利用毛主席逝世的機會，企圖陰謀爭奪黨與國家的最高主導權。」

狹窄的房內騷動起來，華國鋒爲了遏抑高漲的情緒，一字一句用力地朗讀報告文。

「爲了粉碎這個給中國人民帶來災難的反革命集團，十月六日晚上八點，黨中央對四人幫施行隔離審訊！」

這是有關四人幫逮捕與失勢，最高領導階層最早被告知的瞬間。霎時之間，爆起掌聲。李先念拍手叫好「眞痛快！」這位被稱爲「周恩來右手」的財政專家、前國務院副總理，在一九七六年一月周恩來死後，曾再度被文革激進派的四人幫迫害下馬。四人幫意圖將毛澤東所發動的文化大革命再活化起來。

華國鋒的報告屢次被掌聲打斷。接著，葉劍英起身報告：「第一重要的是，逮捕四人幫。第二重要的是，決定華國鋒同志（接替已故毛澤東）爲黨中央主席及黨中央軍事委員會主席。」緊急政治局會議持續到隔天黎明的四點。葉劍英所提出的，將華國鋒指名爲名實相符的黨中央最高領導者的提案通過了。

事實上，有關黨主席問題在政治局會議前，就只有華國鋒與葉劍英兩人商談而已。

根據歷史作家范碩，在其所著的《葉劍英在一九七六》一書，確認四人幫被逮捕後，下令「封鎖情報」措施的葉劍英和華國鋒一起抵達玉泉山九號樓。兩人一面吃晚餐，一面進行政治局會議的協商。

葉劍英首先開口：「你該承擔黨主席這個重責。」華國鋒則擁立葉劍英道：「黨中央的事應由你主導。」葉劍英則堅持己見道：「你是主席生前指定的。」

| 逮捕四人幫當時的政治局架構<br>（○參與逮捕當日的政治局會議出席者） | | | | | |
|---|---|---|---|---|---|
| 【政治局常務委員】 | ○華國鋒<br>（黨第一副主席）<br>王洪文＝逮捕<br>（黨副主席）<br>○葉劍英<br>（黨副主席）<br>張春橋＝逮捕 | 【政治局委員】 | 韋國清<br>劉伯承<br>江青＝逮捕<br>許世友<br>○紀登奎<br>○吳德<br>○汪東興<br>○陳永貴<br>○陳錫聯<br>○李先念<br>李德生 | 【政治局候補委員】 | ○吳桂賢<br>○蘇振華<br>○倪志福<br>○賽福晉 |

不過，這時候葉劍英想的其實和這句話相反，他腦中浮現了華國鋒以外的人物——那是失勢中的前黨副主席鄧小平。

鄧小平在半年前的四月所發生的天安門第一次事件時又失勢，他一直在北京，處在軟禁狀態下。

第一次天安門事件是四人幫看到民眾要求追悼周恩來的聲勢浩大，擔心他們會和批判文革激進派掛鉤而產生了危機感，因此要約束追悼會而導致了暴動。

葉劍英在逮捕四人幫動亂告一段落後，指示兒子以車子迎接鄧小平到玉泉山。

根據鄧小平的三女用筆名「毛毛」描寫父親半生傳的著作《我的父親鄧小平》，兩人重逢的瞬間，鄧小平滿懷親切高呼葉劍英「老兄！」兩人牢牢地相互握手。

此後，葉劍英下令，將鄧小平轉移到位在北京市西部的人民解放軍特別區內西山二十五號樓，還特別破例，將只有黨領導階層才能看的黨中央文獻運到親信處，讓在領導階層沒有任何職位的鄧小平閱讀，使葉、鄧兩人的連結更加緊密。[2]

鄧小平第三度復出，並且重回公務職位，這件事一直要等到一九七七年七月，中國共產黨第十屆中央委員會第三次全會才實現。

但是，在此之前的幾個月，鄧小平寫信給已成黨主席的華國鋒，點燃了強烈批判華國鋒的火種。

葉劍英將華國鋒推上前線，自己拒絕跳上頂峰，解讀出後毛澤東時代是這樣的展開，他自己主動巧妙地鋪設了事態發展的軌跡。

## 註解

【1】有關在玉泉山舉行的政治局會議的情況，中共中央黨校副教授湯應武在其所著的《抉擇》（一九九八年）一書中，以馬西金回憶的形式，有著完整的交待。

【2】逮捕四人幫當時，身為南京軍區副政治委員而分擔包圍四人幫角色的王恩茂，在張湛彬所著《大轉折的日日夜夜》（中國經濟出版社，一九九八年）一書中，做以下的說明：「粉碎四人幫的勝利，是由形形色色的要因決定的。但是，扮演主要的角色是葉劍英元帥。事實上，他是粉碎四人幫的總指揮官。」

# 6. 紅星墜落——臨終之際，雙唇微動

〔以下所述，乃回溯到以江青爲首的四人幫被逮捕之前的一個月。首先要說明的，是揭開這個巨大政變劇序幕的一個歷史事件。〕

一九七六年九月九日，中國各地的電台不斷重複著「重要廣播」的預告。北京天安門廣場上，人們聚攏起來圍在隨身收音機四周，不祥的氣氛在人群間擴散。

下午四點，在凝神等待的人群中，一陣哀樂響起。

「我黨，我軍，我國各族人民敬愛偉大的領導人，中國共產黨中央委員會主席，中國共產黨中央軍事委員會主席，毛澤東同志因爲病情惡化，治療無效，於一九七六年九月九日零點十分在北京逝世！」

緊接著，飄揚在天安門前的國旗台上的五星旗降下半旗。隨風披靡的紅旗正對面，則是懸掛在天安門上，毛澤東肖像畫上永遠不變的容顏。

約三十分鐘後廣播結束，當《國際歌》一播出，人群間就像決堤般嗚咽起來。

「毛主席萬歲！」

「毛主席，永遠不死！」和呼喊聲交織成一片的是愈來愈大的啜泣聲。

毛澤東死亡，享壽八十二歲。

北京廣播的訃聞立刻傳遍全世界，各國媒體以「中國紅星墜落」為頭條加以報導。有關毛澤東生平及各界名人的訪問，還有後毛澤東時代的預測幾乎占據全部的時間及版面。

作為共產黨中國的象徵，這位具有群衆魅力人物之死，無不帶給全世界衝擊或者引起某種感慨。中國國內的震撼更大，大多數人哀悼毛澤東的死，失去毛澤東就像面對天空突然缺了個大洞而感到愕然失措。

「我一生幹了兩件大事：一是趕走（國民黨）蔣介石和日本人而建國；另一件是發動文化大革命。」毛澤東生前對黨中央的領導階層這樣說。接著他又附加一句：「後一件事尚未定論，反對者多。」對毛而言，比自己的死更令他掛心的是身後的國事。

這年八月，毛澤東在北京市，中南海別墅風格建築的二〇二號樓一間房裡一睡不起。雖然他所說的話已經不清楚，但到臨終前一刻，意識還是相當清楚。當時的祕書、主治醫師、護士長所共著的《歷史的眞實》（利文出版社，一九九五年）如此地證言著。

「八月底對來探病的女兒能說出正確的生年月日」；「身上吊著點滴或裝著心電圖監視器的情況下，還是可以繼續看書」。像這類插曲在若干軼事書籍中可以看到。

九月二日，毛澤東第三度心肌梗塞發作，雖然擺脫了病危狀態，但偌大的病房裡飄進了不祥的氣氛。醫師拚命地搶救，黨政治局委員們在病榻前列隊和毛主席見面，覺悟到這是死別。就在瀕死前，白髮老軍人黨副主席兼國防部長的葉劍英，拄枴杖來訪。[1]

毛澤東衰弱憔悴，曾經威風凜凜的身軀已不復見，以前紅潤的臉頰現在變成土黃色。葉劍英見此潸然淚下，不忍多看而欲退出房間。

這時候，毛澤東病眼微張，一確認是葉劍英站在床沿後，兩眼陡然張開，怕講話聽不見，想要揮手招近葉劍英。葉劍英未注意到這個動作，逕自走出病房。密切注意毛澤東神情的女祕書張玉鳳，立刻追出去將葉劍英喚回枕邊。

「主席，我來了，您有任何吩咐？」葉劍英傾耳仔細聽最後的遺訓。毛澤東的呼吸急促起來，嘴唇微微嚅動，似要說什麼，但是終究未及成聲。

葉劍英緊握住毛澤東逐漸失去體溫的右手道：「主席，要振作些，一定會好起來的！……」毛澤東使盡力氣作勢要伸出左手，但是顏面已經漸趨暗紫色。

「不可以讓主席亢奮！」葉劍英說著離開病房。

「主席對你說了什麼？」葉劍英回到休息室時，被衆人圍住，七嘴八舌地詢問。葉劍英什麼也未答，陷入沉思。

葉劍英的腦海還在思考著：爲何特別喚我來呢？想告訴我什麼呢？是否有什麼事拜託我呢？這是沉痛的思考，葉劍英感覺肩頭好像被託付了什麼重大責任。

不久，毛澤東完全失去意識。九月八日晚間十一點十五分陷入昏睡狀態，「最後的招手」的眞正用意也就與毛澤東一起永遠升天去了。

## 註解

【1】有關葉劍英與毛澤東臨終前的會面情況，《葉劍英在一九七六》（范碩著）等書記載詳明。歷史作家們都特別用心地在書中說：「這些話是我親自從葉劍英聽來的。」當時在場的另兩位政治局委員也做同樣的證言。

# 7. 江青蠢動——「主席死後，我就是朕」

即使在毛澤東病況日益惡化期間，其妻中國共產黨政治局委員江青，仍精力充沛地活動著。不！毋寧說成「因爲毛病況惡化之故，才……」會比較正確也說不定。

毛死亡前兩週的一九七六年八月二十六日，江青至北京市的新華印刷廠、清華大學、北京大學各地視察。

這時候，她叫《北京日報》（北京市黨委員會的黨機關報）記者隨行，要他們刊載這樣的報導：「江青同志代表毛主席和黨中央訪問首都人民。」這個報導最後被華國鋒等黨中央壓下來，變成虛幻泡影。

二十八日，江青訪問被譽爲社會主義樣板農村的天津市小靳莊，高談「女性優先說」。

「製造出生產量的是女人。在氏族社會，女人是一家之主。以生產量爲發展的話，將來管理國家的會是女性同志。男人應該退位，由女人開始管理。」接著，她甚至明言：「女性也能成爲皇帝。」

兩天後，江青來到濟南部隊的中隊駐屯地。根據葉永烈所著的《江青傳》（時代文藝出版社，一九九三年），這時候，江青說了：「主席不在的話，我就是朕。」及「要說出令人吃驚的話。」

毛澤東病情陷入危險狀態的日期是九月二日，江青在翌日還去山西省昔陽縣的寨村大寨，這兒是被宣傳爲「農業學大寨」的農業生產大隊的樣板基地。[1]

在農業學大寨的第三天，九月五日晚間九點半，黨中央來電，要江青立刻回北京。

雖然護衛們覺悟到毛澤東病況惡化，立刻喚起正在睡覺的江青，但江青好像什麼事也沒發生一樣，在床上躺著說：「沒什麼好著急的！」之後的兩小時，一面和隨行者談天，一面打撲克牌。

這是當時的護衛周金銘，在告發江青等四人幫的文書中，所記述的情況。[2]

根據李志綏等毛澤東醫師群的起訴書，江青經常罵：「醫生是資產階級，護士是修正主義者。」起訴書如此描述江青在毛澤東臨終之際的行動：

九月七日，毛主席已陷入病危。江青和每一位醫師握手：「你們應該高興。」她不聽醫師的阻止，按摩毛主席的背部，挪動手腳，將吸汗粉往毛主席身上撲打。當晚，江青爲了找文件而來到病房，找不著就發怒。醫師主張應該讓主席多休息，江青卻將龐大資料送到病房，強要毛主席批讀。本來熱對毛主席有害，她卻擅自增加一台床前電燈架。[3]

再者，有關江青對著醫師所講的「你們應該高興」這句話的眞意，嚴家其、高皋二人所著的《文化大革命十年史》一書，認爲是「江青自己將成爲毛澤東接班人的意志表現」。

但是有關這一句露骨的話，橫濱市立大學矢吹晉則指出：「（逮捕四人幫的）起訴書是站在華國鋒等當時領導階層一邊的，江青的那句話眞假未知。」

到了八日，江青說要變換毛主席身體的方向。醫師說一動就會危險而加以反對，但江青還是強行變換毛澤東的睡姿。結果，毛澤東臉色發青、血壓上升，江青見情況不妙，走出病房。

根據葉永烈的《王洪文傳》，江青在八日上午七點造訪北京市新華印刷工廠，兩人以「文冠果」勸進。

這種溫帶水果皮厚，味亦不佳。但是，江青透露出這種說法：「文冠果別名亦叫『文官果』（文官的戰果），象徵著『文官奪權』。」

「文官」即暗指江青等四人幫。

## 註解

【1】根據歷史作家范碩所述：「江青和大批的心腹、演員、作家以及外國影片膠捲一起坐上七節廂的豪華列車；甚至在兩節貨廂中載著四匹馬同行。在那兒馳馬、賞月，與鹿兔嬉戲。」（《葉劍英在一九七六》）。

而且，江青這時候又說：「母系社會中由女性掌大權，進入共產主義社會，則女帝出現握大權。」（《江青傳》）。

【2】《江青傳》的作者葉永烈是歷史作家，他以四人幫的審判資料、被逮捕後所提出的起訴書和證言爲基礎來描繪江青，是要糾舉那幾位因激進地推展毛澤東所發動的無產階級文化大革命而失勢的四人幫之故，整個行文的調調很明顯地故意論舉四人幫的罪過。

【3】江青要找的是什麼文件呢？是否是毛澤東臨死前在床上講話的筆記呢？共產黨獨裁下被神格化的毛澤東的記事條及發言，都左右著包括江青在內的中國共產黨領導階層的每個人的命運。「毛文書」是權力鬥爭的最大武器。

# 8. 接班人的暗鬥——江青：「反擊右傾勢力。」

中國共產黨主席毛澤東，強韌的生命力即將油盡燈枯。

一九七六年九月八日，死亡的前一天，橫在病床上的毛澤東，對著護衛官周福明好像說了什麼，但是話語不清。周福明拿紙筆給他，他拿起紙筆才極辛苦地寫個「三」字，筆就從毛澤東手中滑落。周福明一時困惑無措，這時毛澤東的手又動起來往頭上伸去，扣打著床頭木框板。

「三」字接下來「木」字。不是「三木」嗎？側近看著毛澤東動作的人都這麼想。

這一陣子毛澤東雖然體力衰落，但對國內外情勢仍不失關心，常閱讀有關的資料。當時，在日本國內，由於首相三木武夫表示要全力弄清有關造成前首相田中角榮被捕的「洛克希德客機賄賂事件」，引起自民黨內上下一致高唱「三木下台」，政局因而大亂。

貼身侍衛們急忙拿來新華社內部發行的資料，把其中有關日本的消息讀給毛聽。當夜，意識消失的毛澤東就在隔日凌晨死去。[1]

毛澤東斷氣數小時後的九月九日清晨，中國共產黨為了要決定國葬儀式如何進行，慌忙地召開政治局會議。

但是，剛成爲未亡人的江青搶占先機，發言道：「繼續批判鄧小平，這是毛主席的遺志。」政治局會議議題的主眼可說是「反擊以失勢中的鄧小平爲代表的右傾勢力」。

「批判鄧小平是決定著（毛主席所發動的）無產階級、文化大革命成敗的黨與國家的大問題，若等閒視之，是對主席的不忠。」[2]江青的發言立刻得到張春橋及王洪文的附和，被迫決斷的黨第一副主席兼國務院總理華國鋒短暫沉默後開了口：「批判鄧小平當然不能不持續下去。但是，現在最重要的是葬儀該如何進行……。」

江青立刻回嘴：「葬儀的事當然該談，但是，批判鄧小平絕對不可以停止。我提議開除鄧小平的黨籍，請政治局立刻決定！」

鄧小平於今年四月，在第一次天安門事件中（這是由追悼周恩來的群眾行動發展成的暴動）被指爲騷亂的幕後黑手，因此被剝奪了包含黨副主席兼國務院副總理在內的一切職務。

毛澤東生前指示說：「保留鄧小平的黨籍，看以後的態度。」這件事，江青也應該十分清楚。華國鋒很是苦惱，其他的政治局委員們也很難立刻反駁，因爲對才剛成爲未亡人的江青，畢竟不把她放在眼裡是不行的。

這時候，副主席三人中最資深的葉劍英開了口：「江青同志，請稍稍冷靜好嗎？毛主席過世，大家都心痛著，毛主席的葬儀是國葬，我們現在該做的事雖多，第一要做的事就是葬儀啊！」

江青在會議攪局這也不是第一次，毛澤東健在的時候，除了鄧小平等一部分人外，再也沒人敢在會議上公開非難。但是，現在「守護神」已經去世，江青誤判了情勢。

葉劍英看了大家的臉色，加強語氣說：「毛主席不在了，我們處在更嚴峻的局面中。現在最重要的是團結在以華國鋒同志爲中心的黨中央四周！」

出席者陸續贊成葉劍英的意見，眼見這情形，張春橋和王洪文也只能同意。討論焦點終於轉移到葬儀問題時，江青突然叫道：「團結在以華國鋒爲中心的黨中央四周！」《特別別墅》一書對於江青突然大叫描寫道：「大家都呆住了！」

唯物論者毛澤東對護士長吳旭君說：「我死後用火葬，將骨灰灑入長江供做魚食。」一九九五年在台北和香港出版的吳氏等人共著的《歷史的眞實》有此記載。

不過，指揮四人幫逮捕部隊的政治局委員兼中央辦公廳主任汪東興卻說：「將毛主席的遺體永久保存，在天安門廣場設紀念堂，這是黨中央特別決定的。」（《葉劍英在一九七六》）。

毛澤東的遺體被施予保存處理。但是，聽到遺體不久後就開始變質的江青說：「若不堅決處置（毛澤東遺體）的話，自己也好，全國人民也好，絕不允許！」以此來追究華國鋒的責任。自從一九六〇年代激化的中蘇論爭以來，要從關係冷卻的蘇聯那裡得到遺體保存技術已經很困難了。江青等人明知道此事，依然對處境不安的華國鋒落井下石。

此時，對浮沉不安的華國鋒施以援手的又是葉劍英，他提議說可以向熟諳蘇聯式遺體保存法的越南學習。於是華國鋒一方面組織專家命他們研究；另一方面，國務院通知地質局到全國各地搜尋最好的水晶以做棺柩。[3]

經過嚴格防腐處理，用五星旗覆蓋的毛澤東遺體，至今依然安置在面對北京市天安門廣場的毛主席紀念堂內。

## 註解

【1】雖然田中角榮在三年前達成了中日邦交的恢復，其實三木自己也早有中日復交的意願。毛澤東臨死前所要表達的，果真是指三木嗎？這一段充滿謎題的插曲，是在中國共產黨中央文獻研究室等單位所編輯的影像資料中，由貼身侍衛周福明所透露的。

【2】這一次文革激進派的四人幫（江青、王洪文、姚文元、張春橋）全員到齊的政治局會議上，究竟發生了什麼事？發了什麼言？這些問題在進入九〇年代，終於部分地爲外界所知了。黨史研究者曹英等人所著的《特別別墅》一書，對會議的情況有著詳細的描寫。

【3】「建立紀念堂是違背毛主席遺志的做法」八〇年代鄧小平曾這麼說。話說一九五六年，毛澤東曾提案所有領導階層人物的遺體要火葬，不造墳墓。自毛澤東以下幾乎所有幹部都簽了名。「華國鋒也諳知此事；文化大革命卻把對毛澤東的個人崇拜推上頂峰。」（歷史作家，葉永烈）。

# 9. 華國鋒焦躁

## ——葉劍英催促「一起來鬥爭」

毛澤東的未亡人江青等四人幫，脅迫地方政府要將重要案件向他們直接報告。黨第一副主席兼國務院總理華國鋒知道這件事是一九七六年九月十二日，也就是毛澤東死後三天的事。

「我的權力是毛主席給的，誰也不能奪！」

四人幫不把毛澤東接班人放在眼中的這種越權行爲，激怒了華國鋒，他把黨中央辦公廳主任汪東興叫來表達怒意。

「以黨中央辦公廳主任之名，向全國通告，所有的重要事項一律聽候我的指示。」予人穩健印象的華國鋒只有這一次，在焦急與憤怒的夾縫中，以嚴厲的口吻拍桌下令。[1]

在毛澤東的遺體旁邊，四人幫和華國鋒、汪東興並排而立。此外，還有毛澤東的侄子毛遠新，以及政治局委員兼人民解放軍北京軍區司令員陳錫聯。

以一種奇特的表情向毛澤東告別的這八人緊緊牽手，好像要作出給人團結的印象。這場景也被照片記錄了下來。

而這張毛澤東死後一直未公開的幻祕照片，在黨機關報《人民日報》前社長胡績偉所著，在香港出版的《從華國鋒下台到胡耀邦下台》（一九九八年）裡被暴露出來。

根據胡績偉的說法：照片是汪東興命令黨中央外事攝影共同小組在北京市中南海拍攝的。拍攝日期爲一九七六年九月十二日，也就是四人幫對地方「越權行爲」激怒華國鋒的那一天。

攝影之後不久，照片中手手相連的八人，命運就榮辱立分。江青等四人幫被捕；另一方面，華國鋒鞏固了黨主席的地位，汪東興也就任黨副主席。在這種情況下，負責處理照片的杜修賢不知所措，只好將底片藏到友人處。

過了兩年多，由於汪東興曾妨害在文化大革命中失勢，從黨副主席位上跌落的劉少奇的名譽恢復，汪東興開始遭到逆風吹襲了。在一九七八年末，爲了作爲「揭發汪東興」的材料，杜修賢將汪東興與四人幫手手相連的照片帶進《人民日報》。

看到照片的編輯幹部大驚，總編輯胡績偉心想：「毛澤東死的時候，屬於文革派中樞的不是四人幫，應該是華國鋒、汪東興等人也算在內的『八人幫』吧？」這張照片若公開的話，現爲黨主席的華國鋒難保不被傷到。「我沒有勇氣將照片公開！」胡績偉說。

不過，之後一九八〇年二月，黨內高揚著對華國鋒的指責：「對文革的批判太輕鬆了！」於是《人民日報》就把附有事情經過的說明信以及那張問題照片，送給在文革失勢，而現已平反，且升任爲黨政治局常務委員的陳雲。但是後來照片還是沒有公開，儘管如此，華國鋒還是在該年十一月失勢。【2】

葉劍英就任國防部長，這麼一來火也燒到了葉劍英自己的腳跟。

華國鋒雖然謹愼地不留下言語把柄，但也吐露道：「若是你，就最知道我的情況囉！在元老輩們眼中，我是下屬。與其說缺乏鬥爭的勇氣，不如說是擔心不能得到元老同志的支持。」聽了這番話，軍方元老的葉劍英趁勢說：「放心！你若敢起身應戰的話，我和多數元老全力支持！」

根據范碩所著的《葉劍英在一九七六》一書，華國鋒最後是回答說：「情況很複雜，還是讓我多考慮考慮。」但是，從華的口氣，葉劍英確信已經成功地將華國鋒拉入自己這一邊了。

## 註解

【1】非小說作家的師東兵，在其所著的《決定中國命運的二十八天》（河南人民出版社，一九九三年）這樣地描寫。但到目前爲止在別的文獻裡，能印證這樣的資料還沒見過。面對積極運作欲掌握權力的四人幫，束手無策的華國鋒的確表現出焦躁感。

【2】有一位在毛澤東死後能夠得知當年眞相的中國當局幹部如此地說：「當時，四人幫想把『毛澤東接班人』的華國鋒當招牌加以利用。」而汪東興也因擔任黨中央辦公廳主任的職位，作爲黨中央事務局機關，機密事項都往此集中，汪東興知道的太多了，這麼一來，就身陷於政治上的危險處境。照片剛照好當時，華國鋒和汪東興兩人處在一個微妙的立場，介於四人幫、文革派與穩健派的夾縫中，試圖將權力鬥爭的風向劃清楚，正因如此，不能把他們說成「八人幫」。

# 10. 謀略戰——華國鋒接班人地位遭到威脅

毛澤東一死，未亡人江青等四人幫，就無視於中國共產黨中央組織，而直接向地方政府下達指示，這件事前已述及。想要繼續毛澤東文化大革命路線的四人幫，圖謀對黨的權力加以掌握。整個工作如下所述，具體地實行了。

毛死後的三天，一九七六年九月十二日，陝西省黨委員會書記李瑞山在西安接到北京來的長途電話。記下備忘錄：

黨中央辦公廳

米士奇來電

中央領導者同志來的指示

主席國喪期間，若有重大問題發生立刻報告。

不只陝西省黨委員會，同一個時間，全國各省市自治區的黨委員會的負責人，也都接到同樣來自黨中央消息統合機構中「米士奇」這號人物的電話。

「米士奇」是誰？前黨中央宣傳部副部長，這時候是湖南省黨委員會書記的張平化覺得奇怪。湖南省是毛澤東的出生地，黨第一副主席兼國務院總理華國鋒，也曾擔任過湖南省黨委員會第一書記。張平化與北京的溝通管道不少，對中央機關的內情多少也知道。

他立刻去電華國鋒問清事情原委。

「什麼？我可沒聽過喔！」華國鋒吃了一驚。連身爲黨第一副主席的自己都不知道的指示，只是有一件事是清楚的：米士奇是王洪文的工作組員。

歷史作家葉永烈在一九九〇年與米士奇見面。米士奇高中畢業後，被分配到中央辦公廳，一九七四年起，被派到黨副主席王洪文的辦公室。

米士奇被王洪文的祕書廖祖康通知去黨中央辦公廳祕書處當值是九月十日，說是王洪文的指示。

「電話是用事務所的名義來打吧？」米士奇這麼說。「不！不！以黨中央報告的名義！」廖祖康答。

米士奇依指示，從隔天晚上到十二日早上，向地方打了共二十七通的電話。上海市的李瑞山記的備忘錄，還有讓張平化感到奇怪的都是這批電話。[1]

華國鋒接到湖南省張平化的報告，提到米士奇所打的奇怪電話。他爲求愼重，向黨副主席中的葉劍英探詢相關情況，葉劍英當然也不知道。

警覺到事態嚴重的華國鋒，以黨中央名義發出通知：「若有重大問題發生的話，必須請示我的指示。」事情演變成：非對地方黨委員會徹底指示不可的地步。

四人幫的攻勢不只是「米士奇的假電話」。在假電話事件後不久的九月十六日，葉劍英在黨機關報《人民日報》注意到題爲「毛主席永遠活在我們心中」的社論。

「毛主席雖然已去世，毛澤東思想永遠發光。毛主席的革命理想深深根植人心，毛主席所開始的無產階級革命事業，繼續下去。毛主席曾對我們說：『按既定方針辦！』……也就是說，按毛主席的無產階級革命理想及各政策幹下去……」

「按既定方針辦！」一句不只一再重複，而且是用粗體字印刷。

文化大革命時，毛澤東的話在報紙上全都以粗體字印刷，這種慣例確立了，因此「既定方針」也成爲毛澤東的話了。

葉劍英在「按既定方針辦事」一句下用紅筆畫線，接著在旁邊打個「？」號。這不是四人幫任意扭曲毛澤東的話，來配合自己的方便而使用嗎？

到了深夜，葉劍英叫祕書把畫了紅線的社論送給華國鋒，敦促他注意。

但是，接到社論的華國鋒心想：「這和四個月前直接聽到的毛主席指示是同樣的語彙。」也就不特別介意了。

## 註解

【1】這一連串的事，在王洪文等四人幫逮捕後，履述其罪狀的起訴書中，米士奇自己說出來的。

# 11. 一張紙條——遺言被竄改了

「慢慢來，不要著急。」

「按過去方針辦。」

「你辦事我放心。」

在稍後的政治局會議上，華國鋒將三張紙條的前兩項發表。不久，在毛澤東死後一星期的九月十六日，黨機關報《人民日報》的社論裡「按既定方針辦」的語彙就登場了。

華國鋒雖然接到來自黨副主席兼國防部長葉劍英的注意提醒：「社論和毛主席的話有所不同，不是嗎？」但是，這時候的華國鋒心想，這和毛澤東的紙條中「按過去方針辦」相同，因此並未特別注意。

當天，寫上「按既定方針幹」的不只《人民日報》，黨中央軍事委員會機關報《解放軍報》與黨中央委員會機關雜誌《紅旗》也刊載相同社論。

未亡人江青等四人幫主張能繼承毛澤東遺志的是四人幫，繼續文化大革命是「既定方針」，這是四人幫「文攻」的開幕砲！

國營通信社的新華社接到了電話，指示：「在國慶日的報導中，要強調黨主席所說『按既定方針幹』的話。」

這是江青及黨政治局常務委員張春橋、黨副主席王洪文及共組四人幫的姚文元等人的指示。這件事是在《人民日報》等報章雜誌提出此句話的隔日發生的。

新華社在發給黨中央幹部的「內部參考」裡，引用清華大學政治理論組教師的發言，將「既定方針」報導成宛如毛澤東的遺言一樣。「敬愛的毛主席臨終之際，教導我們『按既定方針幹』。」

不只《人民日報》和《紅旗》，《光明日報》、《解放日報》、《文匯報》、《學習與批判》也從那天開始，逐漸擴大版面，開始了高揭「既定方針」大標題的運動。

葉劍英再度提醒華國鋒要注意，葉劍英說：「四人幫高聲宣揚的『遺言』，和四月時毛主席寫在紙條上告訴你的指示不一樣。」

北京市黨史學會理事的張湛彬在他所寫的《大轉折的日日夜夜》一書中，如此地描寫華國鋒當時的心境：

華國鋒到這時候也終於注意到了「既定方針……」這個大運動，完全不是在宣傳自己是毛澤東的接班人；而是四人幫僭稱他們才是得到毛澤東託付「遺囑」的接班人。

九月十八日，天安門廣場上召開毛澤東追悼大會。誦念悼詞的華國鋒對「過去方針」也好，「既定方針」也好，隻字未提。

但是，四人幫的姚文元在翌日再度去電新華社，下達指示：「當採訪、報導各省市所召開的重要集會時，不要怕重複，比方說『按既定方針幹』一句。演講中若有這句話，要全部報導。」

姚文元在二十日、二十三日、三十日都打電話給新華社，督促要特別強調「既定方針……」全力報導。新華社對接到的指示所抄下的備忘錄都有保留，且都收入四人幫的告發資料中。[1]

毛澤東在一九六六年發動文化大革命的前期，當有重要的政治變動時，都會出現來自全國「表達敬意的信」，人們以這形式來大大表明對毛澤東的忠誠心。與「既定方針……」浪潮並行的是各式各樣，迎合四人幫意向的信，湧入黨中央。四人幫被逮捕後的起訴書說：「這些是對四人幫『表現忠誠的信』的運動。」

清華大學黨委員會書記遲群等人，一方面擅自以教職員及學生的名義寫信給江青，一方面也呼籲學生們寫信給江青。姚文元也對新華社的職員下達指示：「寫信給江青同志來表明你們的決心要堅定地依主席的指示幹。」

寄出的信中也有建議「江青同志任黨主席、張春橋任黨副主席、王洪文同志任軍事委員會第一副主席。」以及「四人幫組領導體制」（李黯等著《再生中國》，中共黨史出版社，一九九八年）。

## 註解

【1】根據李健編著的《紅牆紀事》（中國言實出版社，一九九六年）一書所引用的「據統計」，直到該年九月底爲止，僅僅《人民日報》等六家報紙雜誌裡宣傳「按既定方針幹」的記事就有二百三十六條，占了有關追悼毛澤東記事的六成。

# 12. 手握毛澤東文書——「未亡人的我有權力」

一九七六年九月十八日，北京市的天空自早上開始出現陰雲，太陽不露臉。午後三點，舉行中華人民共和國建國以來最大規模的葬儀，「毛主席追悼大會」高掛著巨大遺照的天安門廣場，塡滿臂繫黑帶、胸別白花的百萬群衆。

司儀由黨副主席王洪文擔任，黨第一副主席華國鋒誦讀弔詞。在一片啜泣聲中，文化大革命時期用來稱揚毛澤東，像國歌一樣被高唱的《東方紅》旋律，爲大會譜下休止符。

毛澤東的公家儀式告一段落，權力的鬥爭也出現了白熱化的契機。

隔天十九日，未亡人江青打電話給華國鋒，要求緊急召開政治局會議，實際上一位政治局委員沒有召開會議的權限。但是，江青總是主角般地運作召開會議。

華國鋒問她召集的理由時，江青回答：「沒必要預先說明。」甚至連出席者都指定了。她說：「葉劍英元帥因爲病了，不必出席；王洪文、張春橋不用說，我和姚文元也出席。」把後來被華國鋒等人逮捕的四人幫全體名字都舉了出來，還說：「也叫毛遠新參加。」

不叫身爲黨副主席的葉劍英出席，卻加入了那位雖是毛澤東的侄子，但身分只是毛澤東辦公室主任的毛遠新，他甚至連政治局委員也不是。江青拉高聲音後掛斷電話。

當天午後，華國鋒和王洪文、政治局常務委員張春橋、政治局委員汪東興四人，在人民大會堂討論毛澤東遺體的保存事宜。江青又打電話來催促召開會議。

華國鋒當場和王洪文及張春橋商量召開會議一事，王、張兩人似乎早已先和江青照會好了，立刻和江青同調。華國鋒就說：「有什麼問題嗎？請來這裡談。」請江青到現場來。[1]

來到人民大會堂的江青，大剌剌地演說起來。所說的是她要將毛澤東的文件、信函和書籍接收，由自己和毛遠新處理。她主張身爲主席的未亡人，自己當然有權整理丈夫的文件、信函及草稿。

當時，對毛澤東文書的處理有嚴格規定，即使是江青也不能任意看，因爲毛澤東的指示比任何事都優先，「獲得毛澤東文書」和「獲得權力」有密切關聯。華國鋒拒絕江青此一要求，說：「毛主席是黨中央的主席，他的文件不是家庭的問題，毛主席的文書應該由中央辦公廳主任汪東興處理。」

江青將話題表面轉移說：「小張可以信賴，我想要他做我的祕書。」「小張」指的是毛澤東晚年的女祕書張玉鳳，此時受汪東興的指示，負責保管毛澤東的文物。

支持江青的王洪文、張春橋表示贊同，但是，華國鋒和汪東興不同意。華國鋒主張說：「依從過去黨中央的決定，屬於國家機密的黨主席文書由中央辦公廳負責處理，此事應該向中央報告。」他提議暫時停止會議。

江青無話可說，張春橋便接口說：「先叫毛遠新來幫忙小張登記整理毛主席的文書，如何？」江青也接口說：「我也參加！」「毛遠新很了解毛澤東思想，適任的！」

議論持續達四、五個小時，沒妥協的華國鋒最後裁決說：「將毛主席一切文書及資料、書籍交付

汪東興負責，暫時封存。」【2】

江青和毛遠新在毛澤東死後，每天造訪張玉鳳，又是送東西，又是請吃飯，目的是尋求張玉鳳能交出毛澤東留下的草稿和文書庫的鑰匙。追悼大會結束後，江青及毛遠新來找張玉鳳，這次說：「只是看一下而已！」以這樣的理由，就硬把兩件文書拿走。

一件是江青和外國記者的會談紀錄副本；另一件是毛澤東和武漢軍區司令楊得志等人，針對其他軍區司令的評價，所做的對談會議紀錄。

張玉鳳把這件事告知汪東興。九月二十一日，毛澤東的文書封存，汪東興的中央辦公廳負整理之責。

江青及毛遠新編出各種各樣理由，對所借文書的歸還要求相應不理。最後，終於交回來的文書卻被動了手腳，江青把和外國記者會談紀錄中的自己加以美化，而把攻擊別人的部分刪除了。

## 註解

【1】有關這些往來的電話以及會議的交手狀況，歷史作家范碩所著的《葉劍英在一九七六》，及黨史研究者曹英所著的《特別別墅》記述詳細。范碩等人雖沒有個別地描述特定對象，但舉出中國共產黨資料、文獻及詳細的證言作爲典據。

【2】「這是華國鋒和四人幫正面對立的開始！」《特別別墅》的作者曹英說：「華國鋒已經知道了自己身爲接班人的地位被人覬覦著。」

# 13. 三〇一醫院的密使
## ——「眼睛放亮，嘴巴閉緊」

毛澤東死去的一九七六年九月，中國全境都包圍在荒漠不安之中。首都北京市的一角有一個黑洞，中國共產黨幹部的黑色車避人耳目地進進出出，這是人民解放軍直轄的解放軍總醫院。

文化大革命整肅的風暴正緊的時候，那裡的幹部專用病房，就成了許多要人以生病為由，作為遠離政爭的「避難所」來使用。毛死後，這裡變成了著手粉碎四人幫的反文革派的重要據點。

用軍方的醫療設施編號，通稱為「三〇一醫院」的這家醫院，和四人幫作為據點的政府迎賓館釣魚台，相當接近。【1】

毛澤東死後不久，某日午後，北京軍區政治委員傅崇碧向主治醫師請假，乘車出三〇一醫院。目的地是軍方元老之一黨副主席兼國防部長葉劍英在這段期間作為據點的北京市西部的西山十五號樓。

傅崇碧在緊接文化大革命發動後的一九六八年，被江青等人告發為武裝起義事件的首謀，有過一段處於監禁狀態，接受嚴格審問的「隔離審訊」的苦日子。

在訪見葉劍英之前，傅崇碧已經暗中和三〇一醫院住院中的軍方幹部照會過了。【2】

葉劍英出來迎接傅崇碧，請他入內坐上沙發，寒暄一番之後，探詢有關醫院內老戰友們對醫院外的狀況意見如何等。

傅崇碧率直地就有關政情抒發己見說：「一旦有命令，我們隨時待命。」

一聽到這句話，葉劍英就豎起兩根手指說：「好！傅崇碧你還是沒變，記得嗎？我們是同黨同派的！」

這是指二月逆流一事，傅崇碧也立刻會意了（《葉劍英在一九七六》）。[3]

葉劍英向傅崇碧強調了彼此在文革期間都受到迫害的共同遭遇，以及彼此的同志關係之後，繼續說：「要鬥爭還要再尋找機會，但是，準備戰爭的想法片刻不能忘。眼睛放亮，耳朵放開，嘴巴緊閉。」

鄭重辭謝葉劍英的晚餐邀請後，傅崇碧急上歸路以便趕上三〇一醫院的晚餐。

劉志堅後來如此述懷說：「眞想和葉帥見面，當時能和四人幫對抗的只有葉帥而已。」身爲解放軍總政治部第一副主任等要職的劉志堅，雖然是軍中文革推進派，卻被江青等人以「破壞文革」等罪名非難，除了被無情審問外，所有職務都被解任。

熱切要和葉劍英見面的劉志堅，雖然透過他的家人和葉劍英取得聯絡，但那也是在毛澤東死後不久於三〇一醫院的事。劉志堅說：「葉帥從很早就下定決心（逮捕四人幫），這是我很後來才知道的。」

葉劍英的行事作風不是那麼容易讓人摸清他心裡的想法，因爲不知道哪裡有敵人設下的陷阱，所以敵方、友方都要欺瞞。不然的話，無法在陰狠的權力鬥爭中倖存下來。朝向「打倒四人幫」目標的葉劍英，多數的工作都是沉潛地進行著。他有時僞裝成釣客，或者藏在茗茶品評會內來接頭，也常派出以自己兒子爲首的密使群。

葉劍英工作的主要對象，是那些被文革派瞄準的軍方及黨中央幹部。其中最重要的大尾人物是鄧小平，他後來是在三〇一醫院，知道四人幫被逮捕的消息。

## 註解

【1】之後的三〇一醫院擴大改建，正門前有地下鐵五棵松站，幹部專用樓也從樹林重重僞裝的南樓遷移到路對面的現代化病房。各棟樓之間以不公開的地下道相連，通往幹部專用病房的地下道，設有人民解放軍嚴格的盤查設施。在那個地下道裡也設有幹部專用的遺體安置室。

【2】歷史作家范碩所著的《葉劍英在一九七六》一書中描述，當時三〇一醫院院長汪石堅的存在也是焦點之一。他表面是中立的立場，卻扮演著「幕後通信員」的角色。那一陣子，汪石堅和他屬下的醫院幹部們，用「身體雖然不壞，還是要愼重注意」的藉口，要許多軍方幹部進出三〇一醫院。汪石堅的背後就是葉劍英指揮著。

【3】文化大革命發動後的一九六七年二月，黨軍事委員會副主席（政治局委員）葉劍英與其他的軍方元老一起被激烈地批判，連老幹部都被無情的審問。文革激進狀態下，因而被批鬥成「黑闖將」，被剝奪黨與軍的領導任務。這就是江青等革命派所謂的二月逆流。隔年，傅崇碧等人被定罪的武裝起義事件，被江青等人定位爲「企圖將二月逆流復活的行動」。

# 14. 由軟禁轉而反攻——鄧小平動起來了

在北京市住宅內的鄧小平，早餐後在庭院散步，這時來了一位不速之客，是國務院副總理王震。這是發生在毛澤東死後幾天的事。

王震是人民解放軍出身，在文化大革命高潮期，遭到支持文革的江青等人激烈的攻擊，而被下放（爲了「思想改造」，幹部之外，還有知識分子及學生送去農村勞動）。黨副主席兼國防部長葉劍英，派王震爲密使到鄧小平住處，準備動手逮捕江青等四人幫（范碩著《葉劍英在一九七六》）。

鄧小平是在一九七六年四月第一次天安門事件時，被究責而失勢。這次事件，開始是群衆追悼和四人幫保持距離的國務院總理周恩來的死亡，後來演變成動亂。這次鄧小平雖說失勢程度不重，但仍落至限制出入的軟禁狀態。

在四人幫發動對鄧小平批判攻勢日漸激烈的情況下，王震到訪，這件事本身即有危險。

鄧小平似乎早已看穿王震表面上雖然盡談些健康狀況、生活作息等無關痛癢的話，其實內心深處另有眞意，於是鄧小平不久就直問說：「最近去了葉帥那兒沒？」

當確認了王震已經和葉劍英暗中聯絡過後，鄧小平層層進逼質問下去。「葉帥現在主要是住哪兒？」「每日生活如何？」「身體如何？」

鄧小平一邊頷首，一邊靜靜地聽著王震談著葉劍英的近況。

鄧小平的判斷敏銳，動作敏捷。王震離開後，鄧小平馬上用「視察市區」的理由，出了住宅，直奔葉劍英處。鄧的目的是要及早收拾局勢。葉、鄧兩人對這個意見達成一致是隔天的事了。

早在葉劍英派王震和鄧小平接觸的數日之前，鄧小平就已經打電話向總理黨事務與情報的中央辦公廳申請參加追悼毛澤東大會。

但是，後來決定要幫葉劍英大忙，逮捕四人幫的黨中央辦公廳主任汪東興，在那時候說：「不行，沒資格！」[1]

被汪東興冷冷地嗤之以鼻的鄧小平，命令祕書「準備一部車子」，祕書擔心地說：「去哪裡？不用請示中央辦公廳的指示嗎？」「沒必要！」鄧小平乾脆地說。

結果，鄧小平的車一駛出門外，就有另一輛車緊緊尾隨，怎麼甩都甩不掉。不得已，鄧小平好似要把哽喉物吐掉般說：「天安門廣場走一圈吧！然後回家。」

這時候的鄧小平，七十二歲。他曾以黨中央委員會總書記身分，總掌黨的組織長達十年。但是，一九六六年毛澤東發動的文化大革命初期，面對紅衛兵如野馬狂奔，國家主席劉少奇想煞車，鄧小平加以支持，卻被打成「（跟著劉少奇）走資本主義道路的黨內第二當權派」，因而失去權勢。

之後，於一九七三年平反，在周恩來之下任國務院副總理。但是周恩來死後，在四人幫的攻勢下，鄧小平又遭到失去權勢的難堪事。光是這樣就讓鄧小平抱著強烈的危機感。當時四人幫覬覦毛接班人寶座的狀況，可以用「命運的十字路」來表現這種危機感。

派王震做密使的葉劍英巧妙地掌握了鄧小平這種焦急的心理。

拜訪鄧小平之後，王震的密使工作是前往那位曾經飽受四人幫攻擊，受到屈辱的全國人民代表大會（全代會）副常務委員長陳雲的私邸。

當陳雲問到：「有何安定天下的妙計嗎？」王震說：「最容易的方法是把胡鬧兇惡的那幾個人（四人幫）……」陳雲把話打斷說：「簡單是簡單，但是，不能說是合法。」

王震旁敲側擊要引出陳雲的本意而說：「召開政治局會議來解決問題……」陳雲一聽，立刻否定說：「這不行，節外生枝。先個別到鄧小平及葉劍英處商量看看，他們要是揭竿而起，我就去和他們會合！」

聽了王震的報告後，心想已得到陳雲支援的葉劍英，數日後再派王震到陳雲私邸去推敲出「合法的解決具體方案」。另一方面也將周恩來的未亡人鄧穎超，迎接到當時作爲根據地的北京市郊外西山的住宅。

「棘手的是那個『演員』（江青本來是女星），她利用和主席的關係也濫用群衆對主席的感情。」葉劍英打開話匣子這麼說，鄧穎超就接了話：「主席生前也曾對她激烈的批判吧！將這些事實和眞相公開的話，她的戲也要落幕了吧！」

「葉帥，你記得要努力地使其合法化，這才是最上策。只是要注意，首先『那個人』不站出來是不行的。」「那個人」是指居於毛主席接班人地位的黨第一副主席兼國務院總理華國鋒。

葉劍英說：「請放心，對『那個人』的工作現在正進行中，到時他就會站出來。」

## 註解

【1】非小說作家師東兵，在所著的《決定中國命運的二十八天》一書中，如此地寫著。

# 15. 竊聽監視——利用雜音避免談話洩漏

由於中國最高權力者毛澤東的死亡，領導階層內覬覦接班人的權力鬥爭，飄浮著血腥味。思考著如何向「那個人」接觸，暗中對毛澤東的未亡人江青等人建構包圍網的葉劍英更是緊迫度一直增加，繃緊神經。

爲了保守機密而顯得有些神經質的葉劍英，只要一談到敏感的話題時，即使在辦公室裡也會打開收音機放大音量，這已經變成他的習慣。除了收音機，有時放錄音帶，有時開水龍頭，他試著用各種聲音來防止竊聽。

在辦公室裡和瀋陽軍區司令李德生談話時，葉劍英一談到「全國形勢險惡……」時，立刻將收音機開關打開，接著一面繼續說：「現在的政治鬥爭非常複雜啊！」此時將音量再提高，一說到：「到底還是緊緊掌握住組織的事重要！」便壓低著聲音來說。喇叭裡以大音量播放著讚美文化大革命的革命劇。

毛澤東死亡經過十餘天後的九月二十一日，被人民解放軍元老稱爲「十大元帥」之一的聶榮臻有了動作。曾經被江青一夥惡言陷害的聶榮臻，終於在前年復出，擔任中國全國人民代表大會的常務委員會副委員長。

正在生死關頭的聶榮臻向葉劍英訴求：「不能讓他們先下手爲強，要是演變成葉劍英被軟禁，華國鋒（黨第一副主席）被趕下台的局面，那不得了！唯一能走的，只有我們先下手爲強！」（李健編著《紅牆紀事》）。

這些話聶榮臻並不是直接向葉劍英說的。警戒著不讓四人幫察知的聶榮臻，以軍方副總參謀長兼福州軍區司令員楊成武爲聯絡參謀，將這些話送入葉劍英處。

在毛澤東及國務院總理周恩來生前得到信賴的楊成武，在文化大革命初期自誇地位僅次於毛澤東，因而招致林彪、江青的嫉妒，被以所謂「楊、余、傅事件」首謀身分，與家人一起被迫過了六年的拘禁生活。因此他也是對四人幫抱著戒心的其中一人。

被聶榮臻派爲祕密特使的楊成武，就住在西山五號樓和葉劍英住宅西山十五號樓相當接近。透過楊成武仲介往來，聶榮臻和葉劍英彼此同意「有事的話，隨時聯絡商量」，達成「共同奮鬥」的共識。但是，隱密下的行動終究還是被識破。

四人幫對葉劍英的動向密切注意。對於在軍方影響力很小的四人幫來說，西山賓館的動靜他們格外在意。無論如何有必要防止其活動，要在那裡直入虎穴，牽制葉劍英，增加壓力。[1]

他們之中，當時才四十一歲最年輕的政治局常務委員王洪文，將住宅移到與葉劍英住宅眼鼻相對的西山賓館二十五號樓。這是一個絕佳場所，可以對葉劍英經常和訪客一起散步的「散步道」一覽無遺。

搬到西山賓館的王洪文，親自拜訪葉劍英，爲了牽制，設下了「先發攻擊」的布陣。

「葉副主席！我搬來這兒住，特來報告！」王洪文在毛澤東死後，爲表示敬意，將「葉劍英同志」改成「葉副主席」。

葉劍英對這番殷勤態度覺得肉麻，單刀直探說：「最近忙些啥呢？」

「才剛從上海市回來！」王洪文想要岔開話題，葉劍英間不容髮地逼問：「（四人幫的支持地盤）上海市的形勢如何？」

王洪文毫不畏怯地說：「很好喔！」後，反將一軍說：「葉副主席偶爾下下西山賓館，如何？」

「我老了！沒用了，最近身子動的也少了。因此，只能研究研究西山賓館。」葉劍英裝蒜的說。對此，王洪文反刺一槍說：「是啊！年事已高，對於各種活動不參加也沒關係！我來爲您代勞！」

王洪文離去不久，葉劍英就叫來解放軍總參謀部部長戴鏡元，指示他檢查住宅內是否被裝了竊聽器。從地毯到下水道無不徹底檢查，不過沒找到竊聽器。

和四人幫消耗精神的爭鬥不能無止境地持續下去，葉劍英終於將「逮捕四人幫」劇本的完結篇寫出來了。

一方面在黨內與軍方繼續擴大連結網，一方面葉劍英屏息等待黨第一副主席兼國務院總理華國鋒來投奔己方的陣營內。

## 註解

【1】本來葉劍英選爲住地的西山，是位於人民解放軍的特別區域內，可以說是身爲國防部長軍方總帥葉劍英的根據地。爲了防止情報洩漏，葉劍英將根據地轉移各地，但西山賓館是對四人幫反彈的軍方最高幹部們的住宅區，直到逮捕四人幫的最後階段，對葉劍英而言，這裡是絕佳的密會場所。

# 16. 華國鋒的決斷

## ——「那一夥」開始磨刀霍霍

毛澤東死去，中國共產黨領導階層動盪的一九七六年九月二十一日，國務院總理華國鋒終於有所行動。

華國鋒當時為黨第一副主席，是毛澤東死後黨內最高職位。

自認繼承毛澤東革命路線的是自己，因而不論是加強權力鬥爭攻勢的江青等四人幫方面也好；或者是對此抱著深刻危機感的黨副主席兼國防部長葉劍英等反四人幫方面也好，兩派陣營同樣需要華國鋒。

據張湛彬所著的《大轉折的日日夜夜》一書，促成華國鋒採取決斷的是黨中央的報告，這份報告揭露了四人幫的武裝奪權計畫。

下定決心的華國鋒拿起手邊的電話筒說：「喂！喂，請接葉劍英元帥好嗎？我是華國鋒。」

葉劍英在北京市西郊的西山賓館正進行著反四人幫的集結工作，這天恰巧不在西山賓館十五號樓，葉劍英一方面和人民解放軍的元老們接觸；一方面將根據地移往在北京市郊外的另一個基地——

玉泉山。

要從華國鋒位在北京市中心區東交民巷的辦公室，前往葉劍英所在的北京市西區玉泉山，必須通過江青住宅所在的中南海以西，四人幫根據地釣魚台的周邊。

「怎麼取得聯絡呢？車子往那兒一出，一定會招致他們（四人幫）的狐疑。」

華國鋒經過一陣子長思之後，想起了一個人。他就是曾任黨政治局委員，現在已自第一線退下來的軍方元老李先念。[1]

對華國鋒打來的電話，李先念說：「四人幫也好，反四人幫也好，好像全都蠢蠢欲動。」話中傳達了事態的緊迫，迫其速下決斷。華國鋒簡短地說：「知道了，我這就過去你那兒。」

李先念這時因身體不適正在住院，抵達醫院的華國鋒要求身邊的人清場，醫院病房裡就剩下他們二人。

「李先念同志，大事不妙了！那一夥已開始磨刀霍霍啦！」「那……你意下如何？」「請替我向葉劍英同志傳消息，請他速下決斷。」

葉劍英等人等了又等，就盼華國鋒這麼說。

儘管如此，李先念用心良苦地說：「若你能親手寫封信給葉劍英同志的話，我就把信帶去他那兒！」這句話是爲了要華國鋒現場就寫親筆信。

「葉劍英同志！我們和四人幫的鬥爭迫在眉睫了。事不宜遲，一切請依您的決心進行！」[2]

李先念直奔葉劍英已返抵的西山賓館十五號樓。平常克制著與外界接觸的李先念，事前毫無跡象地突然現身，說明了這是緊急的要事。葉劍英請李先念在沙發就座後，立刻打開收音機，放大音量以防竊聽。

與來傳達華國鋒意思的李先念會談，雖然短時間就結束了，但葉劍英對於事情的嚴重性，可以說是十分了解。「這是生死存亡的鬥爭！只有他們死，我們才可以生。沒有妥協餘地！」

和李先念祕密會晤後，葉劍英就著手進行與華國鋒、汪東興（他最能掌握四人幫的行動）聯合逮捕四人幫大戲的最後一幕。

這時候有一個人靜觀其變著，那就是軟禁中的鄧小平，他是在被打爲「走資派」的前國家主席劉少奇失去權勢後，四人幫的最大敵人。

根據李健編著的《紅牆紀事》一書，後來聽到四人幫被逮捕的消息後，鄧小平如此地對黨中央定期派來的照料人員說：「江青一天到晚空談全人類解放，連生產力都得不到解放，那樣能談社會主義的優越性嗎？」

相信經由繼續革命可以改造社會的毛澤東，他所發動的無產階級文化大革命，將中國全境捲入大混亂中長達十年。雖然，由於整肅等原因而死的人，僅官方公布的就有三萬四千人，但一般看法，死亡人數遠遠超過這個數目。甚至有人認爲，身上多少受到某種形式迫害的人，總計達一億人。

鄧小平將這個文革打上句點，三年後，在中國全境點燃改革開放路線的烽火。

## 註解

【1】李先念在毛澤東所發動的文化大革命初期，以副國務院總理兼財政部長的身分，襄助國務院總理周恩來的經濟大政運作。但不久被江青等文革激進派所排擠。逮捕四人幫後的隔年一九七七年，成爲黨副主席（政治局常務委員），一九八三年升爲國家主席。在四人幫被逮捕前的這時，則是扮演著與軍方元

老間聯絡參謀的角色，特別是和老戰友葉劍英互相密切地聯絡。

【2】在這醫院病房裡的交手情況，以及之後有關李先念的行動，在這些書中有詳細地描寫：一是中國共產黨官方文獻《李先念文獻》；二是住在香港的作家師東兵所著的《決定中國命運的二十八天》；三是范碩所著的《葉劍英在一九七六》。但是，師東兵書中記錄著，華國鋒寫下紙條給葉劍英的事，范碩則說：「雖然有關當局再三調查，但並未見那紙條。」

# 17. 由文攻到武嚇
## ——上海市進入內戰準備狀態

毛澤東一死，未亡人江青等人，就覬覦著「黨與國家最高指示」的毛澤東文書。知道這件事後，中國共產黨副主席兼國防部長葉劍英更加強化警戒。

當時，葉劍英如此地分析解釋說：

「江青等四人幫並未掌握軍方勢力，但恐怕會有魯莽的行動，可能會先暗殺重要人物。之後，再利用他們所控制的媒體，將罪責嫁禍到別人身上，來圖謀奪權。」（范碩著《葉劍英在一九七六》）。

因此，葉劍英向黨第一副主席兼國務院總理華國鋒，及負責管理毛澤東文書的黨中央辦公廳主任汪東興警告說：「要注意身邊一切！」進而，從廣東省南方葡萄牙殘存的殖民地——澳門，偷偷地取得數把高性能手槍及子彈五百發交給汪東興說：「以備不測的狀況，好好地守護毛主席的文書。」

四人幫為了繼承毛澤東的文化大革命路線，認為無論如何必須掌握權力。為了繼續穩固以及將自己的接班權力正當化，對毛澤東的片紙隻字，一句一話的解釋就有必要了。因此，非得拿到毛澤東文書不可。

毛澤東死後，對於整理與保管毛澤東臨死前留在手邊的文書相關事宜，江青一直主張這是「未亡人的權利」。但是，對江青的意圖很了解的華國鋒，爲了要死守自己作爲「毛接班人」的地位，沒道理應允江青的要求。

毛澤東文書的爭奪鬥爭，並未如江青等人所計畫的進行。雖然如此，對四人幫而言，這樣的文攻只不過是掌握權力過程中的一幕而已。

重點是在「武鬥」。

毛文書被汪東興的黨中央辦公廳牢牢地封存。一九七六年九月二十一日，四人幫的一員，黨副主席（兼上海市黨委員會書記）王洪文祕密地回到上海市，緊急進行武裝自衛組織民兵的爭奪和準備。

在北京市，民兵也動作頻頻。在清華大學，指揮著四人幫宣傳工作的黨委員會書記遲群，在毛澤東死亡的九月九日，很快地在黨委員幹部會議上向清華大學民兵師發出檄文：

「接到召集令立刻參加，好好一戰，一定打贏！各部門要強化隨時備戰的最佳狀態！」（嚴家其、高皋著《文化大革命十年史》）。

在人民解放軍內沒有基礎的四人幫，從毛澤東發動文化大革命開始，就把民兵定位爲相對於人民解放軍，以「第二武裝」組織全國民兵全會，放在自己的指揮之下。

清華大學的民兵師等組織，是在四人幫的影響之下；但在北京市內，這一類的武力很弱。上海市的民兵則在四人幫的掌握之中，這個中國最大的都市也是四人幫的一大軍事據點。

九月二十一日王洪文飛往上海市的午後，四人幫的另一人，政治局常務委員（兼上海市黨委員會第一書記）張春橋，在四人幫作爲據點的政府迎賓館釣魚台，和上海市黨委員會書記徐景賢見面。徐景賢是藉口參加某個會議而到北京市。

這時候，徐景賢就上海市的軍事情勢向張春橋報告。報告裡提到，管轄上海市人民解放軍南京軍區司令丁盛，曾向徐景賢傳達訊息：「自己的指揮動不了第六十軍（駐防在上海市一帶），接不上頭。這對上海市而言，是非常大的威脅。」丁盛已向四人幫輸誠。

張春橋在二十二日晚上，託王洪文辦公室的人員傳給上海市黨委員會書記馬天水一封信：「上海市是有著革命鬥爭傳統的地方，是毛主席文化大革命的發源地，要好好警戒黨內的修正主義，特別是中央以及上層的修正主義者。要好好準備。」

徐景賢和四人幫一起被逮捕後，寫了長長的說明文，其中有一段是江青除外的四人幫談到有關人民解放軍的原口語紀錄：「張春橋說：『軍方搭不上線』；姚文元說：『軍方全都支持保守派』；王洪文說：『軍方內沒有自己人』。」

四人幫能倚仗的，還是掌握著大規模民兵組織的上海市。

張春橋在九月二十八日白天，再度派王洪文和辦公室人員去上海市傳達口信說：「要有信心，勿疏忽警戒，興邦必多難。」

根據徐景賢在這時候所記下來的筆記，張春橋還談到那位和江青和張春橋等人曾是盟友，後來窩裡反，自己發動軍事政變失敗在逃往國外途中於蒙古死亡的前黨副主席林彪。

「在上海市，林彪也好，鄧小平也好，都吃不開。如果林彪當時能首尾皆顧好好一幹，上海市就面臨了大考驗，會陷入戰爭的吧！」張春橋說。[1]

徐景賢對此的解釋是：「張春橋對我們下達戰爭動員令。」

## 註解

【1】後來對張春橋等所提出的「審判四人幫」的控告資料裡，有關張春橋這段話被解讀為：「這是有人要在上海市起事，呼籲做好內亂準備的話。四人幫企圖武裝奪權，催促上海市黨委員會揭竿發動反革命武裝起義。」

# 18. 江青動怒
## ——「沒事的人，出去！」

為了商談有關毛澤東死後第一次的國慶日事宜，一九七六年九月二十九日晚上十一點，召開中國共產黨政治局會議。政治局委員、黨員和候補委員會，除政治局委員有一人生病以外，其他全都出席了。會議的情況在《特別別墅》（曹英等著）一書裡有詳細的描述。

會議才開始不久，毛澤東的未亡人，政治局委員江青，就把矛頭指向黨第一副主席兼國務院總理華國鋒。

「你在中央的經驗淺，優柔寡斷，能力欠缺！」這是對華國鋒不配作毛澤東接班人，正面單刀直入的大膽攻擊。

四人幫中的黨副主席王洪文、政治局常務委員張春橋馬上附和說：「應該把職務分一部分給江青同志，強化集體領導體制。」

但是，另一位黨副主席兼國防部長葉劍英則牽制說：「江青同志身體不好，因此，單單政治局委員的工作就吃不消吧！」以李先念（雖然身為國務院副總理，卻被四人幫作梗，遠離實質政務）為首的若干人也表明反對。

江青此時岔開話題說：「那毛遠新的工作怎麼辦？」

毛澤東胞弟毛澤民之子毛遠新，從小喪父之故，受到伯父毛澤東寵愛有加，對江青稱「媽」，有如親生般地感情和睦。

毛遠新在毛澤東發動文化大革命之後，歷任了中國東北部遼寧省革命委員會副主任，及遼寧省黨委員會書記各職。一九七五年九月，被江青叫到北京市，擔任已經臥病在床的毛澤東辦公室主任一職，做政務祕書之類的工作。

因毛澤東死去，辦公室的工作就結束了，但是，江青仍想將和毛澤東有血緣關係的毛遠新留在北京市，將他安置在有利的立場，去接近那一批毛澤東留下在政治上有極高利用價值的文書。

察覺到此一意圖的華國鋒說：「毛遠新的工作已完成了，應該回遼寧省去！這是我和葉帥一致的意見！」

對四人幫而言，華國鋒這一招完全出乎算計之外。因爲江青一夥已預先叫毛遠新寫一封信給華國鋒，內容大旨是說：「我留在北京市也沒關係！」言下之意是要求能留在北京市。

「毛遠新非留下來不可！而且，毛主席的遺體保存以及後事等責任未了。」聽到江青這樣地主張，華國鋒反將一軍說：「你和毛遠新不是說過不參加毛主席的後事嗎？」

對於華國鋒這一個意外的反擊，江青大吃一驚，站起來大叫：「胡說八道！」黨中央辦公廳主任汪東興則起來作證說，九月十九日晚上，在商量如何進行毛澤東遺體保存事宜時，江青曾說過：「如果毛主席的文書不交給自己和毛遠新的話，就不參加任何有關毛主席後事的活動。」

聽了這些發言，張春橋一面調停，一面切入問題核心說，毛遠新在晚年的毛主席身邊工作，毛主席所寫的東西沒有毛遠新就無法解讀，應該讓他暫時留在北京市整理毛澤東的文書。

毛澤東死後，四人幫三番兩次地提出毛澤東文書的管理權問題，現在又要舊調重彈了。雖然有幾個人贊同張春橋的意見，但葉劍英並不讓步。毛主席的文書不是個人的問題，因此應該由中央辦公廳來保管，李先念及汪東興也支持葉劍英。

會議一直開到隔日凌晨，有多位出席者提議休會，但江青對此動怒說：「若不想談的話，可以！不相干的出去！」

被四人幫脅迫繼續開會的華國鋒，不得已以高齡及帶病在身的理由，促請葉劍英和李先念先退出會議室。兩人爲了不傷害華國鋒的威信就依從了，另外有數人也退席。最後，會議室只剩下四人幫外加上華國鋒等二、三人，一共六、七人而已。

江青再度演講。

「黨的三中全會必須全面地學習毛主席臨終前的一連串指示。因此，毛遠新是必要的。」始終強忍著的華國鋒開了口說：「妳到底想幹什麼？」

「我要談談有關草擬三中全會政治報告的事！」江青說出了本意。[1]

華國鋒站了起來。

「何時召開三中全會，這件事政治局根本沒談。誰說要準備什麼報告？還有，誰說要你準備報告的？」

事實上，這時候四人幫要上海市的文膽群們加緊政治報告的起草準備，連黨中央及國務院的人事案都在他們的內定當中（范碩著《葉劍英在一九七六》）。

但是，華國鋒本人也受到早已察覺四人幫蠢蠢欲動的葉劍英等人的催促，終於決定要逮捕四人幫。

「會議到此為止！基於大多數同志的意見，我做以下的決定：毛遠新同志回遼寧省。在三中全會的政治報告必須由我來做！至於黨中央的人事，必須經由政治局的討論之後，於三中全會上通過！」

華國鋒這麼講完之後，就片面地宣布散會。

這次會議就成了四人幫所參加的最後一次政治局會議。

## 註解

【1】政治報告是總括黨的活動，決定之後政策方向的重要文書。若由四人幫來起草的話，必然是企圖將文化大革命繼續下去，並且確立江青等人的指導體制。因此，江青等人想要從毛澤東留下的文書當中，找出可以利用的「遺訓」。故江青於此時說出這種想法是很自然的。

# 19. 秋雨中的國慶日
## ——江青預言「好消息」

一九七六年十月一日，毛澤東死後的第一個國慶日，園遊會及閱兵儀式等慶祝活動都取消了。

本來，國慶日並非什麼活動都沒有。但是，國慶日前一天的凌晨三點，一通電話打到了國營通信社的新華社：「三十日晚上由北京市主辦，在天安門樓上舉行由工人、農人、士兵、學生、商人代表出席的國慶日座談會。」

「座談主要的內容是學習毛主席的著作，繼承毛主席的遺志……依毛主席的既定方針行事。」這是中國共產黨政治局委員姚文元打來的。

往年三十日晚上，北京市的人民大會堂會舉行國慶日前夕晚會；今年取代往例的是，在毛澤東於二十七年前宣布新中國成立的天安門樓上，召開由中央領導階層與各界代表出席的座談會。

天安門廣場的燈突然點上，出席座談會的代表四百多人，在籠罩著嚴肅的氣氛中，列隊登上天安門閣樓。

中央領導階層約三十人參加，由穿著中山服的黨第一副主席兼國務院總理華國鋒領頭，他後面掛名二號的黨副主席王洪文緊緊跟著，腳步促快的王洪文好像是要超前華國鋒似的，一慌就往前多踏出一步（葉永烈著《王洪文傳》）。

接續上來的是黨副主席兼國防部長葉劍英，以及王洪文以外的四人幫成員（張春橋、江青、姚文元）。

這個由四人幫逼迫華國鋒召開的座談會一開講，就變成四人幫一夥文革派所謂的「右派批判大會」。

長達兩小時以上，十幾位代表先後唸了內容如四人幫所主張的原稿。小學五年級就因爲把「教師的尊嚴」批判成「破銅爛鐵的教育制度」而全國知名的女中學生黃帥，也以學生代表身分登場。

下定決心要打倒四人幫的葉劍英在這千篇一律的發言中，故作閉目養神狀。

這個會議由華國鋒的講話作結，華國鋒一方面祝賀國慶，一方面懷念毛澤東說：「我們要化悲痛爲力量，繼承毛主席的遺志，必須要完成無產階級的革命事業。」

華國鋒這篇不足一分鐘的簡潔講話，可以看出來是經過重重審愼推敲的。他的遣詞用字是文革派所不常出現的。

根據范碩所著的《葉劍英在一九七六》一書說：「四人幫一聽大驚而不悅。相反地，葉劍英對這一席不像四人幫之流的意識型態的革命論，滿足地笑了。」

但是，隔天新華社用了和華國鋒講話唱反調的文字報導座談會。

華國鋒的講話，雖然點到了，但是講話中沒有觸及的話，諸如：「挖深對鄧小平的批判，對右傾的捲土重來加以反擊！」以及「遵守毛主席的遺囑『按既定方針辦事』」等語句，新華社把它們寫成是各界代表的意見表達，這麼一來，整體上就反映了四人幫所要主張的意思。[1]

十月一日國慶日當天，江青向位在北京市南方的清華大學、大興縣農村分校的師生講話。在九月二十九日的政治局會議上，為了毛澤東文書的管理問題，而和華國鋒及葉劍英等人決裂之後，江青集中精力到學校和工廠等巡迴演講。

——知道西太后吧？名為太后，實際是女帝。

——我是毛主席路線的執行者。

——因為鄧小平的迫害，毛主席才死得快！

——我在毛主席過世最初召開的黨中央會議上告發鄧小平，要求剝奪他的黨籍，但黨籍卻被保下來。有人為他圖謀東山再起也說不定！

——階級與路線鬥爭的路還長著呢！情勢一片大好，但是必須警戒。

《江青傳》（葉永烈著）一書裡將江青這類在一連串巡迴演講時所說的話寫了下來。

接著，在離開大興縣農村分校之際，江青留下了一句謎一般的話：「就等著好消息吧！好好準備《學習公報》上所說的吧！」

中國共產黨有重大的政策或人事，都會以公報形式在報紙廣播上發表，然後一個大的運動就會展開。江青的話顯示了她對掌握政權的自信。

在迎接中華人民共和國第二十七次國慶日的這一天，北京市一早開始就下雨，天安門廣場上連個人影也沒有，籠罩在一片不像節日的空寂氣氛中，這或許就是暴風雨前的寧靜。

## 註解

【1】 曾經占有黨中央委員會、總書記等權力中樞職務的鄧小平，在毛澤東發動的文化大革命後，被打爲「走資本主義道路的當權派」。毛死後的此刻，雖然他還在失去權勢當中，但四人幫卻一直對鄧小平的動向抱著強烈的警戒心。四人幫把毛澤東的一句話「既定方針……」當作是毛澤東要持續文化大革命的指示，而加以大肆宣傳。有關於此，華國鋒和葉劍英確信四人幫是爲了主張自己是接班人的正當性，而用毛澤東別的話竄改了。

# 20. 祕密指令——裝甲師團，開往北京

一九七六年十月二日國慶日隔日，中國共產黨副主席兼國防部長（中央軍事委員會副主席）葉劍英手下的人民解放軍——瀋陽軍區來了電話。

「好像有人率領裝甲師逼近北京市！」

葉劍英雖然吃驚，倒也不完全是意料之外。

這個軍事移動是毛澤東的侄子，擔任瀋陽軍區黨政治委員的毛遠新，向瀋陽軍區副司令官孫玉國所下的指示。

毛遠新在文化大革命發動後，歷任中國東北的遼寧省黨委員會書記，及瀋陽軍區政治部副主任等職，擁有被稱為「東北太上皇」的權勢。

受到毛遠新軍事移動指令的孫玉國，在一九六九年中蘇國界衝突的「珍寶島事件」中，建了軍功，三十三歲就成為瀋陽軍區的副司令官，在任職地與毛遠新深結親交。四人幫中的黨副主席王洪文向孫玉國承諾，遲早拔擢他成為中國人民解放軍副總參謀長（葉永烈著《江青傳》）。[1]

知道裝甲師調動的葉劍英沉穩地說：「未經軍事委員會而擅自調動軍隊，不管是誰的命令都是違法！」就嚴格下令戰車回歸原駐地。

瀋陽軍區司令李德生，他在前一年遭到四人幫批判，失去黨副主席的職位，他和葉劍英走得很近。這時候，瀋陽軍區的狀況是：司令官反四人幫，而副司令官卻是四人幫這邊的。

四人幫從九月以來替換了北京市郊外一個裝甲兵部隊的師長，策劃著隨時能夠調動由東南、西北兩方向朝北京市街區夾擊。同時，也擬好告人民書，並且準備好各種管道，以便能夠透過電視、收音機隨時向中國全境做掌握權力的宣言。

江青在十月初，與隨行三十餘人前往故宮北側一座人造小山——景山公園，採蘋果。穿著中山裝的江青在蘋果樹下擺姿勢，要工作人員替她拍了十七張肖像照片。她一邊摘蘋果，一邊說：「蘋果一直摘吧！摘到盛大慶祝日那天夠吃爲止。」（范碩著《葉劍英在一九七六》）。

這時候，連奪權後的權力排名都已決定的四人幫，急著準備個人肖像照和集體合照。

十月二日，葉劍英已經知道裝甲師不安分的調動，那天，王洪文也在政府迎賓館的釣魚台叫來中南海的攝影小組人員，拍下了自己穿深藍色中山裝與軍裝的照片（顧保孜著《紅牆裡的瞬間》，解放軍文藝出版社，一九九七年）。

對拍攝來說，這是一個不太適合的日子，攝影師怎麼都想不通，就問說：「爲什麼？有必要這麼急嗎？」王洪文半開玩笑說：「自己的喪禮用的。」顧保孜的書這麼寫著。【2】

叫人大量拍照的隔日，王洪文前往北京市郊外平穀縣演說道：「今後或許還有第二、第三個鄧小平出現也說不定，因此，必須小心警戒。」

四人幫對失勢中的鄧小平，視爲走資本主義道路修正主義的總頭目而警戒著。

「黨中央要是出現修正主義的話，諸位怎麼辦？」

王洪文自己口裡說出十一年前毛澤東所提出同樣的質問，接著說：「打倒！」

這時候奉江青等人之意的清華大學黨委員會書記遲群，催促清華大學與北京大學兩校中，他所控制的以「梁效」（「兩校」諧音）署名的執筆群，連夜地整理出用來告發黨中央高級領導者的所謂「黑資料」。

遲群的祕書在這時候說：「不久啊！領導者中就有一群要被罷免失勢；有一群要高升囉！」
（李豔等編著《再生中國》）

爲了掌握毛澤東接班的權力，四人幫的行動一口氣加速起來。

後來四人幫被逮捕後，黨政治局常務委員張春橋所留下的紙條被找到，寫著：

「革命與獨裁如何鞏固政權呢？就是殺人！」

## 註解

【1】在香港出版的趙無眠編《文革大年表》一書，總結了中國本土問世的文獻。根據此書，毛遠新是在毛澤東死後一週的九月十四日，透過電話，以野戰訓練爲名所下的指令。

【2】根據四人幫被逮捕後，黨機關報《光明日報》所報導，王洪文這天叫人拍攝的照片高達一百一十四張。自己從中挑出照片後，指示攝影師仔細的修正，大量加洗。後來，對被逮捕的王洪文的告發資料中，把這些攝影、沖印照片的動作，定位爲「爲即位作準備」。

# 21. 死刑……自殺
## ——「我無法無天」

在一九七六年九月中，《人民日報》等六種報紙、雜誌，開始大肆宣傳中國共產黨黨主席毛澤東所說的「按既定路線」，一直持續到月底。

黨第一副主席兼國務院總理華國鋒聽到流言，說這句話是毛澤東在臨終之際「握著」黨政治局常務委員張春橋的「手」說出來的。華國鋒確信這背後隱藏著危險的企圖。

十月二日，國務院外交部長喬冠華要求審查〈中日代表團團長在聯合國第三十一次會議的發言〉的草稿。華國鋒在文中看到「按過去方針辦」這六個字，就把它刪掉，並且在空白處寫上：「文中引用的毛主席遺囑，和毛主席親筆文件有三個字不同，爲了不再訛傳，現在把它刪掉。」

已警告過華國鋒，說四人幫「竄改遺言」的黨副主席兼國防部長葉劍英看到這裡，寫了「同意」二字。四人幫王洪文（黨副主席）與張春橋也因事實擺在眼前，只能「同意」了。但是，張春橋在「同意」二字之外，加了一段文字：「我提案：爲了避免引起不必要的糾紛，華國鋒同志寫的那段旁白不要傳下去。」

民主各黨派的機關報、《光明日報》等報紙，在十月四日的頭版頭條刊登了以放大字體印刷的〈永遠按毛主席的既定方針幹！〉論文，加上四人幫卵翼下執筆群「梁效」署名。

「『按既定方針幹』意思是依照毛主席的無產階級革命路線及其政策去幹的意思。」

「那些妄想擅自竄改毛主席既定方針的修正主義的頭頭們，不管是誰，絕無好下場。」【1】

讀了《光明日報》的論文後，華國鋒認爲四人幫終於安箭上弦了，就打電話給葉劍英說：「有重要的事商量。」而葉劍英身邊也傳進來別的報告說：「上海市的民兵異常地集結著。」

王洪文故意散布流言說：「七、八、九日在北京市有『特大的好消息』，而在上海市吉事所使用的紅紙、紅布被爭先恐後地搶購。」

四人幫的黨政治局委員姚文元也準備好在八日出刊的《人民日報》以論文〈按毛主席既定方針勇猛邁進！〉爲頭版頭條。

但是，勝負在六日分曉，四人幫被逮捕了（有關逮捕的情況在第一章已詳細述及）。

「按既定方針幹」是什麼意思？被逮捕的姚文元在華國鋒和葉劍英詢問時回答說：「我想，這句話意味著說，必須按過去已決定的政策辦事。具體的含意是什麼，我沒想過。」

王洪文又回答說：「我想這句話是張春橋附加上去的。」「張春橋最後一次和毛主席見面時，毛主席握著他的手說的。不過，到底有沒有這回事，我也不是很清楚。」【2】

但是，非小說作家師東兵則有不同的看法。他在香港出版的《張春橋在獄中》一書，以小說的形式，借張春橋的口來說：「華國鋒爲了把我們打倒，故意把微不足道的問題小題大作，應該是僞造的。」

而且，這句話是毛澤東死前的七月時，當著華國鋒、江青、張春橋三人在場時說的；後來，華國鋒也在公開場合講這件事。

江青等人的反革命集團事件在被逮捕四年後的一九八〇年十一月二日，由最高人民檢察署在最高人民法院的特別法庭起訴，一九八一年一月二十五日下判決。

江青與張春橋被判處死刑（兩年後減爲無期徒刑）；王洪文判處無期徒刑，褫奪公權終身；姚文元則是被判二十年有期徒刑，褫奪公權五年。

在法庭上，王洪文對被起訴罪名全面認罪；而姚在法庭上的對答，雖字斟句酌毫不讓步，不過還是認了罪。倒是張春橋一貫不發一言，告發資料中有據稱是張春橋被逮捕之前所寫的字條：「反對毛主席就是現行反革命。」

江青的情況和後來流傳的說法不同。後來有相關人員證實，在被逮捕時毅然不怯的江青，即使到了法庭上，她對忠實地執行毛澤東路線的信念，沒有絲毫動搖的樣子。

江青在法庭上陳述說：「（你們對我的逮捕與審判）這是在貶損毛澤東主席（的威信），是貶損無產階級文化大革命的行爲！」頑強地沒有承認自己幹了「反革命犯罪行爲」。當她對審判長的訴訟指揮動怒時，口出和毛澤東曾說過同樣的話：「我就是無法無天。」當死刑宣判時，她大叫：「革命無罪！」[3]

## 註解

【1】有關之後的動向，歷史作家葉永烈一連串的著作：《鄧小平改變中國：一九七八中國命運大轉折》、

《姚文元傳》、《王洪文傳》等述之甚詳。

【2】「既定方針」一句，在今日的中國被解釋成：是張春橋及江青等人，爲了推進文化大革命的左傾路線，而杜撰出來的，用以主張他們自己是毛澤東遺言的正統後繼者。

【3】官方發表說江青在因病保釋中的一九九一年自殺死亡，享壽七十七歲。一九九二年，五十七歲的王洪文因肝病死亡。被逮捕時五十九歲的張春橋也據傳死亡，但沒有官方宣布。姚文元在一九九六年，六十五歲時獲釋。

# PART 2

# 砲打司令部

在第一部中，重要的描述中心是：一九七六年秋天，毛澤東未亡人江青等四人幫意圖在中國共產黨黨主席毛澤東死後，繼續推動無產階級文化大革命路線，在後繼的權力鬥爭中失敗，遭到逮捕。

第二部則回溯十年前毛澤東如何發動文革，文革又是如何爆炸性地展開，及國家主席劉少奇及黨中央委員會總書記鄧小平等人，如何失勢的整個過程加以追蹤描述。

# 1. 大字報的衝擊
## ——時代的巨輪是擋不住的

北京大學的學生餐廳內午餐時間才剛過，人群又再度聚集起來。學生及教職員從教室或宿舍聚攏過來，氣氛騷動。

好像要吸引所有人的眼光似的，餐廳所張貼的大開紙，寫滿了緊緊連在一起的文字，中國共產黨的北京大學黨委員會及北京市黨委員會的幹部，一起被以「君」相稱，在大字報上遭到激烈的批判。

這是文化大革命期間，大字報的首次出現。一九六六年五月二十五日，當時迷你裙正在世界大流行著，而日本的年輕人也正爲披頭四的日本演唱而瘋狂。

之後，大字報就像毛澤東常掛在嘴上的名言「星火燎原」一樣，在全中國四處張貼，作爲每個人公開彈劾的一種手法。

不過，這個時期的中國，公開批判黨幹部，對握有獨裁權力的黨作出反黨行爲，就等於是自殺的行爲。因此，大字報在校園造成衝擊那是當然的。

大字報的標題，這麼寫著：「宋碩、陸平、彭珮雲，究竟在文化大革命幹了什麼？」

宋碩是北京市黨委員會的大學部前部長，陸平是北京大學校長兼北京大學黨委員會書記，彭珮雲則是他的副書記。大字報的作者由七個人聯合署名，爲首的是以「秀才」聞名的北京大學女講師聶元梓。

大字報上說：「機會和大字報是利用群衆最好的戰鬥方法，君等卻藉著『指導』大家不要做這些事，來鎮壓群衆革命。」「君等說：螳臂不能擋車，蚍蜉不撼大樹。」「高舉毛澤東思想的偉大旗幟，一掃所有的牛鬼蛇神和赫魯雪夫之流的反革命、修正主義分子，把社會主義革命幹到底。」總之大字報所言，就是北京大學黨委員會和北京市黨委員會，正在破壞毛澤東剛發動的「無產階級文化大革命」。

「寫寫大字報，怎麼樣？」一週前，哲學系講師聶元梓在北京大學附近的西山別館，被曹軼歐這麼催促著。曹軼歐是康生之妻，康生是黨政治局候補委員，在緊接此次事件之後的五月底，組織了黨中央直屬的「中央文化革命指導小組」，並擔任顧問。[1]

對文革激進派的中央文革小組而言，北京市與北京大學的黨委員會是右派的巢穴。爲了蒐集「罪狀」以便設計攻擊之，康生將其妻以中央理論小組調查組之名，送入大學裡，並指示妻子與聶元梓接觸。[2]

被勸去寫大字報的聶元梓是左派之徒，也是北京大學黨委員會哲學系總支部書記的她，對於社會主義教育運動的現狀，與掌握著北京大學黨委員會的校長陸平對立著。對支持陸平的北京市黨委員會也心懷強烈不滿。

康生想要利用這種爭執，漁翁得利。聶元梓也想和陸平有一決勝負的機會，被「由北京大學向全國學校點燃文化大革命之火」的使命感燃起鬥志。於是立刻招募同志張貼大字報（李曉文等著《指點江山》，中國工人出版社，一九九八年）。

在大字報中被痛罵的陸平，展開反擊。就在那一天，校園內滿滿貼了超過一千張的大字報，把聶元梓等人的大字報全覆蓋了。

國家主席兼黨副主席劉少奇和國務院總理周恩來知道了騷動，就在午夜十二點派負責人到北京大學。周恩來嚴詞批判聶元梓的做法是違反黨的規定，被拖到會場上的聶元梓，被攻擊成「黨的叛徒」而陷入危機中。

有北京市黨委員會做後盾的北京大學黨委員會，能讓聶元梓給扳倒嗎？本來自信滿滿的陸平在一週後，從北京市黨委員會幹部那兒得來消息：「聶元梓等人的大字報內容會在今晚的收音機播放，明天在意想不到的報紙上刊載。」

六月一日晚上八點，中央人民廣播電台的新聞灌入陸平耳中，把自己臭罵的那份大字報，被稱讚成「全國最初的馬克思列寧主義的大字報」。

隔天的黨機關報《人民日報》上，也大大地轉載了「送歡呼給他們（聶元梓等人）」的評論。黨中央指名批判陸平等三人，等於是攻擊北京大學黨委員會及北京市黨委員會。

陸平的心一涼，到底是誰的意圖？

其實這就是毛澤東的意旨。

## 註解

【1】康生和毛澤東之妻江青，同是山東省諸城縣出生。從中華人民共和國建國以前，就一直在黨中央組織

部及情報部的特務活動中發揮長才。在整風運動中強迫「自白」，造成大量冤罪事件。在文化大革命中；也站在江青等四人幫一邊，在黑幕後推行揪出反對派的事。在四人幫被逮捕前一年的一九七五年病亡。

【2】中央文革小組是文革的指導綱領「中國共產黨中央委員會通知（第五一六號）」中決定設置的。成員中除了第一副組長江青之外，張春橋、姚文元也加入，也就是後來的四人幫中的三人齊聚於此。

## 2. 紅衛兵登場——「就讓他去亂吧！」

「妨害文化大革命」的大字報公然批判北京大學及北京市的中國共產黨幹部，被收音機及黨機關報大大地稱讚。執筆的中心人物北京大學哲學系女講師聶元梓，一躍成爲全國的寵兒。北京大學黨委員會書記兼校長陸平，及副書記彭珮雲因此被大學掃地出門。

原來，這一切背後有黨主席毛澤東的指示，讀了大字報的毛澤東致贈了這樣的讚辭：「從此可以打破北京大學這個反動的堡壘了。」

毛澤東後來把北京市這時候的情況，比喻成「水滲不透、針插不入的修正主義的獨立王國。」[1]北京市黨委員會及北京大學黨委員會一直不得毛澤東歡心，心裡一直難以釋懷卻又無法出手的焦急感日益升高，聶元梓的大字報對毛澤東而言，成了絕好的宣洩口。

「我們是保衛紅色政權的衛兵。」

這是聶元梓等人的大字報出現不久後的一九六六年六月初，北京市的清華大學附屬中學校內所張貼的大字報。

該大字報的署名是「紅衛兵」，那是爲了加入文化大革命而集結起來的北京市清華大學附屬中學學生們的自主組織。這就是後來成爲文化大革命的代名詞，而名震天下的「紅衛兵」。

初期的紅衛兵成員，多是學業成績優秀的黨幹部子弟。他們是在毛神格化的強烈氣氛中長大。對他們而言，「革命事業的接班人」的自負，容易轉化成對「樹立毛思想的絕對權威」的狂熱。

不管是好是壞，毛澤東是一位革命家，主張在共產主義社會實現之前，無產階級與資產階級的鬥爭將持續革命到底，他說：「因爲是一窮二白的人民，所以要追求革命。領導者可以注入革命思想。」

毛澤東不信任知識分子，文化大革命是爲了矯正他們的劣根性，而進行「人的改造」、「社會改造」這樣的理念而生的。而年輕人追求理想、胸中充滿對現狀的不滿，毛澤東巧妙地點燃他們直線式的熱情，而且一發中的。

六月二日，黨副主席（同時是國家主席）劉少奇在辦公室中沉思，桌上放置著一份黨機關報《人民日報》，頭版刊載著對聶元梓的大字報「致送歡呼」的評論文章。

而前一天，《人民日報》刊載著一篇社論，標題是聳動人心的「橫掃一切牛鬼蛇神」，在這篇社論裡首次使用了「無產階級文化大革命」的稱呼。這時，《人民日報》已被中央文革小組的組長陳伯達等人控制了。

聶元梓等人的大字報被人如此稱揚，劉少奇怎麼想也想不到。若不深加注意，就會對應失誤，給政治生命帶來致命傷。因此，劉少奇叫來祕書，吩咐以後若有文革相關資料，要立刻送來。[2]

可是，事態已經以遠超過劉少奇想像的速度展開。

《人民日報》連續五天發表一連串「一掃無產階級的『學者』及『權威』」等鼓舞文化大革命

的社論；在學校裡，則充斥著大字報，所有的事物都被中、小學生批判成是「權威主義」、「修正主義」；在街上，也有蜂擁而出的人進行示威，陷入空前的混亂。

這種狀況必須嚴肅面對，劉少奇從各部的幹部找人組織成工作組，並在緊急召開的黨政治局擴大會議中決定鎮壓，且訂出八條指示：「大字報只在校內張貼」、「禁止街頭示威遊行」等。

但是，學生們對工作組的進駐群起反彈，認為這是「壓制革命」，各地衝突不斷發生。工作組的派遣，反而造成火上加油的結果。

毛澤東得知這件事，卻只是在杭州市冷冷地緊盯著劉少奇等黨中央的對應做法。他習慣在冬天前往溫暖的杭州市，但今年已入初夏卻仍未返回北京市。

這回的騷動是毛澤東點的火，無法滅火的劉少奇，在六月九日和中國共產黨總書記鄧小平，一起飛往杭州市，尋求毛澤東協助收拾事態。

但是，毛澤東輕輕一揮手，敷衍地說：「讓它去亂不也好嗎？」對於工作組的事也曖昧地回答說：「沒必要急著派遣。」毛澤東因為短期內無意回北京，就冷冷地僅要二人見機行事（黃崢著《劉少奇冤案始末》，中央文獻出版社，一九九八年）。

劉少奇等人匆匆回到北京市，情勢已更加惡化。學校幹部、老師及學生在鬥爭大會上被以暴力拖出，甚至有人死亡、自殺。

被鬥死的家屬激憤的信連日地投到黨中央：「像這樣的事連封建社會也沒有！」「祈求這不是黨的政策！」

劉少奇被逼入困境中。

## 註解

【1】修正主義是指馬克思主義的異端，對以馬克思思想作爲理論支柱的共產黨黨員而言，被批判成「修正主義」，就是意味著「叛徒」。毛澤東批判了史達林的獨裁，也批判摸索著如何和美國和平共存的赫魯雪夫以來的蘇聯爲「現代修正主義」。毛澤東所謂的「修正主義者」，除了右派之外，也意味著「和蘇聯互通聲氣」的意思。

【2】有關劉少奇當時的行動，記載於祕書劉振德的回憶錄《我爲劉少奇當秘書》中（中央文獻出版社，一九九四年）。

# 3. 造反有理——「是誰鎮壓學生」

文化大革命發動了，由首都北京市的學校向全國擴大開來，在紅衛兵激進的「否定權威」浪潮下，學校陷入混亂。

在沒有得到毛澤東批准背書的情況下（毛澤東當時人正在離北京市約一千五百公里南方浙江省杭州市冷眼旁觀），黨副主席兼國家主席的劉少奇，爲了恢復學校秩序，從黨中央等處向學校派遣工作組鎮壓。

整個事件發展最高潮是六月十八日，才被解職的北京大學校長、北京大學黨委員會書記陸平和四十多位黨幹部、教師、學生，在校園內被激進的學生以「黑幫」之名揪出批鬥。這個黑幫意味著反革命、反動的集團。陸平的解職是毛澤東的旨意。

在被稱爲「鬥鬼台」、「斬妖台」的台上，有些人臉上被塗抹，頭被戴上三角帽，脖子上掛著寫上姓名與罪名的板子，也有衣服被扯裂受辱的女性。

獲悉學校騷動的工作組，立刻驅往阻止，召開全校大會，責難這種行爲是「無法無天的批鬥，傷害革命運動！」劉少奇在這個事件的公文上批閱說：「處理正確、迅速！傳下作（今後的）參考。」以黨中央名義流通全國。

然而，取代學校的黨委員會要指導「有秩序」的文化大革命工作組，和堅信自己才是忠實地實行毛澤東文化大革命的紅衛兵，互批對手爲反革命，衝突日益增高。

隨著衝突日漸高漲，被毛澤東冷冷的一句：「你自己看著辦吧！」甩在一邊的劉少奇，也不得不逐漸使出強硬手段。從派遣工作組起約二十天之間，在北京市的二十四所大學裡，一萬名以上的學生和數千名的教員，被工作組指爲右派、反革命；在那樣強大的壓力下開始出現自殺的學生。

北京市的清華大學校內，有一位擠在人群中看大字報，理著平頭的二十一歲青年，他是化學工程系三年九〇二班的蒯大富。

蒯大富在江蘇省的農家中長大，祖父是中國共產黨抗日戰士，他也以父母從建國之前即是老黨員爲榮，有著天不怕地不怕的性格。

蒯大富在一張大字報的空白處寫上：「革命的主要問題是奪權，現在權力在工作組手中。這個權力能代表我們嗎？若不是的話，就要奪權！」

六月二十一日，劉少奇之妻，即祕書王光美，以工作組成員身分來到清華大學。她是僅次於毛澤東在黨內位居第二的國家主席的夫人，許多學生期待她能傾聽學生們的意見，扮演和黨中央溝通的橋梁角色，蒯大富亦是其中一人。

蒯大富要求王光美出席隔天的班會，王光美爽快的答應了，因爲她想要知道這個以「反工作組急先鋒」知名的九〇二班的狀況。但是，當她聽說蒯大富主張奪權時，當天就取消出席。[1]

連歡迎準備都做好的九〇二班學生們，很是憤慨！蒯大富很快地在大字報上非難工作組，爲此工作組就動員了一部分教員及學生，組織示威，激烈地責難說：「把反革命分子蒯大富的狂妄攻擊打回去！」連續兩天開了批鬥大會。

蒯大富在清華大學被工作組攻擊而處於劣勢的六月二十四日，清華大學附屬中學裡出現了這麼一段話：「革命即造反，毛澤東思想的靈魂就是造反。」

當時，黨機關報《人民日報》正開始刊載著毛語錄：「馬克思主義的道理千條萬緒，歸根究柢就是一句話：『造反有理！』」

在文化大革命中最流行，並在一九六〇年代後半在全日本的校園鬥爭中，喧囂一時的口號「造反有理」，是一九三九年抗戰時期，在革命根據地延安，舉行史達林六十歲生日慶祝大會上衆人高喊的一句話。

毛澤東在發動文化大革命的數月前也這麼說：「中央機關要是搞不好事情的話，我就呼籲地方造反，進攻中央。」

「……應該把孫悟空送到全國各地去大鬧天宮。」全國各地的中學、大學裡出現紅衛兵，正是毛澤東所期望的「孫悟空」。

由毛澤東之妻江青等人的文革激進派所鞏固的中央文革小組，將北京市的狀況向遠在杭州市的毛澤東逐一傳報。

七月十八日，經過八個月之後在北京市現身的毛澤東，把劉少奇等人叫來，嚴厲地批判工作組的派遣。

「是誰鎮壓學生運動？只有（袁世凱的）北洋軍閥和（蔣介石的）國民黨而已！」

工作組的派遣，這種做法是辛亥革命及共產革命以前的敵人，也就是「反革命」者一樣的行爲。

這麼一批，劉少奇簡直像被潑了一大盆冷水一樣。

## 註解

【1】有關這次班會的情形，一九九八年，中國工人出版社所出版，由李曉文等人共著的《指點江山》等書有所描寫。

# 4. 祕密返鄉
## ——給江青同志：「文革是一個演習」

湖南省的韶山裡，有一塊三面被山圍繞的五平方公里的土地。以前這裡有一個經常滴水的小洞窟，因此這一帶叫做滴水洞。因爲環境幽靜，夏天很涼爽，所以最適合避暑。

一九六六年六月十八日下午，在由韶山通往滴水洞唯一的柏油車道上，有三台轎車、數台吉普車及小巴士疾馳通過。被嚴密警備保護著的轎車上，坐著一位身材魁梧的老人，是七十二歲的毛澤東。

韶山是毛澤東的出生地。少年時代追牛割草生活的滴水洞，令他特別想念。一九五九年，闊別了三十二年回鄉，來到滴水洞時他這麼說：「退休之後，要來這個安靜的地方結廬而居。」

一聽到這句話，中國共產黨的湖南省黨委員會就投入一億（日圓），在滴水洞建築了三棟別墅。工程是極機密地進行，一般人不可進入。建築物被假樹所遮蔽，從天空往下看不到建築物。

這回是第二次返鄉，四年前落成的別墅毛澤東第一次踏入。

毛澤東在滴水洞的別墅停留了十一天。三棟之中，稱作「一號樓」的灰色屋頂白壁平房，是毛澤東專用。毛澤東閉關於此，幾乎未見一人。

根據隨行的中央警衛隊張耀祠所寫的《張耀祠回憶毛澤東》（中共中央黨校出版社，一九九六年）所說，毛澤東在此或者讀書，或者過目一下每天從北京市送來的報紙及書籍文物；除此之外，一直陷入深思，有時看起來似乎滿懷焦慮的樣子。

這時毛澤東在描繪著無產階級文化大革命的藍圖。三星期前，毛澤東下令：「一掃所有牛鬼蛇神！」給文化大革命點了火。

呼應毛澤東口令而起的紅衛兵等運動，超過黨中央的預期而更激進，被視爲右派的黨及學校幹部們陷入暴力的人身攻擊。

黨副主席（兼國家主席）的劉少奇沒能掌握毛澤東的意向，以恢復秩序的理由組織工作組，派往學校去鎮壓秩序。

毛澤東從辦公室的抽屜中取出直行便箋，寫上：「給江青同志」，內說：「天下大亂而至大治」。

這可不是普通給妻子的信，而是毛澤東寫出了自己晚年的革命思想：摧毀既有社會思想，建立依自己的理想而成的社會。這封信也可以說是政治的遺書。

信上又說現在的任務是：打倒全黨全國主要（全部是不可能）的右派。

這時候，毛澤東對黨副主席兼國防部長的林彪暱稱「友人」，且加以重用；要打倒「主要的右派」，沒有軍方的支持是不行的。

五月在北京市召開的黨政治局擴大會議上，林彪做了大演講，即所謂「五一八講話」：「毛主席是廣泛運用馬克思列寧主義理論的無產階級天才。」把毛澤東完全地神格化了。

毛澤東給江青的信中又說：「我被推上高處，高到不同意也不行似的。」

毛澤東本來是反對個人崇拜的。但是，爲了讓群衆奮起，個人崇拜多少有一些必要。毛澤東在一九六五年美國新聞記者史諾所著《毛澤東自傳》一書裡這麼說。

一九五六年的第二十屆蘇聯共產黨大會上，第一書記赫魯雪夫對史達林做了批判的「祕密報告」。這個「祕密報告」激怒了毛澤東，作爲蘇聯偶像的史達林遭到徹底破壞，他的屍體也被撤走。這件事對同樣是共產國家領袖的毛澤東造成非常大的衝擊。

中國是不是也會像蘇聯一樣出現修正主義？

自己死後是不是也會有批判的祕密報告？會不會也被鞭屍？

「誰會是中國的赫魯雪夫？」毛澤東整個人被疑神疑鬼的念頭所襲。

毛澤東心裡想：自己一手所建立起來的黨，逐漸喪失了革命的先進性。黨中央的領導人當中，和毛澤東繼續革命路線對立的人不少，其中帶頭的是劉少奇和黨中央委員會總書記鄧小平。毛澤東在領導階層內日漸被孤立起來，毛澤東愈來愈覺得必須要把那些偏離了馬克思列寧主義之道的「修正主義分子」打倒。[1]

這次的文化大革命是認眞的演習。

——左派、右派、還有搖擺不定的中間派也好，都會得到教訓吧？

——結論：雖然前途光明，但道路是曲折的。

毛澤東對要發動的文化大革命下如此總結，這封長信在隔年的七月被送到江青的手中。

六月二十八日，毛澤東出發前往武漢，從此再也沒有回到滴水洞。

## 註解

【1】據說是以黨史和軍史等材料爲根據，天華所編著的《毛澤東與林彪》（內蒙古人民出版社，一九九八年）一書裡面，把毛澤東的心情做以上的推測。

# 5. 突返北京城
## ——批劉形勢逆轉

在一九六五年初中國共產黨主席毛澤東與美國新聞記者愛德加・史諾會談之際，鄭重其事的強調說：「不久就要見上帝去了！」

這件事在西方世界被報導，而新華社也把這件事向黨幹部傳達。因此，有一段時期領導階層內有人認為，毛澤東真的重病，死期不遠。

天華編著的《毛澤東與林彪》（內蒙古人民出版社，一九九八年）一書中指出一種可能性：毛澤東這句話是為了測試中國共產黨領導階層的反應而放的觀測氣球。事實上，一九六六年，有一說是中國共產黨領導階層內，有動作要把毛澤東變成（無實權）的名譽主席。

然而，把自己晚年的命運賭在打倒黨內外的「右派」及「修正主義」，以及無產階級文化大革命兩件事上的毛澤東，沒理由就這樣被奪去實權。

一九六六年夏天，毛澤東在南方經過一段長時間的沉默之後，突然轉而向全世界炫耀他的健在。

《人民日報》在七月二十五日報導了一件「特大的好消息」：毛澤東在湖北省的省會，遊賞了流過武漢市的長江，並以一小時又五分鐘游了十五公里。這是毛澤東閃電般的重出江湖。

根據毛澤東的中央警衛隊張耀祠所著的《張耀祠回憶毛澤東》一書，七月十六日在武漢市舉行「橫渡長江游泳大會」。在武漢市停留中的毛澤東，從快艇上校閱了參加者，自己也在護衛的陪同下，下水游了起來。【1】

在長江游泳後第三天，七月十八日，毛澤東出人意表地返回北京。這是從一九六五年十一月「南巡」以來，相隔八個月後的返京。

黨副主席兼國家主席劉少奇，立刻前往位在中南海毛澤東的居所豐澤園報告，但被以「主席已經休息了」的理由，拒絕接見。建築物前明明停著幾台來訪者的車，而且室內也燈火通明，劉少奇難以釋懷地離開。

其實，這時候毛澤東正在聽取陳伯達等中央文革小組的報告。一聽到「劉少奇正在鎮壓學生運動」一事，毛澤東猛拍桌子說：「這個文化大革命不繼續不行！不然的話，像赫魯雪夫（那樣的修正主義者）就要抬頭，中國共產黨也要變成資產階級了！」（李曉文等著《指點江山》）。

毛澤東就在不接受劉少奇個別報告的情況下，從十九日起，要劉少奇召開文化大革命狀況報告會。在報告會上，毛澤東對於為了壓制紅衛兵的行動，劉少奇等人組織工作組，派遣到校園一事，毫不留情地批判成是大錯特錯。毛澤東說：「害怕學生和革命的不是眞共產黨，是誰反對文化大革命？是美國帝國主義、蘇聯修正主義，是反動派；是誰鎭壓學生？是（袁世凱的）北洋政府，是（蔣介石的）國民黨！」

劉少奇沒料到會有這樣的批判。黨內產生矛盾時，一向都是派遣工作組來解決問題。這回工作組的派遣，毛澤東不也是沒反對嗎？

劉少奇先聽取黨中央相關責任者的意見，再考慮對應之道。結論是：「毛澤東並沒有否定工作組的派遣」但也承認「工作組中有做了錯誤的指導」。劉少奇想要把矛頭指向校園內的「黑幫」，讓工作組和造反學生站在同一戰爭陣線來鬥爭。劉少奇想藉著和學生聯合戰鬥來修正軌道。

毛澤東在二十四日起的兩天裡，召集黨政治局會議及中央文革小組，以強烈語氣放言：「工作組阻礙運動起壞作用，全都該開除職務。」

形勢驟然逆轉，反工作組的潮流勢不可擋，黨政治局擴大會議決定撤除工作組。四天後的七月二十九日，黨中央在人民大會堂召開北京市大學高專及大專學校的文化大革命積極分子大會。

有關會議的情形在李劍等人編的《關鍵會議親歷實錄》（中共中央黨校出版社）一書有所介紹。

中央大廳裡教師、學生把三層坐席都填滿了。黨中央總書記鄧小平、國務院總理周恩來，依序登台講話，各自承認工作組派遣的責任。接著劉少奇站了起來說：「把無產階級文化大革命幹到底，是我們黨中央的方針，只是一說到如何進行，你們也不太知道。你們問我怎麼革命？老實說，我自己也不知道。」

會場靜了下來，與會者對老老實實吐露自己困惑的中央首長的話感到不知所措，這時候與會者們並不知道，劉少奇因工作組問題，而被毛澤東嚴厲批判的事。

就在大會正要結束之際，毛澤東突然在會場出現，青年們親眼看見毛澤東本人而異常興奮，這和對劉少奇時的沉靜形成對比。激動的拍掌聲響不停，讚美毛澤東的雄壯歌曲和歡呼聲在大廳中迴響。「毛主席萬歲萬萬歲！」毛澤東一臉滿足地揮著手離開會場。

## 註解

【1】但是，在有毛澤東死亡之說的西方世界，對於毛澤東現身的報導，也從特別的意味上炒起了話題說：「毛澤東的泳速豈不比世界紀錄還快？」順便一提，即使到了今天，在傳記等書上記下的泳速數字，仍然是《人民日報》所報導的。

# 6.評《海瑞罷官》——上海起狼煙

〔一九六六年五月，中國共產黨的北京市黨委員會幹部被點名批判的震撼性大字報出現，激進的紅衛兵運動登場，肆虐中國全境。毛澤東爲了在黨與社會掀起大亂，藉此來對黨的權力結構加以重編，而設計的無產階級文化大革命，終於噴出火焰了。在此，有關「文革的導火線如何地準備呢？」這個問題就不得不加以觸及。這要回溯到半年前的一九六五年十一月。〕

晚秋的上海市，一部轎車從位於康平路的中國共產黨上海市黨委員會的大門，往外灘方向駛去。車子是要開去上海市黨委員會的機關報《解放日報》的印刷工廠。

車上載著的是江青，還有被稱爲四人幫的張春橋、姚文元，以及《解放日報》的總編輯及副總編輯。

這時候的張春橋是《解放日報》的指導上司、上海市黨委員會書記。《解放日報》的兩位責任編輯被張春橋急喚道：「快來，有一篇急著要排版印刷的論文！」

這兩人除了被告知「最高機密」與「一個標點符號也不許錯」兩句話外，論文內容一概不知，哪裡知道這一篇論文會是「無產階級文化大革命」的導火線。

寫論文的姚文元是《解放日報》的編輯委員兼文藝部主任。有一位左翼作家父親的姚文元，自己是一位以批判聞名於世的青年文藝評論家。

副總編輯想起，約半年前姚文元曾說：「因為市黨委託我寫文章，所以想請假。」一事。但是沒聽說什麼特別的理由，或許就是在埋頭撰寫這一篇論文吧！[1]

在印刷工廠裡，姚文元從手提包中取出厚疊的草稿，論文題目是〈評新編歷史劇《海瑞罷官》〉。

論文在幾天後的一九六五年十一月十日，首先在上海市的《文匯報》刊載，《解放日報》則晚兩天。不只是《解放日報》，張春橋在《文匯報》也有影響力。這篇論文正是影響力遠及此後十年的狼煙。

《海瑞罷官》這本書，是北京市副市長，同時也是明代史的專家吳晗，在一九六〇年所書寫的平劇劇本書名，姚文元的論文所批評的就是這一本書。

海瑞是中國明代嘉靖皇帝時代（一五〇七〜一五六六）的一位高官，他因為大膽直率地指責皇帝不顧百姓，觸怒了嘉靖皇帝，而遭到罷官下獄。

姚文元在他的論文裡，把《海瑞罷官》這本書和吳晗寫這本書時的右派風潮結合起來，展開對他的批判。姚文元批判吳晗對封建時代的官僚加以肯定的描寫，這種做法是「把地主階級國家加以美化，宣傳不需要國家的階級調和論」；《海瑞罷官》這本書是反對無產階級專政的社會主義的「大毒草」。

姚文元這一篇論文剛發表的時候，歷史學界、文學界都沉默不語。但不久後便開始在北京以及各地的報紙上轉載。每一個人都覺得這單純只是學術上的論爭，甚至有更多的人，根本不認爲是學術上的論爭。

不過，在檯面下超過學術論爭的政治鬥爭開始了。

在北京市中國共產黨幹部等人所居住的中南海福祿居裡面，姚文元的論文被一字一句地唸著。這個人就是黨副主席兼國家主席劉少奇。[2]

劉少奇叫祕書們去找吳晗所寫的《海瑞罷官》，他把一九六一年所出版的這本書細細地讀過。窗台高掛著紅色的窗簾，排列著很多從古典到現在的書籍。劉少奇陷入了沉思，這時他的太太王光美進來了。

「剛才彭眞同志打電話來，他要問你對於姚文元批判《海瑞罷官》這本書的看法。」

彭眞是中國共產黨人之黨內排名第九位的政治局委員、北京市黨委第一書記兼北京市長。副市長吳晗突然在上海市被人點名批判，彭眞沒有理由沉默不言。

聽到王光美的話，劉少奇張開眼睛。

「你怎麼回答呢？」

「劉少奇同志還沒有讀這篇文章，而且對吳晗不太認識，因此要對此發表意見有困難。我這樣說可以嗎？」

劉少奇站起身來，一面慢慢的走著，一面好像自言自語地說：「現在只能這樣回答，姚文元對《海瑞罷官》的批判文章，毛主席是支持的。」

接著，劉少奇吩咐王光美說：「所以對別人說的時候，要格外愼重。」

劉少奇實際上並不知道毛澤東是不是真的支持，但是對毛澤東的陰影他是敏感地感受著。論文發表的一九六五年，毛澤東幾乎不在北京市，而是巡迴南方。要是叫毛澤東自己來說的話，忘了革命精神的當權派，一手獨攬大權的把北京市變成了「水滲不透、針插不入的修正主義的獨立王國」。

毛澤東在一九六五年九月的中央工作會議上，一面假想說：「如果中央出現修正主義的話」；一面放重話說：「希望地方起來造反」。

暫時回到北京市的毛澤東，在《文匯報》刊登姚文元論文的三天後，再度搭乘專用列車南行。經過了華東地方的山東、安徽、江蘇各省，不到一週，抵達了上海市。那裡是妻子江青及張春橋的「基地」。

## 註解

【1】歷史作家葉永烈曾訪談了多位姚文元身邊的人物，在《姚文元傳》一書中對當時的狀況有所描寫。

【2】在李健所編著的《紅船交響曲》（中共黨史出版社，一九九八年）一書裡有這樣的描述。

# 7. 拒絕「諫言」

## ——「左派的『海瑞』才歡迎」

「批判副市長，卻連市委會也不打個招呼，想幹什麼呢？」

北京市長彭眞對文藝評論家姚文元的論文，突然在上海市發表，甚爲不滿。那篇文章是批判副市長吳晗在五年前所寫的歷史劇《海瑞罷官》。

彭眞是中國共產黨政治局委員、北京市黨委員會第一書記，是黨的最高首腦之一。自己的直屬部下被指名批判，而且上海市《文匯報》（一九六五年十一月十日出刊）及《解放日報》（十二日出刊）上刊載論文的批判是「對一位進諫皇帝的封建官僚加以美化，這是右派分子想讓資本主義復辟的陰謀的反映」如此「欲加之罪，何患無辭地找碴」。

在黨中央的「實務問題處理」等方面，彭眞與黨副主席兼國家主席劉少奇身分相近，彭眞想打電話聽聽他的意見，不過，這時候電話連不上。此時北京市黨委員會的機關報《北京日報》社長范瑾打電話來，請示彭眞關於姚文元的論文，要不要也在《北京日報》上轉載。

彭眞心想：一介文藝評論家，對著名的明代史研究者兼北京市副市長的著作正面切入批判，此事可不簡單。背後應有某個政治意圖在運作著不是嗎？

毛澤東的中國共產黨裡，有這樣的一段過去：打從革命根據地的延安時代以來，在策劃要拉下反對派時，往往藉文藝批判之名為始。范瑾懷疑此事亦是如此，為了探查背景，他打了兩次電話給刊載姚文元論文的《文匯報》內的熟人，但對方都婉拒回答。

最後，彭真對范瑾的提問回答：「那又不是《人民日報》（黨中央機關報）的重要社論，沒必要去轉載。」（葉永烈著《江青傳》）。

在彭真打電話來之前，已密切注意姚文元的論文而加以詳讀的劉少奇，雖然更強烈的感受到此事背後有黨主席毛澤東的陰影，但其真意無從臆測。因此，並沒有特別指示在中央層次的報紙上轉載。

首先有動作的是黨內掛名僅次於毛澤東、劉少奇，居第三位的黨副主席兼國務院總理周恩來。在姚文元的論文發表之後，周恩來從毛澤東打來的電話，知道此論文與毛澤東好像有關係（嚴家其、高皋著《文化大革命十年史》）。

兩年前，毛澤東指示發動「整風」，為了一改文藝界流行著的「非革命」風潮。黨中央雖然設了以彭真為組長的文化革命五人小組，但彭真等人幾乎沒有什麼活動。

對於姚文元的論文，彭真也不認為吳晗所寫的《海瑞罷官》一書有問題。不過，既然周恩來已出面勸說，因此彭真在十一月二十八日召集了黨中央宣傳部及北京市黨委員會的負責人來開會，決定讓北京市的各報紙轉載姚文元論文。

即使如此，彭真說：「（姚論文裡）不管有什麼理由，真理之前，人人平等。」指示轉載姚論文的各報紙編輯，要他們加按語，指出《海瑞罷官》的問題不是政治鬥爭，而是學術討論，並且要求被姚文元直呼其名的「吳晗」二字，加上「同志」字樣。

隔天，也就是姚文元論文發表的第十九天，好不容易在北京市的《北京日報》及黨中央軍事委員會機關報的《解放軍報》也轉載論文，後來《人民日報》等也跟進。

雖然姚文元批判吳晗太美化海瑞，但曾經出言稱讚海瑞的人，其實是毛澤東。

六年前的一九五九年四月，在上海市看湘劇的毛澤東，被海瑞強諫皇帝惡政的場面所感動，說：「海瑞雖然罵了皇帝，這是出於忠心。諫言不阿，這種海瑞精神，不可不加以提倡。」

對黨內不太說眞話的風潮，毛澤東曾加以批判，他指示祕書胡喬木（在文化大革命時失勢，但後來成爲中國社會科學院院長、黨政治局委員）宣傳海瑞。吳晗之所以寫有關海瑞的文章，胡喬木的請託是一個契機。

首先，吳晗在《人民日報》上發表〈海瑞罵皇帝〉一文，接著七月時寫了〈論海瑞〉一文送到胡喬木宅。這時胡喬木離開北京市，在江西省的盧山開黨政治局擴大會議。

但是，在這個會議上，政治局委員兼國防部長彭德懷向毛澤東提出意見書，指摘所謂大躍進時期激進政策的偏鋒，招致毛澤東的憤怒。接著，在盧山召開的中國共產黨第八屆八中全會上，被打成「反黨集團」的頭頭而失勢。

這時候，毛澤東警悟到黨領導階層內的氣氛是和彭德懷同調而愕然若失，陷入強烈的失權危機感中。這件事成了作爲權力鬥爭的文化大革命發動的原因。

不過在此不詳談。

毛澤東一面接受彭德懷的諫言，一面究責此事時，再度提出海瑞說：「我又提倡海瑞，又不喜歡海瑞；右派海瑞說的不聽，左派海瑞我歡迎。站在馬克思主義的立場批評缺點，是對的！」

毛澤東所害怕的是：自己曾經稱讚過的海瑞對皇帝的諫言，會和彭德懷給自己的意見書相提並論。

從廬山回到北京市的胡喬木，看了外出時寄來的吳晗〈論海瑞〉一文。此時，毛澤東雖然還在提倡著海瑞精神，但也未必因爲稱讚海瑞諫言，而就接受彭德懷的指摘。

胡喬木爲了愼重，在吳晗的論文中加上一段含有「海瑞和彭德懷不同」意味的「海瑞不是右派」，然後才發表。

這篇文章後來也沒出問題。吳晗受北京京劇團的名角馬連良之請寫了歷史劇，海瑞罷官的劇本這時候也沒出問題。冷箭突然飛出，強硬主張批判吳晗的是毛澤東的妻子江青。

# 8. 瞄準當權派——過錯徹底攻擊

最先看了《海瑞罷官》這一齣平劇，而向毛澤東進讒言說：「這裡面有重大的政治過失。」的人就是他的妻子江青。那是一九六二年的事情，三年之後，江青叫文藝評論家姚文元在批判《海瑞罷官》的論文裡寫到：「對一位進諫皇帝的封建時代官僚加以美化，是右派分子想要讓資本主義復活的陰謀。」

毛澤東最初是把江青的話當作耳邊風，但是後來毛澤東的想法改變了。陳明顯在自己所著的《晚年毛澤東》（江西人民出版社，一九九八年）這本書指出，國內和國外的情勢上有兩個重要原因。

在國內方面，毛澤東自己所發動的「大躍進」激進經濟政策失敗了。毛澤東感受到，企圖要採取務實路線來恢復國民經濟的黨副主席兼國家主席劉少奇，以及黨中央委員會總書記鄧小平等「當權派」（這個名詞是後來毛澤東給劉少奇貼的標籤），逐漸形成了多數派。

一九六六年三月底，在上海市西部的別墅和康生見面的毛澤東，批判彭眞等人的「二月提綱」對於階級區分馬馬虎虎，是非不分，並說彭眞所領導的北京市黨委員會也好，五人小組也好，全都該解散。

四月十六日，毛澤東突然在杭州市召開中央政治局擴大會議。大多數的人還在悶葫蘆中，倒是彭眞已察覺到開會的理由：「我出事了。」根據黨中央委員會蕭克等著的《我親歷過的政治運動》（中央編譯出版社，一九九八年）一書，彭眞一到杭州市，立刻求見毛澤東，但是並未被接受。

在這次的杭州會議上，彭眞等人的「二月提綱」受到全面的批判，決定取消。好像要開始對彭眞展開追打似的，毛澤東說：「彭眞想要以自己的世界觀來改造黨，可是潮流是相反的。他犯的錯誤，不徹底地攻擊不可。」

出席會議的各地方黨委員會書記們，雖然和彭眞住同一間旅館，但很快地，再也沒人和彭眞並肩走路，或者交談。

不足半月以後的五一勞動節慶祝活動裡，在北京天安門閣樓上並排露面的黨領導階層中，沒有彭眞的身影。身居黨內排名第九，黨最高領導階層一員的彭眞失勢了。然而，這只是不久之後開始的大規模整肅運動的小小開幕式而已。

# 9. 彭眞解任 ——權力鬥爭，開始了

吳晗在五年前所寫的歷史劇《海瑞罷官》，被姚文元的論文定位爲「反社會主義的毒草」，並在一九六五年十一月於上海市發表。這件事的背後指使者是毛澤東之妻江青。

中國共產黨主席毛澤東以這個文藝批判爲突破，對黨領導階層內的右派展開攻擊，開始了政治鬥爭。這是文化大革命的導火線。

毛澤東的攻擊不只是針對吳晗一人而已，在北京市黨委員會機關報上，連同吳晗以古諷今寫隨筆《三家村札記》的人民日報總編輯鄧拓，以及北京市黨委員會統一戰線部長的廖沫沙，也遭批判波及。

這時候，毛澤東等人的眞正目標其實是黨政治局委員，正領導著北京市黨委員會的北京市長彭眞。

毛澤東等人對文藝界的批判是：「安居資產階級的世界，忘記站在人民立場的精神。」這句話也適用於對黨內右派的批判。

彭眞想把批判吳晗等人的問題，止於「學術論爭」，以迴避政治鬥爭來守住自己的立場，但他的這種姿態遭到毛澤東糾彈。一九六六年五月四日起，在北京市召開的黨政治局擴大會議上，彭眞被解除了包括北京市長在內的一切職務。[1]

彭眞被解任的政治局擴大會議的最初全體會議上，聚集在人民大會堂的政治局委員們，注意到明亮的桌子上放著一張紙片，紙上寫著大大的字：「我證明以下的事情：『葉群和我結婚的時候是純潔的處女，結婚後一直是品行方正。』」

葉群後來成爲黨政治局委員，是國防部長林彪之妻。紙條上的字是林彪的筆跡。

「發這個幹什麼？拿掉！」中央軍事委員會副主席聶榮臻怒形於色，紙片立刻被收回。

這個會議的情形，在取代彭眞成爲北京市黨委員會第一書記的李雪峰自己所寫的《我親歷過的政治運動》一書中，有所描寫。

林彪之妻葉群，一直以來就有關於品行方面的流言。黨中央宣傳部部長陸定一之妻嚴慰冰，匿名寄給葉群二十三封信，死纏不放地加以檢舉。

會議召開前，嚴慰冰被以「反革命」罪逮捕，陸定一也遭到有所參與的嫌疑。

林彪藉著在會場分發的「證明書」來證明嚴慰冰在反革命匿名信中所寫的事，全是惡意宣傳。

陸定一在這個政治局擴大會議中，和彭眞一樣被解除一切職務。身爲由彭眞擔任組長的文化革命五人小組之一員的陸定一，在批判吳晗的問題上，被冠上「強力擁護吳晗」的罪狀。這個處分顯然是林彪有所指示。

在會議上成爲文化大革命指導綱領的「五一六通知」獲得採納。一切都好整以暇的毛澤東，留在杭州市不動如山，透過政治局候補委員康生，詳細地掌握會議的情況。

在這個會議中，被解除職務的不只彭眞和陸定一兩人而已。

一年前，人民解放軍總參謀長的羅瑞卿從積極防衛的立場，主張軍隊近代化。這與國家主席劉少奇及七年前因向毛澤東提意見書而遭解除國防部長職務的彭德懷，立場相同。但卻和信奉「攻勢包圍」的人民戰爭方式的毛林路線不合。

和林彪曾一時瑜亮的羅瑞卿，反對一直遵循毛澤東的意向，發述「軍事訓練太緩慢」的意見，被林彪夫妻等人批判爲「敵視毛澤東思想的野心家」。在一九六五年十二月羅瑞卿被叫到上海市，接受隔離審訊。就在申辯的機會也沒有的情況下，在北京市開的彈劾會議受到激烈責難。因此自大樓跳下左腿骨折，自殺未果。

另外一九六五年十一月，情報統合機關的黨中央辦公處主任楊尙昆突然被解任，他被指控濫設竊聽器，要外人抄寫機密文件等事情，被以洩漏機密罪論處。

林彪在政治局擴大會議的演講中，把彭眞、陸定一、羅瑞卿、楊尙昆四人打成「反革命集團」，說：「他們心懷陰謀，到現在還想著殺人。」

在文化大革命中，這四人常常受到紅衛兵的殘酷拷問及迫害。在江青等四人幫被逮捕後，終能熬過苦海恢復名譽復出。彭眞任全人代常務委員會委員長，陸定一任全國政治協商會議副主席，羅瑞卿任中央軍事委員會祕書長，楊尙昆甚至當上國家主席。

在政治局擴大會議中，批判吳晗歷史劇的姚文元，發表了檢舉吳晗、鄧拓、廖沫沙的〈三家村〉文集。

鄧拓在北京市內的自宅裡，留了兩封遺書給自己的妻子及彭眞，抱著悲憤，結束了五十四歲的生命。他是毛澤東發動的文化大革命中，被逼死的第一位犧牲者。他的遺書如此地作結：「偉大光榮，堂堂正正的中國共產黨萬歲！我們敬愛的領袖，毛主席萬歲！」（葉永烈著《姚文元傳》）。

## 註解

【1】「彭眞解職」之事未馬上被公開，到了六月三日才發布消息：北京市黨委員會改組，來自黨中央華北局第一書記的李雪峰取代彭眞，就任北京市委第一書記。

日本的報紙只是把這件事，視爲「因爲文藝批判的責任問題而失勢」。《產經新聞》的柴田穗則判斷認爲是「權力鬥爭的開始」。只有《產經新聞》以附解說的頭條報導，醒目地做新聞處理。

柴田穗緊接著以北京支局長身分赴任，但在隔年的一九六七年被以「從頭到尾反中國報導」爲理由，受到驅逐出境的處分。自此《產經新聞》北京支局長的派任被關閉了持續三十一年。

# 10. 我的大字報
## ——發表打倒劉少奇宣言

〔到目前為止的第二部，依時間將發生事件先後整理一下。〕

由於激進的工業化及農業集體化等經濟建設的失敗，引起中國共產黨黨內的不滿情緒高漲。面對這種情形，黨主席毛澤東為了向社會全體再度引發革命的熱情，並藉此一掃反對派，於是決心發動無產階級文化大革命。

遠離北京市的毛澤東，在一九六五年十一月，首先藉文藝批判的形式，燃起攻擊反對派的狼煙。一九六六年五月，讓黨中央採認文化大革命的指導綱領，鼓舞年輕人勇於打破現狀來獎勵「造反」，因此促成了藉大字報及紅衛兵來破壞舊秩序的風潮。

經過這樣對黨內的反對派舖下了天羅地網的包圍後，一九六六年七月，毛澤東在離開北京市八個月之後，又現身北京市，公然開始向黨中央發動攻擊。

再回到北京的毛澤東，從一九六六年八月一日起，在北京的人民大會堂，召開了中國共產黨第八屆中央委員會第十一次全會，與會者在八月七日全會中看到了會場上分發的資料，大吃一驚。

標題這麼寫著：「我的一張大字報，砲打司令部」，這是毛澤東寫的，作爲政治討論的基礎，露骨表現的「命令文」如此寫道：

「一部分的領導階層同志，得意洋洋地從反動的資產階級立場來砸毀文化大革命運動，打擊無產階級的士氣，眞是可惡。」

雖然沒有指名，但毛澤東是在攻擊黨副主席兼國家主席劉少奇的「司令部」，這誰都看得出來是公然的打倒宣言。

這篇文章本來毛澤東是寫在八月二日的《北京日報》頭版的空白處。當時，那個版面正轉載著《人民日報》稱頌文化大革命的社論：「橫掃一切牛鬼蛇神。」毛澤東順手以草書寫上打倒宣言的原稿，叫祕書重新工整謄寫，指示加以印刷分發。[1]

這次全會異例頻出。

除黨中央委員及候補委員一百四十一人的正規資格者之外，在文化大革命中，首先在大學校園內張貼大字報的激進派北京大學講師聶元梓等人，也在「革命的教師、學生代表」四十七人的參加之列，甚至連非中央委員的毛澤東之妻江青等人的中央文革小組成員也加入。會議的情況在李劍等編的《關鍵會議親歷實錄》（中共中央黨校出版社，一九九八年）記之甚詳。

劉少奇一開始進行政治報告，會場立刻包圍在緊張的氣氛之中。因爲毛澤東在劉少奇報告過程中嚴詞詰問，所有的與會者對黨內排名第一、第二人物的交手都屛息靜聽。

毛澤東不在北京的期間，文革激進派的過度激烈活動擴大之際，劉少奇組織「工作組」派遣到各地鎭壓，這個做法的是非問題成爲會議上的焦點。

當時，劉少奇沒有意會到毛澤東的想法，在他看來，他自己是努力地在推動著有秩序的文化大革命。可是毛澤東卻以嚴厲口氣批判：「百分之九十以上的工作組完全錯誤，鎮壓群眾、妨害運動，帶來壞的影響。」

在接著的分會當中，中央委員們相繼自我批判。到了八月四日那天，毛澤東變更預定程序，召開政治局擴大會議，再度嚴厲斥責工作組的派遣是「路線的錯誤」。當劉少奇自我批判說：「主席不在，主要的責任在我。」時，毛澤東厲聲說：「就是你在北京搞獨裁，幹得好哇！」

葉劍英（中央軍事委員會副主席）試著緩頰說：「我們有毛主席的指導，也有幾百萬的軍隊，不怕什麼牛鬼蛇神。」毛澤東還是滿臉峻色說：「牛鬼蛇神就在座上！」

第八屆十一中全會過了預定的五天會期之後仍未結束。在正規的與會者之外的激進派人員湧入的異樣氣氛當中，「關於無產階級文化大革命的決定」在八日那天被大會採納。「展開中的無產階級文化大革命，是觸動每個人靈魂的大革命，是我國社會主義革命的新階段」，以這個宣言為首的決定（簡稱十六條），強調「打倒黨內走資本道路的當權派」是運動的主眼。

這時候，劉少奇在中南海的自宅內閉關，在中庭及辦公間的走廊默默地來回踱步。本來就已沉默寡言的他，變得更加沉默了（劉振德著《我為劉少奇當秘書》，中央文獻出版社，一九九四年）。

八月十二日，毛澤東作出了更驚人的舉動。他突然提案改組黨中央機構，雖然與會者都很驚訝，卻沒有人提出反對意見。政治局委員、政治局常務委員開始進行投票，但是名單是毛澤東擬定的，他的排名和選舉的結果沒有關係。

## 中國共產黨第8屆11中全會所決定的黨政治局的官方排名（1966年）

| 【舊】 | | 【新】 |
|---|---|---|
| | 【政治局常務委員】 | |
| 1 毛澤東 | 1（1） | 毛澤東 |
| 2 劉少奇 | 2（6） | 林彪 |
| 3 周恩來 | 3（3） | 周恩來 |
| 4 朱德 | 4（一） | ●陶鑄 |
| 5 陳雲 | 5（21） | ●陳伯達 |
| 6 林彪 | 6（7） | 鄧小平 |
| 7 鄧小平 | 7（22） | ●康生 |
| | 8（2） | 劉少奇 |
| | 9（4） | 朱德 |
| | 10（11） | 李富春 |
| | 11（5） | 陳雲 |
| | 【政治局委員】 | |
| 8 董必武 | 12（8） | 董必武 |
| 9×彭眞 | 13（10） | 陳毅 |
| 10 陳毅 | 14（13） | 劉伯承 |
| 11 李富春 | 15（14） | 賀龍 |
| 12×彭德懷 | 16（15） | 李先念 |
| 13 劉伯承 | 17（16） | 李井泉 |
| 14 賀龍 | 18（17） | 譚震林 |
| 15 李先念 | 19（一） | 徐向前 |
| 16 李井泉 | 20（一） | 聶榮臻 |
| 17 譚震林 | 21（一） | 葉劍英 |
| | 【政治局候補委員】 | |
| 18 烏蘭夫 | 22（18） | 烏蘭夫 |
| 19×張聞天 | 23（23） | 薄一波 |
| 20×陸定一 | 24（一） | 李雲峰 |
| 21 陳伯達 | 25（一） | 謝富治 |
| 22 康生 | 26（一） | 宋任窮 |
| 23 薄一波 | | |

×代表失勢　●代表中央文革小組成員　（）內是舊排名

劉少奇雖然仍是國家主席，但在黨內排名由第二名掉到第八名，失去在黨中央的實權。另一方面，原本第六名的政治局常務委員林彪躍升為第二名。常務委員雖然增為十一人，但所增加的四人中，陳伯達等三人是文革激進派的中央文革小組成員。

這麼一來，黨中央的領導機構就如毛澤東之意，大幅改組，會議就在當天結束。再度回到第一線的毛澤東從此更加神格化，與此並行的是由狂熱邁向高峰期的文化大革命。

## 註解

【1】毛澤東在中南海到處張貼「砲打司令部」的大字報，這是一般的說法；但是，第一張是在會場上發出的。根據毛澤東的警衛隊隊長陳長江等人的回憶錄《毛澤東最後十年》，大字報在會場一分發，毛澤東的工作人員數人立刻以墨筆寫紅紙，在中南海顯眼易見的大餐廳外頭張貼。這是一般說法誤解的原因所在。

# 11. 百萬人的狂熱
## ——欲將人民思想革命化

北京中心地帶廣大的天安門廣場放眼所見，全被人和旗幟所填滿。據官方發表有一百萬廣大群衆，個個都張大眼睛，拚命地追逐著站在天安門樓閣上的毛澤東身影。

異常熱烈的氣氛支配了空間與時間，這股氣氛反過來再投射到群衆裡，把狂熱更加煽動起來。

「毛主席萬歲！毛主席萬歲！」喊叫聲不輟，持續不已。

在中國共產黨主席毛澤東周到的準備下，無產階級文化大革命的導火線已燒到了彈藥庫，終於引起了大爆發。

一九六六年八月十八日召開的「慶祝文化大革命群衆大會」，一早開始微風輕吹，天氣晴朗，對盛夏的北京來說，這是一個宜人的天氣。

毛澤東心情開朗的在天安門閣樓上揮舞著軍帽，毛澤東的妻子江青也在場。雖然，江青在十年後毛澤東死去時，立刻以文化大革命激進派四人幫之首被逮捕了，但眼前的江青是推動文革的急先鋒，站在得意的頂峰。

距離開會兩小時前的上午五點，東方的天空被朝霞染紅。在黨國機關及重要人物住宅遍布的中南海，自前一晚就沒睡覺的毛澤東，一大早便坐上車，指示立刻開往天安門。

毛澤東抵達時，雖然會場還在準備之中，但黎明前微暗的廣場上，已經集結了數十萬人。這些是來自全國，以大、中學生爲中心，支持文化大革命的紅衛兵。

「我要去看看，走！到群衆中去！」就在侍衛一片緊張中，毛澤東從天安門樓閣上乘專用電梯下到地面，毫無預警地在紅衛兵面前現身。

「那是毛主席嗎？」「眞是毛主席本人嗎？」稚氣尚存的紅衛兵們，彼此面面相覷，鼎沸的人聲在廣場擴大開來。

毛澤東對一臉難以置信的紅衛兵們，揮揮手回應滿臉笑容。只一瞬間，歡喜迸裂開來。「是毛主席！」人人手舉《毛語錄》，一面大叫「毛主席萬歲」，一面無數手伸出，要求握手，把毛澤東團團圍住。

感受到混亂危險的侍衛們，向毛澤東建議該折返了，但毛澤東卻更往前走去。

警衛們也被狂熱的紅衛兵包圍，連身子都動不了。這時候，中央警衛隊的機動部隊到來，圍起人牆把紅衛兵們分開，毛澤東終於回到群衆沒有辦法進入，位在警戒區域的金水橋。「東方紅，太陽升，中國出個毛澤東。」天安門廣場上，歌頌毛澤東與黨的東方紅歌曲與日出一起流洩。浸在旭日中的天安門樓閣上，在東方紅的歌聲中，穿著綠色人民解放軍軍服的毛澤東站立著，眞是一場巧妙的演出！

根據毛澤東的侍衛陳長江等人共同寫作的《毛澤東最後十年》（中共中央黨校出版社）一書，一九四九年中華人民共和國建國以來，一直愛穿中山裝的毛澤東，在慶賀大會的前一天深夜，突然說

「要穿軍服」。

沒有合適的軍服給魁梧體格的毛澤東穿，黨中央辦公廳主任汪東興等貼身侍衛人員，向軍方的總後勤部尋求協助。但因時值深夜，負責人不在。後來找到和毛澤東身材相似的中央警衛隊中隊幹部劉雲堂的軍服，毛澤東很快地試穿，甚為滿意。

十八日上午七點半，毛澤東在黨副主席兼國防部長林彪及黨副主席兼國務院總理周恩來等國家最高首腦的跟隨之下，站立在天安門樓閣上。

黨副主席兼國家主席劉少奇雖也在場，但劉少奇在六天前才閉幕的中國共產黨第八屆中央委員會第十一次全會上，被毛澤東嚴厲批判「鎮壓學生運動」。儘管沒被指名道姓，但「（修正主義的）司令部」已成為要被打倒的對象。

參加這一次慶祝大會的領導人名單，在第二天被報導了。人人皆知劉少奇從原本僅次於毛澤東的第二名掉到第八位的巨變。

開會宣言由黨中央宣傳部副部長兼黨中央直屬的中央文革小組組長陳伯達宣讀。他讚美毛澤東是「偉大的領導人」、「偉大的教師」、「偉大的舵手」。接著，起來講話的是林彪，他進而給毛澤東加了頭銜：「文化大革命的最高司令官是毛主席，毛主席是統帥。」

語調高昂的林彪把紅衛兵定位為「文革的急先鋒」，呼籲他們要破壞舊有的思想、文化、習慣。兩相對照之下，周恩來則說：「以互相學習、互相支援為基礎，進行革命經驗的交流，強化團結。」始終保持低調。

二人的講話稿，毛澤東事前已經過目。被後人評價為「點燃火藥的林彪」與「消防隊的周恩來」兩人，毛澤東巧妙地分配了他們角色。但在這時候，毛澤東自己並沒有要鬆開文化大革命油門的意思。

歡欣與興奮鼎沸中的紅衛兵們開始遊行，毛澤東對林彪說：「這回的運動規模很大，確實能夠使群衆奮起。對全國人民的思想革命化，有巨大意義！」（董保存著《走上天安門》，中國青年出版社，一九九八年）。

天安門樓閣上，紅衛兵代表中有一千五百人獲准登樓。會議經過三十分鐘時，其中有一人進入樓閣。

貼身侍衛靠近毛澤東耳朵說：「有紅衛兵請求向你佩戴臂章。」毛澤東笑著伸出左腕。北京師範大學附屬中學的女紅衛兵宋彬彬，把紅布爲底橘色紅衛兵字樣的臂章，戴到毛澤東手腕上。

毛澤東這時候對宋彬彬說：「彬彬是文質彬彬的彬嗎？『要武』嗎？」宋彬彬一聽立刻改名字爲「要武」。這革命美談隔天在各大報紙一起被報導。

從那一天起，紅衛兵像大風暴一樣的破壞力道，向全中國覆天蓋地而去。

# 12. 破四舊——瘋狂破壞，蹂躪全中國

在天安門廣場的百萬人集會上，受到中國共產黨主席毛澤東的鼓舞，揚起激進的社會改造精神的紅衛兵，壓抑不住高昂的氣氛，穿著軍服走出北京市中心。

一九六六年八月十九日，百萬人集會之後，才經過一夜北京市第二高中的紅衛兵所寫，題爲「向舊世界宣戰」的大字報，貼遍了北京市的街頭。

紅衛兵們以「我們是舊世界的批判者」自任。黨副主席兼國防部長林彪所呼籲的「打破所有舊思想、舊文化、舊風俗、舊習慣」的所謂「破四舊」，在此被紅衛兵高亢地發揚了。

在向世界宣戰的布告形諸大字報那一天，位在天安門廣場南面的前門大街上的北京烤鴨老店「全聚德」，被北京第二、第二十五、第六十三中學的中學生占據，人人大叫：「到底是誰說可以吃這麼貴的菜呢？勞動人民不要這個！」

紅衛兵以「資本家榨取人民血汗的象徵」，把寫了七十多年歷史的全聚德招牌扯下來，換上了寫著「北京烤鴨店」漆塗的木質招牌。

紅衛兵接著把店內的山水畫一幅幅扯破丟下，又從「讓革命徹底化」的同伴中，選出「治安員」及「毛澤東思想宣傳員」，在他們的指揮下，烤鴨店的作業員們把《毛主席語錄》張貼在店內。

中央美術學院附屬中學的紅衛兵，襲擊了位在琉璃廠有名的書畫文具古董名店「榮寶齋」。根據嚴家其、高皋所著的《文化大革命十年史》，紅衛兵把店定罪爲「專爲資產階級的千金、公子、太太、主人及反動的學術權威服務的店」，把這個有傳統的店招牌改掛爲「人民美術出版部第二販賣部」。

爲了使舊世界的景象一新，紅衛兵不只對店鋪，也對市內各地的設施和街道的招牌貼紙、街道名稱一路改下去。

比如：東安市場用毛澤東說過的「東風（共產主義）壓倒西風（資本主義）」一句話，改爲「東風市場」，同仁醫院被改成「工農兵醫院」；通過天安門廣場之前，橫貫北京東西的長安大街，從毛澤東讚歌中取材，改名「東方紅大路」；沿途有很多外國使館的東交民巷，被改成反帝路；被中國檢舉成修正主義的蘇聯大使館所在的揚威路，被改成「反修路」。

這種行爲一瞬間擴大到地方去。四川省成都有名的麻婆豆腐發祥地，也湧入紅衛兵。招牌上的「陳麻婆」三字被削掉了，因爲傳統名稱的麻婆豆腐和舊社會牽扯，所以只採用了指四川之辣的「麻辣」，而店名改成可以紀念文革勝利的「文勝飯店」。

紅衛兵的破四舊、立四新（新思想、新文化、新習慣、新風俗）的對象，不只是封建社會的舊弊而已，還要「破壞、革命」那些被視爲散發資本主義及修正主義臭味的一切。但是那樣的思考模式，其實是極端、舊式、僵硬化的。因此，有時連幼稚而滑稽的行爲也作出來。

有一個紅衛兵組織甚至說：「（紅色）明明是革命的象徵，看到紅燈卻要停下來，眞奇怪！」結果，造成多件交通事故。終於，國務院總理周恩來看不下去，站出來勸說紅衛兵：「好好想一想今後建設的方法！」（《文化大革命十年史》）。

另外，紅衛兵認爲牛仔服、長髮、燙頭髮等，和他們所主張的革新性相差太遠，毋寧是飄著「反近代性」的色彩。在紅衛兵的行動裡，人權甚至和無產階級的思想分道揚鑣。八月二十三日，作爲「破四舊」的一環，紅衛兵將保存在北京市文化局裡演戲用的大小道具，全搬到北京市的孔子廟裡放火燒了。文化局的負責人及著名的藝術家們，三十人以上被批鬥，脖子上掛了寫著「牛鬼蛇神」、「反動分子」等字樣的牌子，頭髮被剃去半邊，成了「陰陽頭」，從頭上潑灑了墨汁，被迫跪在燃燒著的火堆前，再用皮帶抽打。

遭受到暴行的人當中，以《駱駝祥子》及《四代同堂》等作品，在日本亦甚有名的世界級小說家老舍亦在列。六十七歲的老舍，受盡凌虐，血從頭上流下，力盡倒地，卻因此被說成是「態度惡劣」，一直被虐待到深夜。隔天早上，傷痕累累地回到家中，就在當天投水自殺。

整個北京市被娃娃臉、踏正步的紅衛兵們占領。寫了各種主張、諫言的大字報到處張貼，狂熱的行爲橫行無阻。但是，這只不過是一個開頭而已。

百萬人集會算起三天後的八月二十一日，在林彪的影響力之下，人民解放軍總參謀部發布了「不准以武力鎮壓學生運動」的命令。由謝富治擔任部長的國務院公安部，也在二十二日下令「嚴格禁止警察鎮壓革命學生」的指示。

黨中央的文革激進派掌握主導權，經過認可的「紅色旋風」在二十三日起，在中國全境吹起更加激烈的風。

# 13. 殘虐的風暴——公安部長說：「別制止撲殺」

一九六六年八月十八日中國共產黨黨主席毛澤東，受到紅衛兵狂熱歡迎的天安門百萬人集會之後的某日，國家主席劉少奇和家人圍坐在中南海住宅的餐桌邊。

那時候還是大學生的女兒劉平平及兒子劉源源說：「到了晚上，要和同學們『抄家』去了。」「抄家」是指在百萬人集會之後，在街頭上口喊「破四舊」的紅衛兵，到處去找破四舊的對象而任意襲擊的行爲。

「別去！」劉少奇用強烈語氣打斷孩子們的話後，立刻離開飯桌，取出一本書，是「中華人民共和國憲法」。劉少奇把孩子們叫了過來，面露嚴肅的表情說：「我不反對你們破四舊。但是，別做抄家的事、別打人。我是國家主席，我有護衛憲法的責任。以我的處境無法阻止你們，但是，明白地說，有這個（勸說的）必要，因爲我對你們也有責任。」

上述的這一幕，在黃峥所著《劉少奇的最後歲月》一書中，劉少奇的兒女劉平平、劉源源、劉亭亭三個孩子以「勝利之花送給您——懷念我們的父親劉少奇」爲題來口述既往。

劉少奇之所以說「我的處境」，是指自己遭到毛澤東嚴厲批判「鎮壓學生運動」一事。劉少奇在第八屆中央委員會第十一次全會上，黨內排名由第二掉到第八。

紅衛兵的「破四舊」運動，開始進一步把「四類分子」及「黑五類」作爲攻擊的對象。四類分子是指地主、富農、反革命分子、壞分子；黑五類則是在四類分子之外，再加上右派分子。

由紅衛兵騷動所造成的颶風襲擊了全中國，一九六六年八月二十七日，北京市南部的大興縣發生了集體屠殺事件。

當時在大興縣黨委員會農村工作部裡的張連和，在者永平所編《那個年代中的我們》（遠方出版社，一九九八年）一書中，對這個血腥遍地的慘狀有詳細的描述。

八月三十一日夜晚，由縣黨委來的「四類分子及家人被屠殺」的消息，傳到農村工作部，農村工作部內的人員就和縣黨委幹部會合，緊急前往處理。有四類分子被帶到林內一處民宅，那兒就成爲「刑場」。

映入眼簾的不只是怵目驚心的血和屍體，旁邊還有被鮮血染紅用繩子吊在空中的村民。在旁邊負責拷問的村民，手裡拿著幾條加釘的皮製鞭子和棍棒。他們毆打、逼迫四類分子說出土地所有權狀及武器等的隱藏地點。

在別的房間裡，綁著一個七十多歲雙手被吊起的老女人，旁邊有一個年約十四、五歲的男子，被其他拿著鐵棒的年輕男子問到：「快說！你的『變天帳』在哪兒？」

所謂「變天帳」即財產目錄，因「資本家們預期天下情勢會有變化，而偷偷存藏著的理由」而命名。「不知道！」男孩這麼一說，男子就毫不留情地用鐵棒打他的手，男孩的左手無名指和小指碎裂，鮮血立刻噴出。

另一名男子在中庭把若干屍體堆到手推車上。其中，還有一息尚存的活人，但是男子卻用鏟子打死後運走。

一種集體的瘋狂支配了每個人。無論如何，只要那群經過毛澤東稱讚的文革激進派與紅衛兵，認爲是敵人的就是「牛鬼蛇神」，而不是人。要是以人對待他們的話，自己就會被紅衛兵視爲敵人，而成爲被攻擊的一方。爲了保自己的命，所以不得不置身攻擊者的一邊，因此趕到屠殺現場的張連和等人，幾乎連該做的都沒做。

大興縣集體屠殺發生之前的一九六六年六月下旬，黨政治局候補委員、國務院公安部長謝富治，在北京市公安局擴大會議上指示：「我們不贊成毆打殺人，但是，如果有人被打從心底憎惡，認爲他是惡人的話，我們無法完全制止，也不會阻止這些事。」同時也說：「警察要站在紅衛兵的一邊，必須提供情報給紅衛兵。」（嚴家其、高皋著《文化大革命十年史》）。

謝富治的談話傳到了大興縣的公安組織，「四類分子」的情報也流入大興縣激進派的耳朵裡，因而引起了大屠殺。從八月十七日到九月一日止，大興縣各地方，從八十歲到出生才三十八天的嬰兒，共三百二十五人犧牲了（《那個年代中的我們》）。

這樣如地獄一般的景象擴大到全中國。根據文革之後官方發表的數字，光是北京市，在八月二十四日到九月一日，就有高達一千五百二十九人被殺。失勢的黨及軍方幹部，也被迫頭戴書寫上姓名及罪狀的高帽子，到處遊街示衆。受盡了肉體上及精神上的拷問，漸漸地被迫害致死。

有人對這種政治社會混亂的深刻影響，抱著危機感的心態來看待，那就是國務院總理周恩來。

# 14. 宰相的兩面——周恩來動員救助幹部

國務院建在北京市中南海裡，率領這個國家行政機關中樞的是中華人民共和國建國以來，前後十七年擔任國務院總理的周恩來。

一九六六年九月，紅衛兵所掀起造反旋風後的某日，周恩來向國務院內發出緊急命令：「救出烏蘭夫。」

蒙古族出身的中國共產黨政治局候補委員、蒙古自治區黨委員會第一書記的烏蘭夫被逮捕，文革激進派激烈地把他鬥成「搞民族分裂，想要建立獨立王國」，是「埋在黨內的定時炸彈」。被這些話煽動的內蒙古紅衛兵造反派，就想要襲擊烏蘭夫的自宅，把他強行帶走。

根據在國務院辦公室周恩來身邊任聯絡員的高富有對當時狀況的描述（趙桂來著《從寶塔山到中南海》，中央文獻出版社），國務院祕書長周榮鑫接了周恩來所給的指示後，就將其叫來。

高富有提議動員人民解放軍，於是周榮鑫當場打電話給舊識，總參謀部管理局副局長高克功說：「請把烏蘭夫全家帶到中南海來。」烏蘭夫全家已被逮捕，緊急部隊從造反派的包圍網中將人救出，他們被軍用車輛護送到北京郊外的外宿設施中，用假名暫時藏匿。

造反的浪潮擴及全國。圖謀一掃反對派的毛澤東，在當時指示北京和地方的紅衛兵交流活潑化，於是「大串連」的黨中央指令，就發布了下來。襲擊了烏蘭夫的內蒙古造反派，就這樣推湧入北京市。

周恩來的國務院雖然大大動員鐵路車輛等，協助推動大串連；但是，周恩來也同時努力奔走導正失控的造反活動。

八月三十日，周恩來已經擬妥了應該加以保護，免受造反活動之害的幹部名單，並開始採取拯救行動，那些高級幹部像烏蘭夫一樣，正遭到批鬥，被迫自我批判。

不久，黨中央軍事委員會副主席（黨政治局委員）「十大元帥」之一的賀龍，突然成爲黨副主席兼國防部長林彪及毛澤東之妻江青等文革激進派的鬥爭目標，而陷入困境。

中國共產黨最初以獨自軍隊在江西省南昌市起事的，是一九二七年八月一日的南昌暴動，由賀龍、朱德以及周恩來指揮而知名。中華人民共和國就是以這一天爲人民解放軍的「建軍節」。

身爲一位豪爽的將軍，賀龍與黨中央軍事委員會副主席（政治局常務委員）朱德有同樣的聲望。在這年（一九六六年）八月三十一日也和林彪一起坐在敞篷車上，並站立毛澤東身旁接見紅衛兵。

然而，對於想要動員軍方，忠實推行毛澤東的文化大革命，以便在權力鬥爭中勝出的林彪而言，賀龍的存在是一個絆腳石。賀龍在九月以後，就被林彪及江青等人，貼上「野心家」的標籤。察覺到危機的周恩來，採取行動要擁護賀龍。但是，文革激進派勢不可擋。

十二月底，在周恩來的指示下，「保護賀龍」的緊急會議在中南海召開。國務院方面有國務院祕書長周榮鑫及高富有；黨方面有中央辦公廳主任汪東興；軍方有北京軍區衛戍司令傅崇碧參加，黨政軍全到齊。

作為保護場所的候補地點，是從北京郊外西山更往裡走的北京衛戍區部隊的地下設施。「場所是好，但那兒只有士兵，只能種些白菜、蘿蔔之類炒著吃的作物，沒辦法作出人吃的食物。」傅崇碧面有難色。對此汪東興不顧一切地說：「那個問題就不去計較了！」[1]

周恩來到底是怎麼想的呢？當他自己的行動一出現和毛澤東有所不同時，就會立刻自我修正，扮演一個忠實的服從者。就這樣他一面巧妙地避免和毛澤東對立，另一面又強烈感受到文革所帶來的逐漸擴大破壞的危機。

有一次的發言充分表現周恩來當時的心情。紅衛兵開始造反之後的一九六六年八月，為了要給紅衛兵的活動帶來秩序，於是在北京的勞動人民文化部內成立紅衛兵「聯絡總站」，在成立的儀式上，周恩來這麼說：「我們是無產階級專政的國家，政權在我們的手中。因此必要的是文鬥，而不是武鬥或者毆人。」

「把黑五類和他們的家人一掃而空，這樣做是無政府主義，而不是毛澤東思想。毛主席一貫主張只是要將他們改造。」（安建設編著《周恩來的最後歲月》，中央文獻出版社，一九九五年）。

但是，毛澤東自己可不這麼想。

一九六六年十月一日，國慶日的慶祝大會在天安門廣場舉行，毛澤東走近了被邀請上天安門樓閣，現被周恩來保護在人民解放軍總醫院（三〇一醫院）的李宗仁身邊說：「來喝個茶吧！」毛澤東在休息室裡對他這麼說：「民眾們好像動起來了。民眾一旦起來，事情就不會只是自己想的那樣而已。點火的人是我，有必要讓火再燒一陣子。但引火成災，不容易消滅。祖國雖然比以前任何時候都強大，但這樣還不夠。還要花上二十年、三十年來再建設，這樣才能眞實的強大。」（董保存著《走上天安門》）。

## 註解

【1】賀龍和妻子在一九六七年一月，一起跟隨北京衛戍區部隊的演習作戰，被藏匿在地下設施。但是人民解放軍內部，對反林彪的老幹部攻擊更增激烈，就在未受保護的狀態下，反而陷入被軟禁的處境。一九六九年六月，在鬱鬱之中病死。文革之後得到平反。

# 15. 文革的目標——「打倒劉鄧」成爲洪流

毛澤東在天安門廣場上，召開了「百萬人慶祝大會」，在他的號召之下，全面地發動了無產階級文化大革命。兩個月後的一九六六年十月，革命面臨了一個重要的階段。

在這一階段裡，和中國共產黨主席毛澤東的無產階級文化大革命路線敵對，而成爲被打倒的對象，是「資產階級反動路線」的政治局常務委員兼國家主席劉少奇和黨中央委員會總書記（黨政治局常務委員）鄧小平，首先遭到公開的點名了。

把這兩個國家和黨組織的最高首腦看作是敵人的發言，是一九六六年十月十六日，各省市自治區的黨委員們，在北京召開的中央工作會議上，由文革激進派的中央文革小組組長陳伯達說出的。

毛澤東早在七月就已經批判了鄧小平和劉少奇，那是有關派遣工作組到學校去管制學生運動的問題。八月的時候，毛澤東在向黨中央委員所發的大字報上，主張要砲擊資產階級路線的司令部，宣稱在黨的領導階層已經有應該加以打倒的敵人。

雖然毛澤東那時還沒有具體指明是誰，但這回藉著陳伯達的口，那時毛澤東所指的是劉少奇跟鄧小平這件事就得到了確認。

「無產階級文化大革命誕生當中，我犯了路線方面的過錯。事實上，是站在反動的資產階級的立場。」在陳伯達明確指名批判後的十月二十三日，劉少奇在中央工作會議上做了這樣的自我批判。

鄧小平承認說：「毛主席的大字報是爲了要砲擊少奇同志和我。」【1】

劉少奇要讓國民經濟重建起來，和鄧小平等人選擇穩健的經濟調整政策。深刻地感受到了「非毛澤東化」危機感的毛澤東，把這個情況認爲是資本主義復辟之道，是修正主義，於是藉著發動文化大革命，將劉少奇等主流派排除。這些動作以及發展到現在的過程，在第三部裡會有詳細的描寫。

毛澤東和劉少奇「體質」上不同，毛澤東是相信農民運動等群衆運動的革命家；相對地，劉少奇是都市勞工運動的組織者，就像所謂的「組織的劉少奇」，他在黨組織裡面建立了堅強的基礎。這件事情又讓毛澤東產生了警戒心。

儘管陳伯達在中央工作會議上，對劉少奇和鄧小平指名批判，但毛澤東自己則慎重地避開對兩個人直接的批判。雖然他保持沉默，但是劉、鄧兩個人進行自我批判的前一天，毛澤東對他們的自我批判書原稿很仔細的看過了。

同意了兩個人的自我批判書，毛澤東在二十二日凌晨四點，在辦公室裡拿起筆，在一封開頭寫著「鄧小平同志」的信中特別指示說：「加上下面這些話，比如說：經過自己的努力跟同志們積極的幫忙之下，相信我能夠改正我的過錯。如果能夠給我時間的話，我就能夠重新站起來。」【2】

身負國家行政機關大任的國務院總理周恩來，還是一樣希望能夠把隨著文革的激進化，所帶來的生產低下等種種經濟混亂降到最小的限度。

「要是工人和農民停止生產去搞革命的話，我們吃什麼、用什麼呢？爲讓生產能夠正常的進行，紅衛兵和革命學生們不應該去工廠，反而應該前往正值秋收期的農村去參加勞動，向那一些貧苦的農民，學習他們對革命的熱誠和勤勞的本質。」

周恩來如此呼籲紅衛兵們。這是一個同時強調維持生產和文革意義的微妙提案。

雖然如此，毛澤東的妻子江青在一次會議上，卻猛然地卯上了周恩來：「你一直說促進生產，是不是不要革命了？」

上緊發條的文革激進派的氣勢，沒有理由停下來。在中央工作會議上「劉鄧資產階級反動路線」的批判，有意地透過在街頭上張貼的大字報向外界透露。不只是中國國內，文革也給全世界帶來了衝擊。最初還狐疑不解的群眾們，已漸漸了解到毛澤東的意志。因此好像雪崩一樣，整個中國被染成只剩「打倒劉鄧」一種顏色。

儘管如此，毛澤東還是企圖掩蓋他的本心，避免直接點名批判。十一月三日，在天安門樓閣上接見超過百萬紅衛兵的毛澤東，從容地往劉少奇的方向走去，親切的和他談話。

根據楊筱懷所編的《聚焦中南海》這本書（中國青年出版社，一九九八年），劉少奇小心翼翼地回答了毛澤東對他家人情況的探詢之後，向毛澤東說：「文化大革命已經開始，我也有必要走入群眾裡面去鍛鍊。」

毛澤東回答說：「你年紀也不小了，沒有必要去的。」勸他回去休息室。

鄧小平的身影也出現在休息室，聽到劉少奇問他的近況，鄧小平笑笑回答：「反正沒事。」

劉少奇也笑著說：「沒事的話就學習學習。」

但是劉少奇的心裡，想不通毛澤東到底在想什麼，因而煩亂不安。

## 註解

【1】理論上，毛澤東、朱德、周恩來同樣是中華人民共和國建國的最高首腦。但在一九五〇年代末期，毛澤東強制推動的人民公社化，以及激進的擴大生產目標的「大躍進」政策失敗之後，卻把國家主席的寶座讓給劉少奇。

【2】關於這一封信，《鄧小平與毛澤東》這一本書的作者余世誠認爲，這表示鄧小平的實務能力高度受到毛澤東的肯定，考慮到將來把他和劉少奇區別開來，爲鄧小平的復活開一條路。但是也有不同的看法。中國共產黨雖然承認毛澤東發動文革的錯誤。但是，依舊稱頌他功大於過。現在爲中國鋪展了改革開放路線的鄧小平，如果受到毛澤東完全的否定，那麼鄧路線的正統性就不得不動搖了。余世誠的解釋很可能有考慮到這一點。

# 16. 紅衛兵亂竄——也對江青豎反旗

「今天又得要去處罰台了，不去不行……。」

一九六六年十一月在刺骨的寒風開始吹襲的某一天，在北京中南海住宅的庭院裡面散步的毛澤東，對他的貼身人員這麼說，然後深深地嘆了一口氣。

馬上就七十三歲的毛澤東，面對著一大群絡繹不絕的紅衛兵，從天安門的樓閣上不停地揮手、接見，開始覺得是件痛苦的差事。因此他把天安門閣樓叫作「處罰台」。

在這一段期間裡，毛澤東親自接見的次數高達七回，他不斷地接受著來自將近一千萬人的紅衛兵歡呼的聲音。

根據由毛澤東的兩個侍衛所寫的《毛澤東最後十年》一書，作者之一的陳長江在這時候體貼地對毛澤東說：「毛主席（在接見紅衛兵的時候）沒有必要一直站著的吧？」

毛澤東笑著回答說：「對我來說，沒有像你們那樣想坐就坐的自由。一坐下來頭就變得很低，我就變得看不見了。即使累了，不接見還是不行；要是不接見的話，那些孩子們不都不動了嗎？」

握著中國共產黨組織中樞神經的是國家主席（黨政治局常務委員）劉少奇，和黨中央委員會總書記（黨政治局常務委員）鄧小平。為了要排除這兩個人，毛澤東自己點燃年輕人的熱火。被「造反有理」這句口號大大鼓舞而產生的紅衛兵，現在也被大人們親密的稱呼為「紅小兵」。

數百萬人的紅衛兵陸續地流入北京，這麼龐大的人口移動，給經濟活動及行政機能帶來甚大的影響，對於這件事周恩來感到深深的憂慮，但他還是隱藏自己的眞心，對毛澤東說：「不見到您，大家都不動了。」

毛澤東好像看透了周恩來的心意一樣，說了這麼一句話：「應該停止大串連，回到他們本來所處的革命之地。」

搭車免費的紅衛兵當中，樂於來北京參觀的人也不在少數。

和周恩來商量的結果，在第八次和紅衛兵見面的十一月二十五、二十六日兩天，毛澤東的座車從天安門往北京西部的西郊飛機場移動著，面對第一天一百五十萬人，第二天一百萬人，一共是二百五十萬人的歡呼揮手回答，毛澤東把這一次作為最後一次，至此結束接見大會。

十月下旬，在召集了地方的黨委員會負責人，舉行的黨中央工作會議上，點名攻擊「劉少奇跟鄧小平的資產階級反動路線」，紅衛兵運動開始潰亂起來。

從中國建國之前就是革命鬥士，身居黨中央最高幹部的這兩個人，如果是反革命的話，那麼所謂「眞正革命」的人物是在哪裡呢？

緊緊地依靠在毛澤東身邊，代替了劉少奇爬上了黨內排名第二位的黨副主席兼國防部長林彪說：「現在我們黨內有兩條路線對立著，一條是像『劉鄧』那樣壓迫群衆的反革命路線；另外是站在群衆這邊，發動群衆的無產階級革命路線。」並且說：「有一段時間，『劉鄧路線』獲得支配全國的地位。」

果眞如此，那麼到底哪一條路線是正統，哪一條路線不是正統？

對於共產黨的信賴大大地動搖當中，北京農業大學附屬中學的兩個學生以公開質問的方式，提出了對林彪的批判：「林彪把毛澤東捧得太過分了，不了解文化大革命中所引起的問題。」

在文化大革命剛開始發動的時候，就已經活躍的北京「老紅衛兵」們，組成了一個叫做「首都紅衛兵聯合行動委員會（聯動）」，開始對中央文革小組批判，來呼應上面兩個學生的批判。

中央文革小組是毛澤東處心積慮設置的，首先發難點名批判「劉鄧」的陳伯達，被任命爲組長；毛澤東妻子江青等文革激進派則是大護法。

「聯動」的紅衛兵有很多是人民解放軍幹部的子弟，他們的親戚或者是家人，有的遭到中央文革小組所謂「資產階級反動路線」的批判，以及被林彪等人批判成爲「老朽的軍方幹部」。因爲這些緣故，他們成爲菜鳥紅衛兵的鬥爭目標。

老鳥、菜鳥紅衛兵彼此將對方稱爲「反革命」，因而到處發生武裝抗爭的事件。就在混亂日漸加深的時候，尖銳的大字報登場了。十一月二十七日，北京林業學院的學生李洪山於大字報上這麼寫著：「揪出中央文革小組，讓我們自己來搞革命！」

「從被中國共產黨領導階層所煽動、所利用的紅衛兵走出來，紅衛兵要有主體性，打出一片獨立自主的文化大革命。」這種主張是這一張大字報的最大特徵。

主張獨立自主的紅衛兵出現，風波愈滾愈大。

北京鋼鐵學院、清華大學、北京大學、北京航空學院等的紅衛兵組織認爲：「中央文革小組本身才是資產階級反動路線。」把攻擊的對象公然地指向林彪跟江青等人（嚴家其、高皋著《文化大革命十年史》）。

文革激進派的中央文革小組，對老鳥紅衛兵的反叛，抱持強烈的危機感。有很多紅衛兵高喊著「賠上性命也要保護毛主席、林彪、中央文革小組」等口號，走上街頭和反對派的紅衛兵展開了武裝鬥爭。

在此同時，中央文革小組出動的治安部隊，準備要對李洪山等反對派紅衛兵一網打盡。高喊著「血債血還，以命償命！」口號的「聯動」，發動了對公安當局的襲擊事件，到年初爲止發生了六件，情況是混亂到了極點。

爲了克服這個危機，從十二月開始，由文革激進派的江青、林彪等，以及他們影響下的紅衛兵，發動對黨政軍的領導階層，毫不留情的鎮壓。

十二月十二日在北京的工人體育場，對原黨政治局委員兼北京市長的彭眞等人；十四日對原政治局候補委員的陸定一等人，展開集團的公開批鬥。

十二月二十四日，軍事學校及首都的紅衛兵，共約十萬人集合，把那一位因自殺未遂而腳骨折斷的原人民解放軍總參謀長羅瑞卿，放在網狀的擔架上，進行毫不留情的暴行拷問。

對於那些失勢幹部們的迫害行動，日後仍然不斷地重複。

# 17. 攻打上海——「革命就是暴力的行動」

無產階級文化大革命，對那一些想要反抗舊有權威與秩序的年輕人的造反心理點上了火。中國共產黨主席毛澤東，想要對社會全體鼓吹新的革命精神，他的企圖一發即中。在學校以及工作場所裡，支持左派激進的文革紅衛兵誕生了，他們到處展開造反活動。

紅衛兵們的瘋狂行動，對全國大衆造成動搖的效果非常大。但是，單是破壞秩序這一點，只會以動亂做終結。紅衛兵彼此之間的對立已經激化；甚至敢反對江青等人所主導的文革核心組織「中央文革小組」，高舉反抗大旗的紅衛兵也出現了。混亂的狀況不斷地出現。

爲了要打倒那一群被毛澤東叫做「當權派」的國家主席（黨政治局常務委員）劉少奇，和黨中央書記處總書記鄧小平等黨中央的多數派，就必須先把他們所掌握的黨中央及地方黨委會的組織打碎，重新建立新的革命組織。

一九六六年底，首先在上海開始有了行動。

支持文革的造反派向中國共產黨的上海市黨委員會展開鬥爭，鬥爭尖銳化。十二月初，造反派對市黨委機關報紙《解放日報》展開武力封鎖，緊張情勢突然增高。

上海造反派的中心是工人組織的「上海市工人革命造反總司令部」（簡稱工總司），領導的中心人物是後來和江青、張春橋、姚文元組成四人幫的王洪文；而最早對《解放日報》展開攻擊的紅衛兵組織是「上海紅衛兵革命委員會」（簡稱紅革會），兩會就此合流。

受到文革激進派攻擊的上海市黨委，動員所管轄的工人組織「上海工人紅衛隊」（簡稱紅衛隊）加以反擊。在兩天之內，爲了爭奪《解放日報》而展開衝突的結果，紅衛隊把《解放日報》搶了回來。

在上海所發生的文革激進派對市黨委的攻擊，讓江青等人的中央文革小組振奮不已。

就在毛澤東對劉少奇領導階層的批判下，以及文化大革命氣燄高漲當中，中央文革小組有三個人擠進黨政治局常務委員（全部共十一個人）。他們主張說：「文革激進派對《解放日報》的攻擊是一種『革命事件』。」成功地把這件事塑造成是黨中央的決定。

現在被黨中央指責是「反革命行爲」的上海市黨委，不得不把《解放日報》讓給文革激進派。雖然如此，還有一群死不讓步的人，就是奮勇進行防衛，搶回《解放日報》卻被上海市黨委放棄的「紅衛隊」。「紅衛隊」公開批鬥市黨委書記兼市長曹荻秋，動員超過兩萬人包圍了上海市康平路上的市黨委。

人在北京市正密切注視著上海動靜的中央文革小組張春橋，在十二月二十八日打電話回上海的家，對太太李文靜說：「去告訴王洪文，說不可以讓『紅衛隊』搶奪了勝利的果實，趕快讓工人造反派集結到康平路去。」張春橋在當時兼了上海市黨委書記之職，對文革激進派有很大的影響力。

接到口信的王洪文等人所率領的「工總司」，在二十九日召集了十多萬人，把被「紅衛隊」所包圍的上海市黨委會所在的康平路周邊一帶，團團圍住。到了三十日的凌晨兩點，他們對著夜空發射了兩枚信號彈，這個動作引爆了「紅衛隊」和「工總司」的全面衝突。

混戰一直持續到早上六點，受傷人數高達九十一人，結果在人數上占壓倒性優勢的「工總司」獲得勝利，「紅衛隊」的幹部有兩百四十人以上被逮捕了。[1]

上海市黨委主流派失去了領導力，這對文革激進派而言是一個掌握上海市的好時機。

「康平路事件」五天後，也就是一九六七年的一月四日，毛澤東指示，要中央文革小組的張春橋跟姚文元去上海。姚文元曾經是《解放日報》編輯委員兼文藝部主任，他在上海有活動地盤。

一月五日《解放日報》的頭版刊載了一篇「告上海全市人民書」，呼籲「徹底地粉碎資產階級反動路線的新反擊」這是對上海市黨委宣戰的布告。

六日，王洪文等「工總司」在人民公園召開百萬人集會，公開批鬥上海市黨委最高幹部曹荻秋等，要他們「向群衆告白反革命的罪行」，還在他們的頭上戴上三角帽子遊街示衆，斬斷了他們的政治生命。數百人以上的上海市幹部也被追究責任，上海的權力全面地被張春橋等文革激進派掠奪了。

「革命不是請客吃飯，不是作文章，不是繪畫繡花，不能那樣雅緻、那樣從容不迫、文質彬彬；革命是暴動，是某一個階級要顚覆另外一個階級的暴力行爲。」一九二七年毛澤東曾經說過這樣的話。

聽到了在上海「革命的勝利」，毛澤東心情大好。他在中南海的辦公室裡，叫來中央文革小組組長陳伯達，要他向上海「打慶祝的電話」。

黨中央、國務院、中央軍事委員會聯名的祝賀電文草稿，在黨中央政治局擴大會議上通過之後，毛澤東突然現身，指示說：「在署名裡加上中央文革小組。」（葉永烈著《陳伯達傳》）。

二月五日文革激進派宣布成立了以張春橋爲主任、王洪文爲副主任的「上海人民公社」。毛澤東把它命名爲「上海市革命委員會」。

應該是工人階級國家的中華人民共和國內部所樹立的「工人權力」，也可以說是一個奇妙的存在，但是毛澤東跟中央文革小組卻把這一次勝利說成是「打從一八七一年工人政權的『巴黎公社』以來的歷史性勝利」而相當興奮自豪。

以上海爲震央的文革激進派的地方奪權鬥爭，從此火花噴向北京等地，開始對「當權派」展開包圍。

## 註解

【1】有關於上海市的「解放日報事件」以及「康平路事件」的一部分過程，在李健編著的《紅船交響曲》一書裡有詳細的描寫。

# 18. 綁架國家主席夫人

## ——設下陷阱的人是江青

一部黑色轎車從北京市西北方清華大學的西門出來，開往市中心。在三十分鐘後，開入中國共產黨和國家機關所群集的中南海。

推動文化大革命的黨機關「中央文革小組」的張春橋特別出來迎接，下車的人是率領著清華大學紅衛兵組織「井岡山兵團」的二十歲學生蒯大富。

一九六六年十二月十八日下午二點，兩人開始了大約兩小時的密談。

「在黨中央裡，還有兩個資產階級反動路線的人沒有投降。你們革命小將（紅衛兵）聯合起來發揮革命精神，徹底打死這些落水狗。」

「我們……我們……一定照辦！」

張春橋對著緊張兮兮聽著的蒯大富，所指示的兩人是國家主席兼黨政治局常務委員的劉少奇，和黨中央委員會總書記（黨政治局常務委員）鄧小平。

回到了清華大學的蒯大富，召開緊急幹部會議，要求實行張春橋的指令。

「劉少奇不是國家主席、政治局常務委員嗎？要貼出反劉少奇的大字報，行不通的吧？」會議上也有這樣愼重的論調。蒯大富則強行說道：「張春橋是中央文革小組的代表，這不只是他一個人的意見而已。」

二十五日上午，有五千多個紅衛兵邁向天安門廣場，帶頭的蒯大富氣勢高昂地說：「就算粉身碎骨，也要把皇帝從馬上拉下來！」其後，示威隊伍分成好幾個，分別前往王府井和西單的繁華街道演講，高喊「打倒劉少奇」的口號。

一個禮拜之後，一九六七年一月一日早上，有兩個男人闖進了劉少奇的住宅兼辦公室「福祿居」，這二人在庭院周圍的牆壁上貼滿了海報，在地面上也用黑漆漆的墨水寫滿了批判劉少奇的字，「打倒中國的赫魯雪夫——劉少奇」、「反對毛澤東思想，絕對沒有好下場」。

對劉少奇第二波的攻擊是在兩天後的晚上。文革激進派約二十個人以上，直接闖入劉少奇的住宅內。後來才證實，已經覺察到黨內氣氛的守衛人員怕事，而怠忽職守放了水。這一群人叫劉少奇跟他的妻子王光美，站在走廊下，命令他們背誦《毛語錄》等，對他們拷問、批鬥長達了一小時。

根據劉少奇的祕書劉振德所著的《我爲劉少奇當秘書》（中央文獻出版社），對劉少奇更加嚴重的攻擊是在一月六日。當天劉少奇家電話響了，劉少奇夫婦此時並不在家。

警衛一拿起電話，對方說：「我是北京醫科大學附屬第二醫院的職員。」

「劉平平（劉少奇的女兒）在放學回家的途中，被路上的車子壓到腳了。因爲必須緊急的切斷，請馬上來醫院簽手術同意書，手術台現在已經準備好了。」

兩個孩子代替不在家裡的劉少奇夫妻趕忙前去醫院之後，兩夫婦才回來。這時候電話又響了，自稱是醫院職員的人說：「再不趕快來簽名的話，平平的傷勢處理就太遲了！」

已經前往醫院的兩個孩子並沒有打電話回來，劉少奇說：「準備車子立刻去醫院！」但是劉少奇先前接到國務院總理周恩來打電話來說：「無論如何不可以離開中南海。」要他嚴加注意。王光美十分在意這一件事情，劉少奇不聽：「妳要是不去的話，我去。那麼小的劉平平是爲了我而受到批判的。」

警衛們了解到劉少奇的堅強決心，向中央警衛局的北京市公安局只說了：「劉主席現在已向北京醫科大學附屬第二醫院去了。」什麼理由也不說。夫妻兩人就帶著幾個警衛官前往醫院。

「爸爸！他們是要抓媽媽的！」先來的兒子劉源源最先看到趕來醫院的劉少奇夫妻，而高喊。出來迎接劉少奇夫妻的醫生和護士雖然穿著白衣服，但其實是紅衛兵。「平平的交通事故」其實是要逮捕王光美的陷阱。

此時紅衛兵看到國家主席劉少奇突然出現在眼前，突然一時不知所措。王光美向那些紅衛兵用嚴厲的語氣說：「除了我以外，讓所有的人都出去！」

王光美心裡想，這一件事情必須要由自己來處理，不可以連累丈夫劉少奇。

半年前文化大革命初期，劉少奇等黨領導階層爲了維持秩序派出了「工作組」前往清華大學。身爲工作組的一員，王光美曾經組織了對蒯大富等人的批判鬥爭。

紅衛兵接受王光美的要求，讓劉少奇和孩子們離開醫院。王光美被帶往清華大學，拖到批判大會上。就在這拉拉扯扯的過程當中，知道了唆使這一次綁票事件的人，正是毛澤東的妻子江青。

王光美被綁票的消息，激怒了周恩來。他打電話到清華大學裡指責說：「作風不光明正大，這樣做不正是資產階級的無賴嗎？」他命令立刻釋放王光美。

接到電話的是清華大學紅衛兵領導者蒯大富，他背後有毛澤東保護下的中央文革小組的江青和張春橋等人作後盾。

「總理，我請問擁護王光美對你有什麼好處？你愈是保護她，愈是暴露了你自己的本性。不知道什麼時候連你都自身難保。」

周恩來派了祕書前往清華大學，讓他們直接和造反派談判，但這個交涉觸礁了。王光美回到她的住宅已經是七日的黎明。但對劉少奇更臻激烈的攻擊現在才開始。

# 19. 最後的見面——「認眞學習、保重身體」

一九六七年進入無產階級文化大革命第二年，中國共產黨毛澤東發動文化大革命的最大目的，是要打倒國家主席（政治局常務委員）劉少奇跟劉少奇的領導階層。這一點大家都看得出來。

一月十二日晚上八點，在中南海內懷仁堂的南門周邊，有一群人開始騷動起來。怒吼聲愈來愈大，人群聚集在劉少奇的私人住宅福祿居。

「我們的任務是守護中央指導者的安全。沒有命令，不能讓你們通過！」

站在福祿居前的崗哨擺開陣勢，想要阻擋那一群一面高喊著「打倒劉少奇」口號，一面殺氣騰騰要衝入住宅的人群。但是，劉少奇的職務權限逐漸在消失，崗哨衛兵們也有些不知所措了。

這一群殺過來的是中南海內國家機構及黨組織的文革激進派（造反派）。「保皇狗！」一句吶喊，警備網開始動搖，這些造反派突破外門，蜂擁而入至中庭。所謂的「保皇」本來是指清末保護光緒皇帝的政治團體，走資派則是「走資本主義路線的當權派」。[1]

這時候在劉少奇家裡的祕書劉振德，打電話向負責中南海警衛的中央警衛局求救。但是副局長李樹槐冷漠地回答說：「把門打開讓他們進來，已經沒辦法阻止了！」

闖進家中的這些造反派們，異口同聲地強迫劉少奇自我批判，惡狠狠地說：「從今天起，做飯、掃廁所、洗衣服通通自己來！」辦公室也好，臥室也好，造反派們就像走自己家的廚房一樣自由進出。就這樣劉少奇作爲國家主席的威嚴完全失去了。

遭受到造反派屈辱地對待之後，隔天晚上，突然由毛澤東那來了聯絡。毛澤東的祕書徐業夫對接電話的劉振德說：「毛主席要在人民大會堂談話，我現在就過去接劉主席。」接著又加了一句：「請告訴那兒的崗哨步兵，我專程來迎接，可別攔阻我。」前一天晚上發生的事情，早就傳到毛澤東耳朵了。

聽了祕書報告的劉少奇，一副驚訝的樣子說：「什麼？你再說一遍，我沒聽清楚。」確認的確是毛澤東傳來見面的聯絡之後，劉少奇交雜著期待和不安，兩手交叉抱胸說：「主席到底在想些什麼呢？」

不久，徐業夫座車抵達，並促請劉少奇和他同車「和我一起走吧！」。出來送行的妻子王光美，替剛換上衣服的劉少奇理一理，她掛心著丈夫現在的心情（《劉少奇的最後歲月》）。

在人民大會堂出來迎接劉少奇的毛澤東首先問說：「女兒平平的腳好了嗎？」一通電話說劉平平發生交通事故，而被清華大學的紅衛兵騙出去，妻子王光美被綁票事件，好像現在才終於傳到毛澤東的耳中。他現在在裝蒜嗎？

關於這次兩個人談了些什麼，王光美在十四日對祕書劉振德這麼說：「劉少奇對面露穩重笑容的毛澤東提出兩個希望：一是這一回的路線錯誤自己有責任，希望趕快赦免牽連廣泛的幹部，讓黨所受到的損害減到最小；二是國家主席、黨政治局常務委員、毛澤東選集編輯委員會主任的職務等，全部辭職。和太太及孩子們一起回到延安（曾經是革命根據地）或者自己的故鄉（湖南省寧鄉縣），即使是種田也好。」

一面用力地吸菸，一面靜靜的聽著，毛澤東終於開了口：「認眞學習、保重身體。」關於路線錯誤也好，辭職的願望也好，什麼都沒觸及（劉振德著《我爲劉少奇當秘書》）。

對劉少奇而言，這是他和毛澤東最後一次見面。

告別毛澤東的劉少奇，把希望寄託在毛澤東曾經說過的：「批判從嚴，處分從寬。」

但是，那天晚上造反派依舊攻擊劉少奇。

闖入劉少奇住宅的造反派，叫劉少奇夫妻站在斷了一隻腳搖晃的椅子上，不停地對他們批判。

這時劉少奇反擊回嘴了。

「到現在我一次也沒有反對過毛澤東思想，雖然偶爾有跟毛澤東思想相反的地方，那只不過是工作上的不同。」[2]

造反派在十九日要求把劉少奇和黨中央聯繫用的專用電話線拆掉。

「這是黨政治局的電話，沒有毛主席跟周總理的指示，誰都不能拆電話！」

劉少奇這麼抗議，紅衛兵甩都不甩地說：「我們是對你造反的人，造反有理（這是毛澤東的話）！誰的指示都不需要！」

向中央警衛局的控訴被置之不理，那邊反而說：「我們不知道！」劉少奇身邊的人也感受到情勢的轉變，一個個離他而去。

劉少奇向周恩來寫了信。

「一看到最近造反派的大字報，我就感到憂慮不安。中南海明明是黨中央跟毛主席居住的場所，卻出現了有欠嚴肅的大字報。他們把我當作敵人，怎麼辦才好呢？」

兩天後送來一封回信：「希望你好好休息，克制自己。你的意見我正向毛主席報告。」（《劉少奇的最後歲月》）。

但是，包圍著劉少奇的狀況，從此只有更加惡化一途。

## 註解

【1】劉少奇當時的樣子在黃峥所編著的《劉少奇的最後歲月》（中央文獻出版社，一九九六年）一書裡有詳細的描寫。

【2】從劉少奇來看，的確是如此吧！他一直很敬畏毛澤東，也一直很忠實，很認眞地在處理文化大革命。他只不過是想要修正若干做得太過分的地方而已。但是，毛澤東正是把「只不過是」的那一部分作爲理由，要把劉少奇打倒。這種做法是權力者的報復呢？或者是毛澤東確信「爲了要造成一個堅強的黨，只有把劉少奇害死」呢？

# 20. 陶鑄的悲劇

## ——在黨內排名劇烈升降

這一個由毛澤東所發動的文化大革命，想要把中華人民共和國的社會全體，加以「革命思想化」，鼓舞了造反派（文革激進派）想要從中國共產黨的地方黨委員會爭奪權力的「奪權鬥爭」，紮紮實實地進行著。

隨著文化大革命的發動，陶鑄從黨內原本排名第九十五名的地位，突然像坐高速電梯一樣，高升到第四位。儘管如此，一九六七年初，黨政治局常務委員（黨中央宣傳部長）最高首腦的他卻突然失勢了。還不到五個月就被解除了全部的職務，在迫害當中憂鬱而死。文化大革命造成無數殘酷悲慘的悲劇，陶鑄事件只是其中一個。

一九六七年一月四日午後，身為中央文革小組顧問的陶鑄，在人民大會堂出席會議。這是在政治局會議之前，和文化大革命相關議題的檢討會。從中央文革小組派來的組長陳伯達、毛澤東妻子暨第一副組長的江青、擔任顧問的康生出席了。國務院總理周恩來也加入。

根據葉永烈所著的《陳伯達傳》，會議開始不久，陳伯達、江青、康生三個人站了起來說：

「要在別的房間接見紅衛兵。」就離開會議室。

三人前往人民大會堂東側的會議室裡，「把王任重拖出革命造反團」的口號熱氣騰騰。北京市文化革命委員會顧問王任重，身兼中央文革小組的副組長，但他有很多事情和江青等人採對立立場，而遭到造反派的批判。

江青起來發言說：「王任重背後的靠山是誰？是陶鑄！就是他！資產階級反動路線的新代表人物。」陳伯達斷定說：「陶鑄是中國最大的保皇派！」所謂的保皇派意味著「走資本主義道路者的保護人」。

這時候，陶鑄正和周恩來等人一起和從安徽省來北京的學生們討論著。過了不久，江青等人回來了，就在剛才，在鄰近的會議室裡面，江青等人批判陶鑄的事情，陶鑄本人無從得知。

當天晚上一過九點，「打倒陶鑄」的口號就在中國全境有組織地響起了。突然，三千人的造反派湧到中央宣傳部，要求引渡陶鑄。

從那時候起，陶鑄就和國家主席兼黨政治局常務委員的劉少奇、黨中央總書記兼黨政治局常務委員的鄧小平三人並列，「劉鄧陶」批判集會連日在各地召開，變成一大騷動。

陶鑄完全不知道怎麼回事，事情怎麼會變成這樣呢？怎麼也沒有辦法理解。

當然是有伏筆的。

這個伏筆是在文革發動初期，因爲對文革處置不當而成爲問題的劉少奇跟鄧小平，遭受到「資產階級反動路線」的攻擊，而這個消息洩漏到社會大衆裡是一九六六年秋天的事。

整件事情其實是毛澤東的意思。對於這一件事情的背景眞相，陶鑄在不太了解時，就貿然說：「我不贊成高聲喊叫『打倒劉鄧』，到處張貼攻擊他們的大字報。」

知道這一件事情的紅衛兵們，就張貼批判陶鑄的大字報。陶鑄把這視爲是年輕人的單純反應，並沒有嚴肅的看待。他更沒料想到這一件事情將造成他和江青等人的衝突。

雖然陶鑄自己想要按照毛澤東的指示，把文化大革命推行到極限。但是一說到「打倒劉鄧」的時候，陶鑄的思想跟行動就配合不起來了（嚴家其、高皋著《文化大革命十年史》）。

陶鑄當時五十八歲。他擔任過廣東省黨委員會第一書記，主要在華中、華南地區宣傳部耕耘。一九六四年二月，他在《人民日報》上所寫的論文〈人民公社前進！〉據說得到毛澤東的欣賞，一九六六年被提拔到黨中央書記處，就任中央文革小組的宣傳顧問。

在劉少奇的排名從第二位掉到第八位的第八屆中央委員會第十一次全會上，把政治局常務委員擴大成十一人，所增加的四人當中有三個人是從中央文革小組選拔出來的，陶鑄就是其中一人。

而且是毛澤東親自拿了筆，在名單上的周恩來和陳伯達之間寫了陶鑄兩個字。就這樣，排名在陶鑄之上的只有毛澤東、林彪、周恩來而已。

根據親近毛澤東的權延赤所寫的《陶鑄在文化大革命中》（中共中央黨校出版社）一書，十二月二十九日早上，毛澤東把陶鑄叫到中南海，開口就說：「陶鑄啊！你怎麼不說一說，爲什麼會犯了連你自己都無法理解的過錯呢？」而且，在座的江青也說：「簡直是剛愎自用，就是喜歡害人。陶鑄是政治局常務委員喔！犯了過錯，就應該在會議上批判，不是嗎？」

會見之後，毛澤東把陶鑄留下來說：「等一下吧！」「江青那個傢伙器量狹小，在說話上稍一不注意，就像鞭炮一樣霹靂啪啦地責難人家。」好像要安慰他似地這麼說。然後毛澤東又突然勸陶鑄說：「到地方上去看一看如何？」陶鑄鬆一口氣回答說：「一過了年我就離開北京。」

但是，摩拳擦掌的江青等人，可沒那麼簡單就放過陶鑄。他們促使造反派在一月四日，就開始了大規模的群眾批判鬥爭。這就是讓陶鑄嚇壞的攻擊洪水。

而且才剛剛勸陶鑄到地方上去看看的毛澤東，突然改變了態度。一月八日，在黨中央召開了陶鑄問題的緊急會議。會議上他這麼說：

「陶鑄是鄧小平介紹到中央的人，陶鑄的問題我們誰也不能解決，就讓紅衛兵們站起來解決問題吧！」

兩天後，陶鑄的住家和黨政治局的專用電話被撤離了。陶鑄被開除了所有的職務，但陶鑄還是什麼都不知道。

之後他還是一直被攻擊批判，一九六六年被下放到安徽省，因而病死。他的名譽直到江青等人四人幫落網之後的一九七八年才回復。

# 21. 軍方元老的抵抗——「軍方一亂，天下大亂」

「緊急電報——昨天晚上九點，有數千名造反派學生闖入瀋陽軍區的設施，毆打警備兵，拷問軍區領導階層。副司令重傷有生命危險，突擊的行動現在還在繼續，請求中央軍事委員會的指示。一九六七年一月一日凌晨兩點二十分。」

根據李健所著《紅船交響曲》（中共黨史出版社，一九九八年）這本書，接到電話的是中國共產黨黨中央軍事委員會的副主席兼祕書長（黨政治局委員）葉劍英辦公室。接著，南京軍區也傳來遭受到造反派突擊的緊急電話。

隨著無產階級文化大革命的發動而產生的紅衛兵，支持文革的激進左派運動，一步一步地邁向和現有的黨機關奪取實權的「奪權鬥爭」之路。

在上海方面，造反派（文革激進派）的工人組織，對上海市黨委員會挑起激烈的攻擊。這個波濤終於侵襲了人民解放軍。

收到葉劍英的報告之後，黨副主席兼國防部長林彪說：「我這一陣子身體不太好。」

林彪對於造反派學生突擊軍區的事件不說出明確的意見，而且避重就輕的說：「把軍方元老召集起來，大家想想在部隊當中該如何推行文化大革命。」反將葉劍英一軍（《紅船交響曲》）。

黨主席毛澤東所發動的無產階級文化大革命，說穿了就是「要把革命性的毛澤東思想，徹底染紅社會的每個角落」。

林彪心裡想：在軍方內部，這件事情之所以沒有如預期的那樣進行，就是因爲像葉劍英這樣的軍方元老抵抗之故。

林彪在前年的十二月，在一次座談會上說：「因爲受到國家主席劉少奇及黨中央委員會總書記鄧小平，所代表的反動資產階級思想的毒害，很多的組織跟幹部受到深刻的影響。」

由造反派所發動的對軍方機關的襲擊，後來還是持續不斷。林彪把這一件事情和軍方內部文革推進不徹底的問題連起來，利用它來發動打倒軍方元老跟幹部的攻勢。

從人民解放軍派來以副組長的身分參加中央文革小組的劉志堅，在一九六六年六月，擔任黨全軍文化革命小組的組長。

和林彪合作的江青，把攻擊矛頭指向劉志堅。他認爲劉志堅和軍方長老們結合，阻止文革向軍方內部滲透。

一月四日，江青在軍事學校造反派的面前批判說：「在軍方內部實行資產階級反動路線的，是劉志堅所領導的全軍文革小組！」主張要改組全軍文革小組（嚴家其、高皋著《文化革命十年史》）。

在數日後召開的中央軍事委員會擴大會議上，林彪也抨擊說：「劉志堅事實上是資產階級反動路線在軍方的代理人，他支持了那些非左派的人攻擊左派！」

一月十一日，全軍文革小組改組，中央軍事委員會副主席（黨政治局委員）的徐向前成了繼任的

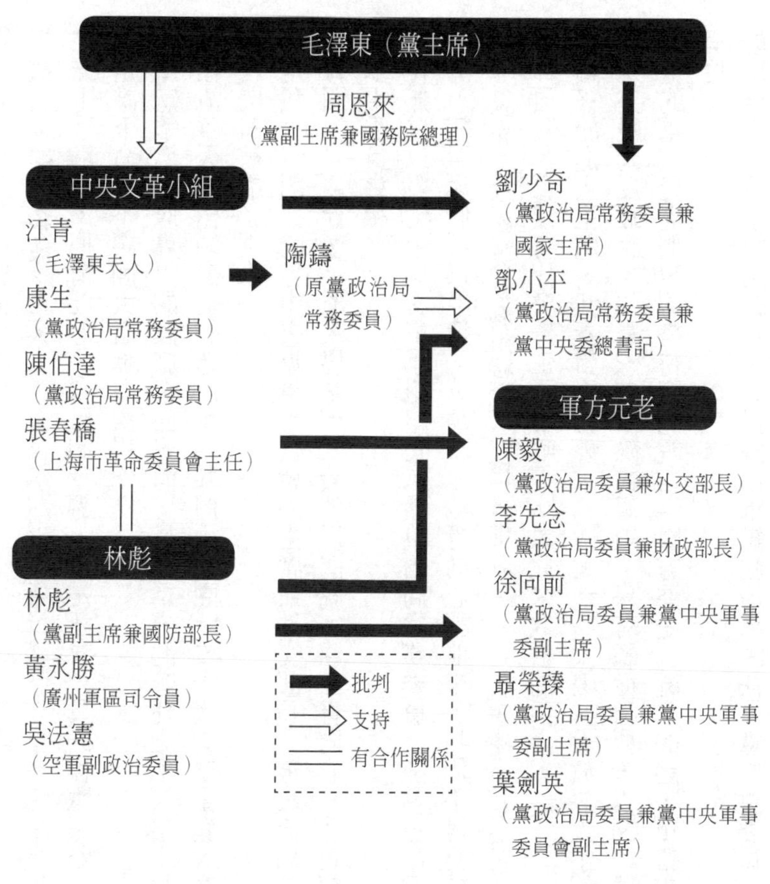


組長。

他和朱德、葉劍英等人，同樣是軍中元老的「十大元帥」之一。這很可能是林彪跟江青等人，想要引誘出軍方元老的策略。

江青等人展開了一個運動：「把軍中一小撮的走資本主義路線的當權派徹底地暴露出來」。

江青支配下的造反派們，對包含徐向前在內的軍方元老不斷地攻擊。

面對這種情況，軍方元老再也無法沉默了。

一月十九日，在北京的京西賓館裡召開的中央軍事委員會擴大會議席上，軍方元老和文革小組激烈的對上了。

根據《紅船交響曲》這本書，會議的情形是這樣的：首先，江青突然要求發言：「有件事想要問！」先下手爲強，把情況導入自己的步調，這是江青一貫的作戰策略。

「是誰下命令不讓蒯大富進入議場？」

共產黨領導階層專用的設施京西賓館，是在軍方的管理之下，出入都受到嚴格的限制。率領清華大學極端激進的造反派「井岡山兵團」二十歲的學生蒯大富，在江青的指示下試著要入場，卻在門前被擋了下來。

「是我！」開口的是中央軍事委員會副主席兼外交部長（黨政治局委員）陳毅。

江青問：「爲什麼不准入場？」陳毅就反問說：「江青同志，我也想問妳，蒯大富究竟有什麼資格參加軍事委員會會議？」

江青無言以對，中央文革小組組長（黨政治局常務委員）陳伯達出言相救：「爲了讓他們看看會議的情況，紅衛兵們可以累積文革經驗。江青同志請他來，我們不是應該歡迎他嗎？」

話一說完，葉劍英就發出笑聲，挖苦地說：「今天軍事委員會擴大會議有軍區司令、海軍司令、空軍司令，可沒有什麼學生司令唷！」以此來收拾局面。

會議終於進入主題，江青對軍方要求「四大」：大鳴、大放、大字報、大辯論。

葉劍英嚴詞反駁說：「軍隊有軍隊的規矩。只有聽從指揮，步調一致才可以得到勝利！」其他的軍方元老們也蓄勢待發的說：「軍方要是混亂了的話，會帶來大亂！」增加了雙方對立的激烈程度。

成爲全軍文革小組副組長的人民解放軍總政治部主任（黨中央委員）蕭華，也遭受到江青等人的火力攻擊。林彪的祕書，也是他的妻子葉群也批判說：「蕭華反對林彪，是破壞文革的人。」

隔天繼續開的會議上，徐向前已經知道在十九日深夜，蕭華住家被江青所指示的造反派們搜索了。對江青激烈的責難，葉劍英則是拍打桌子，高聲憤怒地說：「蕭華是我保的，他如果有罪我來負責！」

這次事件後來被江青稱爲「京西賓館大騷動」，成了軍方元老大量被鬥垮的主要罪狀。

# 22. 二月逆流——軍方和江青的激烈衝突

人民解放軍的元老們和江青、林彪集團的對立，面臨了決定性的局面。時間是在一九六七年二月，此時由黨主席毛澤東發動的文化大革命已經過了九個月。

毛澤東的妻子江青，作爲文化大革命的信奉者，一路走在激進的左派路線，快速地加強她的權力，此時可以說是站在得意的頂峰。

黨副主席兼國防部長林彪，因爲把毛澤東徹底的神格化，忠誠地站在毛澤東身邊，而爬升到黨排名第二，接班人的地位也不是夢想了。

毛澤東說，黨組織和國家機關被「右派」掌握著。國家主席（黨政治局常務委員）劉少奇和黨中央委員會總書記（黨政治局常務委員）鄧小平，是「黨內走資本主義道路的第一和第二的當權派」。江青和林彪等人因此在中國全面颳起了「打倒劉鄧」的風暴，造反派爭奪現有地方權力機關的「奪權鬥爭」也不斷擴大。

目前造反派只剩下把人民解放軍的元老們拉下馬。

二月十四日午後，在北京中南海的懷仁堂內，黨政治局常務委員兼國務院總理周恩來所主持的中央聯絡會議召開了。黨政軍的代表和推進文化大革命的江青等人，以及黨中央文革小組的成員都出席了。

在會議上，黨中央軍事委員會國務院部長級的陳毅、李先念、譚震林、徐向前、聶榮臻、葉劍英、余秋里等軍方元老們，和林彪、江青、陳伯達、康生、張春橋等中央文革小組的成員們，激烈地卯上了。

根據樹軍編著的《中南海備忘錄》一書，周恩來坐在正中央，右邊是軍方元老，左邊是中央文革小組，兩方以對峙的型態坐下來。

「你們（中央文革小組）所做的只是一些對政府、工廠、農村搗亂的事情而已。現在竟然也想攪亂軍方，到底想幹什麼呢？」

軍事委員會副主席（黨政治局委員）的葉劍英將軍發火了。另外，軍事委員會副主席（黨政治局委員）同時擔任全軍文化革命小組組長的徐向前，也拍著桌子站起來質問說：「為了打倒父母親，連小孩子都出來批鬥了，甚至全家人都接受迫害了。這是為什麼呢？」

軍方元老在一月「京西賓館大騷動事件」的時候，也和文革小組激烈辯論交手過。這一次緊張的交手仍繼續著，周恩來從頭到尾幾乎是一片沉默。

根據嚴家其、高皋所寫的《文化大革命十年史》一書，這一次會議據說是毛澤東指示周恩來召開的；但是，樹軍所編著的《中南海備忘錄》一書則認為，是周恩來為了阻止江青等文革小組激進的活動，要自己掌握主導權而主動召開的。假設真的是如此，結果並沒有如預期一般。

聯絡會議在十六日再召開，但是任何避免兩方衝突的措施都沒有。

「你們的目的是想要把老幹部們打倒吧？想要一個又一個的痛毆一頓，掃地出門的吧？」長期擔任軍政治委員的國務院副總理（黨政治局委員）譚震林怒不可遏。

他說：「江青想要把我打成反革命。」聽到譚震林這樣的指責，文革小組的國務院公安部長（黨政治局候補委員）謝富治替江青說話，說江青有好幾次都幫助譚震林。

針對這一句話，譚震林更加火大，從椅子上站起來叫著說：「我是爲黨工作的，不是爲她工作的。如果是這樣，你們就去幹吧！我不幹了！砍頭也好、坐牢也好、開除黨籍也好，我要徹底的對幹到底！」看到這種情形，軍事委員會副主席兼國務院副總理（黨政治局委員）的陳毅拉住他說：「不要出去！留在這兒跟他們鬥到底！」

軍方元老國務院副總理李先念、葉劍英等人，對江青、林彪一派不分青紅皀白地奪權，激烈的反彈說：「犯了過錯就要改過，這是我們建黨以來的方針。」一直不太說話的周恩來，這時候也批判文革小組的「獨善性」。

聯絡會議結束的晚上，文革小組的康生、陳伯達和江青等人，在他們作爲根據點的政府迎賓館釣魚台十五號樓，打電話要求見毛澤東。這時候張春橋、姚文元等人，在整理會議的紀錄。

在中南海毛澤東辦公室的江青說：「那一夥人的矛頭不是對我，而是對你唷！」意思是說軍方的元老們想要把毛澤東拉下馬。

剛開始毛澤東對這些話不在意。可是當他開始讀張春橋等人加油添醋的議事紀錄後，臉色慢慢地改變。

「李先念說史達林死後，出現了赫魯雪夫。但史達林活著的時候，比誰都還要捧史達林的就是赫魯雪夫！」

這一句話本來是衝著林彪。毛澤東表情依舊嚴肅，點了香菸在辦公室裡面來回踱步，然後是一片沉默。一九五六年蘇聯赫魯雪夫對獨裁者史達林批判的時候，毛澤東受到強烈的衝擊，深感這樣的歷史一定會在自己死後重演。

在張春橋朗讀會議紀錄上譚震林的一句話：「我不幹了！」讓毛澤東含著怒氣說：「你們（軍方元老）想要否定文化大革命，可辦不到！」

李健編著的《紅牆紀事》裡寫道：認爲（軍方元老）是在對自己的權威挑戰的毛澤東，對這件事無法容忍。

從此以後，懷仁堂的聯絡會議被賦予了這樣意義：軍方長老們想要扭轉文革潮流的反革命行動，被江青等人醜化成「二月逆流」，而被廣泛的宣傳。

軍方元老們遭受全國一起展開的嚴厲批判攻擊，一個個被剝奪了職權而被拉下馬來。

接著，文革小組就成了取代黨政治局的最高政策決定機關，江青掌握了權力的權限。林彪也在軍方掌握了實權，在通往「毛澤東接班人」的路上加速奔馳而去。

# 23. 劉少奇的悲憤

## ——「死後把骨灰撒在大海上」

中國共產黨「文化革命指導小組」中心成員毛澤東之妻江青，以及國防部長（黨政治局常務委員）林彪等人所率先推進的文化大革命，想要打倒的目標現在很清楚的集中在「劉鄧」身上。國家主席（黨政治局常務委員）劉少奇、黨中央委員總書記（黨政治局常務委員）鄧小平，所掌握的國家機關跟黨組織也被貼上了「走資本主義道路當權派的巢穴」，而成了革命的對象。

一九六七年二月，人民解放軍的軍方元老幹部們，對激進左派的攻勢猛烈反彈，可是江青跟林彪等人，又激烈地反過來把他們打成「反革命」。在這種情況之下，軍方元老一個個被拉下馬。

毛澤東始終保持沉默。先前嚴厲地批判劉少奇跟鄧小平在文革初期的措施，和文革激進派聯手巧妙地把情勢導向「打倒劉鄧」方向的，正是毛澤東。但他卻一直避免直接下指示。

這個陰險的毛澤東終於表露了「打倒劉少奇」的態度了。

三月十六日，江青等人的中央文革小組，向黨領導階層發布了有關「六十一人叛徒集團事件」的調查報告書。所謂「叛徒事件」是文革激進派加的名字，指的是在一九三六年抗日戰爭，被國民黨逮捕以薄一波爲首的六十一個共產黨活動分子，在做了「反共聲明」之後被釋放的那件事。

本來，這件事是黨中央「僞裝轉向」的策略，黨政治局常務委員兼國務院總理周恩來等人，早就主張「是黨內已經解決的問題」。文革激進派卻把這一個問題，作爲攻擊劉少奇的材料，因爲當時劉少奇參與發出「出獄指示」。

根據黃峥編著的《劉少奇的最後歲月》一書，中央文革小組的調查報告書上清楚記著劉少奇的背叛行爲，毛澤東對此也認可了。二十一日在毛澤東的同意之下，黨內設立了調查劉少奇問題的「劉少奇特別審查組」。

三十日，中央文革小組的戚本禹在文革激進派控制之下的黨機關雜誌《紅旗》，發表了論文〈是愛國主義？還是賣國主義？〉，文中把一九五〇年上映，得到劉少奇頗高評價的歷史電影《清宮祕史》定調爲賣國主義。

《紅旗》雜誌同時刊載了對劉少奇在一九三九年所寫的〈論共產黨員的修養〉的批判文章。論文公開發表了毛澤東的話：「修養論是和馬克思列寧主義不相合的唯心論，並沒有論及階級鬥爭，修養論是騙人的東西。」

四月十日，對劉少奇人身攻擊的風暴續繼吹襲著。劉少奇的太太王光美一大早被清華大學的紅衛兵，帶到清華大學，遭受到紅衛兵正面攻擊。

紅衛兵將從劉少奇家裡拿出來作爲「資產階級反動路線證據」的高跟鞋和不合身的細長旗袍，往王光美的身上一丟，命令她穿上去。[1]

紅衛兵：「穿上！」

王光美：「不穿！不是應該好好談的嗎？」

紅衛兵：「誰要和你好好談？說穿了，今天就是和你鬥爭。」

王光美：「無論怎麼說，你們不能侵犯我的自由。」

（紅衛兵們大笑）紅衛兵：「你是反動的資產階級分子，什麼自由？一切都不給你。更何況今天是對你實行專制（階級制裁），沒有什麼自由。」

紅衛兵強迫王光美穿上旗袍，脖子上掛滿了用乒乓球做的項鍊。

對王光美這種無理的攻擊背後，也有江青忌妒的成分在內。小時候父母亡故，艱辛長大的江青和王光美相比之下，年輕六歲的王光美有一個擔任高級官員的父親和資本家出生的母親，在大學得到理科學士學位，一路幸福的長大。

王光美以第一夫人，也就是國家主席夫人身分登上了五彩繽紛的國際外交舞台。江青和她不同，她被掩蓋在毛澤東的巨大陰影下，讓這一層怨恨雪上加霜的是，一九六三年劉少奇夫妻到東南亞各國訪問，出發前江青提議說：「考慮到革命的傳統，你最好不要戴項鍊。」但王光美並沒有這麼做，這就是「乒乓項鍊」的原因（嚴家其、高皋著《文化大革命十年史》）。

紅衛兵：「你怎麼看劉少奇呢？」

王光美：「劉少奇還是聽從毛主席，沒有什麼反革命之類的。」

紅衛兵：「趕快把劉少奇錯誤的行動，全都招供出來！」

王光美：「什麼事都沒做，要我說什麼錯的事好呢？」

審問一直進行到晚上十點，時間長達十六小時。第二天北京市各地張貼了大字報，上面有王光美帶著乒乓球項鍊的照片，以及審判大會上的問答。不過王光美沒有招認劉少奇的罪狀。

王光美批鬥大會的開會通知在九日晚上，送到了正圍繞在飯桌上劉少奇全家人。他們的女兒劉平平跟兒子們在追悼論文《勝利的鮮花獻給您》這本書中把當時的情況如此描寫：劉少奇氣得發抖說：「如果我有過錯的話，由我來擔當，光美沒有什麼責任。」

去年六月，王光美身爲劉少奇等人的黨領導階層組織的「工作組」成員，前往清華大學，爲恢復學校的秩序，和紅衛兵對立起來。從此，清華大學的紅衛兵只要有事，就把王光美當作目標，甚至還曾經用假電話把王光美騙出來批鬥。

雖然王光美說：「參加清華大學工作組運動的人是我，所以我去接受調查。」但劉少奇打斷王光美的話說：「接受調查應該是我才對，應該是我去站在大衆的面前不是嗎？」接著又說：「我要是死了，就像馬克思的盟友恩格斯那樣，把骨灰撒到海裡去。從大海裡看著全世界實現共產主義。」

這一句「遺言」在江青等四人幫被逮捕之後，由王光美的雙手實現了。

## 註解

【1】這個過程的描述是根據黃崢著的《劉少奇冤案始末》一書。

# 24. 監禁劉少奇——國家主席不斷被毆打

被中國共產黨主席毛澤東公然指名，國家主席兼黨政治局常務委員的劉少奇，在一九六七年三月被公認為是「叛徒」以後，群眾攻擊劉少奇的狂熱度更是增加了！

十個月前，毛澤東在黨內發布的鼓動打倒劉少奇的大字報「砲打司令部」，全文在六月一日黨機關報紙《人民日報》、黨機關雜誌《紅旗》上刊載，正式被公開了。這麼一來無產階級文化大革命最大的目標，再一次的被強調是「打倒劉少奇」這件事。

北京中心地帶中南海裡面，被叫做「福祿居」的建築，是劉少奇的住宅兼辦公室。中南海一帶有很多國家跟黨的重要機關，以及要人住宅，一般人不能進去。在中南海的前面，紅衛兵聚集設立了「批鬥劉少奇前線指揮部」機構，全面展開「揪出劉少奇」運動，引起一片嘩然騷動。

毛澤東的妻子江青等所主導的中央文革指導小組，引導了紅衛兵及群眾大規模動員了「打倒劉少奇」的運動。[1]

根據劉少奇的女兒劉平平及其他孩子們所寫的《勝利的鮮花獻給您》一書，七月十八日早上平平等人想要吃早餐，就前往中南海的從業員餐廳，在他們坐慣的桌子坐定之後，注意到餐廳裡面貼著一張大字報，寫著：「今天晚上舉行劉少奇批判大會」。

平平慌慌張張的跑回家裡，向劉少奇報告大字報的內容。關於當時劉少奇的反應，書內寫到劉少奇當時切身感受到生死關頭的鬥爭，終於迫到眼前。

一到了晚上，中南海被北京一百個以上的組織所動員的數十萬造反派團團圍住。

根據劉振德所寫的《我爲劉少奇當秘書》這本書，中央文革小組所組織的造反派，闖入劉少奇的住宅，把劉少奇帶到中南海的餐廳，妻子王光美則被帶到西樓。特別部隊抓住劉振德等人，開始搜索家宅，翻箱倒櫃要找劉少奇的文書。

在長達大約兩小時的批判大會，劉少奇被強迫以向前彎著身子的姿勢站著，不斷地挨罵，一句話也不准回嘴。即使要說什麼，一定會立刻被萬口同聲地怒吼消音掉了。汗滴從劉少奇的額頭上掉下來，想要拿手帕的手一伸出來，就被重重的打擊，連想要撿那掉在地板上的手帕都不可以。

批判大會一結束，劉少奇就被關進福祿居辦公廳。這時候他被壓在地板上，褲子的皮帶被抽出。王光美被隔離在鄰近的建築裡，孩子們則被迫在別的房間裡面生活。雖然在同一個建築內，卻連跟孩子們見面的自由都沒有。

在劉少奇之後，被打成「走資本主義道路黨內第二號當權派」，成爲打倒對象的黨中央委員總書記（黨政治局常務委員）的鄧小平，也在中南海的住宅內被批鬥。

之後，中南海的周圍「揪出劉少奇」的造反派動員不曾停止過。大喇叭向著中南海，日夜不停的高喊著「拚命揪出劉少奇」等口號（《文化大革命十年史》）。

一九六七年八月五日，毛澤東寫著「砲打司令部」的大字報，向黨中央委員們分發剛好一週年，北京的天安門廣場上召開了大規模的紀念會。江青等中央文革指導小組，計畫要向全國放映紀念大會的影片，所以事先準備了攝影機，以配合這個活動。距廣場不過一公里多的中南海，文革激進派又召開了對劉少奇跟鄧小平的批鬥大會。劉少奇從他辦公廳裡面被拖出來。

李健所編著的《紅船交響曲》一書，把這個前所未見的景象描繪出來：在酷熱的夏天，劉少奇和他的妻子王光美一起站在批判台上長達兩個小時，被迫兩手向後伸直，彎腰又低頭，維持所謂的「坐飛機」姿勢。對不同的拷問拚命試圖抵抗。

「你們對我個人採取什麼樣的態度不重要，但是，必須要尊重我是中華人民共和國主席的尊嚴。你們的行動是侮辱自己的國家。」

「我也是一個公民，爲什麼不讓我說話？憲法不是保護著每一個公民人格權不受侵害嗎？破壞憲法的人應該受到嚴厲的制裁。」

但是，高喊「打倒劉少奇」且殺氣騰騰的造反派，把劉少奇的臉打到腫起來，又不斷地用《毛語錄》戳他，作爲國家主席的尊嚴跟名譽早就喪失殆盡。

造反派故意讓幼小的孩子親眼看劉少奇這個狼狽樣，還強迫小孩子批判父母。孩子們在批鬥大會上淚流滿面地看著雙親悲慘的樣子。

被逼迫站在批判台上的劉少奇有沒有看到孩子們，這一點不清楚。但是那時候劉少奇還不知道那卻是他看骨肉至親的最後機會了。

批鬥大會結束了以後，劉少奇立刻又被押回福祿居的辦公廳內，不論晝夜都受到嚴密的監視（顧保孜著《聚焦中南海》，中國青年出版社）。

劉少奇在七日那天向毛澤東寫信表示「我已經失去了自由」，再度提出辭去國家主席的職位。但是什麼回音都沒有。

## 註解

【1】對於那位事實上已經完全失勢的劉少奇主席，中央文革小組爲什麼要持續不斷的動員，煽動群衆的狂熱來批整他呢？嚴家其、高皋所著的《文化大革命十年史》一書是這樣分析的：因爲毛澤東跟中央文革小組鼓勵「奪權鬥爭」，向國家和黨的現有組織爭奪權力，文革激進派（造反派）的群衆組織間就產生了主導權的爭奪，武鬥盛行，變成一種無政府的狀態。把這種無政府的狀態，引導向「打倒劉少奇」這個革命路線的目標集結，想要藉此約束混亂的狀態。

# 25. 劉少奇的末日
## ——毆打、棄置不顧，最後……

「打倒劉少奇」的口號好像宗教咒語似的揮之不去，劉少奇被監禁的北京中南海的高牆周圍，「揪出劉少奇」的怒吼聲整天響個不停。

雖然他和毛澤東、朱德、周恩來，並列為中華人民共和國建國的最高首腦，而且現在仍身為國家主席，但此刻卻被當作是蟑螂老鼠一般的對待。

一九六七年七月到八月之間，把劉少奇打入那種艱苦境遇的毛澤東，離開了北京。九月五日，已經巡迴過了華北、華中、華南、華東，鼓舞「革命大聯合」的毛澤東回到了北京。收音機裡將這件事報導為：「眞正特大的好消息。」（《文化大革命十年史》）。毛澤東的神格化愈是達到頂點，愈是襯托出劉少奇的悲慘境地。

被窮追猛打的劉少奇，為失眠所苦。每天只睡三小時的日子，一直持續不斷。九月，本來被隔離的太太王光美，也進一步被逮捕監禁了；孩子們則被趕出了中南海。[1]

身邊的人一個個離劉少奇而去。劉少奇每天只能被迫吃那些做好後放很久的食物，然後還要每天分著吃。

除了胃不好之外，牙齒也只剩下七顆。因爲和餿了的食物混著吃，所以不是消化不良就是拉肚子，體力日漸衰落。

本來在革命戰爭時代已經受傷的手，因爲在批鬥大會上被拷問毆打，變得更加惡化。穿一件衣服要花上一、兩個鐘頭。距離不到三十公尺的餐廳，因爲腳上的舊傷惡化了，也要花上五十分鐘才能走到。劉少奇要是跌倒了，監視人員也沒有一個人會伸手扶他一把。

醫生對他的態度也很冷淡，因爲害怕受到造反派的批判。醫生幫他檢查的時候罵他「中國的赫魯雪夫」變成了必行的儀式。此外，用聽診器毆打他的人也有，用注射筒對身體亂刺的護士也有。

就連用藥也受到限制，常備用的維他命跟治糖尿病的藥也被停止了。

在肉體和精神折磨都達到極限狀態的劉少奇，常常緊握雙拳，或者用力撐開十隻手指頭，好像要抓什麼似的。看不下去的醫療人員曾經用兩個硬梆梆的塑膠製瓶子讓劉少奇握。劉少奇就一直握著，到死的時候，這兩個瓶子的正中央被捏得變形，成爲葫蘆的樣子。

一年三個月的監禁生活之後，一九六八年十月，在北京召開的黨第八屆中央委員會擴大第十二次全會上，劉少奇的政治生命，在名和實上面徹底斷絕。[2]

十月十三日到三十一日爲止的會議上，「走資本主義路線的當權派——劉少奇是混進黨內的叛徒、內奸、工賊」這個審查報告被大會採納，大會因而決議「劉少奇永遠開除黨籍，並開除黨內外一切的職務」。

自從毛澤東發動無產階級文化大革命，在大字報上呼籲「砲打司令部」以來，經過了兩年兩個月，這個所謂「劉司令部」終於瓦解了。自從毛澤東裝作爲「大躍進」政策失敗而負責的態度，自願退居「第二戰線」，因而不得不將國家主席的寶座讓給劉少奇，已經經過了整整九年多了。

一九六九年十月十七日被「永久開除黨籍」一年後，劉少奇被趕出北京，轉往河南省開封。當他被軍用飛機載去的時候，劉少奇光著身子只用軍用毛毯包著放在擔架上。劉少奇被監禁在開封市黨委會所管理的倉庫裡面，一再的因爲肺炎，發高燒嘔吐不止（圖們、祝東力編著《劉少奇蒙難始末》，中共黨史出版社，一九九八年）。

不到一個月，十一月十二日上午六點四十五分，劉少奇的心臟停止了跳動，急救隊趕來已經是兩個小時後了。

曾經是國家主席的劉少奇，遺體用了「劉衛黃」的假名，當作是無業老人而被火化了。劉少奇的死沒有公開發布，也沒有讓家人知道。

根據劉少奇的女兒劉平平及其他孩子所寫的《勝利的鮮花獻給您》一書，孩子們在一九七二年，向毛澤東寫信要求和雙親見面。十七歲和父母分開的劉平平，那時已經二十二歲了。

「可以和母親見面」的許可，在八月十六日傳達下來。孩子們對傳達消息的聯絡員要求「也想要和父親相見」。隔天，又傳來了毛澤東的話說「你父親已經死亡了」。

遭到悲痛打擊的劉平平等人，於十八日，在監獄裡面和離別了五年之久的母親王光美重逢。但是和父親無言的見面，還要經過七年九個月的歲月。

江青等四人幫被逮捕，復出的鄧小平成爲最高領導者。一九八〇年二月，劉少奇的名譽被恢復了。而在前一年恢復名譽的未亡人王光美，在五月十三日，前往劉少奇枉死的開封抱回骨灰。

在此之前，國務院動手尋找劉少奇的骨灰。據說當時因爲他的骨灰在火葬之後，沒有人去處理，由火葬場上的一個工人幫忙保管。但實際上，劉少奇的骨灰是保管在火葬場旁邊的骨灰安放所。

這是根據負責調查的河南省黨委會書記趙文甫的話得知的。

劉少奇的骨灰和王光美一起返回北京。一九八〇年五月十七日，在人民大會堂舉行由鄧小平主持的追悼集會。

十九日在小雨當中，北海艦隊開往青島港外海，船上懸掛著半旗。在二十一響的禮砲當中，王光美跟孩子們依照劉少奇的遺言，把骨灰灑向大海（《劉少奇的最後歲月》）。

## 註解

【1】關於被監禁著的劉少奇的狀況，是根據黃崢所寫的《劉少奇的最後歲月》這一本書。

【2】爲什麼叫做「擴大」會議是因爲中央委員、候補委員一百九十三人中，實際上有一百二十四人被毛澤東的妻子江青等人，當作是「間諜」、「反黨分子」或者是有嫌疑的人。導致正規的全會成員，只有五十九個人出席，因此有必要加上非正規的成員來湊足人數的緣故。

# PART 3

# 人民戰爭　勝利萬歲

到目前爲止已經描述了第一部，也就是中國共產黨主席毛澤東死去之後，緊接著逮捕江青四人幫；以及第二部，也就是一九六六年毛澤東所發動的無產階級文化大革命的狂熱，以及劉少奇的失勢。在第三部裡要把時代稍微往前回溯，探討毛澤東決心要發動所謂文化大革命的過程。

# 1. 對蘇聯的疑慮——批判彭德懷的告密信

一面噴著紙菸，毛澤東又深深地嘆了一大口氣，把看完的文書往家中的書桌上一丟。

那是一九五九年初夏的事。

毛澤東在那時，是住在黨和國家重要機關聚集的北京中南海的豐澤園，他把這裡當作住宅兼辦公室使用。

這一封告密信是這樣開頭的：「我們的黨面臨分裂危機，有政變的危險。」是密告有關於黨政治局委員兼國防部長彭德懷的言行。

「彭德懷只是沒有將毛主席的指示向部隊傳達而已嗎？他這麼說：『主席的話很多，大多只是一些不成熟的話，到底是誰說要清算主席的過錯』……。」

「彭德懷等人在集結一批『死黨（反動集團）』。」[1]

批判彭德懷的告密信送到毛澤東的手中是一九五九年，正好是中華人民共和國建國十週年，也正是毛澤東從一九五八年開始推動的激進生產擴大路線「大躍進」的失敗，已經被所有人看出來的時候。

「大躍進」是毛澤東自己所發的豪語：「十五年追上英國的工業水準，進而超過它。」大規模的動員了群衆，以「多！快！好！省！」飛躍地增加生產爲目標的運動。同時，也推行普及了以農家爲中心，平均五千戶集體化成爲「人民公社」的運動。

毛澤東藉著這些手段，想要實現「高度的生產性」和「生產手段爲全民所有」的目標。在人民公社裡面，所有的人可以在公共食堂裡配給免費的食物。這是想要把「工農商學兵（工業、農業、商業、學校、軍隊）」成爲一個共同體的共產社會雛形。

但是，依賴國民的「狂熱」和「努力奮鬥」的群衆動員方式，強迫民衆接受過重的勞動之外，在擴大生產的大號令之下，導致和事實相去甚遠的灌水增產報告的橫行。因爲這些灌水的分量，往往使得要上繳國家的配額，增加到根本無法做到的程度。在農村裡面爆發了嚴重的糧食不足，整個國家混亂至極。

即使如此，毛澤東還是拚命的鼓動民衆，發動了國家總動員的狀態。這個狀態背後，是潛藏著對社會主義蘇聯的不信任和對抗心。毛澤東對蘇聯抱著極大的疑念，其決定性的要因是「史達林批判」。

一九五六年二月二十四日深夜，在莫斯科克里姆林宮，蘇聯共產黨的第二十次黨大會結束了正規的日程閉幕式後，黨的第一書記赫魯雪夫進行了題爲「關於個人崇拜以及它的結果」的七小時報告。激烈的批判了被神格化的史達林獨裁。

中國共產黨以黨副主席朱德爲團長，黨祕書長鄧小平、副祕書長譚震林等人隨行，參加這個大會。赫魯雪夫的報告是祕密進行，外國代表團被排除在外。中國方面，雖然把從蘇聯共產黨聯絡部走漏出來非官方的情報速記下來，但這只不過是一個概要而已。

美國中央情報局得到了祕密報告的全文，在三月十日的美國《紐約時報》中報導了。

全文送到毛澤東的手中已經是三月十六日。隔天晚上八點，毛澤東在中南海的頤年堂，緊急召集了朱德、劉少奇、周恩來、陳雲各個黨副主席和鄧小平、中央辦公廳主任的楊尙昆等人，舉行黨中央書記處會議。

關於祕密報告毛澤東總括說：「蓋子也掀開了，問題也出來了。」所謂的「蓋子也掀開了」，意味著「蘇聯、蘇聯共產黨還有史達林也未必完全正確，這一點被明白說出來，迷信打破了」。而所謂的「問題也出來了」，則意味「內容和分析方法上犯了大的錯誤」。至於什麼是問題，那時候沒有說到。

毛澤東進一步在十九日到二十四日，召開黨中央政治局會議，再度進行有關祕密報告的討論。

在會議上毛澤東說：「我和史達林一樣也會犯錯，重要的是能不能透過自我批判，改正自己的錯誤。」

此外，他還批判了赫魯雪夫的祕密報告說：「史達林雖然犯了錯誤，但也有偉大的功績。赫魯雪夫的祕密報告帶來的損失，必須盡可能地加以彌補。」[2]

毛澤東對赫魯雪夫感到激烈的憤怒。史達林不只在蘇聯，在其他的共產黨國家裡，也被神格化，被認爲是絕不犯錯的存在。批判史達林這件事的出現，各國共產黨也好，中國共產黨也好，對獨裁的領導者毛澤東的信賴，有從根本被動搖的危險。「祕密報告所帶來的損失」就是指這一件事情。

緊跟著祕密報告公諸於世以後，波蘭和匈牙利的黨內外要求民主化的聲音高昂，發展成爲動亂。匈牙利招來了蘇聯軍隊（華沙公約的官方軍隊）鎭壓全國的流血大慘事發生，毛澤東的擔心果然成眞。於是，毛澤東就把赫魯雪夫看作是共產黨的叛徒。

對那一封批判彭德懷的告密書內容，毛澤東雖然沒有理由一五一十的相信，但是一九五七年十二月，訪問莫斯科的時候，那幕令他難堪的情景歷歷在目。

當時，赫魯雪夫略過站在身旁的毛澤東，對在朝鮮戰爭當中，指揮中國人民志願軍的司令官兼政治委員彭德懷，獻上了所謂「天才的戰略家」最高級的讚美。

聽到這些讚美，彭德懷借力使力回答說：「赫魯雪夫同志，我們的戰果是在偉大蘇聯的支援下得到的，我們永遠不會忘記您的。」

從這時候開始，毛澤東就對蘇聯和彭德懷的關係抱著深深的狐疑。

## 註解

【1】有關於告密信的內容，以及讀了這封告密信後毛澤東的表情，中國作家師東兵在一九九二年所著的非小說《廬山眞面目》這樣描寫。

【2】毛澤東一連串討論史達林批判的發言，在吳冷西所寫的《憶毛主席》（新華出版社，一九九五年）這本書有很詳細的描寫。

# 2. 「大躍進」的挫折

## ——對「神」的建言如矢四射

中國共產黨主席毛澤東對蘇聯的關係抱著警戒，連帶地對彭德懷有所狐疑，這一點黨政治局委員兼國防部長彭德懷完全不知道。

一九五九年六月十三日，彭德懷訪問了蘇聯等東歐八個國家返回北京。在隔天的十四日，對張聞天談外交的成果。張聞天曾經擔任過駐蘇聯大使、聯合國代表等職，那時才剛成爲國務院外交部次長。[1]

彭德懷說：「蘇聯的同志和東歐的兄弟們，對老毛的反感日漸升高，失掉了大大方方援助中國的意願。」彭德懷出國期間負責代班的人民解放軍總參謀長黃克誠也跟著抱怨說，山東省及甘肅省的糧食已經用盡，海空軍被動員去運送食糧，燃料使用過度，造成國防軍沒有辦法運作。

毛澤東以農工業的激進生產擴大爲目標的「大躍進」和「人民公社化」政策，雖然有一部分開始調整，但彭德懷認爲必須迫使毛澤東進一步轉換路線。在江西省廬山召開的黨政治局擴大會議迫在眉睫，本來彭德懷以因出國訪問身體疲勞爲理由，指示黃克誠代理出席，但是現在他改變心意了。

張聞天反對彭德懷去江西廬山，他說：「蘇聯才剛剛拒絕提供原子彈試爆的技術，你又才剛從蘇聯回來，說不定毛主席根據政治局會議對你點燃攻擊之火，把那個問題跟你扯在一起。」但是彭德懷此時心意已定：「到目前爲止，我對老毛勸了又勸，但是他向來當作耳邊風。希望這一次我這麼做他會覺醒！」【2】

黨政治局擴大會議在一九五九年七月二日開幕，大會議題是「大躍進、人民公社化的政策調整」。雖然毛澤東也同意，可是會議一開始，他想要對彭德懷的批判先下手爲強，作出了總結似的說：「成果很大，問題雖然也多，但前途光明。」【3】

根據師東兵所寫的《廬山眞面目》一書，幾乎所有參加會議的人都沒有感到緊張。第一天的議程一結束大家都去看戲、跳舞、散步等。但彭德懷一來，氣氛突然改變了。隔天開始，按照地區分成六組的集團討論會上，彭德懷的怒火燃燒了起來。

「是誰違反了黨『集團領導』的決定，一個人就決定了所有的事情？黨組織的威信沒有提高，只是提高個人的威望那是危險的！」「濫用毛主席跟黨中央的威信是不可以的，去年胡亂傳達毛主席的意見，問題不少。」【4】

分組會議上彭德懷的發言，是用簡報的方式傳入毛澤東耳中。但是特別針對毛澤東的部分已經刪除了。對於事務當局的這種考慮，彭德懷很不滿。

在會議的空檔，毛澤東有時到附近的湖水裡面去游泳，或只在他專用的樓房裡面專心念書。這時候又來了一封告密的書信，內容是密告彭德懷到蘇聯和東歐各國訪問的內幕。告密書裡面說：

「赫魯雪夫和彭德懷舉行了好幾次的密室會談。五月三日那天，會談還長達三個小時以上。蘇聯方面有翻譯，我們國防部的翻譯卻被拒入室。」

「彭德懷回國後和黃克誠密談說：『蘇聯的同志們說切斷我國的左傾路線。』」（《廬山眞面目》）。

從那天起，毛澤東就對所有的分組會議派出聯絡員，要他們向自己報告。但是彭德懷對毛澤東的狐疑毫不在乎，八天之內進行了七次的政策批判。「史達林的權力絕大，沒有人敢唱反調了，因此犯了過錯。我們國內沒有這種現象嗎？那一個偉大的先生一說了什麼話，就變成了好像是神的訓諭，不是嗎？」【5】

## 註解

【1】赫魯雪夫曾經說：「毛澤東雖然想要在馬克思、恩格斯與列寧之間確立自己的位置，或爲國際共產主義運動的領袖，但他是失格的。」

【2】這一連串的對話，是根據中國軍事科學院毛澤東軍事思想研究所張樹德所寫的《毛澤東與彭德懷》（北京出版社，一九九八年）一書。

【3】召開會議的江西廬山，蔣介石的國民黨也屢次在此召開重要會議，此地好幾次成爲歷史的重要舞台。從古時候起，這裡就被陶淵明等著名詩人所歌詠，也是很多要人的避暑勝地。

【4】鑑於一九五六年二月，在獨裁者史達林死後，成爲蘇聯領導者的赫魯雪夫對史達林作了批判，中國共產黨第八屆黨代表大會（一九五六年九月）建立了排除個人崇拜的觀點，從黨綱裡把「毛主席的思想作爲黨活動的指針」刪掉了。

這些發展雖然是沿著劉少奇、鄧小平等務實派路線，但很難認爲是完全違反毛澤東的意志，毋寧說是：「我國的無產階級跟資產階級的矛盾大致已經解決了」（大會決議）這樣的自信支撐著毛澤東。

隔年毛澤東之所以呼籲說：「作爲『人民有批判的權力』，應該展開『百家爭鳴、百花齊放』的自由議論。」正是這個自信的表現。雖然如此，知識分子們一吐對共產黨激烈的批判，讓毛澤東吃驚。爲了這個緣故不得不以「反右派鬥爭」的名義，嚴厲鎮壓對共產黨的批判。

這個挫折使得毛澤東轉向了激進路線，就打出了「不斷革命論」。

從一九五八年起，一方面推進「大躍進」跟「人民公社化」；而另一方面，「人民戰爭論」（把敵人深深的引誘到自己的地盤內，用游擊戰加以殲滅）之所以再度獲得確認，是象徵著政策轉向了激進路線。那個時候，從朝鮮戰爭得到的教訓而以蘇聯軍隊爲模範，由彭德懷等人所推進的正規軍化、近代化路線受到批判。

【5】盧山會議的內部發言是根據曾經是毛澤東祕書，當時以國務院水利電力副部長的身分出席的李銳所寫的《盧山會議實錄》。這本書在一九八九年四月，作爲黨史研究者的參考書，由中央黨史出版社以春秋出版社的名義在內部發行。緊接著六月底，在民主化遭到武力鎮壓的第二次天安門事件之後，市面上不再流通，然而在一九九四年河南人民出版社又出了增訂本。

# 3. 廬山之夜

## ——江青獲悉毛澤東跟前妻的密會

「主席！上一次我有事情下山的時候，偶然看到了賀子珍。」聽到這一句話毛澤東站了起來。

「她現在在哪裡？」[1]

意外地聽到了賀子珍的消息，毛澤東此時因為黨政治局擴大會議，在江西省的避暑勝地廬山停留。時間是一九五九年七月。

報告碰到賀子珍的是廣東省省長陶鑄之妻曾志。陶鑄和他的太太在會議的空檔下山，去探望在南昌入院的前廣東省副省長馮白駒。在那時，聽到賀子珍在南昌生活的風聲，曾志因此去打聽而重逢了。兩個人是井岡山時代的好朋友。

「我們是十年的夫妻，我沒有忘記她，想要見面。」從曾志那裡聽到賀子珍近況的毛澤東，眼睛濕潤了。

「應該見面的。」曾志如此勸毛澤東，更堅定了毛澤東的決心。

「但是絕對不要告訴江青。對了，你去（江西省副省長）汪東興那兒好嗎？叫汪東興把賀子珍帶來。」[2]

被指示把賀子珍帶來的汪東興，就叫同樣是江西省副省長方志純的太太朱旦華等人，到賀子珍那裡去。朱旦華原來是毛澤東的弟弟毛澤民之妻，但一九四三年毛澤民在新疆省維吾爾自治區被殺害以後，和方志純再婚。

廬山會議開幕第六天的七月八日，賀子珍在不知情的情況下，由朱旦華陪同登上了廬山。在距離會議場大約兩公里的二十六號樓，準備了她過夜的房間。

在那兒過了四個晚上的賀子珍，在十二日晚上，搭乘高級轎車到了一個叫做「美齡廬」的豪華住宅（一百八十號樓）。在警衛的帶領下走上樓，眼前站著毛澤東。

「你們都下去。」毛澤東叫警衛們退出房間，就微笑著親自給驚嚇站著的賀子珍倒茶。「生活過得怎麼樣？身體好嗎？」

賀子珍不知道毛澤東來到了廬山，這是兩人闊別二十年後的重逢。賀子珍四十九歲，而毛澤東已經是六十五歲了。一邊擦拭著滿臉的眼淚，賀子珍終於開口回答：「我過得還好，而您好像沒有以前那麼硬朗了。」

毛澤東說：「忙過頭啦！」[3]

毛澤東對這個曾經一起吃過苦，又是同志又是妻子的賀子珍，開始談一些最近的事情。兩個人單獨的談話長達一個小時。毛澤東說：「已經很晚了明天再繼續說！」答應明天再見面。[4]

但是兩個人卻再也沒有在廬山上見面過。那是因為隔天一早，賀子珍接到了下山的命令：「主席已經下山了，妳也請回去吧！這是黨組織的意思。」

毛澤東之所以捏造事實，那是因為他和賀子珍重逢之後，毛澤東接到一通電話，是當時人在杭州市的江青所打來的。江青說：「我這就過去盧山！」賀子珍進入盧山是極機密的，這件事怎麼會傳入江青的耳朵呢？[5]

就在毛澤東和賀子珍會面，而江青盛怒打電話的七月十二日晚上，黨政治局委員兼國防部長彭德懷和毛澤東的前祕書湖南省黨委、第一書記、湖南省長的周小舟在大約兩百公尺之外的一百七十六號樓討論，討論的重點是如何挽救毛澤東激進農工業增產政策「大躍進」對產業所帶來的重大打擊，和國家財政。

根據彭德懷的回憶錄，彭德懷確信「毛主席所主張保持均衡發展的方針，並沒有徹底實行」，彭德懷決心要「改正左傾路線的錯誤」，在十三日一大早，就往毛澤東所住的樓層走去。

「主席昨天一夜沒有睡覺，剛剛才休息。」警衛官拒絕彭德懷求見。毛澤東對前一個晚上發生的事情，情緒激動，吃安眠藥之後才勉強入睡。

如果是平常，彭德懷是不會客氣的。

但是這一次要對談的內容嚴肅，彭德懷說：「沒辦法，只好寫信了。」這封信就引起了歷史性的「彭德懷事件」。

## 註解

【1】賀子珍是毛澤東的前妻。一九二八年，毛澤東和賀子珍在剛開闢的最早革命根據地井岡山結婚，那年賀子珍十九歲，毛澤東三十五歲。

【2】毛澤東和曾志的對話是從權延赤所著的《陶鑄在文化大革命中》（中共中央黨校出版社）這本書引用

的。陶鑄在七年後的文化大革命時，由黨內排名第九十五位的中央委員，被抬高到第四位的政治局常務委員。但是後來被江青四人幫打成「黨內最大的走資派擁護者」，在迫害中死去。汪東興在毛澤東死後，於逮捕四人幫當中扮演了重大的角色，他是毛澤東長期以來的心腹。

【3】毛澤東在二十七歲時，一方面擔任母校湖南第一師範附屬中學的校長，一方面組織共產主義集團。那時候他和師範時代恩師的女兒楊開慧結婚。據說，楊開慧在毛澤東和賀子珍再婚兩年後，被國民黨殺害。

一九〇九年出生的賀子珍，在十七歲加入中國共產黨，經歷永興縣婦女委員會書記等，後來進入井岡山成爲革命戰士。跟著中國共產黨經過「長征」進入陝西省，在延安建立了根據地。在那一段艱苦的時代，賀子珍全心地支持毛澤東，但爲了治療在長征過程中受的傷以及神經痛，賀子珍在一九三七年前往莫斯科，同時在東方工人共產主義大學就讀。這時毛澤東認識從上海市來延安的前電影女演員江青，毛澤東不顧領導階層的反對，力排衆議在一九三八年左右和江青開始同居，與賀子珍就這樣變成了離婚狀態。

一九四七年回國的賀子珍，到上海投靠哥哥，同時擔任區長委員會的組織部長等職務，之後移居南昌。在江西省黨委會的保護之下，過著隱遁的生活。

【4】毛澤東和賀子珍的談話內容是根據《陶鑄在文化大革命中》這一本書。

【5】作家師東兵推測：是毛澤東的前祕書，當時擔任政治局候補委員的陳伯達洩漏祕密。但事實情況如何，不得而知。而陳伯達後來成爲文革激進派，支持江青。

# 4. 對「意見書」的憤怒

## ——「同志們！有屎快拉！有屁快放！」

中國共產黨主席毛澤東，想要藉著動員群衆的「大躍進」，以及大規模集體化的「人民公社」兩大運動，一口氣擴大鋼鐵及穀物的增產。他的大號令給生產現場帶來大混亂，這個結果和毛澤東想要很快地實現共產主義的理想背道而馳。生產停頓，糧食短缺的困難反而更加惡化。

對於這個激進政策的走偏，黨政治局委員兼國防部長彭德懷深感憂慮，在江西省廬山召開的黨政治局擴大會議，即將邁入第十二天的一九五九年七月十三日早上，想要當面力諫，而造訪了毛澤東住宿的樓層，但被警衛以「主席睡覺了」爲理由拒絕。

彭德懷在那天的晚飯之後，把自己關在宿舍的辦公室內，拿出了他寫給毛澤東的信，一看再看。那天晚上，廬山雷電交加，颳起風暴。

根據天華編著的《毛澤東與林彪》（內蒙古人民出版社，一九九八年）一書，警衛對著在辦公室裡準備寫信的彭德懷說：「總司令，明天還有會議，不早一點休息不行喔！」那時候手錶指針已經過了午夜零點。「別管我！現在去替我泡杯濃茶好嗎？」

凌晨四點，雖然警衛官已經就寢了，但還在推敲內容的彭德懷徹夜未眠，到了清晨六點時，他起身打太極拳來暖和身體。他叫來了祕書王光誠說：「把這封信謄寫一遍，是要給毛主席的。」信就在當天傍晚寄到了毛澤東手中。

以「主席」稱呼做開頭約三千五百多字的信裡，彭德懷一面說「大躍進」的成果是偉大的，一面也舉出一些問題，比如說：基礎不夠、速度太快的經濟建設引起大混亂、隱瞞事實、灌水的虛構報告等。彭德懷並且指出：「小資產階級的狂熱性」讓政治考慮壓倒了經濟法則，這樣做犯了偏向左傾的過錯。

介於「資產階級」跟「工人階級」之間的「小資產階級」，是指自營工商業者以及自耕農而言。說共產黨內部有「小資產階級的狂熱」，意思是說「假勞工階級的激進主義」帶有侮蔑的味道。

彭德懷在「大躍進」發動後的一九五八年底，視察了自己和毛澤東的故鄉湖南省等地。他親眼看到，人力都投入了鋼鐵生產運動，而農民又受到糧食增產的巨大重壓，造成苦不堪言的慘況。他尖銳地批評激進政策本質上的缺點。光這一點，毛澤東的憤怒就夠大了。

毛澤東命令祕書官說：「叫周恩來和劉少奇來。」匆忙趕來的周恩來問說：「什麼事？」毛澤東遞給他一張紙條說：「先讀一讀這個。」那是彭德懷寫來的信。

根據師東兵所寫的《廬山眞面目》這一本書，讀完了這些信的黨政治局常務委員兼國務院總理周恩來承認，在鋼鐵增產方面的確有品質惡劣、浪費勞力、資源的情況，去年秋天的收穫也不太好等這些問題。雖然如此他還是打圓場的說：「然而重要的是，只用了短時間就要把握全部的狀況是不容易的。」

周恩來本身有切身之痛，在「大躍進」、「人民公社」之前，毛澤東急切地推動農業集體化的時候，對這個政策抱著消極態度的周恩來等務實派的領導者們，遭到毛澤東「反對激進是右傾保守主義」的攻擊，還被迫自我批判。

周恩來即使內心同意彭德懷，也想讓毛澤東醒悟，但那樣做只會成爲自己的致命傷。因此周恩來很微妙的繞圈子說：「信裡面有些地方，打擊了別人，抬開了自己。」

劉少奇晚到了，進入房間也讀了彭德懷的信，照理說信上應該有很多論點，他是要頷首同意的。但是他察覺到了毛澤東的意向，因此說：「野心看得見。」

毛澤東把彭德懷的信上面多寫一段標題「彭德懷同志意見書」命令印刷，兩天後的七月十六日，分發給會議出席者。同時爲了討論這一個問題，把會議延長一個禮拜，連留在北京的主要黨領導人，也被叫來廬山。

有關「意見書」的討論，從十七日開始，在原來按照地區分成六組的分組會議上進行。會議的參加者們對農村困難的情況，當然不會不知道。有不少人像彭德懷一樣，認爲有必要轉換激進的路線，但是幾乎所有的人都沉默不語。

其中有一位比毛澤東還大幾歲的革命元老，身爲「建軍之父」，在軍方內外聲望崇高的黨政治局常務委員朱德，繼續指出「大躍進」、「人民公社」的問題。「必須要承認農民的自留地，激起他們的幹勁。」「不要強迫他們去公共食堂吃飯，讓他們有自由的話，公社的負擔也會比較輕鬆。」

因爲發言的朱德地位崇高，不然這些可不是一般人可以說的。不過，其他公然支持彭德懷的還有國務院外交部的次長張聞天、人民解放軍總參謀長黃克誠、湖南省第一書記周小舟等人。

張聞天是黨內少數的理論家，在革命初期支持蘇聯的指導，後來在毛澤東掌握黨內實權上面，扮演重要的角色。張聞天認爲俄羅斯革命之後，史達林一夥人也都因激進政策，造成人民不計其數的犧牲。這樣的歷史悲劇毛澤東卻一再的重複著。

不參加分組會議，一直保持沉默的毛澤東，在七月二十三日的綜合會議上出現了。毛澤東一坐上主席台，就不客氣地說：「你們都說的那麼多了，也讓我講個一小時可以嗎？要不然的話，我吃三次安眠藥也睡不著。」

「雖然我和群衆脫離了，但畢竟群衆還是支持著我。有百分之三十的人還是積極分子的，算起來高達一億幾千萬人。他們想幹的事，你們說，會是小資產階級的狂熱性嗎？」

「根據我的觀察，在這個緊要的關頭，一部分的同志已經動搖了。」

「引起大騷動的人是我，因此我自己負責。同志們想說就說！有屎快拉！有屁快放的話，肚子裡就清爽乾淨了。」

會場安靜下來，劉少奇也好，周恩來也好，全都啞口無言。毛澤東片面地宣布：「散會！」[1]

彭德懷小跑步地追上離開會場的毛澤東，亦步亦趨地說：「主席！怎麼把我寄給您作參考的私人書信在會議上公開呢？這種做法我無法同意！」

毛澤東只是用冷冷的眼光投向彭德懷（張樹德著《毛澤東與彭德懷》）。

## 註解

【1】毛澤東的發言是根據李銳所寫的《廬山會議實錄》這本書。

# 5. 彭德懷解職

## ——文革的悲劇可想而知

「主席批判我的信，說那是一份有計畫、有組織目的的右傾主義綱領，爲什麼呢？……」

中國共產黨政治局委員兼國防部長的彭德懷認爲：把現狀率直的報告，是屬下應扮演好的角色。黨主席毛澤東對自己的所作所爲，彭德懷感到很憤懣又無可奈何地在回憶錄《彭德懷自述》作了以上的表白。

以鋼鐵及糧食生產增大爲目標的「大躍進」，以及「人民公社化」的激進政策所帶來的問題，彭德懷只不過是用信件向毛澤東指出罷了。一封私人信件，毛澤東卻在江西省廬山上所召開的黨政治局擴大會議上公開散布，這等於是把彭德懷當作出氣攻擊的目標。

毛澤東並沒有否認在推進「大躍進」當中，的確有行之太過或失敗的地方。但是，他心裡想：「實現更多、更快、更好、不浪費的目標，本身不壞。光是在那裡討論失敗，一步也前進不了。」

比起那些畏畏縮縮，猶疑不決的各方黨領導階層，人民群衆裡的積極分子，也許沒有知識，但是他們果斷而意氣風發，雖然犯了錯卻更有價値。如果沒有熱情的話，什麼事情也辦不了。毛澤東在批判彭德懷的「意見書」談話裡面所談的，就是這件事。

即使黨領導階層跟人民對立起來，但自己必須站在人民這一邊的「聖域」裡面。這是毛澤東一生不變的思考方法。爲了要站在人民的一邊，永遠保有他們的信賴，權威是有必要的。毛澤東雖然也曾經對自己行之太過的事情自我批判，但如果從根本否定自己的話，人民對自己的信賴會立刻喪失。

蘇聯的獨裁者史達林死後被赫魯雪夫批判，讓蘇聯共產黨在東歐喪失了威信，且引起動亂。不能重蹈覆轍。「權威的保持」和「對叛徒（修正主義）赫魯雪夫的蘇聯多加警戒」，這兩件事從來沒有從毛澤東的頭腦中消失過。彭德懷的信在這個時候像飛蛾般撲了過來，成了最好的下手目標。

有一個人深刻的理解到這一點，他就是黨副主席兼政治局常務委員林彪。

毛澤東說：「會議已經到了折返點了，要強化批判的火力！」從七月二十六日到八月一日爲止，毛澤東把前來廬山參加會議的政治局常務委員們，都集中在專用的樓層，斷斷續續地召開會議。

彭德懷被不斷地批判。

參加的常務委員是劉少奇、周恩來、朱德、林彪。剛開始林彪因爲身體不舒服，並沒有參加廬山會議。彭德懷問題發生以後，毛澤東叫他過來廬山。林彪對彭德懷說：「彭德懷同志，不管來不來廬山開會，你引起了『革命』，這背後難道沒有什麼原因嗎？你最近訪問了蘇聯跟東歐國家，赫魯雪夫對你有高度的評價，到底你們談了些什麼？」

彭德懷翻臉反駁說：「胡說八道！我對外國話一句都不懂，怎麼會跟赫魯雪夫說什麼話呢？去找翻譯來調查調查不就得了。」（馬泰泉等著《國防部長浮沉記》，解放軍文藝出版社，一九九七年）。

林彪比彭德懷小八歲，在抗日戰爭率領一一五師。在一九三七年九月，在山西省平型關擊敗了板垣師，打破了日本軍不敗的神話。中華人民共和國建國後，一九五五年成爲元帥，在「十大元帥」當中年紀最小，排名卻高居第三。[1]

毛澤東、彭德懷以及政治局常務委員們，展開了激烈的革命戰。在一片批判彭德懷的聲浪中，革命根據地延安時代的路線鬥爭，以及過去戰鬥當中所犯下的戰略錯誤等舊帳，被一一翻了出來。

「三十年來，我和你是三分合作，七分不合作的關係。」毛澤東這麼說，彭德懷反駁說：「我和主席的合作關係是五五分帳。」毛澤東硬說：「還是三七分開！」

彭德懷想了很久，好像用擠出來的聲音似地說：「毛主席！在抗戰時你痛罵了我四十天，這一回我罵你二十天不可以嗎？」

和常務委員會並行著的政治局擴大會議，也繼續舉行。原來一直採取觀望政策的多數人，現在開始攻擊彭德懷和支持他的國務院外交部次長張聞天、人民解放軍總參謀長黃克誠、湖南省黨委員會第一書記周小舟。

毛澤東在全體會議上發言宣布說：「對彭德懷、張聞天、黃克誠、周小舟的批判是路線鬥爭。」下定決心要把毛澤東的權威絕對化的林彪，用嚴厲的口氣對彭德懷定罪說：「眞正的大英雄是毛澤東，彭德懷也以爲自己是大英雄，這是沒有辦法兩全的。」

權威的維持，就是這麼一回事。在一片批判的砲火中，彭德懷也終於了解了。彭德懷在自我批判當中說：「在給毛澤東同志的信裡面，我發表了右傾的錯誤議論，攻擊社會主義建設的總路線，同時也攻擊了大衆及幹部的積極性，損害了黨中央和毛澤東同志的威信。」

中國共產黨在八月二日到十六日之間，在廬山緊急召開了第八屆中央委員會第八次全會，把彭德懷、張聞天、黃克誠、周小舟等人定罪成：「結成了所謂『軍事俱樂部』的反黨集團，現在決議解除他們的職務。」

但是這個決議並沒有向全國公開發表。只有林彪取代了彭德懷成爲國防部長這件事情，在一個月之後也就是一九五九年九月十七日發表。這一天也是被毛澤東認爲是共產主義叛徒的蘇聯「修正主義」赫魯雪夫，作爲蘇聯最高領導者首次訪問美國的日子。這件事情和被說成是「親近外國」的彭德懷職務的解除發表，巧合地同時發生了。

盧山會議的決議把對毛澤東的批判封殺了。中國共產黨把這一次決議密而不宣，而「大躍進」也在會議後持續下去，進一步的造成悲劇。而且，「毛澤東神格化運動」由林彪來擔任搖旗吶喊的角色也是勢不可阻，這是一場把中國帶往了激進左派路線頂峰的「無產階級文化大革命的大混亂」前奏。

## 註解

【1】所謂「十大元帥」的排名依序是：朱德、彭德懷、林彪、劉伯承、賀龍、陳毅、羅榮桓、徐向前、聶榮臻、葉劍英。

# 6. 和赫魯雪夫對決——「最後的贏家會是誰？」

一九五九年九月三十日破曉時分，中國共產黨主席毛澤東吃了兩次安眠藥也睡不著。眼神空洞地坐在寢室裡的沙發上，兩眼瞪著前方，香菸一根接一根的抽。警衛官們小心翼翼的來換茶，毛澤東在這十幾個小時裡，什麼東西也沒吃。

書桌上堆滿了文書和電報，這些是只有七個政治局常務委員才能夠看到的高度機密電報文，是從安徽省、山東省、河南省各地方發來的，裡面說到餓殍不斷出現。

七、八月在廬山會議上，國防部長彭德懷指出：（毛澤東）想要藉著動員群衆，讓農工業生產急速的發展，由「大躍進」路線「偏向左傾」，彭德懷因而被解除了國防部長的職務。「大躍進」產生的破壞更加嚴重了，飢餓蔓延了全國。

這時中國和印度的邊界也不太穩定。一九五九年三月，西藏發生了反政府的暴動；印度因爲接受達賴喇嘛的逃亡，而使得中印關係惡化。八月中國印度邊境，爆發了兩國警衛隊的武力衝突。

書桌上所堆積的最新資料是，在美國大衛營所舉行的美蘇高峰會談的報告。

「彭德懷之後就是赫魯雪夫……」毛澤東喃喃自語地說。結束訪問美國行程的蘇聯共產黨第一書記兼首相赫魯雪夫，爲了參加中華人民共和國建國十週年的慶祝大會，今天抵達北京。

中國的困境，赫魯雪夫也是知道的吧！他應該不會輕易放棄這一個更可以逼迫中國讓步的絕好機會。權延赤在他所寫的《毛澤東與赫魯曉夫》（內蒙古人民出版社，一九九八年）這本書裡面，這樣推想毛澤東的心情。

和毛澤東憂鬱的心情相反，中南海高牆之外，充滿了國慶日的慶祝氣氛。北京市內的道路打掃得非常乾淨，擺滿了慶賀用的拱門、顏色鮮豔的花朵、飄揚的旗幟，到處都可聽見歡聲笑語和鑼聲鼓聲。

「最近右傾機會主義瘋狂的攻擊，人民的事業（大躍進），這裡也不好，那裡也不好。」毛澤東在九月一日的信裡面這麼寫著（陳明顯著《晚年毛澤東》，江西人民出版社，一九九八年）。

「全世界的反中國和反共分子，和我國無產階級內部及黨內，內神通外鬼，一齊進攻來了。」這是毛澤東對當時形勢的認識。毛澤東一直懷疑：批判「大躍進」的彭德懷背後有蘇聯撐腰。[1]

「全世界的反動派從去年開始，把我們罵得一文不值。好！這些傢伙已經罵了半世紀了。最後勝利的是哪一方，就等著瞧。」雖然毛澤東氣得呼吸急促，但是這個期間國內外的情勢對毛澤東而言，絕非有利。

三十日下午兩點四十分，赫魯雪夫搭乘的銀白色圖波列夫一一四型飛機，抵達了北京郊外的南苑機場。三天前赫魯雪夫在大衛營上高呼「和平共存」，發表了美蘇共同公報，作爲蘇聯最高領導者首次訪美，大體上可以說是成功的。赫魯雪夫現在是站在得意的頂峰。

傍晚的時候，赫魯雪夫在中南海頤年堂裡，和中國共產黨領導階層會談。

赫魯雪夫大大強調了和平共存的意義，毛澤東卻潑冷水說：「什麼大衛營精神之類的，可能嗎？」一聽到赫魯雪夫稱讚說：「美國的工人生活富足。」毛澤東就嗤之以鼻說：「從美國帶回來的土產就是這些？」

有關中國的對外政策上，兩人也不斷的爭執。赫魯雪夫指責中國用武力鎮壓的手段，對付西藏的反政府動亂、不應該和印度起衝突等。赫魯雪夫也指責中國大陸砲打金門，連累到美蘇的關係，要求中國大陸放棄武力解決台灣的主張。

史達林時代以來，蘇聯共產黨就一直對中國革命插嘴。對此感到不快的毛澤東，現在面對赫魯雪夫一副「老子黨」的樣子，對中國的內政干涉這個，干涉那個，感到怒火中燒，忍不住用激烈的諷刺加以反擊。

「給我說清楚！和印度不團結？不可以砲打台灣？也就是說我們是左，那就回去吧，你是右傾機會主義。」

赫魯雪夫緊閉雙唇拉高聲音說：「我知道了！你們想要標榜自己是馬克思列寧主義的正統。」會談在最壞的氣氛當中結束。[2]

十月一日，站在天安門樓閣上看國慶節慶祝遊行的赫魯雪夫，對毛澤東前一天晚上的行為，還是怒氣未消。休息的時候他對毛澤東這麼說：「關於原子彈試爆，把他們叫回國如何？」

「他們」是指蘇聯派到中國的技術人員，因爲取消中蘇新技術協定的通知已經發布了。毛澤東也神色不變冷冷地回答說：「叫回去也不是什麼大問題，我們自己做做看，也是好訓練。」

就這樣連慣例的共同聲明也沒有，赫魯雪夫在三日離開了北京。從此以後中蘇首腦會談，長達三十餘年未舉行。

## 註解

【1】從一九五六年批判史達林作爲開端，中蘇兩國共產黨的鴻溝一味地擴大開來。一九五八年蘇聯提案，要在中國領土內設置能夠和蘇聯潛艇通信用的長波無線電台，以及和中國創設聯合潛艇艦隊。毛澤東認爲這樣會威脅到中國的主權，而加以拒絕。在訪問中國的赫魯雪夫離開北京二十天後的八月二十三日，中國大陸對台灣海峽的金門、馬祖開始砲擊。一九五九年的六月，蘇聯片面撕毀一九五七年十月所簽訂的中蘇國防新技術協定。這個協定本來是答應提供中國原子彈試爆的樣品和製造的技術資料。赫魯雪夫嘲笑中國的「大躍進」跟「人民公社化」運動，這件事也激怒了毛澤東。

【2】毛澤東和赫魯雪夫的一來一往，是根據《釣魚台檔案》以及《毛澤東與赫魯曉夫》這二本書而來的。

# 7. 林彪的手札
## ——「毛澤東只崇拜自己」

中蘇兩個共產黨的最高領導者在中華人民共和國建國十週年，也就是一九五九年十月一日國慶日所舉行的首腦會談，在不愉快的氣氛當中開始又結束了。從此以後，兩個黨的和解已是三十年以後的事。

對立的最大導火線是一九五六年，史達林的接班人赫魯雪夫對史達林的獨裁和個人崇拜嚴厲批判。「個人崇拜」對毛澤東的中國共產黨而言，是微妙的問題。

中蘇首腦會談的一個多月前，因爲指出了激進的大躍進運動的問題點，而造成彭德懷被解除國防部長的盧山會議上，個人崇拜問題事實上也是一個隱而未發的大問題。

緊接在盧山會議之後的八月下旬，在北京召開中央軍事委員會擴大會議，這個會議上再度討論了彭德懷等人的反黨集團的問題。

「彭德懷利用赫魯雪夫批判史達林，以及我國『大躍進』面臨困難的時候，看準了黨犯了錯誤的時機，高舉反個人崇拜的大旗，想要贏得他個人在國內外的同情跟支持。」黨內排名僅次於毛澤東的國家主席劉少奇，如此批判了彭德懷。

毛澤東一面聽著劉少奇的談話，一面用紅色的鉛筆，焦躁不安地在桌上敲著。雖然劉少奇用「黨所犯的過錯」這一種撇清自己責任的說法聽起來不舒服，但眞正的問題是「個人崇拜」那一句。

根據師東兵所著的《廬山眞面目》一書，劉少奇把「彭德懷的『大躍進』批判」和「對毛澤東的個人崇拜」兩件事結合起來，毛澤東極爲憤怒。毛澤東認爲這兩件事情是沒有辦法相提並論的。

一年半前的一九五八年三月十日，在四川成都所召開的中央工作會議上，毛澤東談到了史達林批判與個人崇拜的問題：「對馬克思、恩格斯、列寧、史達林必須要永遠的崇拜，非崇拜不可。眞理在他們那裡，怎麼可以說不崇拜呢？」

「問題不在於個人崇拜，問題在於是不是眞理。如果是眞理就必須要崇拜；如果不是眞理，崇拜就不可以！」

毛澤東期待劉少奇說的只是「眞理就在毛澤東身上」一句話而已。如果是這樣，彭德懷的「反對個人崇拜」就沒有討論的必要。

劉少奇的發言惹惱了毛澤東，和劉少奇形成對照的，是內定接任彭德懷擔任國防部長的黨政治局常務委員林彪，他好像看透了毛澤東的心意，拚命地強調「毛澤東的眞理」說：「我們應該怎樣學習馬克思、列寧主義呢？我勸同志們大家好好學習毛澤東的著作，這是學習馬克思、列寧主義的捷徑。毛澤東同志是全面的創造和發展了馬克思主義。」

比毛澤東小十三歲的林彪，這時候是五十二歲。他在十九歲的時候加入中國共產黨，他從國民黨蔣介石擔任首任校長的黃埔軍官學校畢業。一九二八年在最初的革命根據地井岡山，第一次看到毛澤東這號人物。共產黨革命成功的一九四九年，他在一張紙條上寫下自己所分析的毛澤東性格。根據天華所著的《毛澤東與林彪》一書，這張紙條上寫的是：「先叫人家說出意見，然後加以批判。這是老毛的一貫手法，要加以注意。」「毛澤東自我崇拜，有功勞全歸於己，有過錯都推是別人的緣故。」

擴大會議接近閉幕的九月十三日早上八點，第一個到達會場的是毛澤東，他冷眼看著接著到來的劉少奇、周恩來、林彪等人。

當大家都到齊了之後，毛澤東開了口說：「昨天晚上不能睡，反正早上也沒事，要是沒有人反對的話，我們就去吃一些什麼東西。」

對毛澤東這一個意外的提議，參加者先是不知所措，接著響起了禮貌性的掌聲。

飯桌上端來了稀飯、餛飩，還有毛澤東所喜歡的炒辣椒等東西。開飯後不久，毛澤東首先開口說：「比如說這個辣椒好了，雖然我喜歡，別人可不；每一個人各有所好，不過像彭德懷等幾位將軍們，不學學吃辣椒是不可以的。」所謂的辣椒指的是「毛澤東的眞理」。

在會議上，彭德懷雖然被解除了國防部長職務，但是因爲毛澤東一句「觀察今後的態度」，政治局委員的地位被保留了，彭德懷就在接受攻擊的立場下，繼續出席會議。

受不了毛澤東窮追猛打批判的彭德懷，在那一天會議之後向毛澤東吐苦水說：「毛主席，請你差不多一點好嗎？」但是，毛澤東說：「這不是你個人的問題。」而不加理睬。彭德懷用豁出去的語氣說：「和你的見面這也是最後一次嗎？」毛澤東一聽，冷冷地回答：「這是你的希望嗎？」

彭德懷絕口不語之後，毛澤東面向站在一旁的劉少奇說：「黨中央通過了讓林彪同志擔任國防部長，這件事可以由你來命令公布。你現在簡直是皇帝了。」

「大躍進」運動的失敗更加嚴重，這一年四月，毛澤東因爲任期屆滿，把國家主席的寶座交給劉少奇。

對於惡毒的毛澤東，劉少奇慌了。「不！不！因爲是人民的公僕……」毛澤東毫不遲疑的反擊說：「這個公僕的權力絕大，因爲主宰了國家的一切呢！」【1】

中央軍事委員會擴大會議閉幕的幾天之後，劉少奇突然接到毛澤東的指示，要他到中國南方的海南島去靜養，沒有任何異議的餘地。

十一月一日，搭飛機抵達海南島的劉少奇，完全沒有執行身爲國家主席的公務。差不多一個月的時間，只能一味地埋首苦讀（唐振南等著《劉少奇與毛澤東》，湖南人民出版社，一九九八年）。

## 註解

【1】一連串的對話是根據《廬山眞面目》這一本書。

# 8. 天災人禍——「沒有骨氣的國家禁不住打擊」

慶祝中華人民共和國建國十週年的國慶日儀式結束不久，毛澤東前往南方視察。專用列車從北京出發前往山東省、安徽省。從車窗朝外看，各地蕭條到了令人吃驚的地步。

在毛澤東的大號令之下，目標以增產鋼鐵跟穀物爲中心的農工業生產大躍進運動，在它的狂熱當中，陸續製造出來的小工廠及設備，現在已成爲廢墟了。

在距離實際可達成的生產目標太遠的壓力之下，因爲亂作和過度的灌溉，而荒廢了的土地乾燥而龜裂著。褪了色的紅旗，飄揚在空蕩蕩的天空。

中國從一九五九年起，連續三年遭到五穀欠收的災禍。雜亂無章，勉強增產的政策，因爲旱災和水災使得悲劇更加的擴大。糧食短缺造成大量的人餓死，其數目在三年間據說高達兩千萬人（有說四千萬人）。一九五九年秋天，毛澤東前往南方視察，在農村已經有人餓死了。

在視察期間，毛澤東不斷地抽著菸，手指都染成黃色了。

大大的嘆了一口氣之後，毛澤東的眼睛濕潤了，說：「天災人禍……。」他這一句話隨行的警衛官都聽到了。權延赤所寫的《毛澤東與赫魯曉夫》這本書說：「（毛澤東）他說的『人禍』，到底有多少是針對自己以及黨內一部分領導階層的失策的反省跟自責呢？」視察前的兩個多月，把指出「大躍進」路線問題點的彭德懷等人，罵成是「反黨集團」的人，正是毛澤東自己。

專用列車抵達安徽省合肥的那個晚上，街燈完全不亮，到處一片漆黑。因爲長江的水量減少，水力發電無法進行之故。

「公元十七年，荊州（現在的湖南、湖北）發生了大飢荒，災民在原野上挖草根吃。」毛澤東用很沉重的口氣對警衛官們這麼說。

「現在我們也到那個程度了，也有人想利用這個困境來讓別人屈服。沒有骨氣的國家，是沒有辦法度過的。」警衛們心裡都知道，毛澤東是指蘇聯共產黨第一書記的赫魯雪夫。

「他們愈是對我們施加壓力，我們愈是必須抵抗。」毛澤東拍著桌子，激動得全身發抖（《毛澤東與赫魯曉夫》，內蒙古人民出版社，一九九八年）。

結束五個多月的南方巡視，毛澤東回到北京已經是一九六〇年三月末的事了。

回到北京的毛澤東，對身邊的辦事員宣告說：「我不吃肉和蛋，穀類也要定量，和全國的人民一起度過困難。」

但是，毛澤東並沒有拋棄「大躍進」路線。他相信，只要改掉一些行之太過的地方，等氣候變好，困難就可以克服了。

「人類百萬年的歷史當中，只有三百多年是資產階級『大躍進』。有什麼事是無產階級辦不到的呢？我們的任務是繼續『大躍進』，再六十年我們也要『大躍進』。」

毛澤東的這個志氣，是對共產主義的理想模範永不滿足的執著，以及絕對不承認失敗性格的反映。李曉文在其所著的《指點江山》一書裡這麼指出。

因爲「大躍進」運動並沒有如預期地推進，增加了毛澤東的警戒心，提防不滿跟批判會和右派結合起來。他敏感地排斥彭德懷的建言，就是這個緣故。毛澤東更進一步往激進左傾路線傾斜。同時，對蘇聯修正主義的影響，無論如何都必須加以排斥，這種想法不斷增強。

一九六〇年四月，毛澤東的祕書陳伯達在擔任總編輯的黨機關雜誌《紅旗》上，發表了一篇題目爲〈列寧主義萬歲〉的論文。爲了紀念列寧誕生九十週年的這一篇論文，激烈地批判了蘇聯的「現代修正主義」正在背離列寧主義。

從一九五〇年代後半開始，中國跟蘇聯兩黨的對立已經公開化了。從一九六三年到一九六四年爲止，其他國家的共產黨、工人黨也捲進來的中蘇論爭，實際上是從這時候開始的。

中國共產黨組成了一個以康生（黨中央書記處書記，後來成爲中央文革小組顧問）爲中心的五人特別執筆小組，處理理論的工作。中國跟蘇聯兩個共產黨利用新聞、雜誌、廣播、電視等，作爲宣傳機關，互相罵對方爲「修正主義」、「教條主義」。[1]

一九六〇年七月，蘇聯向中國通知要召回派到中國的技術人員。一個月之內，蘇聯的技術人員共一千三百九十人，全部撤回。同時，也取消了中蘇兩國政府間締結的十二條協定，以及大約兩百六十項的科學技術協定，所有設計圖和資料全都帶走，建設設備的供給也停止。於是中國的一部分重工業建設和科學研究，不得不頓挫了。抗日戰爭時代，毛澤東所說的「自力更生」現在被迫成爲現實了。

九月在莫斯科舉行中蘇共產黨會議，中國方面的代表黨總書記鄧小平放膽地說：「中國共產黨不承認（和蘇聯共產黨）永遠的父子黨關係。」「因爲蘇聯之故，中國蒙受了損失，中國人靠自己的勞動彌補損失，建設自己的國家。」（孫津著《新中國外交啓示錄》，廣東人民出版社，一九九八年）。

一九八九年的五月，戈巴契夫以蘇聯共產黨的最高領導人身分，在赫魯雪夫三十年之後訪問中國，當時已經成為中國共產黨最高領導者的鄧小平感懷地說：「回顧這二十幾年來的實踐，雙方都只是空論而已。」

## 註解

【1】關於中蘇論爭，席宣、金春明所寫的《文化大革命簡史》（中共黨史出版社，一九九六年）一書這麼說：在這個大論爭當中，中國共產黨內的左傾觀點被系統理論化了，進入了全黨的思想教育體系裡面。同時，讓毛澤東更加確信，修正主義在蘇聯登場了，列寧所創造的世界最初的社會主義國家已經變質。毛澤東心裡頭抱著強烈的危機感，擔心中國也會出現修正主義。

# 9.「大躍進」的慘狀
## ——狂熱的結果，餓死數千萬人

毛澤東所發的大號令「大躍進運動」還在繼續進行。一九五九年後，三年間連續遭到乾旱跟水災的侵襲，使得災害雪上加霜。毛澤東雖然承認必須要做一部分的政策調整，但是對「大躍進」的批判一公開化，他就惱羞成怒地說「這是右傾機會主義」，於是在中國全國捲起了「反右傾」鬥爭的風暴，使得事態更加的複雜化。在共產黨的支配之下，被看作是右傾，就等於宣告「反革命」。

河南省也遭受到災害跟反右傾的侵襲。想要誇耀「大躍進」的成果，就把穀物生產量灌水，比實際多出了一倍，因而造成過大的上繳配額。農民的稻穀徵收負擔極度嚴重，沒有辦法滿足配額的基層幹部被批判成爲「右傾」，農民被綑綁吊起來毆打，房子也被破壞。

其中安徽省南部的信陽專區所發生的慘劇，後來連中國共產黨的黨文書，也不得不用「恐怖世界、黑暗世界」來形容。

信陽專區在一九五八年四月，組織了全國最初的「衛星公社（後來成爲人民公社）」，信陽專區的黨委員會書記路憲文，得到毛主席高度讚揚。因爲他的「不朽的功績」，誰也不敢惹路憲文。

根據李劍主編的《關鍵會議親歷實錄》（中共中央黨校出版社，一九九八年）一書，信陽專區某位縣黨委書記，展開了對「人民公社」裡面申報短少的農民的揭發運動。有一天甚至有四十人以上受到拷問，其中四個人當場死亡，因看不下去而進入制止的青年，也被五花大綁起來，用棍棒和皮條毆打全身，在苦苦哀求聲中斷了氣，屍體被拋到河中。

一九五九年十一月起到一九六〇年七月止，在信陽專區裡面因爲「反對謊報生產量」運動而被逮捕的，官方資料就有一千七百七十四人，其中三十六人死在獄中。被拘留的人高達一萬七百二十人，六百六十七人死在拘留所內。

農民們將作爲種子用的穀物，甚至是家畜用的飼料當作食物。一九六〇年春天，作爲「人民公社」的優越象徵，被宣傳成爲誰都可以吃得飽飽的「公共食堂」，完全喪失功能。在情況嚴重的村莊裡，據說八十天都吃不到一粒穀子。

因爲營養失調，浮腫病開始蔓延，連餓殍都出現了。在這種慘狀之下，逃出農村的農民絡繹不絕。即使如此，路憲文還說：「不是沒有穀子，九成的人思想有問題。」

民兵封鎖了村莊，下令都市裡的各個機關、工廠，不可以接納從農村逃出來的人。對「人民公社」不滿的情緒擴大到全國，「劉桂陽事件」就是在這時爆發的。

「來看看牆壁上貼著什麼。」一九六〇年七月，在黨政府要人居住的北京中南海北門，站崗的步兵們被操著湖南口音的年輕女性叫過去。走過去一看，西邊的瓦牆上貼著幾張大字報。

「中央的領導人們，張開眼睛看看下面的慘狀吧！」「打倒『人民公社』！」「消滅『人民公社』！」

海報上所寫的口號是「嚇人的、反動的」。年輕女性對嚇得目瞪口呆的步兵說：「是我貼的，向上級報告去吧！」

這個女性姓劉名桂陽，是湖南省郴縣的工廠女工。一個月前，她聽到父親病重，回到故鄉才知道他父親得了浮腫病，而村裡面苦於飢荒。劉桂陽啞然失神，報紙和收音機不是老在說「人民公社」多好，農村的情勢一片大好嗎？

劉桂陽心裡想：「非讓毛主席跟黨中央知道實情不可。」於是，她買了紙、毛筆及墨汁，寫了十二張八開的海報，並且留了一封信給她的先生，信中寫著「萬一的時候，孩子麻煩你。」就隻身搭乘火車來到了北京。

劉桂陽被北京公安局帶走，交給了郴縣當局，不久她被郴縣人民法院判處五年徒刑。因為張貼反動海報，批判「人民公社」而被判以反革命罪。但是調查的結果，劉桂陽所說的「人民公社」情況卻是事實。

收到湖南省公安廳的報告，劉少奇不滿，對祕書說：「為什麼把她當作反革命分子判有罪呢？雖然她的行動有錯，但我們必須要看看事實。」劉少奇指示湖南省委員會再審查，後來劉桂陽獲得釋放。[1]

「大躍進」動員了全國六分之一的人口，相當於九千萬人，生產鋼鐵。但是因為使用傳統的土法技術。煉出來的鋼鐵大多是不堪使用的廢鐵。至於「合理密植」所種出來的穀物，幾乎沒有果實，只是穀殼。

狂熱的動員群衆也使得農村大受打擊。一九六〇年穀物的生產量和「大躍進」前的一九五七年相比，減少高達百分之二十六。

農村穀物價格高漲，在一九六〇年時是官方行情的十倍，到了一九六一年，則是跳到了十五至十六倍。因此，全國各地都想出了各種各樣的替代食品，像小麥根、玉米莖，或者橡木果實，甚至連樹皮和草根也好，只要咬得動的，什麼都吃。有些人忍受不了飢餓，連觀音土都吃，結果因排泄不良而死亡。

一九六〇年代，因為餓死或是營養不良「非自然死亡」的人，就高達兩千七百萬人（《文革前十年的中國》，中共黨史出版社，一九九八年）。

一九六〇年十二月二十六日是毛澤東六十七歲的生日。根據《指點江山》一書，這一天，毛澤東和貼身侍衛一起吃飯。飯桌上無酒也無肉，蔬菜只不過是比平常多放些油而已，大家都默不作聲。毛澤東也失去平常的爽朗，吃了幾口，筷子就停了下來。接著就這麼說：「究竟是出了什麼問題？請大家去調查研究看看。『人民公社』、『公共食堂』究竟好不好？群衆的反應怎麼樣？把實際的狀況向我報告。」

## 註解

【1】這一件插曲在劉振德所寫的《我為劉少奇當秘書》（中央文獻出版社，一九九四年）這本書裡面有介紹。

# 10. 農民的憤怒
## ——「再過兩年連你也會餓死」

「油、鹽、米、碗筷，我自己帶。」

國家主席（中國共產黨副主席）劉少奇，出發前就詳細地指示身邊人員，不要高層特別住宿場所。劉少奇主要是去湖南長沙郊外的一個「人民公社」訪視。

一九六一年春天，中國處在最嚴重的糧食短缺當中。農工業增產的「大躍進」和大規模集體化的「人民公社」等，這些黨主席毛澤東所推動的激進政策，再加上旱災、水災，使得許多地方陷入水深火熱。劉少奇想要確實去了解農村的實情。

「人民公社」是由若干的生產大隊組成，而生產大隊之下又有生產隊。劉少奇和妻子王光美等人，從四月一日起，巡迴東湖塘人民公社的炭子沖大隊。同行的劉振德所寫的《我爲劉少奇當秘書》，把當時的情形做這樣的描寫：

在滂沱大雨中，撐著傘穿著雨靴的劉少奇進入了王家灣生產隊時，眼睛映入一張「東湖塘人民公社萬頭養豬廠」的招牌。從「萬頭」的名稱來看，可以推查得知是相當大規模的養豬場。「這種地方是萬頭養豬場？好！進去看看。」

然而，雖然號稱「萬頭」，但裡面只不過是一些瘦巴巴，且奄奄一息的豬而已。「人民公社」的幹部做了說明：「稍微誇大了一下，就把這個小養豬場加上了這樣的名稱。」

在「大躍進」、「人民公社」路線開始的一九五八年之際，一股興奮的氣氛在地方幹部之間蔓延開來。

劉少奇靜靜地來回看著豬場，突然指著陰暗濕冷的飼料棧間說道：「我們今天晚上就睡在這兒。」裡面長滿了蜘蛛網，雜物堆得到處都是。

湖南省公安廳廳長李強反對說道：「不能讓主席在這種地方過夜，找一找別的好地方吧！」劉少奇根本不聽，於是大家就開始大掃除，壞了的桌子擺上石油燈，在庭院裡面搭蓋起來的「臨時辦公室」也準備好了。

「把床鋪上稻草好嗎？」身邊的人找遍了整個村莊，就是找不到稻草。「怎麼會這樣？這一帶是稻米的產地不是嗎？怎麼會沒有稻草？（怎麼會飢荒到）這種地步？」

農村的荒廢比劉少奇所想的還要嚴重。

「人民公社」是把以前的高級合作社（平均二百至三百戶），合併成平均五千戶的大集團。原先可以自己耕種的自留地廢止了，連自己所飼養的豬和雞也被共有化。照理說，取而代之的「公共食堂」裡應該充分供應食品才對。

毛澤東把這個地方看作是樣板，大加讚許，因此黨的基層組織變得更加激進，招致了「徹底的廢止私有制度」及「提高生產目標」的競爭，情況一片大混亂。生產起來更加低落，過度的齊頭平等主義以及管理命令主義，使得農民的生產欲望減低了，農民只感受到沉重的勞動壓力。

毛澤東因爲這種狀況而動搖，開始探求下級幹部，爲什麼會行之太過的原因，屢次尋求改正，但是狀況並未好轉。一九六〇年十一月，黨中央發出緊急的指示，不得不同意做部分的調整，容許自留地跟副業復活。

劉少奇及中國共產黨總書記鄧小平等人的穩健務實派，主導了這些政策調整。隔年一九六一年六月的中國共產黨第八屆中央委員會第九次全會上，正式確定了這個方向。

巡迴湖南省東湖塘「人民公社」的劉少奇，在一九六一年四月十三日，來到了天華生產大隊。農民之間對「公共食堂」的不滿非常強烈，這是因爲（他們知道），要是停止了「公共食堂」，准許耕種自己用的糧食，那就打開了可以獲得副業收入之途了。

黨中央雖然已經認可了糧食自耕，但是「人民公社」的幹部中很多激進派，把廢止「公共食堂」看作是「右傾機會主義」這種氣氛非常強烈。

根據唐振南等人所著的《劉少奇在湖南》一書，劉少奇對生產大隊的幹部們說：「沒有了『公共食堂』，並不是說社會主義沒有了，『人民公社』也沒有了。」「如果農村的『公共食堂』單單只是強行實施平均主義的話，那它早就不是社會主義的陣營了。」

接著，劉少奇在離開天華生產大隊的時候，片面地指示把「公共食堂」解散掉。東湖生產大隊的農民們說道：「上面的（黨中央領導層）終於醒過來了。」支持劉少奇的決定。

黨副主席兼國務院總理周恩來，也從四月下旬起奔走地方視察，他和妻子鄧穎超在五月三日進入湖北省武安縣，視察了伯延村的「人民公社」。

午餐時，一進入「公共食堂」，桌子上擺滿了用豬肉和蛋做的菜，一看就知道是「人民公社」的幹部爲了配合周恩來的視察，而特別準備的東西。

「大家的生活比住在北京市的我們好多了。不過，我既不吃蛋也不吃豬肉。」婉拒了午餐的周恩來知道農民在「公共食堂」吃不飽，卻故意這麼說：「『公共食堂』眞是好哇！能吃得飽飽的！」

走出「公共食堂」的周恩來，一把抓住一個農民，像是狠下心來似的說：「我想聽聽你們心裡要說的話。」感受到周恩來的認眞，農民開了口：「如果您要聽眞話，您說『公共食堂眞是好』根本是謊言！請您想一想，伙夫頭和伙夫能多吃點兒；他們的家人可以吃得更多的吧！吃到我們肚子裡面的，頂多兩百公克啊！沒有辦法塡飽肚子的啊！再這樣下去，兩年後，連您自己都會餓死的！」

在宿舍裡，周恩來睡不著覺，凌晨三點，打電話給人在上海市的毛澤東，說道：「主席！食物供給制度沒有受到支持。大家都想吃自己的（原有在伯延村的人民公社），我讓他們停掉『公共食堂』。再者，現在是旱災最慘惡的狀態！」（顧保孜等著《聚焦中南海》）。

毛澤東雖然接受「大躍進」、「人民公社化」的部分調整政策（的諫言），但是他心裡想，這只不過是緊急應變措施。這種意見差距後來進一步的擴大，想要把那些矛盾一口氣消滅的毛澤東，就這樣發動了第二次革命，即「無產階級文化大革命」。

# 11. 批判激進路線——被視為「中傷毛澤東」的逆風

毛澤東陷入困境之中。一九六一年，過去三年來，已經餓死了至少近兩千萬人。要促進鋼鐵及穀物增產的「大躍進」，及大規模集體化的「人民公社」，這些激進的共產化政策，讓農村陷入混亂；加上天災不斷，造成了慘重的食糧不足問題。

於是有人企圖要轉換政策，先後推出各種各樣可以提高勞動意願的政策，比如農民可以自耕自食的自留地，及恢復家庭副業。雖然被毛澤東視為「共產陣營模範」的「人民公社」制度有退燒的趨勢，但毛澤東自己的危機也迫在眉睫，不得不加以接受。

這些「經濟調整」是由中國共產黨副主席兼國家主席劉少奇、中國共產黨總書記鄧小平，這兩個務實派所推動的。而劉少奇的心腹，黨政治局委員同時是北京市市長彭真，也扮演重大的角色。由彭真所率領的北京市黨委會機關報紙《北京日報》和《北京晚報》，連載了激烈的社會諷刺連續劇漫畫，這是逆風開始吹襲毛澤東的一九六一年。

《北京晚報》的〈燕山夜話〉跟《北京日報》的〈三家村札記〉，都在五年後毛澤東所發動的無產階級文化大革命中，被彈劾成「反黨、反社會主義的陰謀」，其中被認爲是在「中傷毛澤東」的有以下幾個段落。

「長長的說了半天，到底在說些什麼？愈說愈糊塗，跟沒說一樣。這就是『偉大的空話』的特徵。」

「有所謂『健忘症』。眼睛看到的，嘴巴說過的立刻就忘記。這種人要是說了話、做了事，一定會出大錯。」

〈燕山夜話〉是北京市黨委員會書記鄧拓所寫；〈三家村札記〉則是由北京市黨委員會統一戰線工作部長廖沫沙，及北京市副市長吳晗兩個人所寫。這些文章圖謀爲那一位向毛澤東直言「大躍進」政策的錯誤，而在一九五九年夏天的廬山會議上，被解除國防部長一職的彭德懷平反。

不用說，毛澤東自己知道：對「大躍進」的批判正在社會上攪起漩渦。但知道是知道，毛澤東卻想從黨中央的指導不當及地方幹部行之太過兩方面去找原因。

寒流侵襲北京的一九六二年一月十一日，黨中央領導階層和省市縣各地方的地方黨委員會幹部，陸陸續續地進到天安門廣場對面的人民大會堂裡。爲了參加這一九四九年建國以來，最大規模的黨中央擴大工作會議，而匯集到此的人高達七千一百一十八人。

爲了要總括「大躍進」、「人民公社化」和一九五八年以來黨的活動及工作而召開的「七千人大會」，各地方代表不斷的向中央提出種種追究責任的意見：「糧食是國民經濟基礎當中的基礎，現在糧食不斷減產，我們該如何『大躍進』呢？」「推行『人民公社』的時機太早了，推進的速度也太快了不是嗎？」

大會開始的一個禮拜之後，爲了準備總結報告，起草委員們開了會，二十一人的黨政治局常務委員和政治局委員都出席了，但毛澤東沒卻有出席。

劉少奇說：「關鍵在廬山會議。」同樣的這一件事情，劉少奇在一個月前的中央工作會議上，已經提出來了。「那時候如果調整了『大躍進』、『人民公社化』的路線就好了。廬山會議的前半段雖然是以調整爲中心在進行，後半段卻把前半段完全否定了。」

在廬山會議中，沒有助彭德懷一臂之力，他的心裡一定曾經隱隱作痛。

在這個起草委員會上，劉少奇再度提出這個問題，彭眞說：「黨中央應該對錯誤負責任，因爲錯誤就是錯誤。說到毛主席，也不能說他完全沒有犯錯。」

鄧小平附和了彭眞的話說：「要是去了毛主席那兒，就這麼說吧！你們的報告不要把我當聖人來處理。沒有什麼聖人的，誰都有缺點和錯誤的。因此不要怕碰觸到我的缺點。」[1]

劉少奇在二十七日，代表中國共產黨最高領導層政治局常務委員，站在七千人大會全體會議的講台上，進行自我批判。「我們的經濟有很大的困難，原因何在呢？湖南省的農民這麼說：『三分天災，七分人禍。』總之，政治上的缺點，無疑是主要的原因。」

「七千人大會」就在劉少奇想要修復毛澤東的激進路線所產生的偏差的務實派主導之下進行。

「黨中央要是犯了錯誤，那是我的責任，不會把責任推到別人身上。雖然有其他好幾位同志也有責任，但首先應該負責任的是我。」雖然毛澤東做了這樣認爲是自我批判的發言，但是這只不過是承認自己的領導責任而已。

毛澤東接著又說：「如果我不建設社會主義經濟的話會怎麼樣？會變成修正主義國家、資本主義國家吧？無產階級專政會變成資本階級獨裁，警戒是有必要的，好好想一想。」

後來在文化大革命時期，毛澤東的妻子江青，透露了毛澤東在七千人大會上，一面聽著滿堂的檢討失敗和缺點之聲，「拚命地壓抑著心中的怒火。」（席宣、金春明著《文化大革命簡史》）。

在這一片檢討聲中，有一個人和劉少奇等人的經濟調整派，明顯的畫了一條界線，明確的表態「絕對支持毛澤東」。那就是接替了彭德懷擔任國防部長的政治局常務委員林彪。

「『大躍進』運動所付出的學費，就像學生的學費一樣，如果能夠好好地學到教訓，成果也會很大。毛澤東思想如果能夠順利的推行，困難也容易克服。就是在困難的時候，應該聽從主席的命令。」

曹英在所寫的《中共早期領導人活動紀實》（改革出版社，一九九九年）一書裡，把毛澤東聽到了林彪這一段話後，如釋重負的身影加以生動的描寫。兩個月後的三月二十日，毛澤東對人民解放軍總參謀長的羅瑞卿這麼說：「把林彪的話再讀一次，眞是好文章！愈讀愈高興。老羅啊！你也能說出這種話嗎？不能的話，好好地學一學。」

毛澤東、林彪一夥，和劉少奇、鄧小平一夥之間的鴻溝愈來愈深。

## 註解

【1】起草委員會的這些發言，是根據金聖基所寫的《人民大會堂見聞錄》（中共黨史出版社，一九九八年）。

# 12. 劉少奇有所動作——「稍稍偏右一下吧！」

「七千人大會」上，熱烈討論了許多「大躍進」及「人民公社」的得失，還有毛澤東的激進政策所帶來的種種經濟困難以及修正的辦法。一九六二年初，毛澤東到上海、山東、杭州、武漢等巡迴視察了南方各地，聽到各地負責人說：「去年的情況比前年好，今年又比去年好。」因此，比較樂觀起來。

毛澤東和在北京裡負責日常事務的中國共產黨副主席兼國家主席劉少奇的想法，形成了對比。劉少奇認為：「困難的情勢，並沒有完全排除。」他在毛澤東巡迴視察的二月裡，在中南海的西樓會議室，召開了黨政治局擴大會議。

在國家計畫委員會跟國務院財政部的報告上，一九六一年有三十億元的財政赤字這件事被攤出來了（順便一提的是，根據黨的發表，一九五九年的財政支出規模是五百二十八億元）。劉少奇批判說，隱瞞真相的風潮，讓經濟更加的惡化，他主張若有問題應該公開。

「沒什麼好怕的。雖然說情勢很黯淡的話，會讓大家感到悲觀，但不也是同樣可以讓大家激發出勇氣，向困難鬥爭嗎？」

動手要進行經濟調整的劉少奇，和國務院總理周恩來，重新恢復了全國統一的指揮機構「黨中央財政經濟指導小組」。這個機構在一九五八年早已設置了。

組長是黨內的第一把經濟交椅，黨政治局常務委員兼國務院副總理的陳雲。

但是，重視實體經濟的陳雲和毛澤東的意見從來都不合，在「大躍進」運動中，不知不覺間停止活動。劉少奇強力支持陳雲，他要有關的單位，把陳雲幾年來對經濟工作相關的發言集中起來，分發給黨中央的領導階層看。

在周恩來和陳雲的指揮之下，中央財經小組做成了「一九六二年的調整計畫」。這個計畫是：到一九六三年為止，把兩千萬的都市人口移到鄉村去；把基本建設的實施項目，從當初所計畫的減掉三分之二；把重工業產品的計畫，指標削減五到二十個百分比。

因為毛澤東的激進增產政策，「低指標所顯示的就是右傾」這個想法支配一時。新的計畫書就是針對這個想法加以調整而做的。

在五月的中央工作會議上被採認的時候，劉少奇半開玩笑的說：「『左』好幾年了，不是應該稍微地『右』一下嗎？」

政治關係的調整也開始進行了。在黨總書記鄧小平主導之下，迅速推動讓那些因為「右傾」罪名而被拉下馬的黨員、幹部的平反。採用的方法是：在過去，全國縣以下的幹部被冤枉批判的人，除了有嚴重個別問題的人之外，其他一概恢復了名譽。

這一年八月，全國有六百萬的幹部、黨員，以及一般的群眾名譽被恢復了（唐振南等著《劉少奇與毛澤東》，湖南人民出版社，一九九八年）。

調整工作中，成爲問題的是有關數年前農村自然發生的「包產到戶」制度。這種制度是：各個農家把農業生產包下來，收穫超過的部分就成爲了報酬。這種做法違反了毛澤東「一大二公」的「人民公社」政策，被看作是通往資本主義道路的「個人經營」，因而被定爲不合法。但是這個制度有提高農民生產意願的效果，所以在這個時期快速的擴大實施。

毛澤東的祕書，黨中央辦公廳副主任田家英，最初也是否定「包產到戶」制度。田家英在一九六二年初，被毛澤東派去湖南省的農村進行調查。在那兒要求實施「包產到戶」的聲音，遠遠超過了預期。

田家英進一步派人去「包產到戶」的發源地安徽省去實地調查。結論是：在破滅的經濟危機當中，能夠讓農業生產急速恢複的「包產到戶」制度，是有益而且必要的政策。

劉少奇聽了田家英回到北京的報告之後，明確的說「包產到戶」應該統一實施，而且有必要加以合法化。「情況已經很明朗了。」他也對田家英說，在毛澤東回到北京之前，聽聽同志們的意見，看看反應如何。劉少奇還特別吩咐田家英不要把自己的名字抬出來。

陳雲老早就已經向黨中央領導階層們徵求過意見的田家英，感覺到大家都贊成「包產到戶」制度。鄧小平更加明確的說：「不管黑貓白貓，捉到老鼠就是好貓。」

後來，最能表現鄧小平務實主義的就是「黑貓白貓論」。在文化大革命中，也因爲這句話成爲批判對象，這句是鄧小平的故鄉四川省的諺語。鄧小平在七月共產主義青年團的全會上，用「（同鄉的元帥）劉伯承經常說這一句話」的理由，把這句話抬出來說：「這一句話是用來談到有關於戰鬥的事情，在恢復農業生產方面，也應該不拘泥固定的型態，要看情況採取能夠把大衆的幹勁吸引出來的形式。」

毛澤東在七月回到北京。田家英在中南海附有游泳池的平房裡，滿懷熱誠地敘述自己所做的調查狀況和意見。毛澤東立刻浮出了一副沒興趣的表情，一句話都不說。報告結束後，毛澤東開口第一句話就問：「你主張集體經濟是主要的呢？還是個人經濟是主要的呢？」

田家英一聽靜了下來，毛澤東進一步說：「這是你個人的意見呢？還是其他人的意見呢？」

「我個人的意見。」田家英只回答了後一個簡單的問題。毛澤東什麼都不說，就叫田家英下去。

田家英灰頭土臉的回到自己的家裡，擔心苦惱的神色全寫在臉上，他的太太董邊知道原因之後，很率直地表達不滿：

「爲什麼劉少奇同志自己不去毛主席那裡，卻要叫你傳話呢？你只不過是一個小祕書，爲什麼要把劉少奇同志的主張，說成是自己的想法呢？」

田家英很委屈地說：「我一開始報告，毛主席就滿臉無趣的表情。他之所以未問說是誰的主張，就是懷疑這是別的領導人的意見。若把責任推到劉少奇同志身上的話，豈不是會把兩位主席的分歧更加擴大嗎？」（李劍主編《關鍵會議親歷實錄》）。

四年後田家英自殺了，是在文化大革命發動的一九六六年五月，遭受到激進左派以「支持『包產到戶』制度」、「從頭到尾的右派」等罪名激烈攻擊而自殺身亡，當時四十四歲。

# 13. 反擊的火種——「年年說，月月說，日日說階級鬥爭」

召集地方指導幹部舉行的「七千人大會」後的一九六二年上半年，身為中國共產黨副主席兼國家主席的劉少奇等人，陸續召開了以處理經濟問題為主的各種會議，還採用了試圖從毛澤東所推進的激進政策漩渦中脫身的經濟調整方針。在這段期間，毛澤東到各地去視察，回到北京的時候，已經是七月初了。

那天晚上，負責經濟問題的黨政治局常務委員兼國務院副總理的陳雲和毛澤東見了面，陳雲向毛澤東進言說，為了提高農家的生產意願，應該要讓「人民公社」轉向，採用以一個農家為單位的「包產到戶」制度。

毛澤東雖然認可為了脫離飢餓，而須採取的暫時性經濟調整政策，但反對「包產到戶」制度。「包產到戶」是從集團經濟，退後到個人經營的一種制度。對毛澤東而言，這不外是應大眾的要求。但是這樣一來，就和資本主義以及忘卻共產主義的蘇聯修正主義掛鉤了。

不過毛澤東不只是對陳雲不滿，還有劉少奇以及黨總書記鄧小平那些支持「包產到戶」制度的人。

毛澤東說：「土地加以分配，讓個人去經營，這樣一來會讓農村的集團經濟崩潰。要是把『人民公社』解散的話，那等於是中國式的修正主義。」毛澤東這樣的批判，後來傳到陳雲的耳朵裡，他聽了以後，有很長一段時間陷入了沉默（顧保孜著《聚焦中南海》，中國青年出版社，一九九八年）。

「你們對我施加壓力多少年了！一直說好幾年情況這麼陰暗！一直這麼說，前途不是愈來愈黯淡了嗎？說集團經濟不好，不就是給我壓力嗎？」

毛澤東的憤怒爆發了。從一九六二年七月底，在河北省的高層避暑勝地北戴河所召開的中央工作會議，經過兩個禮拜之後，九月八日毛澤東對出席者的談話是最高潮。

毛澤東批判了「黑暗風」，他說這股黑暗風「讓每一個人失去了對前途的自信」，他還說「小說《紅樓夢》和《西遊記》，不正是因爲他們有希望，而被人們喜愛的嗎？」講到這裡，不知道哪一個人流露了一些不滿而說：「說到光明就感到有壓力！」毛澤東被激怒了。

因爲「大躍進」及「人民公社化」等激進的共產化政策，所帶來食糧不足的困境，使得自己地位動搖的毛澤東，眼睜睜地看著一九六〇年以來，由劉少奇等務實派領導階層推動進行的經濟調整政策。對此，毛澤東的忍耐在這一瞬間超過極限了。

在毛澤東的批判之下，劉少奇不得不做自我批判說「我把困難的程度看得太過分了。」北戴河會議之後，在九月下旬召開的黨第八屆中央委員會第十次全會，毛澤東也再度指示，要把公報寫成「去年要比前一年好一些，今年要比去年又好一些吧！」

毛澤東心裡擔心著，經濟調整政策要是繼續這樣下去的話，一定會從社會主義大幅後退。毛澤東轉而開始反攻。

因爲自己遭受到壓力而被激怒，在北戴河會議的大會主題講話當中，毛澤東開口就說：「在社會主義國家裡面，究竟有階級存在嗎？」出席的人們面面相覷。毛澤東自己的解答是：「階級也好，從而階級鬥爭也好，毫無疑問地是存在著。」從社會主義到共產主義爲止，在所有的歷史階段裡面，無產階級和資產階級的階級鬥爭是持續不斷的。因爲始終殘存著資產階級企圖要恢復權力的危險，這一點在共產黨內也反映出來，就給像蘇聯那樣的國家帶來了社會主義變形的修正主義。這正是毛澤東的認識。

毛澤東老調重彈「不斷革命論」，又再一次以更強烈的形式提出來。「階級鬥爭要年年說、月月說、日日說，不說不行」、「階級鬥爭不可遺忘於萬一」。毛澤東之所以這樣警告，正顯示了毛澤東個人對中國共產黨經濟調整政策的危機感，是如何的強烈！

毛澤東在北戴河會議上，對「單幹風」作嚴厲的批評只是表面的。在這裡，所謂「單幹風」是指「包產到戶」制。毛澤東利用這個機會，集中火力攻擊支持「包產到戶」的中央農村工作部部長鄧子恢。當有一位與會者反駁說：「這是農民的希望」的時候，毛澤東說：「不！風是從上面吹下來的！」暗指著鄧小平、劉少奇、陳雲等人。

在北戴河會議之後的第八屆十中全會上，劉少奇等人的經濟調整政策雖然獲得承認，但是毛澤東的「不斷革命論」，也被銘記在公報之上，很強烈的流露出毛澤東濃濃的警戒感。[1]

曾經在一九五九年的廬山會議上，因爲向毛澤東提出對激進經濟政策的質疑，而遭到解除國防部長職務的彭德懷，被迫搬出中南海，而在北京西郊的吳家花園生活。隨著經濟調整政策的推進，很多人的名譽被恢復了，但儘管在廬山會議上，同時被批判的人一個個復活了，卻只有彭德懷沒有得到赦免。

到一九六二年初，彭德懷知道，劉少奇已經承認彭德懷在廬山會議上提出的許多批判，大部分是事實。但在此同時，彭德懷「和蘇聯內神通外鬼」這一件事，劉少奇也說過「有問題！」黨中央認爲彭德懷「親近外國」，彭德懷因此飯也吃不下，覺也睡不好。說：「沒有道理叫我背著那樣的罪名進入棺材。」彭德懷說想要給毛澤東和黨中央寫信，就命令祕書去購買信紙。祕書們都很擔心，因爲這位元帥以前也因爲一封信而落馬。

彭德懷打電話給黨中央辦公廳主任楊尙昆說：「請毛主席和黨中央調查『親近外國』這件事。如果我眞的有罪，把我的頭砍下來，高高地掛在天安門上示衆，我也毫無怨言。」彭德懷花了三個月的時間，寫了一封「八萬言書」的長信。當信寫好的時候，彭德懷的體重，足足減輕了五公斤。

「八萬言書」在六月的時候，經由楊尙昆送到了毛澤東那裡，信裡有一句話說：「我沒有組織反黨集團，請好好調查我的歷史！」劉少奇和國務院總理周恩來也接到了這個報告，但是，是不是應該重新調查，關於這方面毛澤東的態度他們並不清楚。

當劉少奇和周恩來跟毛澤東見面的時候，兩人雖然想提出這個問題，但是和毛澤東一見面，就看到毛澤東滿臉的不高興，就這樣閉口不敢提出了（馬泰泉等著《國防部長浮沉記》）。

第八屆十中全會上，由守轉攻的毛澤東對「翻案風」也放出批判的怒箭說：「動不動就要恢復名譽，這是錯的！」彭德懷的八萬言書，雖然在全會上散布了，但是在重新站穩腳步的毛澤東展開一連串的反擊中，彭德懷再度受到與會者嚴厲的批判說：「（彭德懷）利用黨的困難時期，正想要顚覆整個體制。」

## 註解

【1】從北戴河會議到第八屆十中全會，兩個多月中，一連串會議的情況，是根據薄一波所寫的《若干重大決策及事件的回顧》（改訂本）（人民出版社，一九九七年）等書。

# 14. 危機與幻想——「敵人握有三分之一的權力」

想一口氣提高農業生產的中國共產黨主席毛澤東，在一九五八年開始發動「大躍進」運動，因為這是一個和現實相差懸殊的激進政策，反而破壞了經濟。為了讓經濟重新站起來，而開始執政的國家主席劉少奇及黨總書記鄧小平等務實派，放慢了極端的集體化政策，推進了經濟調整。比如說，容許農民一部分的生產自由。藉著這些措施，從一九六二年左右開始，經濟進入了恢復的基調。

但是毛澤東還是不滿。這是因為毛澤東確信，個人自由生產如果擴大，一定孕育了資本主義復活的芽。這麼一來，以集團經濟為基礎的社會主義，就有陷入像蘇聯那樣的修正主義的危險。

「人民當中，還有人沒有受到社會主義的改造。雖然他們只是全人口數中幾個百分比的少數人。但是，一有機會，他們就會離開社會主義的道路，而走向了資本主義的道路。」

這是一九六二年九月，黨第八屆中央委員會第十次全會公報上的記載。這一部分相當反映了毛澤東的想法。

在會議上毛澤東之所以會強調：即使在共產黨的獨裁之下，和資本主義的積極鬥爭，「不可以遺忘於萬一」以及「不斷革命論」。那是因爲毛澤東一方面要對經濟調整派展開反擊，同時也是在警告全黨及全國人民。

「不提高警覺心是不可以的，一定要十分用心教育年輕人，教育群衆，教育中下級幹部們！元老幹部們也要接受教育，非接受教育不可！不這麼做的話，像我們這樣好的國家，也會走向相反的道路！」在一片高呼「不斷革命論」當中，毛澤東這麼高論著。

用社會主義來改造人民，一直是毛澤東所關心的事。早在一九五七年，毛澤東已經提倡說：「要對全農村的人民進行大規模的社會主義教育！」到了一九六〇年，在農村展開「三反運動」（反貪污、反浪費、反官僚主義）。每年黨中央都發出有關於對農村的社會主義教育的指示。

不過，第八屆十中全會之後，還在推行著社會主義教育運動的地方，已經剩下少數地區。毛澤東在全會後，從一九六二年到一九六三年初，巡迴視察了十一個省分，他所發現的實際情況是：「還記得談談社會主義教育的，只有河北省和湖南省的黨委員會書記而已！」

在河北省的保定地區，正在推行「四清」（清點工資、帳簿、財產、庫存）運動。基層幹部之間的浪費，還有挪用公款、貪污、偷竊等行爲都被檢舉出來。而在湖南省黨委裡，花了三個月的時間，訓練各級幹部一百二十萬人。黨委員會幹部們透過這些訓練，有了這樣的認識：「目前階級鬥爭非常激烈，無論是農村或者都市，階級敵人所作出的破壞活動到處蔓延。」（席宣、金春明著《文化大革命簡史》）。

像這樣的過度反應，和毛澤東的危機感是一致的。毛澤東在一九六三年五月，召集了杭州的一部分黨政治局委員及地方書記，起草一份「有關當前農村工作若干問題的決定」的文件，這十條的決定後來被稱做「前十條」。

在起草文件的時候，毛澤東指示說：「重點有：積極鬥爭的事、拉攏貧農、中農的事、做好四清運動的事、幹部要參加勞動的事，就是這些事情！」

在這個文件的前言裡，毛澤東自己又加上了這一句話：「人的正確思想是從哪裡來的呢？是天下掉下來的嗎？不是！是自己的頭腦裡面固有的東西嗎？也不是！人類正確的思想是從社會實踐當中產生出來！是從社會的生產鬥爭、階級鬥爭以及科學實驗，這三個實踐當中產生出來的！」

「前十條」制定的時候，劉少奇正在印尼、緬甸、柬埔寨、越南、北韓等地訪問當中，他並沒有參加討論。雖然他也支持社教運動，但是，毛澤東把社教運動看作是「階級鬥爭」，對此兩人的看法有微妙的差別。這個差別在運動的展開過程當中，逐漸明朗起來。

社教運動經常被強迫地推行，比如說，在陝西省長安縣的某一個村，基層幹部的百分之七、八十是地主及富農和國民黨的殘餘分子、新生的資產階級分子，他們被檢舉成「階級敵人」。在不到三個月當中，就有超過五百人自殺（邱石編《共和國重大事件決策實錄》，經濟日報出版社，一九九八年）。

「階級鬥爭」範圍不斷的擴大，「階級敵人」也不斷的增加，創造出情勢更加嚴重的假象，根據這一假象所作出來的報告，帶給毛澤東極大影響。使得一年以後毛澤東說：「我們國家三分之一的權力，不是在我們的手中，而是已經握在敵人的手中！」這個危機感具有決定性的重大意義，「敵人」非打倒不可！這麼一來，就給第二次「無產階文化大革命」創造了發動的基礎。

在一九六三年五月到六月間，巡迴南方各省的黨政治局委員兼北京市市長彭眞，對這種狀況感到不安，他報告說：「要穩定下來，盡可能寬大的處理。」而且他也強調說：「大多數的幹部是善良的，他們相當受到教育了！」他主張：基本上應該依靠這些基層幹部，來推展這個運動。彭眞和劉少奇兩人的關係非常親近，他們兩個人都企圖要將施政方針，從激進的經濟政策拉回到正確的軌道。

「前十條」提出的四個月以後，一九六三年九月，這一次換劉少奇來主導另外一個「十條決定」的起草。

在十一月的黨政治局會議上被採認了，這一份文件被稱爲「後十條」，雖然「後十條」和「前十條」同樣被歌頌爲是和階級鬥爭及修正主義的鬥爭，但是兩者之間有明顯的差別。

前十條是把運動的基礎建立在貧農和中農身上；而相對地，「後十條」基本上是把運動的基礎建立在共產黨下層組織和幹部身上。「後十條」規定：由黨機關所選拔出來的「工作隊」去擔任這些幹部們的參謀，來協助推動。劉少奇在一九六四年九月，進一步修訂了「後十條」，規定所有的運動必須接受工作隊的指導。

從這裡可以看出：劉少奇強烈地透露出，要藉著黨組織全面性的指導，來進行教育及啓蒙運動。這樣做正是極端重視組織工作務實派劉少奇的本色。不過，正因爲如此，想藉著群衆運動來徹底進行階級鬥爭的毛澤東的如意算盤，事實上已經被抽掉龍骨了。

劉少奇在這時候完全沒有警覺到，毛澤東正開始用陰險的眼光看著自己。

# 15. 江青粉墨登場——「舞台上盡是些牛鬼蛇神！」

毛澤東在一九六二年起，猛敲警鐘，大談積極鬥爭的必要性。他說：「（在中國）就像忘了革命精神的蘇聯那樣，修正主義的攻勢以及資本主義復活的陰謀，現在到處如火如荼進行著！」

從一九六三年起，在全國展開了「以社會主義改造人民，讓所有敵人無所遁形！」的社會教育運動。這個運動對毛澤東而言，是「對資產階級的階級鬥爭；而在文學及戲劇等文藝界中，社會主義改造也是和資產階級知識分子的經濟鬥爭」。

毛澤東說：「利用小說來進行反黨活動，這是一大發明！凡是想要推翻一個政權，首先要製造輿論，必須要做意識型態方面的工作。革命也好，反革命也好，統統一樣。」

這是一九六二年九月，中國共產黨第八屆中央委員會第十次全會，毛澤東這麼說的。毛澤東心裡想著：敵人穿著文學、藝術的外衣，對人民的思想洗腦！必須要警戒！

那一年的年底，當毛澤東在上海等華東地區巡迴的時候，他批判文藝界說：「（描寫的多是一些封建的）帝王將相及才子佳人；東風（共產主義）被西風（資本主義）壓得死死的；必須要讓東風占上風！」

上海市黨委員會第一書記的柯慶施，因爲毛澤東的這句話，而提倡了「大寫十三年運動」。這個運動是要文藝作品統統用中華人民共和國建國以來，十三年間的「豐富偉大的時代」當作題材。「有個社會主義的生活，才會有社會主義的思想誕生，才能夠有社會主義文學」。

可是，文藝界及學術界領域裡的階級鬥爭激化，是一九六三年以後，社會主義教育運動活潑化的事情。與此同時，用平劇的改革作爲突破點的毛澤東妻子江青，開始登上政治的舞台。

「各種各樣的藝術型態裡——戲劇、表演、音樂、美術、舞蹈、電影、詩歌、文學等問題不少。雖然從事的人很多，在衆多的部門裡，社會主義改造的只有很少很少的效果。儘管很多共產黨員熱心地提倡封建主義跟資本主義的藝術，熱心提倡社會主義藝術的人卻很少。這不是很奇怪嗎？」

毛澤東在一九六三年底，對黨中央宣傳部有關文藝工作的報告寫這樣的評語，表達他強烈的不滿。

那時候，毛澤東激烈的責罵說：「國務院的文化部並沒有好好管理文化相關事務，要是不改的話，就把『文化部』改成『帝王將相部、才子佳人部，或者是外國死人部』好了。」至翌年的一九六四年五月，毛澤東對文藝界相關的各個協會大表不滿說：「一當上官僚，就作威作福，完全不接近勞工、農民、士兵，完全不反映社會主義的革命和建設。這幾年來，終於墮落到修正主義的關口了。」

聽到毛澤東這樣的批判，文藝界在到一九六五年四月爲止的十個月間，進行整風運動（思想及活動的檢點）。毛澤東認爲：「文化部系統的政治權力，至少有一半不在我手中。」對文藝界領導人的調查和批判，就成了整風運動的主軸，甚至有人被剝奪職務。

在新聞及雜誌上展開了對小說、電影、演劇的批判。有很多被貼上「資產階級」、「修正主義」的「毒草」標籤，其中向來被評價爲優良作品的也不在少數。

不只在文學界，哲學、經濟學、歷史學、教育學、醫學各個學術領域，也擴大燃燒起了批判風。

首先，身爲馬克思主義理論哲學家、中共中央高級黨校校長楊獻珍成了批判的目標。在辯證法的研究上，楊獻珍提出了所謂的「合二爲一」理論，這和提倡階級鬥爭的毛澤東所說的「一分爲二」互相矛盾了。

毛澤東批判說：「所謂合二爲一，恐怕是修正主義，是階級調和論！」楊獻珍被打成「親近外國」、「在黨校裡建築獨立的王國」在文革的時候被捕下獄。

著名的經濟學者孫冶方，也因爲強調利潤的機能，而被打爲「中國最大的修正主義者」；歷史學家翦伯贊也被批判成「反馬克思主義史學」。翦伯贊在文革的初期和太太一起自殺。

據說，憂心這種情況的鄧小平，甚至對這種太過分的行徑加以力諫說：「那些革命派們靠著批判別人來博得名聲，把別人踩在腳下，自己坐上政權的寶座。」「趕快踩煞車！」（晉夫著《文革前十年的中國》，中共黨史出版社，一九九八年）。不過，鄧小平在當時，究竟公然主張到什麼程度不太清楚。無論如何，情勢是演變到無法挽回的程度。

正是這時候江青開始跳出來。曾經在上海當過女明星的江青，一九三八年左右和毛澤東在延安革命根據地同居。據說，當時和毛澤東結婚的革命同志賀子珍正在莫斯科養病，雖然中國共產黨的領導階層，幾乎所有人都反對毛澤東和賀子珍離婚，可是最後毛澤東還是和江青結婚，條件是江青不可以接近公務。

江青在建國之後，也沒有被賦予政治活動上實際的角色。這一點成爲江青刻骨銘心的憤恨。從一九六二年左右發生文藝問題開始，江青就積極的參與了平劇的批判。默認江青這種行爲的毛澤東，後來就利用江青作爲文藝批判的先鋒，爲以後江青在無產階級文化大革命嶄露頭角奠定了基礎。

一九六四年六月到七月底爲止，國務院的文化部在北京召開「全國平劇現代劇表演大會」，來自全國二十八個劇團演出了三十七個曲目。

江青出席了大會演出者的座談會，發表言論說：「現在的舞台，全都是帝王將相、才子佳人之類的牛鬼蛇神！都是封建主義、資產階級的東西。在這個情況下，我們的經濟基礎守不住了！」這個內容受到毛澤東的誇獎。

從此以後，江青激進的文藝批判活動就如火如荼地展開。她在一九六五年十一月認眞寫了一篇論文發表，把歷史學者兼北京市副市長吳晗所寫的平劇《海瑞罷官》批判成爲「大毒草」。這件事就成爲了毛澤東所發動的文化大革命的狼煙。

# 16. 和林彪的蜜月期

## ——靠著神格化相互提高威信

毛澤東自己揮舞大旗，所推動以飛躍的成長爲目標的「大躍進」及「人民公社化」的激進路線挫敗了。即使在這種逆風吹襲，飽受孤獨感折磨的時候，還是有一個人一直高唱著「毛澤東的絕對正確性」，對毛澤東稱讚不已，這個人就是國防部長林彪。

激進路線所造成的混亂跟災害，造成了接近兩千萬人餓死。一九六二年一月在毛澤東承認「領導責任」的中央工作擴大會議（七千人大會）上，林彪堅定的主張說：「那是因爲毛主席的意見沒有得到尊重，受到重大的妨害所造成的！」也就是林彪的這句話，深深打動了毛澤東的心。

在北京的中心地帶，距離中南海的高牆兩百公尺左右的西側，有一個由老舊住宅區環繞的要人居住區。一九五九年秋天，在一個叫做毛家灣的專用區內，林彪在他的住宅兼辦公室裡說：「在現代這個時代裡，權力可以一朝在握。應該用最小的代價、最大的收穫、最快的時間來得到！只是，找到一個好的參謀是最困難的。」

根據少華等著的《林彪的一生》一書（湖北人民出版社，一九九四年），林彪的太太葉群，在這個辦公室裡，很清楚地聽到了林彪自言自語地講了這一句話。林彪所指的意思是：如何能夠有效而迅速地進行人民解放軍內部的權力掌握。

這時候的林彪才剛剛接掌國防部長的職務。彭德懷因爲向毛澤東提出「大躍進」路線所帶來的混亂等不中聽的建言，激怒了毛澤東而遭到解職。因爲林彪在很年輕的時候就投入革命運動，所以他的黨齡以及軍方的資歷雖然老，但卻是中華人民共和國建國以後，成爲元帥的十個人當中最年輕的，當時他才五十二歲。雖然在元帥的資格上他的地位算是蠻高的，但是在元老們盤踞的軍方裡面，想要掌握全軍不是那麼容易。[1]

林彪所說的：「用最小的代價、最大的收穫、最快的時間」確立支配權，這要怎麼做才好呢？唯一的辦法是借用掌握著最高權力的毛澤東的權威。毛澤東的威信愈是高，對林彪而言愈是有利。這就是「毛澤東神格化」的開始。

一九六〇年元旦，在擔任國防部長三個月之後，林彪向全軍提倡了作爲國防建設的最重要任務「四好連」運動。這個運動是達成「政治思想好、三八作風好、軍事訓練好、生活管理好」來作爲中隊的目標。在一九六一年當中，受到「四好連」表揚的中隊共有五千以上。[2]

一九六〇年十月，提出了「四個第一」的口號。所謂「四個第一」是指：武器和人，人的要素第一。軍事工作與政治工作，政治工作第一。政治工作和思想工作，思想工作第一。思想工作中，文字記載的思想和實際的思想，實際的思想第一。

這裡的思想，當然是指毛澤東的思想。林彪毫不保留地稱讚毛澤東思想說：「毛澤東思想的優越性有多方面，其中最突出的是實際的思想。經常接近實際，以實際爲中心，從來沒有離開實際。」

林彪有一種特殊的才華：用簡潔的文字掌握了本質，鼓動人心。一九六四年二月，毛澤東誇獎林彪說：「四個第一很好，我倒沒有想到第一有四個，這是一種創造。誰說中國人沒有發明跟創造呢？我向來一直依賴解放軍，從今以後也非倚賴解放軍不可！」（嚴家其、高皋著《文化大革命十年史》）。

林彪在一九六一年四月下令說：「解放軍報啊！要做到讓兵士們不論在任何情況下，都能夠得到毛主席的思想指導，要常常刊載毛主席的語錄。」在一九六四年，人民解放軍把毛澤東的著作跟講話，選摘出一些章句每天刊載，最後整理成一本軍方的學習文獻，稱爲《毛語錄》。[3]

「四好連」、「四個第一」、「毛語錄」所共通的是林彪明確的意圖：他要在軍中貫徹「政治的優先性」。農業也好，工業也好，藝術也好，學校也好，隨時要讓政治思想居於優先地位。這一點是毛澤東思想的根源。

從「大躍進」路線失敗困境當中重新站起來的毛澤東，在這時候強調資本主義的復活，以及像蘇聯修正主義登場的危險，呼籲要展開階級鬥爭，要讓社會主義教育運動從農村到都市，擴大到社會的所有範圍。希望對人民進行社會主義改造。

林彪呼應毛澤東，他也在人民解放軍內展開毛思想教化運動。從一九六四年起，毛澤東在中國全國發動「向人民解放軍學習」的運動。這兩個運動合爲一體，滾滾流入了文化大革命的洪流。

## 註解

【1】在中共的革命戰爭時，從中國各地風起雲湧的草根性很強的各種武裝集團，經過重組之後，形成了工農紅軍，也就是人民解放軍的前身。因此，解放軍很容易就帶有派閥性。在中華人民共和國建國的時

候，有第一到第四野戰軍，以及華北兵團五大系統。所謂野戰軍，是以游擊戰爲主的軍團。林彪成爲國防部長時，雖然這些野戰軍被分配到六大軍區裡面，但是，五大系統的人脈，還是很濃厚的存在著。舊第一野戰軍系統（舊一野系）是賀龍，舊二野系是劉伯承，舊三野系是陳毅，華北兵團系是聶榮臻，這幾個元帥在人民解放軍裡各自擁有影響力，而林彪只不過是掌握著舊四野系而已。再者，陳毅和黨副主席兼國家主席劉少奇，劉伯承和黨總書記鄧小平等黨的最高指揮層，維持著密切的關係。

【2】所謂的三八作風，是指毛澤東用三句八字的話來表示軍人的行動準則。三句是：一、正確堅固的政治方向。二、克服困難、節儉樸素的活動態度。三、富有彈性機動性的戰略戰術。八字是：團結、緊張、嚴肅、活潑。

【3】一九六六年無產階級文化大革命一發動，就改名成爲《毛主席語錄》，印刷了五十億本，把全中國都染紅了。

# 17. 讓國宴爲之凍僵的一句話

## ——「黨內出了修正主義」

「還是讓劉少奇來指揮負責一切的好！現在立刻接下去！你是主席！是秦始皇！」

毛澤東勃然大怒，對劉少奇怒言相向。他把中國共產黨主席這個最高權力者的寶座，讓給黨副主席（兼國家主席）的劉少奇。毛澤東憤怒地責備劉少奇，意思是這麼一來，劉少奇就像秦始皇那樣，成爲絕對的君主了。

這件事情發生在一九六四年十一月底，毛澤東接受社會主義教育運動的活動報告時，因爲社會主義教育運動，而被派往地方的各級幹部，並未像毛澤東所指揮的行動，反而聽從劉少奇的指示。這一點是毛澤東憤怒的理由（晉夫著《文革前十年的中國》，中共黨史出版社，一九九八年）。

由於劉少奇等人務實地調整政策，先前受到毛澤東激進甚至可以說是空想的共產化路線打擊的經濟，得以重新站起來。不過，毛澤東認爲：由於因農業生產的一部分自由化，有兩個危險成爲現實了：一個是資本主義的復活；一個是背叛共產主義的蘇聯「修正主義」的抬頭。

因此，毛澤東深切地認爲：社會主義教育運動是共產黨生死存亡嚴峻的「階級鬥爭」。

社會主義教育運動的中心，是農村當中「人民公社」的「四清運動」（清點工資、帳簿、財產、庫存），以及都市當中的「五反運動」（反貪污、反盜鈴、反浪費、反官僚主義、反投機）。

對毛澤東而言，這不單只是整飭風紀的運動而已，而是揭發敵人陰謀的鬥爭。然而，在劉少奇已經成爲中國共產黨支配者的今天，毛澤東倒不認爲「階級鬥爭是關鍵」，他認爲問題主要在於生產現場的基層幹部身上。因此，他把希望寄託在由中央派遣出去的工作隊指導上。

不過，毛澤東和劉少奇之間的不和，比劉少奇所想像的更加嚴重。這時候的毛澤東開始認爲：資本主義和修正主義的這個問題根源，在基層幹部的更上面，甚至不在縣、不在省，而是在於中央的領導者身上。由上層所組織的工作隊，沒理由可以保證會比下層組織更加思想正確。

毛澤東對劉少奇的不信任和憎恨感，一味地加強了。這件事就和以下這個牽涉到權力骨幹的命題，牢不可分了：究竟是誰在掌握著獨裁，支配中國的這個黨？

一九六四年十二月到一九六五年一月爲止，中共黨中央召開了有關社會主義教育運動的全國工作會議。

負責會議組織的是總書記鄧小平，他說：毛澤東的身體不好，一個普通的會議不參加，也沒關係。但是毛澤東很不滿的出席了。

毛澤東在會議上批判現在的社會主義教育運動是「一面倒的依賴工作隊」、「涉及的範圍太廣了！」等。當毛澤東在談論有關社會主義教育運動矛盾時，劉少奇打斷說：「各種各樣的矛盾錯綜複雜交錯著，有著『四清』、『四不清』的矛盾，也有黨內外的矛盾；還是先看清楚矛盾的性質再來對付比較好。」

毛澤東一方面沉默不語，一方面同時猛力的吸著菸，臉上明顯的出現惱羞成怒的表情。

那天晚上深夜，吃了安眠藥而在床上打瞌睡的毛澤東祕書陳伯達，突然被毛澤東用機密電話叫了過去。陳伯達慌慌張張的一趕到，就被毛澤東命令，用筆抄下來有關社會主義教育運動文件的口述起草。因爲吃了安眠藥，在意識朦朧的情況下，陳伯達拚命的把毛澤東的話，工工整整地抄下來。這個時候陳伯達才領悟到毛澤東是要把劉少奇打倒！（葉永烈著《陳伯達傳》）。

隔天，陳伯達等人就在他中南海的住所「迎春堂」裡，整理昨晚的紀錄，執筆寫成文書。這就是「農村的社會主義教育運動中，被提起的當前若干問題」，後來被簡略稱爲「二十三條」的綱領。關於社會主義教育運動的全國工作會議，在人民大會堂繼續進行。這一天，會場的氣氛依舊緊張。毛澤東在發言之前，他把帶到會場的兩本小冊子高舉給大家看。

「這有兩本冊子，一本是憲法，規定我有公民權；一份是黨的規章，規定我有黨員的權利。現在你們當中有一個人不讓我出席黨的會議，這是違反黨的規定的。另外一個人不叫我說話，這是違反憲法的！」

毛澤東這一席話指的是鄧小平和劉少奇。毛澤東激烈的批判劉少奇封殺他的發言，毛澤東從來沒有這麼憤怒地批判劉少奇。

「這個運動的名字叫『社會主義教育運動』，不是什麼『四清』、『四不清』的教育運動。」、「非搞好階級鬥爭不可！非搞好那社會主義不可！」

會議後，劉少奇雖然解釋，說他在毛澤東發言的時候插嘴，對毛澤東不夠尊重，毛澤東卻不領情。他說：「問題不是對我尊重或者是不尊重，而是我們兩個人之間對修正主義或者是反修正主義，這個重大原則上的分歧！」（《陳伯達傳》）。

會期中的十二月二十六日，是毛澤東的七十一歲生日。根據孫琦編著《毛澤東與周恩來的合作生涯》（吉林人民出版社，一九九六年）一書，毛澤東向來反對爲黨的領導人舉辦生日慶祝活動，但這次卻出人意料地說，要招待中央以及各地方的領導人吃飯。

在人民大會堂裡準備了好幾桌的飯菜。毛澤東和模範勞工以及科學家們，同桌就坐。而劉少奇、周恩來、鄧小平等中央的領導人，則被安排坐到別桌去。

在酒會上，毛澤東雖然面向著李富春（他是負責起草統制經濟基本政策的國家計畫委員會副主任），實際上是要講給中央領導人們聽的。

「你們什麼話都不對我說，這一陣子我什麼都不知道，你們想要建立獨立的王國！」這時候毛澤東更進一步說：「現在黨內有產生『修正主義』的危險！」

「修正主義」這一句話，好像暗含著無限恐懼，讓整個會場的所有人都僵住，安靜了下來！

毛澤東口述，叫陳伯達記下的「二十三條」作爲社會主義教育運動的基本文書，在一九六五年一月十四日印刷分送給全黨。把以前「四清」改成：政治、經濟、組織、思想四點。農村與社會的社會主義教育運動，藉這個統一起來。

在這二十三條裡面，明確地記載著運動的重點是「打倒黨內走資本主義的當權派」，明確地否定了劉少奇等人整飭綱紀的「四清運動」，擺明了要搞階級鬥爭。就這樣，優先於一切事物的「政治」，代表了一切。這一點再一次的明確化了。

社會主義教育運動，在隔年發展成爲無產階級文化大革命。文化大革命當中所謂的「走資本主義道路的黨內最大的當權派」是指劉少奇，而「第二位當權派」被指明是鄧小平。其實，鬥爭列車的軌道在這時候已經鋪好了。

# 18. 中國的赫魯雪夫——「疑念」變成了「確信」

從一九六四年到一九六五年，毛澤東心中有了「中國共產黨內終於潛入了『走資本主義道路的』叛徒」這樣的想法。

自從農工業生產擴大，以及大規模集團化激進路線的挫敗以來，恐懼資本主義以及像蘇聯那樣修正主義抬頭的黨主席毛澤東，在中國共產黨內看出了「敵人」。

不管毛澤東怎麼樣的指示，要和資本主義及修正主義鬥爭，黨組織的行動卻是緩慢遲鈍。在毛澤東的眼裡看來，不只是緩慢遲鈍，甚至還在扯後腿。

掌握著實際政務的國家主席劉少奇以及黨總書記鄧小平，雖然不能無視於毛澤東的指示，但是想起上一次造成兩千萬人餓死的慘劇，他們兩人無論如何都要避免再發生。現在終於踏上了復興的軌道，絕對不能讓會再度召來經濟混亂的激進路線重新出現。

不過所謂「國家的權力三分之一，已經在敵人的手中」毛澤東的危機意識強烈的程度，遠遠超過劉少奇等人的想像。毛澤東對「階級鬥爭」的困難度，是如何深刻地體會到呢？這一點在中蘇論爭當中也表現出來。

一九六四年七月十四日，中國共產黨的機關報《人民日報》和機關雜誌《紅旗》，刊載了從一九六三年九月算起的第九份對蘇聯公開批判論文〈關於赫魯曉夫的假共產主義及其在世界歷史上的教訓〉。

這一篇批判被毛澤東看作是修正主義者的蘇聯共產黨第一書記赫魯雪夫的論文指出：關於社會主義國家內部的階級鬥爭「要是不花上百年，甚至數百年的話，是不會成功的！」從上一次毛澤東在一九六二年九月說：「數十年來甚至更長」算起，才不過兩年內的時間，就遠遠地被拉長了好幾百年。[1]

中國在外交上持續地孤立。越南戰火的擴大，隨著社會主義陣營內的危機感，有了結束戰爭的契機。這種情形對於處在和蘇聯對立狀態的中國而言，成爲一股逆風。那一些中國一直爲了要伸展它的影響力，而持續投注外交努力的亞洲及非洲的國家，也對中國的激進外交路線，逐漸產生反彈。

北越所領導的民族解放戰線和越南發生戰爭，美國以軍事力量介入。在一九六四年八月二日，美國因爲海軍驅逐艦遭到北越的攻擊，而發動對北越沿岸的艦炮射擊。於是美國和北越發生了軍事衝突（即所謂的東京灣事件）。以此爲契機，美國在一九六六年二月開始轟炸北越。

那一年的春天，越南共產黨主席也就是北越的國家主席胡志明，搭乘火車越過了中越國境祕密訪問北京。

根據徐學初等人所編著的《毛澤東眼中的美國》（中國文史出版社，一九九七年）一書所記載，出來迎接的毛澤東用濃濃湖南口音的北京話，和那一位能說北京話、廣東話、上海話的老朋友交談。

「胡志明主席！你在越南出生，我在隔壁的湖南出生，我們的家族是一樣的，那麼……有什麼困難嗎？要是需要人，需要物，儘管說吧！」

胡志明從口袋裡拿出一張地圖，要毛澤東幫忙在北越的北部建設十二條道路。

毛澤東立刻當場拿起電話，指示國務院總理周恩來和人民解放軍協議。據說，周恩來就和總參謀長羅瑞卿，以及第一副總參謀長楊成武討論，後來就以八萬人龐大的兵力，投入這些道路的建設。

隨著越南戰爭的激烈，中國對蘇聯的批判更加猛烈。一九六四年六月十四日《人民日報》和《紅旗》雜誌共同論文這麼說：

「蘇聯共產黨的領導階層，一方面裝作要支持越南的樣子；另一方面卻頻繁地進行和平交涉的活動，處心積慮地為美國侵略者找出路。他們所謂的『對北越的援助』，只不過是為了讓越南的問題，納入美蘇協調的軌道而已。」

一九六四年十月十六日，由於蘇聯共產黨黨內對黨機構改革的不滿，造成赫魯雪夫的失勢。這一天，中國好像要慶祝這件事似的，成功地首次試爆了原子彈。當時日本正沉醉於東京奧林匹克運動會。

三個禮拜後的十一月七日，配合俄羅斯革命四十七週年紀念日，十二個社會主義國家在莫斯科集會，中國共產黨為了摸清楚布里茲涅夫新體制的施政招數，特地以黨副主席兼國務院總理的周恩來為團長，派了代表團前往。

十一月七日的傍晚，蘇聯政府舉行了歡迎酒會。酒會上蘇聯的國防部長馬利諾夫斯基，對中國共產黨黨政治局委員兼中央軍事委員會副主席賀龍說：「我們讓赫魯雪夫下台。你們也應該見習見習，好把毛主席拱下來。這樣一來的話，我們就可以重修舊好！」

聽到賀龍轉述這一句話的周恩來，對馬利諾夫斯基的這一句話提出嚴正地抗議。雖然布里茲涅夫把這一件事情當作「酒會上的失言」來處理，但周恩來不接受。使得布里茲涅夫不得不正式的表明遺憾之意（席宣、金春明著《文化大革命簡史》）。

接到這個報告的毛澤東反應不明顯。不過，毛澤東不把馬利諾夫斯基的發言看作是純粹的戲言，這一點是錯不了的。前車之鑑是一九五九年訪問蘇聯之後，在書信裡面，向毛澤東大膽直言激進經濟路線已走上歪路，激怒了毛澤東而遭到解除國防部長職務的彭德懷，就被毛澤東想成是和蘇聯內神通外鬼。

馬利諾夫斯基發言之後的兩個月，毛澤東心裡面懷疑著劉少奇。嘴巴上公開向全黨呼籲打倒「走資本主義道路的黨內當權派」！對毛澤東而言，當權派和修正主義者，是不可分割的一體。「蘇聯修正主義」正企圖和中國共產黨內的「友人」，聯手改變路線來讓中國共產黨變質。毛澤東這種想法，由剛開始的「懷疑」現在變成了「確信」。

文化大革命期間，劉少奇被罵成是「中國的赫魯雪夫」，結果被狠狠地徹底打倒。

## 註解

【1】一九五三年史達林死了以後，成爲蘇聯共產黨領導者的赫魯雪夫，在一九五六年批判了史達林的獨裁。毛澤東的共產黨，就在那一年陸續發表了兩篇文章〈關於無產階級專政的歷史經驗〉以及〈再論無產階級專政的歷史經驗〉，強調史達林的功績是沒有辦法否定的。因爲這個事件，加深了中蘇共產黨的不和。

中國共產黨在一九五九年，把走改革路線的南斯拉夫共產主義者同盟，批判成是扭曲了馬克思、列寧主義的「現代修正主義」，這是間接在批判蘇聯共產黨。進入一九六〇年代，國際共產主義運動的主導權問題，使中蘇兩國開始了直接的論爭。

蘇聯方面認爲：共產主義的第一步，也就是社會主義的完全勝利，這時無產階級的獨裁使命告終，應該轉變成代表全體人民的國家形式。與此相對地，中國方面則根據毛澤東「不斷革命論」所謂的「即使在社會主義的社會裡，階級跟階級之間的鬥爭依舊存在著」的想法，責難蘇聯的變節。

# 19. 軍方內部的龜裂——「防止反革命奪權！」

被解除國防部長職務六年，在失意當中的彭德懷，一九六五年九月十一日上午接待了不速之客，是中國共產黨中央黨校副校長的賈震。

「毛澤東辦公室傳話說，要你火速到人民大會堂來！」

「備車！快點！」彭德懷依照毛澤東的安排，火速地跳進了幹部專用車，飛駛而去。[1]

在人民大會堂等候彭德懷不是毛澤東本人，而是黨政治局委員兼北京市黨委會第一書記兼北京市長彭眞，「黨中央和毛主席想要請你擔任西南三線的第三副總指揮官。」[2]

「主席到底在想什麼呢？」彭德懷不斷自問。十天之後，他寫信給毛澤東說：「身爲一個黨員，黨所交代的任何工作，都無條件地服務！」

「雖然，我想他應該會說一句抱怨的話……。」毛澤東感到意外。二十三日，毛澤東在他北京中南海的豐澤園住宅兼辦公室裡，迎接彭德懷。

「昨天下午，接到了你的信以後，高興得睡不著覺。」滿面笑容的毛澤東繼續說：「西南省分方面的投資最多，我想你最適任了。將來帶兵打仗也可以，這麼一來名譽就可以恢復了……。」

聽到恢復名譽彭德懷心動了，毛澤東繼續說：「廬山會議不是已經是過去的事了嗎？無禮地批判了您。不過，我那時的做法是不正確的！」

「毛主席！就依您的，我去西南！」回家之後，彭德懷和他的親信們，舉杯祝賀。

彭德懷並不知道毛澤東眞心想的是什麼。[3]

在越南戰爭當中，美軍從一九六五年二月開始，對作爲越南解放民族戰線後盾的北越進行轟炸，戰火日益熾烈。中國雖然支持北越，但美國方面想，只要中國不派兵，美國不會把軍事行動擴大到中國領土內。就中國共產黨而言，更加嚴重的問題是在於：因爲越南戰爭環繞著長期的軍事戰略問題，使得中國共產黨內部的對立更加尖銳化。

人民解放軍總參謀長羅瑞卿，在一九六五年五月十日的黨機關雜誌《紅旗》上，發表了一篇紀念聯合國對德國戰勝二十週年的論文〈紀念戰勝德國法西斯：把反對美帝國主義的鬥爭進行到底〉。

文章當中羅瑞卿把越南戰爭中，美國近代裝備的優越性作爲前提，強調平時戰力近代化的重要性。他這個主張的骨幹，是來自於彭德懷擔任國防部長的時代，在一九五六年向中央軍事委員會擴大會議所提出「積極的防衛」的戰略構想。

而和這個戰略構想持相反意見的是彭德懷的後繼者林彪。在一九六〇年中央軍事委員會擴大會議以來，林彪一直鮮明地提出另一種所謂「攻擊的包圍」戰略：以南部沿岸爲中心，把敵人的軍隊深入地引誘到陣營內，讓他們沉沒在人民之海裡，而加以殲滅的人民戰爭策略。

以「軍事近代化、正規化」爲目標的路線，和以「游擊戰爲主體的人民戰爭」路線，是中國共產黨建國以來，一直悶燒著的兩派軍事戰略對立。羅瑞卿和林彪兩人之間的恩怨，更加深了這個對立的鴻溝。

在共產黨革命前的黃埔軍官學校裡，和林彪同期的羅瑞卿，在中華人民共和國建國後，一直在首任的公安部長等公安領域內經營。他常在毛澤東的身邊，得到倚重信任，也得到軍方元老的堅強支持。對林彪而言，猶如芒刺在背。

相對於羅瑞卿重視軍事演習，林彪批判這樣做「只不過是單純的軍事觀點」。另外，羅瑞卿對林彪的「政治思想至上主義」提出質疑，認爲林彪是想要利用「毛澤東的思想」以狐假虎威的策略，奪取權力。由於羅瑞卿對林彪的反彈，使他自己遠離人民戰爭路線，結果也演變成爲被毛澤東疏離。

羅瑞卿的論文發表四個月之後，一九六五年九月一日，林彪爲了紀念抗日戰爭勝利二十週年而寫的論文，在《紅旗》雜誌、《解放軍報》同時刊載。

「人民戰爭的勝利萬歲！」

把中國對日抗戰勝利的根本理由，歸結到「中國進行毛澤東思想所領導的人民戰爭」上，這一篇論文認爲：「無論武器如何的現代化，最後的勝利還是決定在地面部隊連續地戰鬥、戰場上的肉搏戰、人的自覺和勇敢以及犧牲的精神。」特別強調政治思想的優先性，更甚於軍隊現代化。

這篇論文又主張：「蘇聯修正主義之所以不敢迎戰美國帝國主義的戰爭，那是因爲他們不想激怒帝國主義。蘇聯是擔心這樣會妨礙了美蘇兩國協調主宰整個世界的美夢。」並且，斷言修正主義是「人民戰爭的叛徒！」

這一篇論文把中國共產黨以及人民解放軍內的反林彪派，看作是「修正主義者」，一方面作爲對他們的作戰宣言；同時也作爲林彪對毛澤東的效忠宣言。

林彪特別注意到羅瑞卿的論文，結論這樣寫著：「必須團結起所有可以團結的力量，形成廣泛的統一戰線，來反對最主要的敵人！」「偉大的蘇聯國民及偉大的蘇聯軍隊，取得反法西斯戰爭的輝煌勝利，對他們，我們要給以無限的敬意和信賴！」

林彪把這些結論解讀成爲：（羅瑞卿主張）爲了要和「最主要的敵人」美國戰鬥，必須和蘇聯合作。對於羅瑞卿的這一點主張，一心一意認爲「黨內潛藏著修正主義」的毛澤東，沒有理由不注意到。毛澤東老早就懷疑，被他解職的國防部長彭德懷和蘇聯內神通外鬼，他心想說不定羅瑞卿也是。

在無產階級文化大革命正式發動的隔年，一九六六年五月黨政治局擴大會議上，林彪證明了在文化大革命發動之前，毛澤東繃緊神經防備著「反革命分子」的奪權政變，而採取各種的措施（席宣、金春明著《文化大革命簡史》）。

緊接在林彪的論文發表之後，將彭德懷移防到邊疆地方、對羅瑞卿展開批判和軟禁——這些都是預防政變的事前準備，也是文化大革命揭開序幕的前奏曲。

## 註解

【1】彭德懷在一九五九年夏天，在江西省廬山所召開的黨政治局擴大會議上，寫信給毛澤東要求修正「大躍進」及「人民公社化」激進的經濟政策路線，結果被蓋上了「反黨分子」的烙印，因而失勢。之後，造成兩千萬人餓死的食糧不足問題襲擊了中國，證明了彭德懷的指責是正確的。雖然如此，向毛澤東提出恢復名譽的請願，卻像石頭丟進冰冷的大海。

【2】當時中國有兩個敵人：一個是正在加強軍事介入，發生在緊鄰中國的越南戰爭的「美國帝國主義」；另外一個是放棄和資本主義鬥爭，卻動員封殺中國的「蘇聯修正主義」。

從事戰爭準備的毛澤東，在一九六四年，把整個中國分成三個地帶，把位在第一線的沿海、國境邊界的國防、工業設施，往第三線的內陸移去，打出了國防戰略的「三線建設」口號。所謂的西南三線，是指四川、雲南、貴州等，五個省分的工業基地建設區域。

【3】毛澤東和彭德懷見面的情形，在馬泰泉等著《國防部長浮沉記》（解放軍文藝出版社，一九九七年）一書裡有詳細的描寫。

# 20. 林彪的發誓——「讓敵人得意忘形後，加以殲滅」

毛澤東陷入了深深的孤獨、憤怒以及焦慮當中。雖然他身為掌控支配中華人民共和國的中國共產黨主席，高居權力的頂點，但是有一股深深的擔心襲擊著他，他覺得有一道看不見的厚牆包圍著他，從他的腳下，權力基礎已開始崩解了。

早在一九六四年的十二月，毛澤東就向全中國共產黨警告一種危險性，說（就像批判史達林獨裁的蘇聯共產黨前任領袖赫魯雪夫那樣）連在中國共產黨內部，也會產生背叛共產主義的「修正主義分子」！雖然，在一九六五年一月，他也曾經呼籲要打倒「走資本主義道路的當權派」，但是官僚化的黨組織不為所動。

這時候毛澤東的焦躁不安，可以從那時所寫的紙條推敲出來。

根據那時候視察了中國東北部的遼寧省精鍊廠的黨政治局委員兼國務院公安部長謝富治的報告書，毛澤東在一九六四年十二月五日這樣的寫著：「到底我們的工業在經營管理上，資本主義化到什麼程度呢？是三分之一呢？還是二分之一呢？或者是更多呢？」

一個禮拜之後，在一篇有關於河南省洛陽的卡車工廠的報告書裡面，國務院農業機械部長陳正人寫著：「官僚主義者階級，正在變成吸工人血的資本家分子！甚至變本加厲。這些人物是鬥爭的對象，是革命的對象！」【1】

毛澤東認爲：高踞應該被打倒的官僚主義階級頂點上的，是黨副主席兼國家主席劉少奇以及總書記鄧小平。還有，黨政治局委員兼北京市黨委員會第一書記（北京市長）彭眞所掌握的北京市黨委。

這三個人在毛澤東所發動的「大躍進」、「人民公社」這些激進且空想的共產化政策破產以來，主導著或者是支持著採納了資本主義的經濟調整政策。

在黨內排名僅次於毛澤東跟劉少奇，而支持劉少奇等人的經濟調整政策的黨副主席兼國務院總理周恩來，敏感地察覺到毛澤東決心要發動「奪權鬥爭」。在一九六四年十二月，第三次全國人民代表大會上面，周恩來做了如下的政府活動報告：「資本主義的暗風不斷地吹了進來」「黨、政府機關、經濟機構裡也不斷的產生了資本主義分子、剝削分子。這些資本主義分子們，一直在上級指導機關當中尋找保護者跟代理人。」

這個說法簡直和毛澤東的認識完全一致。

毛澤東開始出手了。半年後的一九六六年六月，他對黨中央工作會議的出席者問道：「如果中國出了赫魯雪夫怎麼辦？黨中央裡出現了修正主義，怎麼辦？」

在九月十日的黨中央工作會議上，也窮追不捨的說：「黨中央要是出現了修正主義的話，諸位怎麼辦？」「可能性是有的，這是最危險的事情。」關於黨領導層內存在著修正主義者這件事，毛澤東在地方幹部們的意識裡灌輸了危機意識，他在爲最近要展開的鬥爭做準備。

在這個會議上，被毛澤東懷疑是修正主義者的北京市市長彭眞也出席了。彭眞說：「不用擔心修正主義者會在中央出現，也不必擔心會在地方上出現。中央裡有好幾個大人物在，把那些修正主義者罷免掉，一切都結了！」

彭眞在十月一日國慶紀念慶祝大會儀式上演說：「必須集合一切的力量，來反對現代修正主義。但是，現代教條主義也同樣的必須加以反對！」他這一句話是在痛快的諷刺毛澤東是現代教條主義，因爲他很機械地把馬克思列寧理論活生生地套在中國，招來了經濟的困難。

十月十日，毛澤東在和華北、西北等六大行政區的黨委第一書記們會談上，開始公然呼籲打倒領導階層內的修正主義者。他說：「黨中央要是出現了修正主義要怎麼辦呢？要是黨中央發生了修正主義的話，你們要立刻造反囉！」[2]

一九六六年正式發動了無產階級文化大革命，持續到一九七〇年十二月。當毛澤東被《紅星照耀中國》一書作者美國新聞記者愛德加・史諾問道：「毛主席你最後決定要除掉劉少奇是什麼時候？」毛澤東回答說是一九六五年的一月。

毛澤東說明，那是因爲在那個時候，毛澤東公布了所謂的「二十三條」綱領，這個綱領是把地方及都市裡，所推行的社會主義教育運動定位爲階級鬥爭。但是有關於「打倒黨內的走資本主義道路的當權派」的一部分，劉少奇卻拚命地反對之故。

一九六五年，中國在國際社會主義陣營內孤立無援；而在人民解放軍內，軍隊近代化路線跟人民戰爭路線的爭執，更加劇烈；而在國內情勢方面，毛澤東也有著戰戰兢兢的危機意識。

「當權派」的劉少奇在中央形成了和毛澤東對抗的「司令部」，北京市黨委則正在建築「獨立王國」，國家權力的三分之一已在「敵人」的掌握當中；文藝界的各種協會大多數「把兩隻腳踏進修正主義的國境」，而各級學校則是「資產階級知識分子的天下」（嚴家其、高皋著《文化大革命十年史》）。

毛澤東心裡有著這樣的認識：只有動員群眾，根據民眾的力量，才有可能勝利。透過在全中國展開階級鬥爭，搞出來天下大亂的形勢，才能夠達成天下大治。這就是毛澤東心裡構想的無產階級文化大革命（《文化大革命簡史》）。

一九六五年十一月十日，上海的《文匯報》刊載了〈評新編歷史劇海瑞罷官〉的評論文章，點燃了文化大革命的狼煙。[3]

已經向毛澤東宣誓忠誠的國防部長林彪說：「殲滅戰是我們作戰的根本，把敵人引誘深入，人民才能夠用各種各樣的行動，參加作戰。先把敵人捧上天，引誘深入，才能夠讓他們的兩腳深陷泥沼中。」（一九六五年九月一日發表的論文〈人民戰爭的勝利萬歲〉）。

林彪不久一飛沖天，變成了「毛澤東同志最親密的戰友、接班人」。

環繞著「應該如何統治中國？」的這個基本路線，中國共產黨領導階層嚴重對立。

這種對立逐漸嚴峻起來。不過，對毛澤東而言，恐怕他也料想不到，由他自己發動的無產階級文化大革命，會給中國帶來前所未有的大動亂、大災禍。這一點是錯不了的。

## 註解

【1】毛澤東的這些便條，在席宣與金春明所寫的《文化大革命簡史》當中有所介紹。

【2】毛澤東一連串的發言是根據李曉文所寫的《指點江山》等書。

【3】大整肅的風暴，首先吹向了人民解放軍總參謀長的羅瑞卿、彭真，一直到劉少奇的慘死為止。在第一部跟第二部裡描寫了。

# PART 4

# 毛主席的親密戰友

第四部要把時間往前移到一九六〇年代後半，也就是劉少奇失勢之後的那段時間。取代了劉少奇而抬頭的國防部長林彪，作爲一個文化大革命的忠實推進者，成爲毛澤東的「親密戰友、接班人」。這個過程中的光榮以及悲慘跌落的軌跡，就這樣和毛澤東所主導的文化大革命的盛衰相互重疊著。

# 1. 視察武漢——列車開往流血基地

呼應著毛澤東所發動的文化大革命，像紅衛兵這一類的「造反派」登場了，他們的狂熱在一瞬間擴及全國各地。一九六七年七月「打倒劉少奇」的口號響遍全中國，在北京中南海國家的重要機關，以及劉少奇等要人住宅所在的門前，口裡高喊著「把劉少奇揪出來」的紅衛兵們終日聚集不散。

七月十三日晚上，毛澤東把江青等中央文革指導小組的成員們，叫到離中南海不遠的人民大會堂「北京廳」，召開了聯絡會議。「文化大革命運動要用一年開張，用兩年的時間看到前景，第三年結束。」

對毛澤東這一句突如其來的話，身爲文化大革命激進派，站在大量整肅黨內外急先鋒之首的江青一夥人靜了下來，仔細地從毛澤東的表情探詢眞意。然而，好像完全不在意的毛澤東說：「到了七月的時候要去外面看看，對了！到武漢去游泳，那裡不錯！」

在這次的聯絡會議之前，國務院總理周恩來從毛澤東那裡，聽到毛澤東想去湖北武漢視察的意向。但是，周恩來請毛澤東再考慮：「武漢市現在很亂，要是想要游泳，在北京也有很多不錯的場所，像是密雲水庫。」林彪也應和周恩來的話說：「主席不在的時候，會有一些我們無法判斷的事情。」

毛澤東不顧他們的反對說：「三個小時之後出發！在武漢那兒，我要找謝富治和王力兩個人。」

這時候已經過了晚上十一點，當時國務院公安部長謝富治和中央文革小組王力，為了視察狀況，前往和湖北省交界西邊的四川重慶。[1]

正如周恩來所講的「亂的很」。在武漢，人民解放軍武漢軍區的司令官陳再道所支持的「百萬雄師」，和批判百萬雄師「不是眞左派」的激進派「工人總部」對立著。像這樣的巨大革命組織之間的流血武力衝突不斷發生，緊張的狀態一直持續著。

這些衝突的深刻程度，從當時張貼在北京市內的大字報也可以知道。

・四月十九日至六月三日：在武漢市內發生了一百二十幾件的武鬥。死傷和行蹤不明者，共有七百多人，其中重傷者有一百六十多個。

・六月十六日至二十四日：在武漢發生了五十多件的武鬥。死者多達三百五十人以上，重傷者一千五百人以上。

文化大革命發動之前，毛澤東認為中央和黨地方的組織控制在「修正主義者」以及「走資本主義道路的當權派」手中。把這些黨的組織搶回革命派手中的「奪權鬥爭」，在一九六七年年初的時候，更增激烈。

與此同時，標榜革命派的若干個組織互相對立，發展成為武裝鬥爭，情況混亂至極。對毛澤東而言，除了讓人民解放軍介入之外，再也沒有收拾混亂的手段了。一月二十三日，黨中央發布了毛澤東指示的「人民解放軍積極支持革命左派」的訊息。

因此，國防部長林彪的發言更強而有力了。同時，對林彪的崛起看得很不是滋味的反林彪軍方元老一夥，和林彪的恩怨更加尖銳化。在武漢的「兩個革命派」當中，激進的「工人總部」背後有林彪支持著。

肯定的是，毛澤東想要親眼確認，由他自己發動的文化大革命所帶來的混亂極致的武漢實況。毛澤東和中央文革小組的聯絡會議上，表明他有武漢之行。三天前的七月十日，周恩來向武漢軍區司令陳再道打電話，嚴格命令他要確保毛澤東在武漢停留時的安全。[2]

七月十四日凌晨三點，載著毛澤東的專用列車從北京火車站開出，前往武漢，抵達武漢的預定時間是七月十四日晚上。目送毛澤東出發的周恩來，爲了先前往打點，立刻搭飛機飛往武漢。[3]

和周恩來同行的有空軍司令吳法憲、海軍政治委員李作鵬，這兩人都是林彪的心腹。到達了武漢的空軍機場，吳法憲就把周恩來接待到空軍招待所。

到了不久，有一輛軍用車牌的蘇聯製高級轎車「吉魯」，高速開進了招待所的玄關。這個人是知道了周恩來的來訪，誠惶誠恐地趕來的陳再道。

因爲周恩來透過武漢空軍叫他來共進早餐，陳再道才知道周恩來要到武漢的事情。屬於林彪派的吳法憲，並沒有把周恩來到武漢的事情，向當地的軍區司令、反林彪派的陳再道通知。

李作鵬開口說：「陳司令，最近怎麼樣啦？」陳再道說：「沒有理由吧？怎麼吳法憲什麼都沒有告訴我呢？」

周恩來打圓場說：「一起來吃早餐好嗎？來！請大家把餐盤和椅子都拿過來一起坐吧！」吳法憲也進來，一齊圍坐在同一張桌子上。

然而，這只不過是一會兒功夫的休戰而已。這時候誰也不知道讓黨中央震撼的「武漢事件」會在六天後發生。

## 註解

【1】會議的情況，是根據中共中央黨校出版社出版，由毛澤東的警衛隊長陳長江等著的《毛澤東最後十年》等書。

【2】位置在長江和漢水的合流點，是一個交通要衝的武漢市，以前曾分成了湖北省會的武昌、港口的漢口、鋼鐵工業的漢陽，總稱「武漢三鎮」。一九一一年十月十日，在武昌市設置司令部的滿清新式陸軍的下級官兵發起武昌起義，成爲辛亥革命的發端。因爲辛亥革命，一九一二年一月一日，以孫文爲臨時大總統的中華民國成立了，造成了滿清王朝的崩潰。

【3】有關於周恩來進入武漢的情形，權延赤所著的《微行——楊成武在一九六七》（廣東旅遊出版社，一九九七年）這本書寫得很詳細。

# 2. 拘捕王力——武漢陷入內亂狀態

一九六七年七月十四日早上，載著中國共產黨主席毛澤東的專用列車開向湖北武漢。在武漢那裡，環繞著「誰才是執行毛澤東所發動的無產階級文化大革命『眞正的革命派』」的問題，兩股勢力正面臨持續流血對立的最高潮。

先一步來到武漢打探情況的國務院總理周恩來，在空軍招待所指揮著迎接毛澤東的準備工作。毛澤東預計十二小時之內抵達武漢，「東湖賓館的狀況如何呢？」

作爲過夜設施的東湖賓館位於武漢郊外東湖的湖邊，在樹林裡面的「梅嶺一號樓」是毛澤東「固定行館」。「連炊事人員及服務員都在搞對立，工作不成工作，客房都沒有辦法使用。」人民解放軍武漢軍區司令陳再道這麼說。

武力衝突不斷發生的兩大勢力當中，陳再道是由黨組織、政府機構、勞工等所組成的革命組織「百萬雄師」的強力後盾。但是與「百萬雄師」對立的激進革命組織「工人總部」卻不把「百萬雄師」看作是革命派。

「工人總部」的背後有國防部長林彪，他一直把軍方元老跟像陳再道這樣的老幹部們，當作眼中釘一般看待。對此了然於胸的陳再道，命令工人總部解散，兩派之間的武力鬥爭因而更加激化了。

周恩來催促陳再道說：「不是該去東湖賓館打掃一番嗎？」抵達東湖賓館的周恩來，對那一群一看到陳再道就怒火中燒的「工人總部」派職員，以及不甘示弱的「百萬雄師」的職員，兩方面同時斥責，要他們趕快準備。

十四日晚間九點八分，毛澤東抵達了靠近東湖的武昌，在東湖賓館的「梅嶺一號樓」安頓下來。隔天早上，除了周恩來之外，毛澤東還召集了正在四川重慶視察的國務院公安部長謝富治、中央文革指導小組的王力等人，針對武漢問題毛澤東下了這樣的指示：

「軍區應該兩派都支持，陳再道要是能夠支持造反派的話，造反派也會擁護陳再道。要大聯合啊！」所謂的造反派是指文革激進派，在這個場合就是指「工人總部」。

三天後的十八日，周恩來在武漢軍區黨委員會的擴大會議上，做了一個對兩邊都打五十大板的裁定：「軍區下令解散『工人總部』，這個做法是一個錯誤路線！」「『百萬雄師』雖然是保守派，是一個群衆組織，也要支持！」那天晚上毛澤東就在東湖賓館接見陳再道。[1]

毛澤東一看到了陳再道，就揚聲說：「你們一臉裝得什麼樣子呢！」陳再道稍有怒氣的說：「我倒不認爲方向和路線有錯。」

毛澤東一邊笑一邊說：「有什麼好怕的，錯了也沒什麼大不了，犯錯改了就好了。誰都會犯錯的。」接著又說：「要大聯合啊！他們（工人總部）要是把你們打倒了，我會擁護你們的。老幹部是黨和國家的財產唷！」

毛澤東和陳再道見面的情形，都看在周恩來眼中。十九日早上，周恩來留下毛澤東回到北京。但是在周恩來離開武漢之後，事情的發展又變得奇怪起來。從中搞鬼的是支持著林彪的謝富治和王力。十九日上午，兩個人造訪了「工人總部」根據地武漢水利電力學院，大聲疾呼：「黨中央、中央文革小組對諸位的支持不變。」「工人總部」把這段講話的錄音，在街頭用宣傳車在市內到處播放，刺激了「百萬雄師」。

在當天下午，王力和謝富治一起在武漢軍區的設施裡，召集了三百人以上的幹部說：「軍區在方向和路線上犯錯！不能支持『百萬雄師』，只有『工人總部』才是造反派的代表。」傾全力火上加油。

因爲這一連串的動作，武漢一帶陷入了內亂的狀態。後來被稱作是「七二〇事件」的武漢事件爆發了。[2]

擔任軍區特務工作的八二〇一部隊，和那一群走到街頭上高喊著「打倒謝富治、打倒王力」口號的數十萬「百萬雄師」群衆，一起把主要道路封鎖，並且和占據了車站、電視台、飛機場等據點的「工人總部」展開槍戰，流血衝突徹夜展開了。

兩派的戰鬥逼近了毛澤東停留的東湖賓館。那是因爲「百萬雄師」的目標謝富治和王力兩人，也住在東湖賓館的「百花二號樓」。到了二十日凌晨，「百萬雄師」派大約兩百人終於衝入了東湖賓館，包圍了「百花二號樓」大叫：「謝富治滾出來，王力在哪裡？」

陳再道趕到那裡，謝富治也從「百花二號樓」現身，負責說服包圍的「百萬雄師」。當騷動終於開始沉靜下來的時候，支持「百萬雄師」的完全武裝部隊到達了，和保護毛澤東的中央部隊打成一團。

「百萬雄師」的憤怒被謝富治的激烈演說煽動起來，轉向了王力，一部分的「百萬雄師」部隊蜂擁衛進「百花二號樓」，把藏身在內的王力關進武漢軍區內的設施，強迫他「簽名承認『百萬雄師』才是革命的群衆組織」。

跟隨毛澤東進入武漢的人民解放軍總參謀長代理的楊成武，嚴格命令陳再道要確保王力的安全。爲了讓毛澤東隨時可以上溯長江接近武漢港，而保持著待機狀態的海軍東海艦隊，也對八二〇一部隊發出強烈警告，結果事情就演變成爲軍方內部彼此衝突的狀況。

在北京的人民大會堂裡，毛澤東的太太江青接到了從武漢傳來的緊急報告，爲了要和林彪等人商量，因此就和中央文革小組的陳伯達、康生、張春橋等人，一起湧入了「江浙廳」。

「這簡直是軍事政變！王力不是中央文革小組的成員嗎？對王力的攻擊就等於是對中央文革小組的攻擊。」正當江青等人群情激憤的時候，十九日才從武漢回來的周恩來進來了。根據葉永烈著《陳伯達傳》一書，周恩來爲了壓制那群可能會發動軍事行動的林彪以及江青等人，而說：「現在最重要的事情不是要確保毛主席的安全嗎？我現在立刻就飛往武漢去保護毛主席，把毛主席載去上海。」

## 註解

【1】有關於接見的情況，是根據後來陳再道自己在由楊勝群等人所編的《共和國領袖的要事珍聞》（中央文獻出版社，一九九八年）等書中說的。

【2】有關事件的狀況，在陳長江等人所著的《毛澤東最後十年》等書上有詳細的記載。

# 3. 脫離武漢——用卡車護衛，摸黑出險境

在湖北省武漢，有兩大「革命派」組織都是高舉著一張牌子寫著：「推進中國共產黨主席毛澤東的無產階級文化大革命！」但彼此卻互相對立著。從一九六七年七月十九日到二十日止，陷入了內亂狀態。

在這個戰亂漩渦當中，由江青等文革激進派的中央文革小組所派遣出來的王力，被人民解放軍武漢軍區的武裝部隊綁架了。這個部隊是支持「百萬雄師」革命組織，成員包含了當地黨機關。

在北京市的中央領導階層極度的緊張，支持另一個革命組織「工人總部」的江青，及黨第一副主席兼國防部長林彪等人，憤怒到想以軍事行動來干預的程度。

而且此時毛澤東為了視察正停留在武漢。以「搶救主席！」為藉口的林彪等人，這個時候如果動手壓制武漢軍區的話，就會刺激軍方元老，以及以老幹部為中心的軍方內部反林彪派。這麼一來就會招致深刻的危機，也會演變成人民解放軍彼此之間的內戰。

擔心這種狀況會發生的國務院總理周恩來，壓制著林彪等人，自己指揮事態的處理。他為了保護

毛澤東的人身安全，立刻折返武漢。林彪沒有反對的藉口，不過林彪並沒有忘記要他的心腹空軍司令吳法憲陪同周恩來前往。

二十日下午三點五十分，周恩來一行人搭飛機往武漢的王家墩機場飛去。他們所搭乘的是蘇聯製造的伊留申十八型飛機，用三機編隊的方式，從北京郊外的西郊機場起飛，其中還搭載著中央警衛團的武裝士兵兩百人。[1]

當周恩來等人還在天上飛行的二十五日下午五點左右，停留在武漢東湖賓館的毛澤東和解放軍總後勤部部長邱會作見面，邱會作是爲了要轉交江青和林彪的信而來的。讀完信的毛澤東皮笑肉不笑地說：「難道想要把我誘拐到上海去嗎？」很不高興的靜默下來。

邱會作戰戰兢兢的對毛澤東說：「林彪和江青同志是擔心主席的人身安全，想要勸主席前往上海。（中央文革小組副組長）張春橋同志正要進入上海。」

邱會作進一步說：「如果主席您能夠回信的話，那麼，林彪跟江青同志也就安心。」話才一說完，毛澤東毫不考慮地說：「我不寫信！你回去就這樣告訴他們！」[2]

林彪所主導的中央軍事委員會，突然向搭載著周恩來飛往武漢的軍機下了這樣的指示：「降落地點由王家墩機場改往山坡機場。」王家墩機場是武漢軍區的直接管轄地，而離武漢六十公里的山坡機場，則是武漢空軍的管轄地。接到北京傳來的變更航程指令，飛機內的人感到十分困惑，吳法憲主張說：「陳再道的武漢軍區部隊現在占據了王家墩機場，他們想要誘拐周總理，所以能夠降落的就只有山坡機場。」吳法憲的解釋正如他出發前和林彪已經做好照會一樣（陳長江等著《毛澤東最後十年》）。

在山坡機場降落的周恩來放眼一看，整個機場布滿了戰鬥狀態隊形的武裝士兵，就質問吳法憲說：「這是怎麼回事？」吳法憲則回答說：「是林彪副主席的命令！爲了要防衛武漢軍區所發動的軍事政變，才叫空軍部隊散開隊形。」周恩來說：「別把狀態搞得那麼緊張，我根本不認爲陳再道想要發動軍事政變。」周恩來說著，一邊往毛澤東所在的東湖賓館方向走去（《特別別墅》）。

周恩來抵達的消息傳到了和毛澤東同行的黨中央辦公廳主任汪東興的耳邊。

「爲什麼在山坡機場降落呢？」汪東興一面覺得奇怪，一面也找來了代理總參謀長楊成武、國務院公安部長謝富治，還有陳再道，共同等待周恩來的抵達。

從山坡機場出發，又搭車又乘船才抵達東湖賓館的周恩來和汪東興等人協議，將毛主席以飛機送到上海，而從北京飛來的伊留申飛機則移往王家墩機場。

二十一日凌晨兩點，毛澤東坐進了四輪的吉普車，而不是平常的專用車，前後有兩部完全武裝的中央警衛團大卡車保護著，趁著黑暗抵達了王家墩機場，就從那裡飛往上海。

把毛澤東安全送出去的周恩來，就開始設法營救王力。王力先前是被和「百萬雄師」一起合作的獨立師士兵們所綁架，那時候王力被移送到位在武漢郊外山中的武漢軍區第二十九師。軍區司令的陳再道雖然也支持著「百萬雄師」，但是毛澤東也曾經嚴格命令不可以搞對立，而要進行「革命的大聯合」。因此陳再道就派遣了軍區政治委員鍾漢華，前往獨立師帶回王力，而由第二十九師司令部加以保護著。

然而，二十九師的政治委員張昭劍則反抗陳再道。他和林彪一派的武漢空軍內神通外鬼，成爲王力後盾的張昭劍，拒絕陳再道引渡王力，而將王力交給了周恩來所派來的武漢空軍副司令官的劉豐。這麼一來，王力在經過兩個晝夜之後，獲得釋放。

張春橋等人出來迎接抵達上海的毛澤東，問道：「武漢是不是發生了軍事政變？」毛澤東立刻回馬一槍說：「（有關於軍事政變的事情）那不是林彪等人所說的話嗎？如果陳再道眞是做了軍事政變的話，爲什麼我還能夠脫離武漢呢？」

毛澤東要代理總參謀長楊成武打電話給遠在武漢的周恩來，叫他這樣傳話：「總理，盡快回北京，武漢問題不是一兩天能夠解決的，讓我再想一陣子。」（根據《特別別墅》等書）由於人民解放軍內部的分裂，所造成的武漢事件，讓毛澤東抱著強烈的想法：「文革所帶來的混亂，要好好地收拾收拾。」

在這個事件當中，煽動激進派造反的江青、張春橋等四人幫，以及林彪派的吳法憲、邱會作等人，在毛澤東死後被定罪成爲：「林彪、江青反革命集團」。

## 註解

【1】李克飛等著《祕密專機上的領導人們》（中共中央黨校出版社，一九九七年）。

【2】毛澤東和邱會作的對話是從曹英等著《特別別墅》（改革出版社，一九九八年）一書所引出來的。關於毛澤東爲什麼會不高興的理由，曹英等人認爲：毛澤東已經看出了林彪和江青等人的意圖。因爲林彪和江青等人把這一次事情的演變，看作是武漢軍區想要發動政變，想爭取毛澤東的認同。

# 4. 轉嫁責任——「英雄」突然被放逐

一九六六年七月二十三日下午，在北京的西郊機場上空，蘇聯製伊留申型飛機在天上不斷的盤旋著，機場管制塔的降落許可就是不發出來。飛機上搭載著國務院公安部長謝富治，以及中央文化革命小組成員的王力。在湖北武漢，謝富治和王力因為把和人民解放軍敵對的激進造反組織吹捧成「眞的革命派」，因此激怒了敵對勢力，而引起了武裝衝突的內亂狀態。兩個人被群情激憤的軍區部隊公開批判鬥爭，王力則是經過兩天兩夜的監禁之後，才剛剛獲得釋放。

正當王力等人的飛機在北京上空盤旋的時候，另一架要人專用飛機則先開始準備降落，這架飛機是從武漢回到北京的國務院總理周恩來的座機。剛剛降落機場的周恩來映入眼裡的是一個奇怪的景象。幾萬群衆把飛機場塞得滿滿的，異口同聲的高喊：「任何反對中央文革小組的人都要打倒！」「歡迎謝富治、王力同志勝利歸來！」群衆包圍在熱烈的氣氛當中。

謝富治等人回到北京是祕密行動，為什麼群衆們會來歡迎呢？明明謝富治等人比我更早三十分鐘從武漢起飛，為什麼現在還沒有降落呢？周恩來心裡正納悶著，率領著中央文革小組的毛澤東妻子江青就走過來說：「總理，謝富治和王力的飛機已經降落了，要不要去歡迎他們呢？」

這時周恩來終於明白是怎麼回事了。謝富治和王力所搭的飛機之所以較晚降落，是爲了要設計成周恩來歡迎兩人的情景（曹英等著《特別別墅》）。

果然在隔天二十三日，黨機關報紙《人民日報》整個頭版報導了謝富治、王力抵達北京，而周恩來等人在機場歡迎他們的事。這給人一種印象，是藉由周恩來的權威來證實兩人的「光榮歸來」。

中國共產黨主席毛澤東所發動的無產階級文化大革命捲起「奪權鬥爭」，這個奪權鬥爭是造反派（革命派、激進派）從黨機關及行政組織手中奪回權力。那些抵抗造反派的人都被打成「走資本主義道路的當權派」或者「修正主義者」，而成爲整肅的對象。

進入一九六七年，奪權鬥爭就開始波及人民解放軍。國防部長林彪加強對軍方元老和老幹部們的批判，爲的是要在軍方內部掌握實權。而讓林彪和江青的中央文革小組們開始同心協力鬥爭的是，所謂「揪出軍中一小撮人」的運動。身爲中央文革小組的成員且擔任《人民日報》評論員、論文執筆群中心的王力，也是這個運動急先鋒中的一人。

造反派獲得向軍方幹部攻擊認可的這個運動，在中國全境吹起了一陣攻擊軍方機關的大風暴。對武漢軍區司令陳再道的攻擊，就是在這樣的背景下發生的，進而和等於是內亂狀態的武漢事件接軌起來。在武漢地區擔任「揪出一小撮人」工作的王力和謝富治兩人，堂堂演出一齣「凱旋」的劇本，正式誇示了林彪和江青的激進路線的正當性。

七月二十五日，王力和謝富治回到北京之後的三天，天安門廣場被百萬人塡滿了，召開了「歡迎謝富治、王力從武漢歸來」的大會。這一次除了林彪和江青之外，連周恩來也出席這次大會，紅衛兵及激進派的工人代表們大叫：「誓爲武漢地區造反派的堅強後盾」、「把軍方內部一小撮的走資派揪出來！」、「打倒陳再道」。

歡迎謝富治、王力的大會之後，激進派對人民解放軍元老的批判再度活躍起來。隔天七月二十六日，北京的紅衛兵組織動員了十萬人，召開一次批鬥大會。在這一次大會上，因爲要求重新檢討毛澤東的激進經濟路線，而在一九五九年被解任國防部長一職的彭德懷，被揪出來公開批鬥，遭受種種的暴行。

隔一天二十七日，和彭德懷同屬於「十大元帥」之一的政治局委員徐向前，被清華大學紅衛兵一起批判。徐向前在這一年的二月，因爲企圖發動「二月逆流」批判文革，而和其他的軍方元老遭受到江青等人的批判。在這一次的武漢事件裡，他被指爲「陳再道的幕後黑手」。

在人民解放軍內部，繼承了中華人民共和國革命前的軍隊編制，而形成了五大派閥。黨軍事委員會副主席的劉伯承和徐向前，對其中的「第二野戰軍系」維持著影響力。陳再道就是這一個系統的直系。林彪之所以傾全力要對陳再道所率領的武漢軍區造反鬥爭，就是爲了要「掐死舊二野系」。[1]

陳再道被叫到北京去，在王力等人從武漢「光榮歸來」的兩天之後，七月二十四日的黎明，在京西賓館裡被軟禁。林彪等人嚴厲的詰難說：「武漢事件是陳再道等人所操縱的反革命動亂。」儘管如此，從武漢脫身後就留在上海的毛澤東，在七月二十七日，針對中央軍事委員會決定將陳再道武漢軍區司令的職務解除一事，做了這樣的回電：「那些犯了重大錯誤的幹部，其中包含了諸位以及廣大的群眾都很想打倒的陳再道同志。但是他們是眞心的改過錯誤，而且廣大的群眾已經知道了。既然如此，就讓他恢復原來的地位，重新參加革命的隊伍。」

就這樣陳再道作爲「反革命動亂的首謀者」得到特例的寬大處置。一九七一年林彪失勢而死亡之後，陳再道恢復了公職，先後經歷了中央軍事委員會顧問、中央顧問委員員等。

八月之後，毛澤東進一步把一篇刊載在黨機關雜誌《紅旗》上的論文，批判成「大毒草」。這篇文章裡面有這麼一段話：「揪出軍中一小撮人，是文革的新階段。」而由林彪所主持的，準備散發到軍中的文稿草案當中一再出現的語句「軍方內部的一小撮人」，也被毛澤東被批成：「不需要」而退回了。毛澤東開始強烈的憂心，由林彪等人發動所造成超過預期之外的禍害，有逐漸擴大的情況。

本來這一句話是得到毛澤東默許的，但現在毛澤東改變心意，林彪和江青就好像站在高處，梯子卻被別人拿走一樣，開始慌張起來了。八月下旬開始，江青說：「檢舉『軍方內部的一小撮人』，是王力自己擅自說出來的。」把所有責任轉嫁給王力一個人。這麼一來王力和關鋒就被從中央文革小組除名了，從王力被當作「英雄」回到北京起，前後只不過一個月。

## 註解

【1】一九〇九年出生的陳再道，在武漢事件當時是五十七歲的上將。一九三五年他成爲徐向前擔任總指揮的紅四軍的第四軍軍長，而參加了長征。中華人民共和國建國後，他經歷了河南軍區司令，接著成爲武漢軍區司令。

# 5. 巡視南方——「文革，我已經不搞了！」

爲了要了解自己所發動的無產階級文化大革命的狀況，中國共產黨主席毛澤東在一九六七年七月中旬起，到九月下旬爲止兩個多月，視察了華北、華中、華東等地。後來毛澤東和美國新聞記者愛德加·史諾說：「一九六七年七月和八月這兩個月眞是慘啊！天下大亂。」正如這一句話所說的，這個時期全中國各地高喊著「支持文革」的造反派們，所發動的武鬥以及武力衝突層出不窮。

毛澤東爲了收拾混亂的局面，而採取了若干具體的措施。他發布了「禁止掠奪人民解放軍的武器及軍用物資」的命令，同時也決定對特別混亂的省和市以及機關，實施軍事管制。

心裡想著，由於自己的出馬可以讓整個情況沉靜下來，最危險的時期已經過了，毛澤東繼續吹捧發動文革的功勞說：「全國的無產階級文化大革命的情勢一片大好，整體的情勢比過去任何時期都要好！就群衆運動來說，從來沒有像這一回這麼廣泛、這麼深遠。」

「有些地方最初是非常的混亂，其實，那是爲了攪亂敵人的陣腳，是爲了要鍛鍊群衆的緣故。」因爲這一個「南巡講話」後來流傳全國，結果，情況和毛澤東所想的剛好相反，動亂更進一步的繼續下去。

然而，根據毛澤東的貼身人員權延赤所寫的《微行——一九六七年底的楊成武》（廣東旅遊出版社，一九九七年）一書，這時候的毛澤東說：「不能再發生第二次了。」決心要收拾文化大革命。

在南方巡視當中的九月十九日，毛澤東回到了一度混亂，現在已經平靜下來的武漢，他和武漢軍區的新司令曾思玉等人見面，說：「對犯了過錯的人也必須要給一條生路，就算是陳再道也一樣。」「文革搞了一年是很長了，明年春天一定要讓它結束！接著，就要召開第九次黨大會。」「這一次的黨大會老資格的同志們，以及黨員全體必須都要成爲代表了。賀龍、鄧小平、烏蘭夫等人一定要成爲中央委員。」

毛澤東是想要讓那一些在文革的漩渦中，遭到激進派批判而失勢的老黨員復活。

毛澤東在九月二十二日離開武漢，在通往北京的專用列車裡，毛澤東播放了兩個多禮拜以前，江青在北京所作的講話錄音帶。那是江青和安徽省的造反派代表會面時，所作的講話錄音帶，江青認爲這是「無產階級司令部的重要講話」而加以錄音、大量拷貝分送到全國各地。

這卷錄音帶的主要內容是：「我宣布，如果有人和我武鬥，我一定自衛反擊。」「雖然我堅決反對武鬥，但是如果階級的敵人向我進攻的時候，要是手中無寸鐵，怎麼辦？」

江青雖然口中說著：「文攻武衛」，實際上，她只是想著要大大的鼓舞武鬥。毛澤東聽完了錄音帶，好像要把喉嚨裡的濃痰吐掉似的說：「大毒草！」就一直站著猛吸菸。

毛澤東心裡湧出了深深的危機感：「藏在黨裡面的走資本主義之道的當權派」以及「修正主義者」正在侵蝕著黨及國家的權力。雖然呼籲要跟「敵人」發動鬥爭的人，正是毛澤東本人。但是，在「革命性」和「激進性」兩者的競爭當中，招來了武力和暴力的橫行，而讓社會變成了一種無政府的狀態。

毛澤東對於事情這麼出乎意料的發展而感到驚恐，基於「工人階級內部裡沒有根本的利害衝突」的前提下，而訴求「革命的群衆組織要大聯合」，毛澤東站出來試圖要修正軌道，而江青的發言卻對毛澤東潑了一盆冷水。

毛澤東站起來大聲說：「我全都知道（江青）還在繼續搞文革，要搞就去搞吧！我自己是不搞了！」

毛澤東對隨行的人民解放軍代理總參謀長楊成武說：「你去負責讓那些老幹部們平反。」「向那些黨幹部們做集團講習。」楊成武一面做筆記，一面答應說好。毛澤東接著說：「我現在對『四個偉大』已經沒有興趣了，已經厭透了！」接著立刻又說：「這個話對周恩來總理講就好，別對林彪講。」「四個偉大」是指「偉大的教師、偉大的領袖、偉大的統帥、偉大的舵手。」是林彪爲了提高毛澤東個人崇拜，而廣泛宣傳的一個口號。

毛澤東對這一句話開始表示明確的厭惡，顯示了毛澤東對林彪微妙的感情開始動搖。[1]

回到北京後的毛澤東，在九月二十六日晚上，出席了在京西賓館爲幹部部召開的集團講習會。會場上綠色的人民軍服和「紅寶書」（這是當時稱呼毛主席語錄的用法）兩相輝映，歡聲迴盪在大會堂上。毛澤東幾度向大約九百人的出席者們，以滿臉的笑容揮手致意，跟在後面的林彪臉上浮現著慣有的僵硬笑容，手中拿著毛語錄，很機械地揮動著。

不久，掌聲停止了。站在講台上的毛澤東好像在找尋什麼東西似的，視線掃瞄全會場，然後說：「陳再道來了嗎？」毛澤東洪亮的聲音在會場上迴盪。那一位已被毛澤東和林彪視爲鬥爭目標，而被定罪爲「反革命動亂」的首謀者，正是毛澤東現在所指名的這個人。整個場面好像晴天霹靂一樣突然凍結起來。忽然有一個臉上滿是痘痕的將軍，舉起右手站了起來，用響徹雲霄的聲音說：「主席！我是陳再道，來了！」

「好！好！好！」毛澤東轉向陳再道的方向頻頻點頭，用很沉靜而優雅的聲音說：「來了就好，沒什麼好怕的，要繼續革命喔，坐下吧！」

林彪滿臉鐵青，什麼都沒說，就往北京中南海正西方毛家灣自宅兼辦公室走去。一回到家中就跌坐在客房的沙發上，不久勉強擠出一個聲音說：「眞是晴天霹靂的打擊。」

林彪心裡想：毛澤東不是已經將文化大革命的障礙陳再道解除軍權了？接著，立刻就把那一些和陳再道敵對的中央文革指導小組的王力等人打入冷宮。而這一次又對陳再道和顏悅色說話，「毛主席的想法到底是怎麼樣——搞不懂！」（《微行——楊成武在一九六七》）。

## 註解

【1】在開往北京的專用列車裡，毛澤東和楊成武對話的情形，在《微行——楊成武在一九六七》這本書裡有所描述。

# 6. 林彪的不安
## ——個人崇拜遭到否定

一九六七年夏天到秋天期間，中國共產黨主席毛澤東在視察巡迴各地的時候，有一篇論文的草稿爲了事前審查，而送達了隨行毛澤東的人民解放軍代理總參謀長的楊成武手中。

執筆的是總參謀部政治部，而實際署名的是「總參謀部無產階級革命派」，標題是「大樹特樹毛主席的權威」。楊成武就呈請毛澤東裁示，毛澤東看著這些散亂的頁數說：「全都是在吹捧我的東西。」然後在草稿上寫下了幾個字：「這些東西我不看，送到陳伯達、姚文元同志那裡，讓他們做適當的處理。」

楊成武就依照毛澤東的指示，將這些草稿送到黨中央文化革命指導小組組長陳伯達的處所。根據葉永烈所著的《陳伯達傳》這本書，陳伯達認爲：「適當的處理」只是毛澤東的客氣話。把全文發表會讓毛澤東比較高興吧？同時，爲了抬高這一篇文章的權威，應該借用代表總參謀部的「楊成武」之名。於是陳伯達就把這個想法連同草稿，一起送去給黨第一副主席兼國防部長林彪。

林彪拿到了陳伯達送來的草稿，在北京中南海附近毛家灣的自宅內，苦思這件事。

前一陣子隨毛澤東去武漢的楊成武，回到北京之後，到國務院總理周恩來那裡做了報告，而林彪那裡連打個招呼都沒去。當林彪的心腹空軍司令吳法憲向楊問到在南巡的期間，毛澤東有沒有說到關於林彪的事情時，楊成武只說：「什麼都沒有。」

實際上，毛澤東在南巡的時候曾經批判林彪所搞起來的毛澤東崇拜：「說一些什麼『祝永遠健康』，連這種世界上有人永遠不死的這種話都要說嗎？應該要宣傳馬克思主義萬歲，不應該宣傳個人。」當然這一件事情楊成武沒有說。

根據天華編著的《毛澤東與林彪》一書（內蒙古人民出版社，一九九八年），雖然楊成武受到毛澤東指示「不可以向林彪說這件事！」但是林彪早就從別的門路得到情報，說毛澤東已經批判了由林彪所廣泛宣傳，搞毛澤東崇拜的「四個偉大」（偉大的教師、領袖、統帥、舵手）。[1]

從陳獨秀（中國共產黨首任總書記）到劉少奇、鄧小平爲止，有哪一個可以長期和毛澤東共事的呢？想到這裡，林彪不由得打了個冷顫。

在總參謀長羅瑞卿被打倒之後，推薦楊成武去擔任總參謀長「代理」的人就是林彪。林彪本來是信賴部下楊成武，但是楊成武現在成了毛澤東和周恩來之間的聯絡員，正在推動將那一些遭到林彪等人的批鬥，而失勢的軍方元老等要人的復活準備工作。

林彪認定「楊成武現在正在幹著把我封殺的事情」，毛澤東把難聽的話用楊成武的名字發表來試探風向。[2]

林彪讓陳伯達知道，他同意把「大樹特樹」這篇文章的草稿，使用楊成武的署名。

楊成武堅定的拒絕說：「用我的名字來發表不適當。」他的理由是：「對馬克思和列寧不怎麼認識的我，沒有辦法寫出這樣理論性的文章。」但是林彪的妻子，也就是林彪辦公室的主任葉群說：

「『一〇一（林彪的暗號名稱）』已經決定了，決定的事情還能改嗎？」

論文在一九六七年十一月三日的黨機關報《人民日報》上發表，毛澤東果然大怒。「雖然只看了文章的標題，從標題看就錯不了，根本是形而上學。」

嚇壞了的楊成武戰戰兢兢地問道：「主席您知道發表的經過嗎？」毛澤東說：「知道得很，不是你寫的，是陳伯達一夥人正在整你！」

楊成武雖然鬆了一口氣，但是既然抬出了自己的名字，就做了自我批判。陳伯達也覺悟到自己會錯了毛澤東的眞意，手足無措地做了自我批判。

但是，文章既然已經登上了黨機關報紙，「大樹特樹毛澤東及毛澤東思想的絕對權威！」這句口號瞬間變成了流行話，到處被引用，在會議上被高喊，在街頭上被到處張貼。

在十二月下旬，毛澤東在某一個場合把這個問題拿出來，再度激烈的批判這篇論文說：「書愈讀愈笨！」「光看標題就知道是反馬克思主義！」

十二月二十六日是毛澤東七十四歲的生日。這一天從湖南省革命委員會送來的報告上也寫著：「大樹特樹絕對權威！」毛澤東很不滿，在報告書上面寫著：「『絕對權威』這樣的想法不妥當，所有的權威都是相對的。」「『大樹特樹』這樣的說法也不妥當，權威和威信只不過是鬥爭和實踐當中自然形成的東西，而不是由人工樹立出來的東西。這樣製作出來的威信必然瓦解。」

毛澤東的這一個批閱傳達到全黨全國，但是這樣做對楊成武反而不利了。

因爲論文是由楊成武的署名來發表，大家都認爲毛澤東是在批判楊成武。正如林彪處心積慮的設計，這件事情就讓楊成武的命運逆轉了。

## 註解

【1】根據權延赤所著的《微行——楊成武在一九六七》這本書，最初肯定個人崇拜的毛澤東，後來之所以轉而否定，有兩個可能的原因：一、打倒國家主席劉少奇跟黨總書記鄧小平的計畫已經成功了，再也沒有必要像以前那樣搞個人崇拜。二、因爲劉、鄧都已經打倒了，接著就有必要壓制被利用來打倒劉、鄧的林彪。

根據那一位因爲「煽動無謂的造反活動」，而從中央文革小組被逐出的王力的回憶：毛澤東南巡的時候在武漢曾經說過：「要是林彪的身體不行了，還是非要鄧小平出來不可。」（《歷史轉折關頭的鄧小平》中原農民出版社，一九九六年）。

【2】《微行——楊成武在一九六七》這一本書如此描寫林彪的心境。

# 7. 被考驗的忠誠心

## ——軍方高官被設計了

一九六八年三月八日，人民解放軍代理總參謀長楊成武，被叫到黨第一副主席兼國防部長林彪在北京天安門廣場附近重要人物住宅區毛家灣的住宅兼辦公室。

這時候的楊成武和林彪的關係齟齬不順。去林彪的家裡，對楊成武來說是令他心情沉重的事，但是長官的命令不能不從。

在客廳裡林彪和他太太葉群說話了：「有一件事要你幫忙。」林彪輕咳一聲說：「葉群同志在十六歲就入黨是事實，但是有陰謀家說這是謊話，要請你寫個證明說這是眞的。」

楊成武冷汗直流，林彪一定是故意出一大難題來考驗楊成武的忠誠心。

「有誰證明了葉群在十六歲就入黨了呢？」楊成武小心翼翼選擇措詞。「吳法憲已經寫了證明書。」林彪搬出了他的忠實部下空軍司令的名字。[1]

楊成武勉強地擠出一絲笑容說：「我不太適合吧？一方面在一九六〇年第一次碰到葉群之前，我完全不認識葉群，另一方面……。」

「關於這一件事，你就找人查一查看吧！如果沒有問題的話，就把調查結果給我看看。以後要怎麼處理我們再商量商量好嗎？」

接著，有幾分鐘林彪完全沉默，空氣頓時緊張起來。不久，林彪三度往外揮揮手，做了「出去」的手勢。[2]

楊成武拜訪林彪住宅的同一天，人民解放軍北京衛戍區司令的傅崇碧，和五個祕書一起前往由江青所主導的黨中央文化革命小組所在的政府迎賓館釣魚台去，名目是偷竊事件的搜查。文革一開始不久，北京的魯迅博物館數量不少的魯迅親筆原稿不知被誰拿走了。

傅崇碧受命去調查，最後查清楚是中央文革小組的工作人員參與了這件事。

後來，傅崇碧就被從中央文革小組疏離出來了。因為他受到國務院總理周恩來的指示，一直努力保護那些受到江青和林彪等人批判的老幹部們的緣故。中央文革小組的成員曾經脅迫傅崇碧，想要問出老幹部們被祕密保護的場所在哪裡。傅崇碧只是說：「只有上面的人知道。」江青本身對傅崇碧也有私人的恩怨，因為上海的造反派（文化大革命激進派）把江青三十歲左右在上海擔任女演員時的照片，和一些有損江青形象的「黑資料」寄到傅崇碧手裡的緣故。

雖然傅崇碧並沒有公開資料，反而通通燒掉了。但是，江青對他的不信任感還是沒有消失。

根據李健編著的《紅船交響曲》（中共黨史出版社，一九九八年）這本書，為進行魯迅原稿遺失的搜查，傅崇碧取得許可進入了中央文革小組所在的建築物內。但是，江青憤怒大吼：「是誰說可以進來的！」

傅崇碧對江青說明事情的原委後，開始進行調查，從中央文革小組的機密室裡面，搜出了裝有魯迅親筆原稿的四個木箱子。

工作人員雖然辯解說：「這是爲了免於受到紅衛兵的掠奪。」卻還是被逮捕了，但是事情並沒有這樣了結。

三月八日晚上，從林彪住宅回來的楊成武輾轉難以成眠。

「你眞是成了兩面不是人的三夾板。」楊成武的妻子哀嘆憤慨：「又要聽主席說的話，林彪的話也不能不聽；一方面要聽總理跟軍方元老所說的話，又不能不聽江青等中央文革小組所說的話！」

突然電話響了，是江青打來指責傅崇碧「武裝襲擊」中央文革小組這件事。

本來是原稿遺失事件的搜查，卻被江青說成是「率領部隊武裝襲擊」。

「江青同志，請妳鎭靜，明天我就過來。」掛上電話的楊成武長長嘆了一口氣說：「唉！傅崇碧誤入了白虎堂（敵方的陣地）！」（《微行——楊成武在一九六七》）。

楊成武被分派了「傅崇碧武裝襲擊事件」的處理，心力交瘁；上面有權力鬥爭所造成的權謀漩渦，下面有群衆鬥爭無法無天的地帶。

三月十日，深夜才回家的楊成武，在吃東西的時候昏倒了。經過診斷是因爲過度的緊張和疲勞，造成自律神經的錯亂。

這時候有幾封匿名信寄到楊成武手中，是檢舉空軍黨委員會辦公室的一部分人囂張跋扈的行徑。

楊成武知道被檢舉的人當中，有林彪的兒子林立果以及一些拍馬屁的跟班。楊成武期待林彪可以忠告林立果等人，於是把這些檢舉信送到林彪之處，並且附上一段話說：「這些要是事實的話，會加以嚴正處分。」

結果，林立果一夥人查出了檢舉信的寄件人，就是空軍政治委員余立金的祕書。

林彪的親信空軍司令吳法憲逮捕了這名祕書，甚至散布謠言，說剛剛進入空軍新聞社的楊成武的女兒和這名祕書有不倫的關係，讓楊成武吃足了苦頭（《紅船交響曲》）。

三月二十三日凌晨，因爲心力交瘁累倒，在自宅休養的楊成武接到一通電話，是余立金的另外一名祕書打來的。

「剛剛余政治委員被吳法憲扣上手銬帶走了。」

楊成武的身邊籠罩起一片令人不安的黑影。

## 註解

【1】比林彪小十歲，當時五十歲的葉群長年擔任林彪的祕書。在文化大革命之前，她做了一些積極把林彪的反對派拉下馬的事情，很熱衷從事政治的活動。透過一九六七所成立的黨軍事委員會管理小組等的頭銜，擔任林彪的代理人，在軍方內部加強提高林彪的發言力，這麼一來當然會有一些把她看作眼中釘，想要扯她後腿的勢力。

【2】這一次見面的情形在《微行——楊成武在一九六七》這本書有詳細的描述。

# 8. 反林彪的「陰謀」
## ——「第一幕後黑手是我！」

人民解放軍空軍政治委員余立金，在自宅被逮捕了。一九六八年三月二十三日凌晨一點才過，代理總參謀長的楊成武接到了余立金的祕書，慌慌張張打電話說把余立金帶走的是空軍司令吳法憲。

吳法憲是中國共產黨第一副主席兼國防部長林彪的心腹。

楊成武祕書在一樓接到電話，就把在二樓寢室裡睡覺的楊成武喚起來。床邊紅色的電話（軍方專用電話）以及長途電話已經不通了，此時楊成武完全無法掌握狀況。

就在手忙腳亂當中，完全武裝的「八三四一部隊」（專門負責保衛重要人物，以及重要人物特別任務的中央警衛團別稱）的士兵突然闖入楊成武的住宅。

楊成武的妻子、母親、孩子們統統被抓起來。踏入楊成武寢室的人，是林彪的心腹軍總後勤部部長邱會作和海軍副司令李作鵬。

「林彪副主席召開會議，請你也去一下。」

「這樣深更半夜裡開什麼會議？想幹什麼呢？」

了。

楊成武被安置在西方大廣間裡面的一間房間內，當他被叫到「福建廳」的時候，已經是早上十點

蘇聯製的高級轎車「吉鹿」故意繞個遠路，抵達人民大會堂。

楊成武穿著內衣和襯衫，上頭只穿著一件外套，被左右兩人挾持著帶走了。

「我們也不知道，你去了就知道了！」

在「福建廳」裡面，有林彪和他的妻子葉群、林彪集團、江青以及康生等人，還有中央文化革命小組成員，以及國務院總理周恩來等人。

會議由林彪主持，他宣布了楊成武的罪狀：第一，搞小黨派。第二，和余立金勾結想要打倒吳法憲，奪取空軍的權力；又和（人民解放軍北京衛戍區司令）傅崇碧勾結，想要打倒（國務院公安部長北京市革命委員會主任）謝富治。第三，把毛澤東的「絕對權威」宣傳成「大樹特樹——」。楊成武的辯解不被採納，江青片面宣布「散會」。[1]

楊成武和余立金被逮捕的這一天，被誣賴說和楊成武勾結的傅崇碧，也被以輪調的名義，送到了遼寧省的瀋陽市而遭到隔離。這就是「楊、余、傅事件」。

在一片掌聲中，穿著綠色軍服的數千名軍官，手拿著紅色書皮的毛主席語錄，歡迎中央的領導人入場。

三月二十四日晚上九點半，在北京的人民大會堂上，北京駐屯部隊及軍方相關機構的幹部會議，就這樣開始了。

在中央講台上除了林彪夫婦、周恩來之外，還有江青、陳伯達等中央文革小組的成員們。陳毅和葉劍英這些軍方元老們的座位則是在舞台之下。

「同志們！現在開始開會。」首先是林彪高聲的演說。

「黨中央最近由主席親自主持的會議上，決定以下的事項：解除人民解放軍代理總參謀長楊成武的職務；逮捕余立金；解除北京衛戍區司令傅崇碧的職務。」

會議一直延續到深夜一點半爲止，最後表情嚴肅的黨主席毛澤東現身了。雖然他沒有發言，但他的出現暗示了他同意把這三個人「打倒」。

「楊、余、傅事件」的中心人物楊成武，當時五十三歲。他在十六歲的時候加入中國共產黨，在紅軍的時代參加長征，在抗日戰爭中參加八路軍，在國共內戰的時候是在華北野戰軍戰鬥。中華人民共和國建國後，也參加了朝鮮戰爭，是一位身經百戰的將軍。

雖然他本是林彪相當信任的部下，林彪甚至推舉他擔任參謀長「代理」，來替代失勢的羅瑞卿。但是對林彪而言，楊成武和羅瑞卿一樣，聽從毛澤東更甚於林彪，想要把林彪封死。特別是一九六七年夏天起，楊成武跟隨毛澤東南方巡視時受到信任，擔任毛澤東和周恩來之間的聯絡角色，而活躍一時。這一件事讓林彪的不信任感，一口氣膨脹了起來。

因爲這個緣故，林彪明明知道毛澤東開始否定個人崇拜，還故意把那一篇由總參謀部成員執筆的「大樹特樹毛澤東的絕對權威」論文用楊成武署名來發表，利用這件事作爲解除楊成武職務的理由。

余立金也和楊成武一樣得到毛澤東的信賴，而陪同毛澤東南巡。但是因爲他不願意把毛澤東在南巡中的講話內容告訴林彪的親信，因此被羅織了「反對林副主席」的罪狀。林彪爲了強化他的權力基礎，進行對反對派的排除，在這個過程中造成了「楊、余、傅事件」，雖然如此，這仍然是一樁奇妙的解職劇。黨中央並沒有公布正式的文件，說明三人究竟犯了什麼具體的罪。

三人被解職的事情，在幹部大會上發表的幾天之後，和毛澤東見面的軍方元老黨政治局委員的聶榮臻，對毛澤東說：「林彪等人說我是楊成武的背後黑手。」令毛澤東嗤之以鼻的說：「什麼黑手！楊成武背後的第一個黑手是我！是毛澤東啊！」（《微行——楊成武在一九六七》）。

到了一九七三年底，毛澤東雖然辯明說：「整個事件都是林彪幹的，我只聽了林彪的片面之詞，犯了過錯。」但是林彪卻在幹部大會上發言說：「這件事情是在毛主席的主持之下，開過四次會議決定的。」

這段期間，毛澤東把在文化大革命初期失勢的軍方元老跟老幹部們，一個個平反復出了。林彪以及江青等激進派，對這件事抱著強烈的危機感，盡是對毛澤東做一些有利於自己的報告（李健編著《紅船交響曲》）。

儘管毛澤東讓軍方元老復活，藉此讓林彪一派不要太過突出而保持平衡，但是毛澤東也不希望因爲這樣做使得「右派」的勢力再度膨脹。

而且，毛澤東爲了要一掃「走資本主義之道的當權派」、「修正主義者」，而發動的文化大革命，因過度依賴軍方以及林彪，使得軍方和林彪的權力，已經膨脹到讓毛澤東不容易排除的地步了。毛澤東在林彪死去後的一九七四年，自己讓「楊、余、傅」三人的名譽恢復了。

## 註解

【1】楊成武被逮捕的前後情況，是根據楊成武本人對作者權延赤口述而寫成的《微行——楊成武在一九六七》這本書。

# 9. 訣別——紅衛兵就這樣消失了

在無產階級文化大革命中，爲了要從反對派那裡奪權，使用武力的造反派（革命派、文革激進派）所發動的「武鬥」，到了一九六八年並未衰歇。暴力的風潮蔓延了中國全境，假藉造反鬥爭之名，殺人、放火、搶奪行爲不斷地發生，社會秩序混亂到極點。

廣西省僮族自治區從五月到六月之間，群衆革命組織襲擊了人民解放軍的部隊和機關，殺害官兵。鐵路交通被破壞，連開往北越的軍用列車都遭到攻擊，支援越共的物資也遭到掠奪。

本來秉持著「天下大亂而後大治」的信念，在文革發動最初，對混亂的情況加以肯定的中國共產黨主席毛澤東，眼見現在混亂的情況已經發展到控制不住的程度，因此透過中國共產黨中央、國務院、中央軍事委員會、中央文革小組，到七月爲止發布了兩封布告，指示立刻停止「武鬥」。

文化大革命一開始，大學的入學考試立刻廢止。全國各級學校爲了要「搞革命」，而停止上課。校園內一片混亂，各種紅衛兵組織之間，彼此互殺的流血鬥爭不斷。

紅衛兵最初出現在北京清華大學裡面，「武鬥」最激烈。一九六八年四月起，三個月內斷斷續續地發生「清華百日大武鬥」，一個是由紅衛兵五大領袖之一的蒯大富帶頭，以毛澤東最初革命根據地爲名的「井岡山兵團」，和另一個紅衛兵組織「四一四派」，兩派之間的抗爭事件。

由於清華大學是中國唯一的理工科系大學，兩派人馬自己製造了大小的槍砲、燃燒彈，最後連裝甲車都造出來了。兩派爭奪、占領校內的建築物，造成數十人死傷，衝突不斷。七月，「井岡山兵團」團團圍住了「四一四派」，大約百人占據作爲根據地的科學館。這時候「四一四派」的兩個學生被擊死亡。

七月二十七日，「四一四派」顯然落敗，「工人毛澤東思想宣傳隊」進駐了校內。這一支由首都鋼鐵公司及北京內燃機工廠的工人，和人民解放軍士兵約一百人組成的宣傳隊，手中拿著紅色封面的毛主席語錄，一路高喊「要文鬥，不要武鬥！」的口號進入校內鎮壓。

蒯大富等人用手槍、手榴彈、長矛等武器徹夜激烈地持續對抗，造成了宣傳隊有五個人被殺，七百人以上受傷（李健編著《紅船交響曲》，中共黨史出版社，一九九八年）。

七月二十八日黎明，載著毛澤東的專用車從中南海的新華門飛奔而出，開往人民大會堂，毛澤東一臉睡眼惺忪的樣子，一看就知道疲累不堪。因爲，他在深夜十二點才剛回到中南海的住宅，凌晨兩點又被國務院總理周恩來打來的電話吵醒。

「清華大學的武鬥狀況告急。」

在人民大會堂裡一間叫做「北京廳」的一一八號室裡，黨政治局委員及中央文革小組成員陸續到達，工人宣傳隊的代表也在場。毛澤東聽了報告之後，立刻決定要召見蒯大富及北京大學的女性領導聶元梓等紅衛兵的五大領袖。黨中央辦公廳主任汪東興下令給專門負責衛護要人的中央警衛團時，爲愼重起見，特別吩咐說：「聽好！是（叫出來的）『叫見』，不是（親切的）『接見』。」蒯大富被若干輛的專用車護衛著，來到了人民大會堂。到達時大約是早上六點鐘左右。

「我是蒯大富，毛主席叫我來開會。」他想要走入裡面卻被攔住，向橫手攔阻的哨兵這麼說。

「要是身上帶著槍、彈藥、刀劍類等危險物品的話，全都拿出來！」對這一位曾經好幾次登上人民大會堂講台上的「時代寵兒」，毫不客氣。

「文化大革命搞了兩年，你們一不鬥爭、二不批判、三不改革。」毛澤東在蒯大富這五大領袖之前，用嚴厲的口氣這麼說。[1]

「雖然有搞所謂鬥爭，你們這些人在少數大學裡搞的是『武鬥』。現在工人、農民、士兵、居民誰都不歡迎你們，你們已經脫離了群衆！」青年領袖們低聲地抱怨工人宣傳隊進入大學：「紅衛兵實際上受到工人的壓迫。」毛澤東一聽，大聲地說：「鎮壓紅衛兵的幕後黑手是我！」

毛澤東在文革發動期間對青年領袖們所懷抱的期待感，現在已經變成失望。爲了制止學生們的狂飆，黨中央採取的緊急措施之一，是從北京市六十多個工廠和農場裡，挑出大約三萬個工人，組成毛澤東思想宣傳隊。把宣傳隊派遣到清華大學去，也是毛澤東自己下的指示。

「現在發布全國性的公告，誰敢繼續違法、攻擊解放軍、破壞交通、殺人放火的話，就是犯罪。要是有人不聽制止勸導，頑固不改的話，就是土匪、國民黨（在革命期間和共產黨搞內戰），因此要把他包圍起來。」

這時候毛澤東發火，抬起手來又突然甩下來，滿口怒聲說：「如果還繼續頑固的抵抗的話，把他們殲滅！」

對這些自己曾經加以利用，成爲文化大革命先鋒的紅衛兵，這一席話是毛澤東親自加以定罪，而且跟紅衛兵們斷絕關係的宣言。毛澤東下令要學生們前往農村接受「貧下中農的再教育」。

毛澤東在八月的時候，把巴基斯坦外交部長所贈送的芒果，分送給進駐清華大學的工人宣傳隊的八個團體：「我不能吃。」表明對這些宣傳隊「絕大的支持」。

這些芒果進一步往全國各地分送，掀起了向各地群眾集會召開「歡迎大會」等異常狂熱現象。受到這些的刺激，數天之內，全國都市裡的大學、中學、小學納入工人宣傳隊的管理之下；而在農村地方的學校則納入了貧農、中農小組的管理之下。

從九月開始大學、高等專門學校的畢業生，陸續被下放到農村和工廠裡去。年底的時候，受過中等教育的都市學生們，這些所謂的「知識青年」到邊境地區的農村定居。這個所謂的「上山下鄉」運動就以全國性規模展開了。在文化大革命初期（被毛澤東鼓舞）「像孫悟空那樣大鬧閻羅殿」的紅衛兵，就這樣從政治的大舞台消聲匿跡了。

## 註解

【1】這一次叫見的情形，是根據毛澤東的警衛團團長陳長江等人所著的《毛澤東最後十年》一書（中共中央黨校出版社，一九九八年）。

# 10. 林彪的野心——「黨大會是權力再分配的場所」

「主席！今天早上蘇聯邊界警備隊侵入珍寶島，向我們的邊界警備隊開火，我方不得不應戰。戰鬥延續一個小時，雙方都有死傷。這是剛剛瀋陽軍區傳回來的報告。」

一九六九年三月二日凌晨四點十分，在中蘇國境烏蘇里江上的珍寶島，爆發了中蘇兩軍的武力衝突。國務院總理周恩來緊急地向北京中南海豐澤園住宅內的毛澤東，傳達了由衝突現場部隊傳回來的報告。

一聽完周恩來的報告之後，毛澤東就坐在沙發上，好像在壓抑著感情一樣，喃喃自語地說：「他們最初的攻擊雖然小，今後會加大吧！因此我們要提早做準備，不用怕！」

毛澤東緩緩地起了身就問說：「九大（中國共產黨第九次黨大會）的準備有在進行嗎？」周恩來回答說：「基本的準備已經做好了。」之後，毛澤東就說：「把珍寶島的英雄，納入九大出席代表裡，我一定要見他們。」最後又加了一句話：「珍寶島雖然是小地方，但必須要掌握其主導權。只有掌握主導權，才能夠適切的處理各種各樣複雜的局面。」[1]

「打倒蘇聯修正主義！」「用毛澤東思想武裝起來的中國人民必定勝利！」從衝突發生的三月二日起，很快地在全國各地都組織了反蘇聯的示威活動。毛澤東站在天安門的樓閣上，向工人、學生等群衆們發布了宣戰檄文：「團結一致，拚命保衛祖國，消滅所有的侵略者！」據聞，中國全國參加示威活動的人數，五天之內高達了四億人。[2]

繼三月二日的事件，珍寶島在三月十五日爆發了更大規模的戰鬥。根據中國方面的說法，在低於零下三十度的酷寒當中，蘇聯軍隊以二十輛以上的戰車、裝甲車，再加上三架戰鬥機猛烈攻擊。中國方面以反戰爭火箭砲和地對空高射砲應戰，展開了激烈的交戰。

從三月二日開始的衝突當中，蘇聯方面死者五十八人、負傷者九十四人。中國方面死者二十九人、負傷者六十二人。[3]

珍寶島事件爆發半年之前，一九六八年九月五日，在西藏自治區和新疆維吾爾自治區，設立了革命委員會。完成了在中國全境二十九個省、市、自治區都設立革命委員會的事業。

無產階級文化大革命之前，毛澤東相信：中央以及地方的黨及行政組織，已經被忘了革命的、官僚化的「當權派」及「修正主義者」所控制著。毛澤東企圖藉群衆的革命運動來把他們打倒，這就是文化大革命。然而從文化大革命發動開始，經過兩年以上，革命派的奪權才在形式上勉強算是成功。

但是，有一件事是毛澤東不得不做最後了斷的，那就是：被毛澤東看作是「當權派的司令部」，事實上已經失勢了，這是被打入監禁狀態的國家主席劉少奇最後的處分。

一九六八年十月，黨第八屆中央委員會擴大第十二次全會（第八屆十二中全會）召開，做了將劉少奇「從中國共產黨永久除名，並且解除黨內外一切職務」的決議。從那時候開始一年一個月之後，劉少奇就一直被監禁到最後慘死（關於這件事在第二部裡面，已經詳細的描寫了）。

毛澤東想以第九屆黨大會爲文化大革命畫下句點，大會的準備工作在這時候已經開始了。

「這次的黨大會是權力再分配的場所，有關接班人問題一定會成爲焦點。」在北京毛家灣的住宅內，黨第一副主席兼國防部長的林彪，召集了他的親信空軍司令吳法憲等人，對他們這麼說。林彪的太太葉群也插嘴說：「（爲了要成爲接班人）如果做一些動作，甚至因而取得大義名分的話，接著路就自然打通了。」（《釣魚台檔案》）。

在全國各地設立起來的革命委員會裡，軍方是一個很大的勢力。林彪等人以這個爲背景，一直企圖掌握黨內的實權。然而對那一群眼看文革所造成的混亂，而想要重新恢復經濟的周恩來等「務實派」來說，激進派的抬頭是他們所不希望見到的。

緊接在珍寶島事件之後，周恩來向毛澤東建議在軍方內部設立「對蘇軍事研究班」。因爲有必要給予那些遭到林彪等人排擠的軍方元老們一個活動的空間。毛澤東本人也一步步地推進，讓軍方元老們復活。這對提倡「蘇聯的威脅」，高舉解放軍團結大旗的毛澤東而言，那是一個壓制林彪等人的崛起，而向各界宣示是誰掌握著軍事主導權的好機會。

「和蘇聯的衝突，會影響到大局。如果因爲這樣，那些老帥們再度得意，全部都進入了政治局的話，我們怎麼辦呢？」面對黨大會就要開的時候，葉群向丈夫林彪吐露不安。

面對急急催促的葉群，林彪沒有回答，閉上雙眼一言不發。

## 註解

【1】中國共產黨機關雜誌《紅旗》編輯部門內的編輯群，根據共產黨外交部的文件所編輯的《釣魚台檔案》

（紅旗出版社，一九九八年），把珍寶島事件發生之後，毛澤東和周恩來的對話做以上的描述。關於珍寶島事件，蘇聯政府嚴重的抗議中國方面越界入侵並且開火。中國的專家們之間也有一種看法認爲：面臨一個月之後，要召開文化大革命發動以來的最初黨大會的中國，爲了要加強團結，故意作出了對外的危機狀況。最近中國和蘇聯的共同研究，有一個研究結果顯示：是蘇聯先發動攻擊的。雖然如此，不管是誰先開火，可以確定的是毛澤東很巧妙地利用這個事件，來處理國內政治。

【2】中蘇兩國大約有七千公里長的共同國界。中國方面主張，這是滿清時代不平等條約之下，被迫簽訂的邊際線。從一九五〇年代後半開始，因爲共產主義的路線鬥爭，所引起的中蘇兩國的對立尖銳化，使得中蘇兩國邊界線劃訂的交涉，在一九六四年起一直處於決裂的狀態。那一年的十月裡，赫魯雪夫失勢，布里茲涅夫接任蘇聯共產黨第一書記，中蘇兩國的邊境糾紛急遽增加。根據中國方面的統計，一九六四年十月起到珍寶島事件發生的一九六九年三月爲止，由於侵犯國境所造成的糾紛高達四千一百八十九件。但是正式的軍事衝突這是第一次。

【3】在美國有一份研究報告說：蘇聯方面認爲這次的衝突，也是中國方面設計的攻擊；而中國方面死傷則高達八百人以上。

# 11. 深謀——「把鄧小平打入冷宮兩年就夠了」

「劉少奇和鄧小平不一樣，在政治報告當中不要提到鄧小平！」

中國共產黨主席毛澤東在一九六九年三月下旬，如此吩咐負責起草即將開幕的第九屆黨大會所要發表的最重要的「政治報告」的陳伯達，他當時是黨政治局常務委員、中央文化革命小組組長（葉永烈著《陳伯達傳》）。

國家主席劉少奇跟黨總書記鄧小平，在毛澤東所發動的無產階級文化大革命裡，被批成是「走資本主義道路的黨內第一和第二的當權派」，「打倒劉、鄧」的口號便喊遍全中國。被打入監禁狀態的劉少奇在一九六八年十月，受到從中國共產黨永久除名的處分；鄧小平則受到「留黨察看」的處分。

黨大會的政治報告是由黨第一副主席兼國防部長林彪來朗讀，如果要強調文化大革命的成果和意義的話，當然要提到和劉少奇一夥的鄧小平批判這件事，然而毛澤東說不要這麼做。

有關於毛澤東對鄧小平的特別想法，王力在一九六七年七月從毛澤東那裡直接聽到。王力是以文革小組成員的身分，在毛澤東之妻江青底下策劃對鄧小平的「追擊」。

「雖然好像有一夥人想要進一步打擊鄧小平，但先暫時放過他，讓他失勢個一年，頂多兩年就夠了。鄧小平在『文』方面不遜色於劉少奇、周恩來；在『武』方面也可以和林彪、彭德懷（林彪的前任國防部長）並肩。要是林彪的身子垮了的話，還是讓鄧小平出來（的好）。」[1]

江青當然也注意到了毛澤東用不同於劉少奇的眼光來看鄧小平。但是，江青並不知道毛澤東已經指示「在政治報告當中，不可以把批判鄧小平的話寫進太多！」不久之後知道這件事情的江青，還是把陳伯達叫來，把他和中央文革小組顧問康生兩個人，一起狠狠的罵了一頓。「陳伯達！你就這樣任意把毛主席的指示發下去了嗎？」

陳伯達對江青的這些舉動深深的懷恨在心，他對江青用主席妻子的特別身分狐假虎威，把身爲組長的自己，簡直是當部下來對待的這種傲慢，無法忍受。

執筆撰寫黨大會召開所需要的「政治報告」的人，除了陳伯達之外，還有中央文革小組的張春橋、姚文元等人。本來應該是他們彼此互相討論，最後整理出完整的一份。但是，陳伯達無視於這種分工合作的關係，把自己所寫成的草稿，送到毛澤東那裡做審查。

幾天以後信封送回來了，信封上有毛澤東的署名寫著：「送回伯達同志」，也沒有拆封過的痕跡。這一定是江青對毛澤東進讒言，說陳伯達任意地動了手腳。

成爲毛澤東政治祕書的陳伯達，也參與了文化大革命期間很多重要文書的起草工作。第九屆黨大會以後，他急速地向林彪靠攏以圖保身。然而就因爲這樣，不久他就從政治的舞台被拉下馬來。

林彪和江青兩人都想要在即將來臨的黨大會上，確實地掌握「後毛澤東」的政治權力。

林彪的人民解放軍和江青的中央文革小組，變成了毛澤東推進文化大革命，以及從「當權派」和「修正主義者」手中奪回權力的左右兩輪。爲了要封殺那一些爲數不少被他們兩人打倒的「反革命分子」，並且完全踩爛他們報復反擊的芽苗，今後唯有兩人共同合作奮鬥，才能維護他們彼此的共同利益。

根據金聖基所著的《人民大會堂見聞錄》，一九六八年十月十七日，距離黨大會的召開還有半年，江青提案，要進行有關中國共產黨黨章修改的討論。

「林彪同志有無產階級革命家的風格和謙虛，請林彪同志擔任接班人如何？」江青對自己的提案非常的堅持，甚至說：「這一條一定要做到，把它明記在黨章上。」

連一九六九年四月第九屆黨大會前夜，江青也還在一個會議上主張：「林彪的名字要是能夠記入黨章，不就可以打消那些野心家們的妄想嗎？」江青是害怕著鄧小平復權。

黨大會之前的一九六九年三月，中蘇兩國邊境的珍寶島，爆發了正規的軍事衝突，情況非常的緊迫。最大的戰鬥發生在三月十五日，毛澤東出席中央文革小組聯絡會議時，談到了珍寶島事件：「即使蘇聯修正主義真的進來，把我們的領導階層摧毀，基層組織也要奮戰到底！（蘇聯）進攻的話，更會激起我們的鬥志。就算是物質破壞了，大半的人員滅亡了，地球依舊會運轉如常。」講到這裡突然岔開了話題。

「犯了過錯的人，過了一兩年之後，不是也應該加以解放嗎？雖然不再讓他們握有重大的權力，即使讓那些參加了『二月逆流』的人，被選為黨大會的代表，地球也一樣運轉如常的。」

林彪沒有辦法平靜下來。雖然他相信在黨大會上可以獲得「接班人」的地位，但是讓軍方元老復權，是怎麼一回事呢？隨著黨大會的逼近，重大的壓力，讓本來病弱的身體又加上了心痒，林彪整個人陷入了不安定的狀態。

由黨機關雜誌《紅旗》編輯部門人員，根據中國共產黨文獻所整理出來的《釣魚台檔案》（紅旗出版社），描述了四月一日中國共產黨第九屆黨大會開幕的早上，林彪在住家吃了早餐之後，突然發冷汗，身體一癱，站不起來了。

「不好了！不好了！領導（林彪）發冷汗了！」妻子葉群慌張失措。葉群知道，要是林彪發冷汗，他的身子就會更加惡化。雖然匆忙趕來的醫師判斷「必須要靜養」，但是要是連「政治報告」都沒有辦法朗讀的話，「接班人」的地位會怎麼樣呢？

被迫採取決斷的醫師們拿出注射筒，將嗎啡打入不斷說著夢話的林彪身體內。

## 註解

【1】王力的回憶錄是從薛慶超所著的《歷史轉折關頭的鄧小平》（中原農民出版社，一九九六年）一書當中引用來的。

# 12. 緊急動議——「林彪是主席，我是副主席！」

中國國家廣播電台在一九六九年四月一日下午七點，在沒有任何預兆的情況下，宣布了中國共產黨第九屆全國代表大會在北京開幕。雖然之前在新聞裡曾經暗示過黨大會的日期近了，但正式的日期並沒有公開發表過。

這一次的大會是一九五六年九月召開第八屆黨大會以來，經過了十二年半之後的黨大會。對於黨主席毛澤東而言，這次的大會是要了結他所發動的無產階級文化大革命，讓共產黨回到重建的軌道，是一個新時代的轉捩點。

既沒有邀請海外的「友黨」賓客，連地方代表們也被禁止走出宿舍之外和打電話出去。黨大會就在這些措施，以及壓得喘不過氣來的氣氛當中召開了。

下午五點，中國共產黨員的代表們一千五百一十二人，把人民大會堂塡滿了。大舞台上中國共產黨領導階層共一百七十六人整然就列，然而和第八屆黨大會同樣臉孔的人，只剩下了四十三人。

這段期間，反右派鬥爭、反右傾鬥爭、文化大革命等各種的內外整風從未停止地狂吹，連本來黨章規定原則上五年一次的黨大會，都沒有辦法召開。在第八屆大會上，黨內排名第二，身爲副主席朗讀了總括黨的活動以及提示黨內基本方針的「政治報告」的劉少奇，以及被大會選爲總書記，進行「修改黨章報告」的鄧小平兩人，也在文化大革命當中失勢，在政治的舞台上消失了蹤影。

根據毛澤東的想法，文化大革命是將那群把劉少奇拱上頂點，盤踞在黨內「走資本主義之道的當權派」，以及背叛共產主義的「修正主義者」趕出去，由「革命派（造反派、激進派）」奪權的一個階級鬥爭。[1]

取代了劉少奇跟鄧小平，而躍上了政治舞台的是黨第一副主席兼國防部長林彪，以及毛澤東之妻，實際上率領著中央文化革命小組的江青。

身爲毛澤東忠實手下的文革激進派，在黨內排名竄升到第二位的林彪，在這一天站上了講台，進行第九屆大會的政治報告，企圖在報告之後所預定進行的修改黨章上，爭取「毛澤東接班人」的寶座。

「各位同志！我希望我們的大會是一個團結的大會，勝利的大會，作出一個結果來！」毛澤東一宣布第九屆黨大會的開始，會場上就響起了「毛主席萬歲！萬歲！萬萬歲！」固定的歡呼口號和長長的掌聲。

「我們的黨從一九二一年成立以來，經歷了四十八年漫長的時間。」毛澤東開場白一面回顧黨的歷史，一面一個個舉出過去犯了錯誤的領導人的名字，也提到了在文化大革命中被激烈批判而失勢的劉少奇。

「像劉少奇啊、（黨政治局委員）彭眞、（黨政治局委員候補）薄一波等人，關於他們，我們原本不知道他們不好；他們的政治經歷我們不是很清楚，就用選舉把他們選進來。經過第八屆黨大會到現在爲止，在政治路線上也好，在組織路線上也好，在思想面也好，都已經比較清楚了。」

毛澤東這番話的意思是說，他不清楚那位從中國共產黨一建黨就入了黨，一九三四年以後和毛澤東一路走來，一九五九年毛澤東把國家主席的寶座讓給他的劉少奇，是一個什麼樣的人。這簡直是一個難以自圓其說的解釋。

「因此，希望我們這一個團結大會，能夠作出一個結果。在這個團結的基礎上，我們能獲得勝利嗎？我想這個是可以做到的。大會之後，全國都可以獲得一個更大的勝利。」

毛澤東演說的就是這些。他那種向來直刺人心的激烈諧謔、尖銳的言語攻擊完全收藏起來了。但是會場還是依照慣例的響起了「敬祝毛主席萬歲萬歲」的唱和聲，伴隨著掌聲，不絕於耳。

林彪則是奄奄一息。眼見就要獲得「接班人」地位的這個重要黨大會的第一天早上，不安以及緊張使得他在住宅裡倒了下來，經過醫師注射了嗎啡針以後，才勉強來到了大會會場。之後又發生了讓林彪狼狽不堪的事情。

毛澤東的開會演說已結束，黨會議的程序要轉往大會主席團名單的承認，以及選出大會主席的時候，毛澤東突然又發言了：「我想推舉林彪同志擔任大會主席！」

因爲所有人都以爲毫無疑問的，身爲黨主席的毛澤東要擔任大會的主席，因此毛澤東的這一個緊急動議讓整個會場騷動了起來。

坐在毛澤東左手邊的林彪大吃一驚，誠惶誠恐地站了起來大聲說：「偉大的領袖，毛主席是（這個會議的）主席！」

毛澤東不甩這個舉動，繼續說：「林彪同志是（這個大會的）主席，我來幹副主席。諸位，這樣安排如何？」

滿臉通紅的林彪已經嚇得半死，說：「不可以！（這個會議的）主席是毛主席，同意的人舉手！」

整個會場一致舉手，掌聲響個不停，於是毛澤東不再堅持自己的提議。就如同原先預定，大會的主席是毛澤東，副主席是林彪，祕書長則由黨副主席兼國務院總理周恩來擔任（陳長江等著《毛澤東最後十年》）。

毛澤東爲什麼會作出這個讓林彪困窘不已，狼狽不堪的行爲呢？是不是毛澤東想要試煉一下，對於接班人寶座，毫不遮掩其野心的林彪，究竟會如何應對？或者是他想要確定一下，黨內對林彪的支持，是到什麼樣的程度呢？

之後，林彪用長達五十五分鐘的時間把「政治報告」朗讀一遍。回到自己住所的林彪，像洩了氣的皮球癱倒在床上，動都不動了（《釣魚台檔案》）。

## 註解

【1】由於蔓延全國的一片奪權鬥爭，地方黨委員會一片混亂，因而剛剛誕生了革命委員會。這個革命委員會是由人民解放軍軍區代表、群衆造反組織、地方的黨幹部所組成的「革命的三角結合」。根據李健編著的《紅船交響曲》這本書，從全國各省、市、自治區的革命委員會派出來的黨大會代表當中，甚至有人是在成爲代表之後，才進行辦理入黨手續，在大會的第一天還沒有正式的入黨呢！

# 13. 異樣的黨章——「接班人林彪」

中國共產黨主席毛澤東認為，該是時候把發動了三年的無產階級文化大革命結束了。要是反動派又在黨內外再度蠢動起來的話，難保不再引起「第二、第三次的文革」，現在全國的行政單位都成立了「革命委員會」，正適合把文革結束。

一九六九年四月一日開幕的第九屆黨大會的「政治報告」裡面，就滲透著毛澤東的這種想法。在大會的第一天，由黨的副主席兼國防部長林彪所朗讀的政治報告，強調了文革的正當性，極力地強調革命委員會和人民解放軍的重要性之外，還訴求了黨組織再建的必要性。

黨大會前的二月，毛澤東指示要林彪在黨大會做政治報告：「事前不要擬原稿，用口頭演說。」然而林彪回答說：「如果有必要就用口頭演說。雖然如此，作為對外發表之用，還是使用黨中央正式採決的文書，是不是比較好呢？」

結果，中央文化革命小組的陳伯達、張春橋、姚文元被指示共同執筆擬稿。

然而由於小組內部的對立，結果是以張春橋跟姚文元的草稿為基礎。在這份草稿裡毛澤東自己好幾次加筆添意，實際上成了毛澤東的政治報告。一直到林彪在黨大會上朗讀爲止，林彪自己一次也沒有看過那個文稿。

根據由李劍等人所編著的《關鍵會議親歷實錄》一書，黨大會開始之前的三月下旬，政治報告的草稿送到林彪的處所，林彪只是從祕書那裡聽到毛澤東加筆添意的部分而已。最後，從黨政治局常務委員國務院總理周恩來那裡送來最終的定稿。即使如此林彪還是一頁都沒有翻，只是在封面上寫下「請主席審查批准」字樣，就原封不動的送到毛澤東的處所。

之後，周恩來打電話來確認這件事。「如果你看過了也同意的話，爲了要印刷下來，請您盡快透過公文傳送流程，傳給黨中央辦公廳。」接到電話的林彪祕書向周恩來表示，原稿已經傳送給毛澤東看過了。周恩來驚訝地說：「主席在前天召開會議，直接指示說要讓林彪同志來撰寫定稿。當時葉群（林彪的妻子）同志也在場，怎麼……。」

在這一個即將通往「接班人」大道的重要時刻，林彪不願意在毛澤東已經同意的草稿上加筆添意，冒一個意想不到的危險。

「緊緊跟隨毛主席！」這是林彪的口頭禪。從一九五九年成爲國防部長以來，林彪的姿態始終一貫，爲了提高對毛澤東的個人崇拜，努力不懈。

「學習馬克思列寧主義最好的方法，是認眞學習毛主席的著作。」「毛主席在國內也好，在世界上也好，都有著最高的威望，是最卓越、最偉大的人物。」「毛主席是天才。」

從一九六六年文化大革命開始以來，林彪領導人民解放軍和毛澤東之妻江青的中央文革小組，很用心地扮演了推進文革的角色。想盡了所有的手段把人民解放軍內外的反對派拉下馬，他的決心決不顯露絲毫動搖的樣子。

「林彪同志一貫高舉毛澤東思想的偉大紅旗，懷著最忠誠的心，最確實地執行毛澤東同志的無產階級革命路線，並且加以堅守。林彪同志是毛澤東同志的親密戰友、接班人！」

黨大會會期中段的四月十四日，把林彪列爲毛澤東接班人的中國共產黨黨章修訂案獲得一致的採納。大會最後一天四月二十四日所發表的大會公報上也明記著林彪是：「毛主席的親密戰友和接班人。」

在黨內排名第二位的林彪，終於被正式確認是毛澤東的「接班人」，再一次確認了林彪要繼毛澤東之後，以黨主席的身分領導一個獨裁統治中華人民共和國的中國共產黨。即使在世界的共產黨歷史上，這也是一個極其異樣的黨章。[1]

第九屆黨大會閉幕後四天的四月二十八日，召開了一場由新選出來的中央委員和中央委員候補，選舉出黨領導核心的第九屆中央委員會第一次全會（九大一中全會）。

作爲最高領導核心的政治局委員，雖然是由中央委員選舉出來，但是候選人名單是經過毛澤東事前的審查而決定的，中央委員只不過是加以承認而已。

除了毛澤東和他的「接班人」林彪之外，黨內的排名從第三名以下是以姓氏筆畫的順序來發表，林彪集團以及江青等中央文革小組的主要幹部，果然全部都進入了政治局。文革激進派就這樣占了政治局的過半數。

但是，已經大幅度擴張權力的江青，還是有一個人讓她不放心。那就是在文化大革命當中，被視爲僅次於國家主席劉少奇的「當權派」，現在正在軟禁狀態當中的務實派前中國共產黨總書記鄧小平。

根據陳長江等人所寫的《毛澤東最後十年》，在黨大會會期中的某一次會議，江青提案「應該剝

## 中國共產黨第9屆1中全會黨政治局結構的變化

| 【舊】 | 【新】 |
| --- | --- |
| 【政治局常務委員】 | |
| 1. 毛澤東<br>2. 林彪<br>3. 周恩來<br>4.×陶鑄<br>5. 陳伯達<br>6.×鄧小平<br>7. 康生<br>8.×劉少奇<br>9. 朱德<br>10. 李富春<br>11. 陳雲 | 1. 毛澤東<br>2. 林彪 （□）<br>以下依姓氏筆畫排名<br>陳伯達 （△）<br>周恩來 （○）<br>康生 （△） |
| 【政治局委員】 | |
| 12. 董必武<br>13.×陳毅<br>14. 劉伯承<br>15.×賀龍<br>16. 李先念<br>17.×李井泉<br>18.×譚震林<br>19.×徐向前<br>20.×聶榮臻<br>21. 葉劍英 | ◎葉群 （□）<br>葉劍英（○）<br>劉伯承（○）<br>◎江青 （△）<br>朱德 （○）<br>◎許世友<br>◎陳錫聯<br>李先念（○）<br>◎李作鵬（□）<br>◎吳法憲（□）<br>◎張春橋（△）<br>◎邱會作（□）<br>◎姚文元（△）<br>◎黃永勝（□）<br>董必武（○）<br>◎謝富治（△） |
| 【政治局候補委員】 | |
| 22.×烏蘭夫<br>23.×薄一波<br>24. 李雪峰<br>25. 謝富治<br>26.×宋任窮 | ◎紀登奎<br>李雪峰（○）<br>◎李德生<br>◎汪東興 |

×代表失勢　◎代表新任委員　△代表文革派
□代表林彪派　○代表行政、軍方元老派

奪鄧小平的黨籍！」即使林彪也附和江青的提案，但是毛澤東根本不把它當一回事。

雖然鄧小平在這一次大會上被正式地解除了黨政治局常務委員的職務，但是他和被永久除名的劉少奇大不相同，他的黨籍在這一次大會仍然保留下來。

毛澤東曾經透露過說：「要是林彪的身體不行了，就非得讓鄧小平出頭不可。」林彪預見了因爲文化大革命的結束，務實派的角色會加大。毛澤東對鄧小平的態度讓他感到不安。

## 註解

【1】以下的這一段是推測的。如果文化大革命做個了斷，接下來的一段時期，就需要投注心力讓混亂至極的社會和經濟恢復過來。這麼一來，以周恩來爲首的務實派就會變得壯大起來。這樣就可能漸漸產生一種危險：從這一群角色當中會出現「忘記革命重要性的當權派」的「劉少奇第二」。不！一定會這樣。這時候，若要發動毛澤東「不斷革命」的路線，林彪的「力量」就變成很有必要的吧？

毛澤東已經七十五歲了，沒有道理不考慮身後事。蘇聯的獨裁者史達林在他死後，被接任的蘇聯共產黨領導人赫魯雪夫徹底否定。這一件一九五六年發生的衝擊，毛澤東絕對沒有忘記。爲了不要重蹈覆轍，在黨章裡面明文記載所謂的「毛澤東的親密戰友」這種接班人的「先決條件」，也重新在黨章裡面明文記載黨的指導原則是「毛澤東思想」。毛澤東應該是想藉著這一些做法，希望能夠阻止死後遭到否定的背叛行爲發生。

# 14. 與蘇聯關係緊張——「給他兩發核子彈威脅如何？」

把毛澤東的「親密戰友」國防部長林彪規定為「接班人」的中國共產黨第九屆全國代表大會，在一九六九年四月末閉幕了。想要把無產階級文化大革命做一個了結的主席毛澤東，雖然強調了「團結的大會」，但是長達三年的文革，後遺症實在太嚴重了。

因為文化大革命而成為了各省、市、自治區的最高機關——革命委員會，在最需要「團結」的時候卻是內部抗爭不絕。除了「文革激進派」本身內部的對立之外，又加上企圖回復秩序的務實派「穩健勢力」的抬頭，讓裂痕更加擴大。這樣一來，等於是讓黨中央領導核心內，以國務院總理周恩來為首的「務實派」的行政權快速復活起來了。

這是因為在黨大會之後，成為唯一的黨副主席林彪，以及獲得黨政治局委員寶座的毛澤東之妻江青等文革激進派，雖然在政治局內占有多數，但是在行政的實務面幾乎使不上力。

黨大會結束之後的六月，毛澤東指示周恩來要讓軍方元老當中務實派的陳毅、葉劍英、徐向前、聶榮臻檢討國際局勢。毛澤東刻意地指名在文化大革命中，成為林彪以及江青等人鬥爭目標的這四個人，這也象徵著要脫離文革，轉換政治方向。

除了這四個人之外，再加上國務院外交部的相關幹部，到了九月爲止集會了十六次，根據整理出來的分析報告，中國、美國、蘇聯三國之間相互關係當中的矛盾，大小順序是這樣的：中美最大、中蘇次之、美蘇最小。在最近的將來，美國和蘇聯個別的，或者是聯合發動侵略中國的可能性很低。有必要藉著外交交涉，恢復和美國大使級的對話，掌握主導權。

報告書提出之後，前任外交部長陳毅在口頭上向周恩來提案說「有必要利用美蘇兩國的矛盾，來打開中美關係的局面。應該向美方建議，另外進行比大使級更高層次的會談。有關台灣問題，如果可以在會談當中一步一步地解決的話那就最好了。」

報告書以及陳毅的提案，被看作是中國內部在最早階段改善對美關係的建議，是極其重要的動作。

七月軍方元老們持續地檢討著國際情勢，美國尼克森總統提出了縮小部署在亞洲的美軍軍力的「關島宣言」。在隔月，透過羅馬尼亞間接地暗示，有心要對中國展開接觸。透過以上種種的行動，開始對中國發出了改善關係的信號。

「戰爭八成是不會發生的吧！但是必須要做好八成爆發可能性的準備。如果敵人鎖定明天的國慶日攻擊過來的話怎麼辦？從蒙古的蘇聯基地到北京，只不過數百公里，發射彈道飛彈才不過是幾分鐘的航程。」

一面眼睛看著腳下紅色的地毯，一面在房間中慢慢地踱步的林彪，眼光射向坐在沙發上必恭必敬的將軍們這麼說著。

一九六九年九月三十日晚上，林彪在北京毛家灣的住宅兼辦公室裡，叫來了人民解放軍總參謀長黃永勝、空軍司令吳法憲等心腹。

「我去了一趟西郊機場，那裡各種飛機井然排列並沒有防備，這樣不行。在北京附近的所有飛機，除了有作戰任務在身之外，其他的在今天晚上全都移往地方。」

當天晚上九點開始到半夜，西郊機場周圍緊急調動的軍用飛機引擎的爆音不絕於耳（張雲生著《毛家灣紀實：林彪秘書回憶錄》）。

中蘇關係依舊是緊張。一個月前的八月十三日早上，在新疆維吾爾自治區的國境警備隊和蘇聯軍隊的裝甲部隊，發生了激烈的武裝衝突。在三月的時候，烏蘇里江上的珍寶島也發生了造成兩軍有多數死傷的衝突。八月下旬，一部分的美國報紙也報導了「蘇聯有可能用核子飛彈先下手爲強，攻擊中國的核子軍事設施」這樣的消息。

接著事情發生了，在九月十一日上午，蘇聯首相柯西金突然訪問北京。前一天利用在河內舉行的北越總統胡志明葬禮的機會，已經打聽了是否可以訪問中國。

蘇聯總理柯西金和出來迎接的周恩來，在機場的貴賓室裡面舉行會談，時間長達三小時四十分。中蘇兩國的首相會談自一九六四年以來，經過五年之後再度開啓。會談中雙方在有關「讓駐軍從紛爭的地區往後撤退」、「透過繼續交涉，希望能夠解決邊境問題」等問題上，達成了共識。還有雙方一致同意，儘管雙方有著關於共產主義路線的長期論爭，也不要因此妨礙了兩國的關係發展。

這一次中蘇會談閃電的實現，可以看到緊張關係中透露緩和的徵兆。儘管如此，林彪還是對蘇聯可能先下手爲強的攻擊有所防備，在國慶日的前夕，下令軍用飛機往地方移動。

「布里茲涅夫（蘇聯共產黨總書記）可怕嗎？尼克森可怕嗎？在國慶日當天我要去天安門。」

中蘇首相會談後的九月中旬，毛澤東在北京的中南海辦公室裡對周恩來這麼說了。

「如果不放心的話，引爆兩發核子彈來威脅威脅如何？他們會緊張個兩天吧？我打的主意是，就在這樣搞的當中，我們的國慶日活動就結束了。」（安建設著《周恩來的最後歲月》）。

中國在九月二十二日跟二十九日兩天，進行了首次的地下核子試爆以及氫彈試爆。雖然，美國和蘇聯的地震測量所以及軍用衛星，都確認了中國的核子試爆。但是中國官方發表的是在國慶日活動結束後的十月四日。

雖然國慶日「無事地」度過了，但林彪在十月十七日從他停留的江蘇省蘇州市，打電話給總參謀長黃永勝，吩咐說：「緊急指示全軍強化戰備，防備敵人的突襲。」黃永勝在十八日，把這個指示作爲「林彪副主席第一號命令」向全軍傳達了。全中國九十五個師、九十四萬人、四千一百架飛機、六百餘艘戰艦進入了一級戰備狀態。

那是因爲在北京預定二十日，開始進行中蘇兩國外交部次官級的國境問題交涉，「蘇聯有可能設計假裝進行交涉，對中國發動攻擊」。林彪的這個行動，簡直是對周恩來正在進行的緩和中蘇兩國緊張關係的努力大唱反調。

與此同時，那些反林彪派的老幹部們，也被強制分散隔離到地方去。在文化大革命當中被拉下馬，在北京處於監禁狀態的前國家主席劉少奇，被移往河南省開封。一個月之後，死在那裡的倉庫庫房裡；處於軟禁狀態中的前黨總書記鄧小平也被移往江西省南昌。

當時人在杭州的毛澤東，在林彪的「第一號命令」發布的隔天，收到黃永勝傳來命令內容的電話紀錄。根據《毛澤東與林彪反革命集團的鬥爭》（當代中國出版社，一九九七年）這一本書，當時在場的黨中央辦公廳主任汪東興，回顧當時的情況，讀了電話紀錄文的毛澤東焦躁不安地不斷的吸著香菸，突然對汪東興說：「把它燒掉！」

汪東興站著不知所措，毛澤東伸手拿起火柴親自把電話紀錄燒了。

# 15. 廢除國家主席——「別讓我沒事悶死了！」

「最近我和尼克森總統見了面，總統說他想要進行貴國（中國）和我國（美國）重要而且具體的會談。請把這件事向你的上司報告。」

一九六九年十二月三日的晚上，在波蘭的首都華沙，才剛到任不久的美國大使，叫住了中國大使館二等書記官李舉卿，向他傳達了尼克森要求重新開啓中美對話的意向。

這時候正是李舉卿剛剛參加完一個晚餐會，走出會場的時候。這個晚餐會是由南斯拉夫所主辦的，兩個禮拜前原則上同意和中國恢復外交關係。爲了避人耳目，美國大使從後面趕上李舉卿，對他傳達這個訊息。這是在大雪紛飛當中的「中美接觸」。

中國的反應很快。過了八天之後的十二月十一日，在華沙的中國大使館，進行中美大使級會談。這明顯的象徵了一九六八年一月中斷以來，經過兩年重新恢復的中國方面最近外交姿態的變化。中國和被中國不斷批判成是「背叛共產主義的『修正主義』」的南斯拉夫改善關係，這也是其中的象徵之一。

中國共產黨第九屆全國代表大會閉幕之後，中華人民共和國強硬的外交姿態，開始流露出了柔軟的身段。

在黨大會之後所決定的中國共產黨最高領導階層的政治局委員二十人（毛澤東除外）當中，在黨章中被明記爲黨主席毛澤東「接班人」的黨副主席兼國防部長林彪一派，以及毛澤東之妻黨政治局委員江青的文革激進派，兩派合起來占了十二人。而以黨政治局常務委員兼國務院總理周恩來等人爲首的務實派，只占了八人，成爲少數派。但是大會之後的柔軟外交，以及在內政上務實派的活動，這兩個變化相當的醒目。

在這種政治情況當中，原先在文化大革命裡有著合作關係，以人民解放軍爲基礎的林彪派，和以中央文革小組爲中心的江青派，兩派之間的傾軋開始檯面化了。林彪在黨大會上面所朗讀的「政治報告」草案內容，遭到黨政治局常務委員中央文革小組組長陳伯達的批判。而陳伯達卻也因爲這樣，而被排除在執筆陣容之外。陳伯達和林彪派的衝突，使得兩派的關係惡化了。

兩派在文化大革命當中都熱衷於「革命」，把被他們視爲「走資本主義道路的當權派」和「修正主義者」的人物們，一個個加以整肅拉下馬來，兩派感情不錯。但是文化大革命現在已經進入尾聲，對兩派而言，如何守住已經掌握了的權力；或是如何的加以擴大，這是一個重大的問題。在權力鬥爭過程中，兩派彼此變成了敵人。

在黨大會裡，林彪獲得了作爲毛澤東接班人、下一屆黨主席寶座的保證。但是，雖然說是「接班人」，但在現實上沒什麼權限。行政及外交掌握在由周恩來等人的「務實派」手中，幾乎沒有任何插手的餘地。而且，甚至連接班人的地位都還不穩定呢！

根據天華編著的《毛澤東與林彪》一書，有人曾聽林彪說過：「我並沒有所謂『接班人』的保證，劉少奇不也是接班人嗎？」雖然林彪和劉少奇不一樣，他的地位在黨章裡面明記著，但是要是毛澤東的想法改變了，這些也只不過形同具文而已。

林彪急欲得到能和「接班人」相應的實質權限，就是「國家主席」的職位。本來依據憲法的規定，國家主席是擁有著身為國家元首的權限，比如說：法律的施行、政府負責人（國務院總理）的任免、宣布戒嚴令或者是戰爭狀態等。

前一任的國家主席劉少奇被打成「當權派、修正主義者」而遭到解任，在一九六九年十一月十二日於被監禁的河南省開封市裡死於非命。國家主席這位子現在空懸著，誰來擔任國家主席職位呢？可能的候選人是毛澤東和林彪。

在中華人民共和國建國之後，成為首任國家主席的毛澤東，面對因為自己激進的經濟政策「大躍進」所帶來的混亂，而在一九五九年自動退到「第二戰線」，將國家主席的寶座讓給劉少奇。十年前已經辭去國家主席一職的毛澤東，現在沒有理由再度就任國家主席。這麼一來的話，接任的就是自己了。林彪心裡是如此的解讀著（葉永烈著《陳伯達傳》）。

但是，林彪所打的算盤卻完全走了樣。一九七〇年三月，從周恩來那裡接受了憲法改正草案要點的毛澤東說：「不設國家主席的職位！」提案要把原來的黨章條文刪除。

當毛澤東公開說「廢除國家主席」的時候，林彪正在江蘇省的蘇州市。他立刻叫自己的祕書打電話給毛澤東的祕書說：「林副主席建議毛主席任國家主席。」但是，毛澤東並沒有直接回答這個問題，只是回應打個招呼說：「向林彪同志問好。」

據說，林彪的妻子政治局委員葉群，好幾次對林彪的親信空軍司令吳法憲哀嘆說：「要是不設國家主席的話，林彪要坐哪個位子好呢？」（《毛澤東與林彪》）。

林彪也在四月的時候，透過祕書打電話向政治局傳達這樣的意見：「毛主席兼任國家主席是符合國內外人民的心情。」但是，毛澤東卻在這一通電話文旁邊寫上了：「我不吃回頭草，這個提案不妥當。」

好像要窮追猛打似的，毛澤東在四月下旬的黨中央政治局會議上，引用三國演義的故事來訓誡。「當孫權勸曹操稱帝的時候，曹操說孫權是想要害我，把我推上千夫所指的窘境。這是我向諸位的忠告，別讓我成爲曹操，你們也不要成爲孫權。」

江青這一派雖然藉著把林彪拱成接班人來和林彪一派合作，但是對於國家主席問題則持相反的態度。他們想：要是林彪坐上了國家主席的寶座，整個權力結構就過度集中到林彪身上，自己這一派就無可避免的削弱勢力。

在這種狀況下，一九七〇年八月，林彪派在檢討憲法改正問題的黨內會議上提出了「毛澤東天才論」。開始強硬的主張，要在憲法的序文裡明白地把毛澤東寫成「天才」。

衆所周知，林彪在《毛主席語錄》再版的前言裡面寫著：「毛澤東同志天才的、創造性的、全面性的將馬克思列寧主義加以繼承擁護發展！」「天才的、創造的、全面的」是只爲了毛澤東的緣故而設的專用語。

藉著把毛澤東捧成「天才」，也能夠把在黨章上規定成爲（毛澤東的）「親密戰友」的林彪抬高身價。林彪的這一招被視爲是他爲了攀近國家主席寶座的一個戰術。

但是，毛澤東從第九屆黨大會的政治報告和黨章的草案中，把「天才的、創造的、全面的」字樣刪除了。

「國家主席」和「天才」的問題，不久就決定性地顛覆了林彪的命運。

# 16. 林彪慘敗——「想要我早點死嗎？」

「我以前說過毛澤東主席是天才，我現在還是堅持這一個觀點。毛主席的學說是科學，是解放人類的科學。」

在一九七〇年八月二十三日在江西省度假勝地廬山上，中國共產黨第九屆中央委員會第二次全會開幕了。中國共產黨副主席兼國防部長的林彪，以高昂的語調在會中如是說。

會議的議題是有關憲法改正和經濟計畫等，是由黨政治局常務委員兼國務院總理周恩來和黨政治局常務委員的康生發言。但是，在開幕之前，林彪突然說出：「我想要提一點意見。」

林彪的演說裡面，大量的鋪陳了他以前不斷講過的有關於歌頌黨主席毛澤東的話，甚而加強語氣說：「但是，現在有人反對『毛主席是天才』這件事。」

林彪開始認爲：雖然在一年四個月前的黨第九屆全國代表大會上，自己被公認爲是毛澤東的「接班人」，但在現實上國家的運作是掌握在周恩來等務實派手中，自己的地位是非常曖昧的。

中華人民共和國的外交及內政不斷傾向現實主義，在文化大革命中聽從毛澤東、作爲激進左派而步步高升的林彪看來，周恩來是個「右派」。林彪想，爲了打破這個現狀，有必要設置現在空懸著的國家主席。

但是，毛澤東在憲法改正案當中，對「國家主席」字眼加以廢除。林彪隱藏自己想要成爲國家主席的野心，不斷的強調毛澤東應該重回國家主席寶座，他無論如何都要阻止國家主席的廢除。

林彪之所以再度強調毛澤東天才論，也是一個戰術。他是想要藉此保住一條道路，讓身爲接班人的自己能夠成爲國家主席。但是，毛澤東之妻同時也是黨政治局委員江青爲首的一夥人，看穿了林彪背後的企圖。屬於江青派的政治局委員張春橋，在檢討憲法改正案的黨內會議上，發言反對在憲法序文裡明記「毛澤東是天才」這樣的字眼。

林彪和他的同夥，在盧山舉行的第九屆二中全會上，故意說「有人否定毛主席是天才」，藉這句話布置了對張春橋等江青派的攻勢。他想要藉此來把黨內的輿論拉到自己這邊來，進而打開一條「保存國家主席職位——林彪接任」的康莊大道。林彪爲了達到這個目的而進行「天才論」的理論創造，這個任務就由毛澤東長年祕書也是黨政治局常務委員的陳伯達擔任。

林彪的演講長達一個半小時。之後，林彪的親信黨政治局委員空軍司令吳法憲，進一步提案「學習」林彪的演講。隔天二十四日開始在華北、西南等區域分別舉行的會議上，要與會者聆聽林彪的演講錄音帶並加以討論。

全會第二天的八月二十四日早上，林彪的妻子政治局委員的葉群，向出席了地區分組會議的林彪親信們，傳達了發言的注意要點：

一、擁護林彪副主席的談話，堅持天才論。

二、堅持設立國家主席。

三、集中攻擊張春橋，但不要直接指名。

四、發言的時候要裝作流淚表現感情。

爲了要給「天才論」賦予權威性，陳伯達從恩格斯、列寧、毛澤東的著作當中去尋找、整理、編輯出「歌頌天才幾篇語錄」這樣的資料，作爲林彪親信們發言的準備（葉永烈著《陳伯達傳》）。

陳伯達出席了華北組的會議。「雖然有人說世界上本來沒有天才。事實上，那個人自認爲是天才，他是歷史的愚蠢者。」雖然沒有指名道姓，其實是在激烈地諷刺張春橋。他進一步斷定：「根據列寧的看法，否定天才等於是否定領導人，也是在否定無產階級的獨裁。」

陳伯達的發言支配了整個會議的氣氛。會議之後，陳伯達把華北組的討論情況整理出一份「簡報」，加以印刷流傳。這類簡報記述了在會議當中，陳伯達抬高聲調說：「把那一個不承認毛主席是當代最偉大的天才的那一個人，揪出來給大家看，把他從黨籍上除名，徹底的批判，要把他千刀萬剮。」

陳伯達的簡報在二十五日早上分發流傳，他激烈煽動性的語調引起了極大的反響。該天的上午，有一個消息傳入了葉群的耳中，說江青和張春橋等人到毛澤東那裡「告狀」，不知道講了些什麼話。林彪派所設下的鬥爭發展方向，就取決於毛澤東的裁斷。

中午過後毛澤東緊急召集了政治局常務委員，和地區分組會議各組的組長。毛澤東表情嚴厲的發出了三個指示：停止有關於林彪演講的討論會；把華北組的會議簡報回收；不要進行個人批判而要團結一致。

「不准再度提出國家主席的問題！」毛澤東緊盯著陳伯達這麼說，「如果想讓我早點死的話，就把我擁立成國家主席好啦！」接著他眼光轉向林彪方面，嚴肅的叮嚀：「我勸你也別成爲國家主席！」在陳伯達鬥敗的一瞬間，林彪也覺悟到自己的慘敗。

八月三十一日，毛澤東寫了「我的若干意見」，隔天向中央委員們散布。意見書裡面，毛澤東針對陳伯達所引用的列寧等人的文獻加以反駁，公開指名批判說：「有一個叫做陳伯達的天才理論家」、「欺騙了大多數的同志」。

在文化大革命當中成爲中央文革小組組長，緊接在毛澤東、林彪、周恩來之後，黨內排名高升到第四位的陳伯達，他的政治生命就這樣被斬斷了。

但是，毛澤東卻把林彪放在批判的火線之外，再怎麼說林彪都是自己的「接班人」。黨章裡面都這樣明確的記載著，如果現在批判林彪的話，恐怕會招致全黨的動搖。

九月六日全會的最後一天，毛澤東再度碰觸到國家主席的問題說：「因爲國家主席是作爲人民代表的標誌，在十幾年前辭去國家主席的我，在這十幾年當中就沒有代表人民了嗎？要是有誰想要代表人民，那就讓那個人去代表吧！我就說，我不幹！」

當天晚上，葉群帶領了吳法憲等林彪的心腹們拜訪江青，請罪說：「我們被陳伯達欺騙了，犯了過錯了。」根據後來吳法憲的供述，林彪明確的指示說：「一定要把這些過錯硬推給陳伯達，強調是被陳伯達欺騙的。」在全會結束之後，林彪變得更加沉默寡言，關在自己的房子裡更加不安、更加孤獨（林彪的祕書張雲生著《毛家灣紀實：林彪秘書回憶錄》）。

# 17. 落日
## ——「你們已經沒有退路了！」

自從一九五九年成爲國防部長以來，爲加強對中國共產黨主席毛澤東的個人崇拜，始終一貫的努力不懈；爲了替毛澤東所發動的無產階級文化大革命帶來狂熱所需要的準備功夫也周全的做到了，因而得到接班人寶座的林彪，現在深深嘗到了挫折感。

一九七〇年八月在江西省所舉行的黨第九屆第二次全會（第九屆二中全會）上，林彪一如往常把毛澤東歌頌爲「天才」，反對廢除國家主席的憲法修正案，而主張毛澤東就任國家主席。這樣做反而撥動了毛澤東的逆鱗，當毛澤東以嚴厲的表情向林彪說：「我也忠告你不要成爲國家主席！」這時候毛澤東已經看穿了林彪的野心。

但是，已經在黨章明白記錄爲毛澤東的「接班人」，而且成爲唯一黨副主席的林彪來看，確保通往國家主席之路這件事情，既不是野心也不是什麼大不了的事情。但是，因爲毛澤東既然已經說出了廢止國家主席這件事，林彪緊張了。在第九屆二中全會上，林彪和黨領導階層內的心腹，同時也是妻子的黨政治局委員葉群等人，就國家主席存續的問題，想要在黨內炒熱輿論，結果做得過火，就等於是自掘墳墓。

林彪倖免於受到毛澤東的直接批判。然而成爲林彪替死鬼的是一直支援林彪，就「國家主席存續」這件事情進行理論創造，積極地發言的黨政治局常務委員陳伯達。按照毛澤東的話來說，陳伯達的言行是「突然放炮，搧風點火」。

第九屆二中全會突然就變成了彈劾陳伯達的場所了。本來陳伯達被當作是黨內少數的理論家，而成爲文化大革命司令部的黨中央文革指導小組的組長。他和毛澤東之妻江青聯手布下了肅清「當權派」及「修正主義者」的輿論陣容。雖然在論功行賞之下，他被拉抬到僅次於毛澤東、林彪、周恩來，黨內排名第四位的權力高峰，但是在林彪成爲「接班人」的前後，因爲江青派內部的紛爭，加上他是屬於林彪的陣營，結果就掉入鬥爭的陷阱。

根據天華編著的《毛澤東與林彪》一書，在第九屆二中全會的閉幕階段，當批判陳伯達的討論一開始，林彪的妻子葉群就指示把自己的發言從會議紀錄上刪除，同時黨政治局委員空軍司令的吳法憲，也指示停止分發那一篇記錄著自己發言的「簡報」。留在北京的人民解放軍總參謀長黃永勝，就把所有相關資料加以處理了。

葉群對吳法憲說：「別擔心，還有林副主席跟黃永勝。有問題的話，連他們兩人也會有問題。你沒聽說過嗎？『大鍋裡有飯的話，就可以分給小鍋。』」

九月六日，第九屆二中全會閉幕了，而林彪和妻子葉群依然沒有離開廬山返回北京。隔天的七日，搭飛機前往河北省渤海沿岸的度假勝地北戴河。

根據林彪辦公室祕書的回憶，林彪在第九屆二中全會後，黨中央的會議也不怎麼出席，即使在不得不出席的場合，也是應付了事。幾乎一直待在北戴河「休養」。

林彪的沒落就開始了。表面上受到批判的是陳伯達，但是毛澤東對林彪的心腹將軍們，也開始逼迫自我批判。

根據葉永烈所著的《陳伯達傳》一書，林彪派當中最先寫自我批判書的人是吳法憲，他在九月二十九日提出來。但是因爲這封自我批判書充滿了自我辯解，說自己是被陳伯達設計了，毛澤東在這一本自我批判書上批了這些話：「做一個共產黨員，爲什麼這樣的缺乏光明正大的氣概呢？」

第二個提出自我批判書的是葉群，葉群回到北京之後的十月十二日送到毛澤東手邊。在葉群所寫的「雖然和陳伯達鬥爭了，但是力道不足」這一部分，毛澤東冷笑地批了這些話：「有鬥爭這回事嗎？思想上、政治上隨心所欲，怎麼能夠鬥爭呢？」

即使如此，毛澤東還在最後批上：「黨的政策是要警戒失敗，治病救命的東西。這個政策適用於那些被陳伯達這個騙子所欺騙的黨員全體們。」毛澤東意思是要給她一個改過自新的機會。在此之後，葉群又寫了自我批判書。

第九屆二中全會兩個月之後，一九七〇年十一月六日，黨中央把陳伯達批判成「分裂黨，搞陰謀活動」，把這個批判搞大，成爲全國規模的運動，因此呼籲全黨全軍要「批陳整風（批判陳伯達，整頓思想）」。

但是，以葉群爲首，被林彪派所鞏固的黨中央軍事委員會辦事組，動作遲鈍。一九七一年一月開始，由軍事委員會召開了「批陳整風座談會」，長達一個月。關於這個座談會毛澤東嚴厲的批判說：「搞了一個月的會議，簡直沒做過什麼陳伯達批判。」

軍事委員會辦事組慌慌張張的向毛澤東做了自我批判的書面報告，毛澤東在這個報告上寫下了評語。

「同志們，你們當中的幾個人，在批陳問題上怎麼老是這樣的消極呢？這不是不催促就不動了嗎？好好想想這個問題，不積極是不行的。」

黃永勝、吳法憲等人對毛澤東這麼嚴重的批判非常緊張，好幾次打電話給這時候正在江蘇省蘇州的林彪跟葉群商量求救。據說吳法憲想不出辦法，甚至想要自殺（曹英等著《特別別墅》）。

這時候的毛澤東雖然對林彪的心腹將軍們嚴厲糾彈，卻繼續避免對林彪本人做直接的批判。

根據收錄在李劍等人所編的《關鍵會議親歷實錄》一書裡，由黨政治局候補委員人民解放軍總政治部主任兼北京軍區司令的李德生所寫的回憶，毛澤東在一九七一年初召開「批陳整風報告會」，要林彪也參加。毛澤東說明這是為要顧全林彪的面子，讓他說個一兩句話，找個台階下。

但是，林彪還是停留在北戴河的別墅裡，沒有回到北京。毛澤東接收到這個報告，對要來迎接林彪的那些林彪親信們說了狠話：「你們已經來到懸崖上了，現在是懸崖勒馬？還是回頭是岸？一切取決於你們自己！」

# 18. 誘邀尼克森——「靜靜地坐上飛機就是了」

天空無限的高、萬里無雲。一九七〇年十月一日，秋天的北京中華人民共和國迎接建國二十一週年。從天安門樓閣上凝視著國慶日慶賀節目的毛澤東右手邊，美國新聞記者愛德加・史諾夫妻並列著。

眼前廣大的天安門廣場上，遊行的群衆傳來「打倒美國帝國主義！」陳腔濫調的叫聲。腳下天安門的城牆上，高高掛著毛澤東所提倡的反美口號「全世界的人民大團結，打倒美國的侵略者。」演出這種難以想像情境的人，正是毛澤東自己。國務院總理周恩來走近了被邀請來坐在天安門樓閣上的史諾夫妻身邊，待他們一接近毛澤東，就把除了中國方面的翻譯者外全部清場，毛澤東左手邊只剩下了黨副主席兼國防部長林彪。天安門樓閣上毛澤東和美國人笑容並立的影片和相片，在世界造成了不小的迴響。史諾認爲這是中國發給美國總統尼克森的訊息。[1]

在天安門樓閣上，和史諾左右挾著毛澤東而立的林彪，雖然右手拿著《毛主席語錄》滿面笑容，但是他的心裡一定不像當天天空那樣的晴朗。

在九月初閉幕的第九屆黨中央委員會第二次全會（第九屆二中全會）上面，林彪提出了毛澤東就任國家主席以及毛澤東天才論兩件事。身為「天才」毛澤東的「親密戰友及接班人」的林彪，本身想要安排讓自己能夠登上國家主席寶座的布局，結果被毛澤東否決了。如果這樣下去，成為國家主席的美夢就絕望了。

黨政治局常務委員的陳伯達為了從側面支援林彪，就論證了「天才」論如何和馬克思列寧主義相一致。然而他卻被毛澤東說成是騙子，而陷入了失勢的緊要關頭。那些和陳伯達口徑一致的政治局委員林彪之妻葉群，以及林彪的心腹將軍們也被迫自我批判。

毛澤東把林彪所說的「天才」認為是：「什麼天才？根本就是在煽動個人崇拜！」很顯然他很在意林彪的行徑。在無產階級文化大革命裡，林彪充分地利用了一個接一個出現的歌頌毛澤東的口號，但現在毛澤東要結束文革的狂熱。對林彪而言，進入了必須要趕快找到一個立足點的時期。

一九七〇年十二月十八日，國慶日經過了兩個半月後，毛澤東在北京中南海的辦公室裡接見了史諾。接見的過程中，毛澤東就有關個人崇拜問題說：「過去幾年雖然有必要，但現在就沒必要了。」「譬如說什麼『四個偉大』（偉大的教師、偉大的領導者、偉大的統帥、偉大的舵手），煩死了！」

「四個偉大」是林彪高唱，最為人知的對毛澤東的讚詞。毛澤東否定「四個偉大」和「天才」，這種做法不正是等同於否定高唱這些話的林彪嗎？

儘管對「蘇聯修正主義」以及「美國帝國主義」的鬥爭，也是林彪奉承毛澤東的意向而高唱的，然而現在和美國改善關係的動作頻頻，再加上在第九屆二中全會上的挫敗，林彪一定深刻感受到自己正在被窮追猛打。

在沒有外交關係的美國和中國間，成為祕密交涉舞台的是巴基斯坦的首都伊斯蘭馬巴德。

一封沒有署名也沒有收信人的祕密信件，從駐伊斯蘭馬巴德的中國大使手中，透過巴基斯坦政府傳達給美國駐巴基斯坦的大使。美國國務卿季辛吉把從美國駐巴基斯坦的大使口中讀出來的密函文字，記在他的備忘錄裡。

巴基斯坦總統訪問北京之後的一個月，中國透過伊斯蘭馬巴德發出了密函，把歷史性的訊息送達到季辛吉手中。

「爲了要討論美國從中國領土之一的台灣撤軍問題，衷心歡迎尼克森總統派遣特使團來。」

這是一九七〇年十二月九日的事情。不久之後，一通外交電報送達毛澤東。沒有按照慣例署名發件人，顯然是美國政府發出的。

「包含台灣問題在內，有關中華人民共和國和美國之間存在的種種問題，美國已經準備好，可以在北京舉行的高峰會談中討論。」【2】

毛澤東在十二月十八日和史諾會面時，談到了中國和美國關係的問題。

「他（尼克森）要是來北京，沒必要跟誰談話。只要靜靜的坐進飛機，話沒有談成也沒有關係；談成了也好。（來中國訪問時的立場）用旅行者的身分也好，用總統的身分也沒關係。如果尼克森來了，我倒想見見他呢！」（董保存著《走上天安門》，中國青年出版社）。

當毛澤東對史諾這麼說的時候，毛澤東已經透過巴基斯坦政府，向美國政府傳達了「接受美國總統所派出的特使團」的訊息。

正當屬於「對美強硬派」的林彪在中國領導階層內的影響力逐漸削弱時，美國和中國的關係卻開始活潑地動了起來。

## 註解

【1】這位以描述革命戰爭時期的毛澤東《中國的紅星》這本書而聞名於世的史諾，被視爲中國共產黨的多年好友，經常被邀請到中國訪問。這一次來華預定從一九七〇年八月起到一九七一年二月止。

根據《漫長的革命》這本書對當時情形的描寫，國慶日一個月之後的十一月五日，會見史諾的周恩來說，如果美國總統尼克森想要訪問中國的話，那麼「尼克森自己來也好；或者派來討論台灣問題的使節團也可以。」

雖然這個歷史性的發言在當時沒有公開發表，但幾天之後巴基斯坦總統雅西亞干，帶著尼克森的親筆信訪問北京。親筆信裡面寫到有關尼克森自己要訪問中國大陸，以及在此之前他還要派特使來討論台灣問題的相關事宜。

這些事件顯示了：尼克森訪問中國和史諾訪問中國沒有關係，美國和中國兩國間在檯面下祕密接觸進行。後來祕密訪問中國的當時美國國務卿季辛吉，也在他的回憶錄《外交》一書中做如下的證明。

雖然中國把「史諾在美國的地位過度重視了」，美國政府還是把史諾視爲是「中國共產黨御用的傳聲筒」，因此美國對中國方面透過史諾所釋放信號並不在意，把史諾故意安排在天安門樓閣上，和毛澤東並排而立的用意也沒有傳達出來。

【2】有關於美國和中國的交涉，是根據陳敦德所著的《毛澤東・尼克松在一九七二》一書（解放軍文藝出版社，一九九七年）。

# 19. 子假父威——二十四歲掌握空軍指揮權

一九七一年二月，當時正在江蘇省蘇州專用別墅裡停留的中國共產黨副主席兼國防部長林彪，接了好幾回電話，是人民解放軍總參謀長黃永勝及空軍司令吳法憲打來的。

這些林彪的親信像吳法憲等人，在這時候遭到黨主席毛澤東嚴厲的批判，因爲他們對黨政治局常務委員陳伯達的批判太過消極了。吳法憲被逼到了懸崖邊，面臨失勢的緊要關頭。毛澤東本人對林彪親信的攻擊，就好像是對林彪本人一步一步地逼進包圍似的。

陳伯達在黨第九屆第二次中央委員會全會（第九屆二中全會）上，展開一套理論。這套理論是要證明：林彪所提倡的「毛澤東天才論」和馬克思主義一致。因而被毛澤東稱爲「騙子」，黨內外上上下下正在如火如荼展開著「批陳（伯達）運動」。

陳伯達之所以在第九屆二中全會上提出了牽強的天才論，是爲了要證明主張毛澤東是天才的林彪的正確性，想要把中國共產黨內的輿論拉到林彪派這一邊來。藉著這樣做，來改變毛澤東要廢止國家主席的念頭，以便保住林彪就任國家主席之路。

毛澤東把林彪排除在批判對象之外，而責求和陳伯達主張同調的林彪之妻，也是黨政治局委員的葉群，以及像吳法憲等林彪的心腹，要他們必須「反省」。不過毛澤東後來覺得這樣不夠，他愈來愈不耐煩了。【1】

根據林彪、葉群、林立果等人在一九七一年九月失勢死亡之後，中國共產黨發表的官方看法，這三個人在蘇州停留的時候，正在商量、計畫著反革命的政變。林立果飛往上海，和林立果所組織的「聯合艦隊」的少壯軍人集團，演練具體的政變計畫。

在進一步詳述毛澤東整林彪的始末之前，先了解這位被中國共產黨官方解讀成爲：在所謂的「反革命武裝政變」中，扮演重大角色的林立果。

「收拾不了啦！全都是那個蠢貨主任（葉群）的緣故。因爲她把事情搞砸了，胡亂指揮一通所造成的。」林立果在電話那一端這樣說著。

這通電話是一九七〇年夏天，從第九屆二中全會召開的地點江西省廬山，打到位在北京毛家灣的林彪住宅兼辦公室的。接聽電話的是留守在北京的林彪祕書當中的一個人（天華編著《毛澤東與林彪》）。

因爲林彪妻子葉群是林彪辦公室的主任，他們的兒子林立果也稱呼他的母親「主任」。所謂的「收拾不了啦！」是指在廬山上面展開天才論的陳伯達，遭到毛澤東嚴厲批判的這件事。林立果知道在廬山上，葉群對陳伯達以及林彪的心腹們指揮這個指揮那個。因此他非難他母親是「胡亂指揮一通」。

根據祕書們的說法，林立果說：「（葉群）知道自己陷入危機，只是一味地在老闆（他的家人和祕書都這麼樣稱呼林彪）面前哭哭啼啼。」好像對葉群的失敗幸災樂禍一樣（張雲生著《毛家灣紀實：林彪秘書回憶錄》）。林立果對這位只知道溺愛孩子，什麼事情都口不擇言的（媽媽）葉群相當疏遠。

四年前，當毛澤東的無產階級文化大革命開始的時候，林立果以二十一歲的年紀成爲北京大學物理系的一年級生。一九六七年三月加入人民解放軍，在他加入共產黨之前已經是空軍黨委員會辦公室的祕書。尤有甚者，才兩年半之後，他就擔任了空軍司令部辦公室副主任兼作戰部副部長的要職。

雖然他這樣破格超速的出人頭地，但因爲他是黨內排名第二身爲國防部長林彪的「公子」，在空軍內部，沒有人能夠公開的抱怨。儘管如此，在暗地裡流傳著一句戲言：「一年士兵、兩年黨員、三年副部長、四年太上皇（暗指幕後黑手）。」（這些事情是根據中央文獻出版社，一九九六年所出版的，蒐集了有關林彪事件種種回憶錄的《林彪反革命集團覆滅紀實》這本書）。

後來在林彪的起訴書裡，說林立果在就任空軍司令部辦公室副主任等職位時，林彪的心腹空軍司令吳法憲甚至把空軍的指揮權委任給林立果。根據《毛澤東與林彪》這本書，林彪對這個兒子另眼相看說：「不只在思想上，連遣詞用字都很像我！」林彪身邊的人都把林立果吹捧成：「萬能、超群的才能、（繼毛澤東、林彪之後的）第三代接班人。」

被認爲是林立果在江西廬山召開的第九屆二中全會之後所寫的，內容是有關於林立果對林彪身邊將軍們的言行舉止，感到失望的一些手札被找出來了。根據天華編著的《毛澤東與林彪》這本書所介紹的這些手札這麼說著：

「他們這些軍方高級幹部政治水準很低，在軍事戰裡面雖然能夠指揮，在政治戰裡則完全不能。今後的政治鬥爭不能依賴他們的指導，眞正的指導權必須掌握在我們手裡才行。」

手札當中所謂的「我們」，被認爲是由林立果擔任組長，而由一群三十幾歲左右的青年將校爲中心所組成，專門從事情報蒐集和祕密行動的集團。最初，在空軍黨委員會裡面，爲了要執行種種提案而進行調查研究的小組，被稱爲「調研小組」。

根據起訴書，這個「調研小組」在第九屆二中全會後的一九七〇年十月，變成了「聯合艦隊」。關於這件事情，《毛澤東與林彪》這本書寫到：看了日本的電影《山本五十六》、《啊！海軍！》而受到感動的林立果說：「我們這個小組也需要江田島精神！」因而把這個小組改名「聯合艦隊」。

根據《毛澤東與林彪》這本書，在上海也有一個「上海小組」。這個小組的公約是：「必須要對敬愛的林（彪）副主席、葉（群）主任、林（立果）副部長懷著無限的忠誠心！」「尤其是對小組的最高領導人林副部長的指示，必須要一字一句的忠實執行！」

「上海小組」的前身是中國共產黨軍事委員會辦事組，以選拔重要人員爲名義，要空軍部隊組織起來的「人選小組」。實際上是聽從葉群之意，從事探求一個門當戶對的「十六歲到二十歲，容貌端莊未婚女性」來作爲他的兒媳婦。據說，在一九七〇年，林立果把「人選小組」改組成爲「上海小組」。

從成立以來，這些集團就給人一種和「反革命政變」扯不上關係的印象，後來被指成是「反黨反革命集團」的左右手。而這個「反黨反革命集團」是準備暗殺毛澤東和發起軍事奪權政變的。

## 註解

【1】正當吳法憲等這些林彪的心腹們遭到毛澤東批判，向人在蘇州的林彪猛打電話的時候，林彪和葉群以及擔任空軍司令部辦公室副主任兼作戰部副部長的長子林立果，都在蘇州的別墅裡。

# 20. 改變計畫——打倒現代秦始皇！

有一份被視爲是政變計畫書的文件。

這份封面寫著《「五七一工程」紀要》的文件是活頁紙的筆記本，上面用鉛筆標示著頁碼，編號達到二十四頁。「他（毛澤東）已經成了現代的秦始皇，他並不是眞正的馬克思列寧主義者，他是披著馬克思列寧主義的外衣，來行孔孟之道。是中國歷史上施行秦始皇法術的最大封建暴君。」筆記當中記載了對中國共產黨主席毛澤東濃烈的批判，甚至連這些話都寫下來了：「打倒現代秦始皇！」「推翻打著社會主義招牌的封建王朝！」

這個《「五七一工程」紀要》，標上一九七二年一月十三日的日期，作爲中國共產黨「黨中央四號文件（極機密）」向黨內的一部分人發布。因此，這份文件被斷定成是由黨副主席兼國防部長的林彪，及他的妻子黨政治局委員葉群，以及兒子空軍司令部辦公室副主任兼作戰部長的林立果等人，所做的政變計畫書。

黨中央和地方領導階層受到極機密的通知：「林彪等人四個月前在蒙古墜機死亡。」根據這一個

「四號文件」，這一次墜機事件，被認定是因爲政變失敗所造成的。

記事本的筆跡是空軍司令部辦公室副處長于新野的筆跡。從這裡判斷來自於林立果所指揮的祕密組織「聯合艦隊」，在北京空軍學院內的一個據點。

「紀要」分成九個項目，其中第一項的「可能性」項目裡面，首先接觸到政治的狀況，透露出一種危機感：「現在不是由軍人，而是由『一群文人』所進行的奪權和和平演變（不流血的政變）。」

把毛澤東看成是「封建的暴君」的這部分，是出現在第二項的「必要性與必然」。在這一項目，主張「與其束手就擒，不如豁出去行動的好，用軍事行動來先下手爲強。」接著舉出了：「人心愈來愈悖離獨裁者」、「農民缺衣少食」等的「有利條件」。在另一方面也列舉了：「眼前我們勢力集結的準備還不夠」、「全面掌握軍方還有困難」等「困難的條件」。

第七項的「實施要點」裡面寫著：「一定要逮捕張春橋，公開他謀反的罪狀。」整個紀要當中，只有黨政治局委員張春橋被用眞實的姓名提出來作爲攻擊的對象。可以看出來，所謂的「展開奪權的一夥文人」是指由毛澤東的妻子、黨政治局委員江青所領導的集團。

關於第四項的「時機」這一點，作爲戰術的時機：一、當B-52（毛澤東的代號）被我們掌握了，敵方的主力艦（被研判是指黨中央領導者）也被引誘進來的時候，要掌握住關鍵。二、利用領導階層集會的時候，加以一網打盡。三、首先把他們的手下殺掉，造成既成事實。四、挾天子以令諸侯，逼迫B-52發布我們要的命令等設想這些可能的狀況。

「眼前的情勢，不得不想好政變的計畫。」抵達上海的林立果這麼說著。一九七一年三月二十日和二十一日，除了于新野之外，他還和空軍司令部辦公室處長周宇馳、空四軍政治部祕書處副處長的李偉信密談了，這些人是空軍司令部黨委員會內的祕密組織「聯合艦隊」的成員。[1]

「B-52向來都是如此。」林立果這麼說著。B-52是林立果等人替毛澤東取的暗號。「他先利用這一邊的勢力，下一次就利用那一邊的勢力，藉此來取得平衡。」林立果心裡面警戒著：張春橋可能取代林彪成為毛的接班人。

林立果等人預設了林彪就任主席的三種可能性：首先是「和平的政權轉移」，周宇馳認為毛澤東的來日不多了「大概五、六年，或者是更短」。但是林立果說：「B-52還可以撐更久吧？」「即使五、六年，之間變化也是很大，首領（林彪）的地位能不能保得住，還不知道呢！」

第二種的可能性是「對某一個人奪去主席大位」。林立果說：「B-52的威信太高了，只要他的一句話，誰都有可能被迫失勢。」林彪一直都認為自己有可能失勢。因此林立果把第三個可能性的重點放在「先下手為強」策略上面，有兩種方法：一是幹掉張春橋等人「這一夥文客筆匠」，來穩固林彪的地位，以便等待主席的「和平政權轉移」；另外一個方法是直接把毛澤東幹掉。

因為在政治上，要收拾幹掉毛澤東之後的爛攤子困難重重，所以「暗殺毛澤東」被作為最後不得已的手段。雖然如此，周宇馳還是做了這樣的提案：「或者是軟禁毛主席來談判？或者是把毛主席幹掉，然後栽贓到某一個人身上？不管用哪一種方法，那時候首領已經權力在握，因此只要有首領出馬善後就搞定了。」於是他們決定：朝著最後「和平轉移政權」去努力，另外也作武裝鬥爭的準備。

因此有兩件事必須要做的：第一，是組織一個對林彪和林立果效忠的祕密武裝兵力；另一個是建立一個武裝起義的計畫。

因為這個計畫「武（裝）起義」和「五七一」的發音相同，所以林立果就決定稱做「五七一工程」。從三月二十二日開始到二十四日，于新野就撰寫了《「五七一工程」紀要》的草稿。[2]

# 註解

【1】根據一九七二年一月的「四號文件」，林彪、葉群、林立果在江蘇省蘇州策劃反革命政變。從一九七一年二月下旬開始，派遣了林立果前往杭州及上海，讓林立果的集團研究和制定整個計畫。在「四號文件」裡面，也包含了林彪等人墜機死亡之後，被逮捕的李偉信的口供文字。根據這些口供，「聯合艦隊」的密談情況是這樣的：林立果等人對當時的政治狀況是這樣的看法：「從全國面來看，『首領（指林彪）』居於絕對優勢。但是軍方受到壓制，政局是對『文人勢力』比較有利。」

【2】中國共產黨在「黨中央四號文件」裡面，根據《「五七一工程」紀要》提出了「『林彪反黨集團』準備進行『反革命政變』」的官方見解。在中國國內相繼出版的有關於文化大革命及林彪事件的書籍，也是在能夠得到資料的範圍內，忠實地遵循這一個見解。

雖然，在《「五七一工程」紀要》裡面所描述的毛澤東的行爲模式眞的是一針見血，但是計畫書本身也談到了林彪父子自身方面的「準備不足」、「和平的政權轉移」等，這些和一般的情勢分析是相去不遠的。因爲林彪自己也認眞的檢討了進行政變的可能性，因此，解放軍總參謀長黃永勝，及空軍司令吳法憲等林彪的親信將軍們，照說應該會作出一套更大規模的正式計畫書才對。很多有關於這個政變的研究者，到現在還是有這樣強烈的疑問。

# 21. 突如其來的最高指示——「邀請美國桌球隊來中國」

一九七一年四月六日，國務院外交部和國家體育委員會的報告書，送到了位在北京中南海的豐澤園，毛澤東的住宅兼辦公室裡。內容是關於正在日本名古屋停留的美國桌球代表團，希望到中國訪問的問題。

第三十一屆世界桌球大賽從四月三日起，在日本名古屋舉行。美國代表團向中國代表團打聽訪問中國的可能性。但是，接到這個消息的外交部跟國家體育委員會，向中國領導階層所提出的報告書裡面，對於美國代表團訪問中國這件事情是持著否定的態度。

「大體上同意。」國務院總理周恩來在報告書上加了這句話，意思是說不邀請美國代表團也可以。周恩來同時也寫進了他的原則論：「應該向美方表明：中國人民一貫反對『兩個中國』及『一中一台』的計謀。」

外交部在四月六日下午四點半，得到毛澤東的回應，向當時人在名古屋的中國代表團團長，也就是中國桌球協會副主席宋中傳達消息說：「時機還不夠成熟，相信下次還有機會。」

毛澤東雖然在報告書上畫上一個圈圈的標誌，代表「承認」的意思，他還是把這個報告留在手邊，頻頻地想這個問題。

當天深夜過了十一點，毛澤東坐在護士長吳旭君所準備的晚餐前。因爲毛澤東已經吃了安眠藥，他看起來好像是趴在餐桌睡著的樣子。突然，好像是說夢話似的說：「去叫，把美國的選手團邀到中國來！」毛澤東拿起手邊的電話，發出了下令邀請美國選手團的「最高指示」。

「毛主席是認眞的嗎？」外交部又再度打電話來確認。這時候毛澤東無精打采，電話是由吳旭君代爲接聽。電話那頭的人對毛澤東突然改變主意驚訝地問道：「毛主席不是已經吃了安眠藥嗎？」吳旭君回答說：「錯不了。爲了愼重，我曾經再問過主席了。要是不趕快向美國選手代表團傳達這個消息的話，會來不及的！」

吳旭君掛上電話以後，立刻向毛澤東報告電話的內容。「好！這樣好！」毛澤東就這樣上床，熟熟地睡著了（錢江著《乒乓外交幕後》，東方出版社，一九九七年）。

在日本名古屋舉行的世界桌球大會是在七日閉幕，在那一天的上午，美國代表團接到中國代表團團長宋中的正式邀請。接到這個報告的美國國務院在華盛頓發表了消息：

「美國桌球代表團接受中國桌球協會的邀請，將訪問中國。」

這是自從一九四九年中華人民共和國建國以來，美國的運動代表團首次訪問中國。兩國沒有邦交，長久以來互相敵視，中美兩國這一個突發的「友好氣氛」讓世界震驚，這件事被稱爲「乒乓外交」，而成爲重大的話題。但是，在檯面下中美兩國的祕密交涉一直在進行著，只是世界都沒有注意到而已。

巴基斯坦政府作爲中美兩國祕密交涉的中間人，從前一年十二月九日美國總統尼克森收到了中國政府傳來的「北京方面已經做好了接受高峰會談的準備」這樣的訊息。

正當全世界目光投注在「乒乓外交」的時候，爲了要促成「尼克森訪問中國」，中美兩國的交涉已經發展到接近完成的談判階段了。美國國務院發言人之所以說，中國邀請美國桌球代表團這件事情，對美國政府而言是「完完全全的出乎意料」，那是爲了要保護祕密交涉進展的障眼法。

美國桌球代表團訪問中國之後不久的四月二十七日下午，擔任密使角色的巴基斯坦駐美國大使，前往白宮傳達周恩來所發布的訊息：「中國政府贊成邀請美國總統的特使（譬如說季辛吉博士）、或者國務卿、或者總統本人，到北京來進行直接會談。」

爲了保守祕密，周恩來的這個訊息並不是用書面交給美國政府，而是一如往常地透過口頭的傳達。

「爲了讓中美兩國關係恢復，所有在中國的台灣島上，以及台灣海峽上的美國軍力必須撤退。唯有透過高級領導人的直接對話，才能夠找到解決的方法。」（中共中央文獻研究室編《周恩來年譜》，中央文獻出版社，一九九七年）。

不久之後，在五月九日，先前收到周恩來訊息的美國政府，又透過巴基斯坦政府傳達了一個訊息給周恩來。

「爲了尼克森總統的訪問準備，以及建立和中華人民共和國領導人的信賴關係，尼克森總統建議，由美國國家安全委員會主席季辛吉博士，和中國的周恩來總理首先會談。」

在這個過程當中，美國政府爲了完全保守祕密，向中國表達希望季辛吉博士能夠經由巴基斯坦進入中國，中國政府在六月二日，回電給尼克森總統確認這件事情。電報文寫著：「周恩來總理歡迎季辛吉博士訪問中國，透過會談來進行尼克森總統訪問中國必要的準備工作。從伊斯蘭馬巴德搭乘巴基斯坦的飛機進入中國也好，或者由中國派專用飛機前往迎接也可以。」

促使毛澤東決定跟美國改善關係的最大原因是蘇聯的軍事威脅。一九六九年的珍寶島事件，以及中蘇兩國國境所發生的大規模軍事衝突，更加加強了毛澤東的憂心。毛澤東急需要「美國牌」，而美國也還在和蘇聯冷戰當中，「中國牌」是一個極大的吸引力。

毛澤東和周恩來最初之所以對邀請美國桌球隊躊躇不前，是因爲擔心黨內的反應。咒罵「美國帝國主義」和「蘇聯修正主義」都是「最大的敵人」，藉此來煽動民衆的人正是毛澤東自己。態度一百八十度的改變，無法避免會給共產黨領導階層內，占有多數的「激進左派」帶來動搖。

儘管如此，毛澤東最後之所以決定要邀請美國的桌球代表隊，是因爲他考慮到，有必要先打「預防針」，以便應付今後隨著中美關係改善所造成的激烈震盪。關於「乒乓外交」的眞正意圖，周恩來後來說：「有必要讓（中國共產黨）內部適應外交上革命性的變化。」（陳敦德著《毛澤東・尼克松在一九七二》）。

爲了配合中美祕密交涉進展的步調，毛澤東強化了他的「包圍網」，這個包圍網是毛澤東想要封殺高唱「美蘇兩面作戰」的黨副主席兼國防部長林彪。中美兩國關係的進展，也有可能造成林彪以及人民解放軍激進左派反而向蘇聯接近的危險性。

五月二十九日，季辛吉祕密訪問中國的日子逐漸逼近，周恩來向林彪和毛澤東提出了美國和中國交涉的現狀報告，他同時建議向黨中央及人民解放軍各軍區的幹部，舉行一個說明報告會。

林彪的妻子葉群進入林彪的寢室，對已陷入沉思，默不作聲的林彪步步進逼的問道：「要參加說明報告會？」

「又是周恩來強出頭，這一陣子那傢伙眞的是很得意喔！和美國人勾結，什麼跟什麼嘛！怎麼辦，要參加嗎？」

林彪終於開了口：「周恩來和美國人勾搭，被耍得團團轉，只不過是自取其辱。」說完了乾咳一聲，雙手互握在腰後，走出了寢室（《釣魚台檔案》）。

# 22. 密使訪中之後

## ——「林彪有好謀略！」

訪問了泰國、印度而進入了巴基斯坦的美國總統幕僚（擔任國家安全顧問主席）季辛吉，在一九七一年七月八日，出席了巴基斯坦總統所主持的晚餐會。但是不久就從現場消失了，整整經過三天一點消息都沒有。

美國大使館做這樣的說明：「季辛吉國家安全顧問因爲胃痛，在奈奇阿加利休養。」奈奇阿加利是一個位在伊斯蘭馬巴德北方八十四公里的山岳地帶的度假勝地，巴基斯坦政府也確認這件事情。

七月九日下午十二點十五分，北京郊外的南苑軍用機場，一架巴基斯坦航空公司的飛機降落了。從梯子走下來的人是季辛吉，和出來迎接他的中國共產黨政治局委員兼中央軍事委員會副主席葉劍英（後來成爲首任駐聯合國首席代表），以及外交部長的黃華等人握手之後，季辛吉不多話地坐進了中國車「紅旗」號，直奔政府迎賓館釣魚台。

被安排住在釣魚台六號樓的季辛吉淋了浴，準備和周恩來進行會談。下午四點半，周恩來來到了六號樓，和季辛吉緊緊握手的周恩來說：「這是中美兩國的高級外交官員們二十多年來第一次的握手呢！」季辛吉回答說：「遺憾的是這一次握手沒有辦法立刻公開，怕會嚇壞了全世界。」

會談一開始，周恩來催促說：「根據我國的習慣，請客人先說話。」季辛吉就照著資料開始說話。他說明這一回的目的是爲了敲定尼克森總統訪問中國的時間和會談的內容，之後，季辛吉表明了有關台灣問題的美國立場。

「我們有準備將駐台美軍規模縮小，希望台灣問題和平解決。美國雖然支持中國恢復在聯合國的席次，但是美國不支持驅逐台灣的代表。」

周恩來開了口說：「應該彼此討論討論啊！沒有必要把稿子朗誦一遍就算了吧？」周恩來宴請季辛吉晚餐。

晚餐之後會談還繼續進行，長達將近七個小時的第一次會談在晚上十一點二十分結束（徐學初等編著《毛澤東眼中的美國》）。

毛澤東在中南海的住宅兼辦公室裡，焦急地大口吸菸，傾聽周恩來報告和季辛吉會談的結果。當提到有關台灣問題的時候毛澤東緊閉雙唇。

接著毛澤東不滿地說：「猴子還沒有變成人，尾巴還留著。台灣問題一樣還留著個尾巴。」毛澤東雖然不滿，但如果卡在那裡，就討論不下去了。想要讓尼克森訪問中國成爲事實的毛澤東對周恩來說：「不要碰具體的問題，我們有心理準備美國、蘇聯、日本瓜分中國。不客氣地對季辛吉這麼說。」

七月十日下午四點，周恩來邀請季辛吉到人民大會堂會談。晚餐後周恩來把話題集中在尼克森總統訪問中國的日程問題上，達成了發表「尼克森總統將訪問中國」的共同聲明。

持續到晚上十點的會談之後，毛澤東聽了周恩來的報告，說了最後的吩咐：「不要在共同聲明裡面提到是誰在主導尼克森訪問中國，是中美雙方都在積極推動的，也不要提到我想見尼克森的事情。」

從十一日上午九點四十分開始的會談，結果雙方同意了「中國方面知道尼克森訪問中國的希望，邀請來訪。」這樣的折衷方案。季辛吉加上了一條「若在一九七二年夏天訪問中國，距離總統選舉太近了。」結果就敲定「一九七二年五月以前」。

季辛吉在下午一點帶著中國方面贈送的《毛澤東選集》英文版，搭上了巴基斯坦的飛機回到伊斯蘭馬巴德。接著好像什麼事情都沒有發生似地，前往巴黎（以上所述是根據《毛澤東眼中的美國》等書）。

閃電發表「尼克森將訪問中國」的消息，讓全世界目瞪口呆，是七月十五日的事。

七月初，季辛吉歷史性的祕密訪問北京之後，黨副主席兼國防部長林彪和其妻子黨政治局委員葉群離開北京，回到河北省白海沿岸的避暑勝地北戴河。

林彪擔任毛澤東的爪牙，進行大規模整肅的「無產階級文化大革命」，現在進入文革收拾期，接著要展開「和美國帝國主義握手」了。黨政治局常務委員兼國務院總理周恩來等務實派抬頭，由毛澤東策動要把林彪拉下馬的行動，已經逐漸地逼近林彪的身邊。

離海岸兩公里左右山巒起伏的松林當中，有一個有軍方警備的要人度假區。

在一棟灰色瓦建造的兩層建築裡，林彪夫妻所住的中央療養院九十六號樓，裡面除了寢室之外還有辦公室、會議室等。

八月十六日上午，周恩來、黨政治局委員張春橋、黨政治局委員兼人民解放軍總參謀長黃永勝等人，在毛澤東的指示之下，向「接班人」報告國政。

這時林彪是在寢室裡面，執勤人員向他說了三次：「總理來了。」林彪卻都沒有回答。林彪對水、風、光線極度不喜歡。說不定這和林彪嗎啡中毒有關係，據說林彪在革命戰爭中受傷引起疼痛，而常使用嗎啡止痛（嚴家其、高皋著《文化大革命十年史》）。

就和其他的房間一樣，都用板子把窗戶遮起來，室內一片暗。鬍子未刮，臉色蒼白的林彪半睜半閉著眼睛，意識不清地坐在沙發上。在那一次嘗試著要確保國家主席的寶座而失敗的廬山會議（中國共產黨第九屆中央委員會第二次全會）以後，林彪只要是獨處的時候，幾乎都是這樣在黑暗當中思考事情。

好不容易和葉群一起出現在會客室的林彪，穿著一層又一層的厚衣，頭上戴著頭巾，和只穿著一件襯衫的周恩來形成強烈的對比。周恩來一行人是爲了向林彪報告內政、外交、軍事等施政方針而來的。最後周恩來說：「根據毛主席的提案，黨中央決定在國慶日前後召開第九屆三中全會，之後召開第四屆全國人民代表大會。」

低著頭聽完報告的林彪最後回答說：「堅決支持主席的指示！」

周恩來一行人在午餐過後，準備踏上了歸途，此時林彪的親信黃永勝說：「我去休息一下。」暗著避開周恩來一行人，而去和葉群說悄悄話。

黃永勝焦急地說：「首領（指林彪）對這件事怎麼想呢？事情很緊迫。」「第四屆全國人民代表大會肯定是一大難關。」

葉群已經感受到林彪「接班人」地位的危險，「第四屆全國人民代表大會的時候，說不定首領連國防部長都當不成。」「可是首領一點也不緊張，他的心裡已經有了好的計策。」葉群裝出笑容，要黃永勝這些心腹信賴林彪，鎮靜下來（曹英等著《特別別墅》）。

# 23. 密報——林彪被迫做「總檢討」

載著七十七歲高齡的毛澤東的專用列車，在一九七一年八月十五日，從北京出發抵達了炎熱的湖北省武漢市。毛澤東在車站裡，立刻叫來了人民解放軍武漢軍區政治委員的劉豐，詢問了當地的情勢之後，毛澤東突然說：「你們應該搞馬克思主義，不應該搞修正主義，不應該搞分裂山頭主義，應該光明正大，不應該搞什麼陰謀。」

根據隨行的黨中央辦公廳主任兼中央警衛局局長汪東興的回憶，毛澤東曾說：「風塵僕僕，各地遊說。」就如同他講的話，這一次的南方巡視，毛澤東就巡視了武漢、長沙、南昌、杭州等地，在各地停留的時候都會把周圍各省的黨、政府、軍方的負責人召集起來會見。

毛澤東一再重複下面這兩件相同的事情：一是，中國共產黨建黨五十年當中，雖然有十次的路線鬥爭，但是一次也沒有分裂過。二是，一年前的廬山會議（黨第九屆中央委員會第二次全會，簡稱第九屆二中全會）上有些軍頭想要分裂黨。

被指名道姓的「軍頭們」除人民解放軍總參謀長黃永勝之外，還有空軍司令吳法憲、海軍第一政治委員李作鵬、軍總後勤部部長邱會作這三個軍副總參謀長。其他被指名道姓的還有黨副主席兼國防部長林彪之妻，身為黨政治局委員的葉群。這些人全都是林彪的親信。

毛澤東痛批這些人是「突然的出手，搞地下活動，企劃、組織、綱領全都有。」並且斷罪說：「急著要當國家主席，想要分裂黨，急著要奪權。盧山會議是兩個司令部的鬥爭啦！」毛澤東口裡所謂的「急著想要成為國家主席」，是暗指在黨章中被明記為毛澤東「接班人」的林彪。

毛澤東說，對那些犯了過錯的人還是要加以再教育吧！在汪東興的印象裡，毛澤東講這句話是想要「救救」林彪以及一部分的親信們。但是，「這一次我不作出保護林副主席個人的結論，他當然應該負相當程度的責任。」「盧山事件還沒有結束，不夠徹底！完整的總檢討還沒有作出來。」毛澤東對事件相當嚴厲的追究。

這一次對林彪的親信們，毫不留情加以攻擊的毛澤東，公開的追究「接班人」林彪的責任，要求他做總檢討。

林彪讓妻子葉群擔任自己辦公室的主任，還把兒子林立果說成是「超級天才」（不到二十五歲就已經當上了空軍司令部辦公室副主任兼作戰部副部長）。對於林彪的這些做法，毛澤東毫不保留地表現他的不滿。

毛澤東所接見的幹部當中，也有些是和林彪以及林立果有深厚關係的人。當毛澤東在杭州接見空軍第五軍的政治委員陳勵耘（他是林立果等人「聯合艦隊」成員）的時候，毛澤東明明白白的詢問說：「知道你在盧山會議上犯了什麼過錯呢？」毛澤東直接的指出：「因為你是吳法憲的一夥。」被毛澤東這麼一說，陳勵耘狼狽不堪。[1]

毛澤東下令他南方巡迴當中的談話內容，不准向外界洩漏。當時正在河北省北戴河重要人物休養區內專用別墅「中央療養院九十六號」度假的林彪、葉群和林立果親子三人，因爲無法知道毛澤東「南巡講話」的內容而焦急萬分。【2】

消息終於傳入北戴河，是從九月六日開始。

這一天從兩個途徑傳入了有關毛澤東談話的內容。一個是由廣州軍區空軍參謀長的顧同舟，透露毛澤東在湖南省長沙的談話。另外一個是李作鵬從武漢軍區政治委員劉豐那裡聽來，有關毛澤東在武漢的談話。

根據《特別別墅》這本書，李作鵬聽了這些話之後這樣想：「廬山會議的問題還沒完，連小題也要大作的處理方式是比以前更加嚴厲，矛頭終於指向了林彪。」

根據專門審理「林彪反黨反革命集團事件」的特別檢察廳的起訴書，是這樣寫的：「林彪和葉群在接到密報之後，就下定決心採取行動來殺害毛澤東主席。」

林彪、葉群和林立果，以及身爲「聯合艦隊」成員的空軍司令部辦公室處長周宇馳這四個人，在六日午後九點開始到十一點爲止祕密會談。林彪和葉群夫妻兩個人更是持續深入密談到隔天的黎明。

實際採取行動的是林立果和「聯合艦隊」的成員，起訴書上說：「七日的時候，林立果向『聯合艦隊』下達一級戰備的命令。」

七日的下午，周宇馳急忙從北戴河返回北京，和「聯合艦隊」成員江騰蛟會面。「聯合艦隊」裡面雖然大多數是三十歲的青壯將校，但江騰蛟已經是五十歲了。他和林彪一家非常的親密，在一九六八年被解除南京軍區政治委員職務之後，曾經被毛澤東蓋上了「不可以重用」的烙印。因而他愈來愈倚賴林彪，向林彪宣示忠誠。林立果賦予江騰蛟指揮團總負責人的職位。

周宇馳把毛澤東南巡講話的紀錄內容拿給江騰蛟看，說：「這些話全部都是衝著首長（林彪）講的，（毛主席）好像終於要對我們下手了。我們最好要先下手爲強。」這意味著要暗殺毛澤東。江騰蛟不解地說道：「怎麼下手呢？這件事是那麼容易的嗎？」

「（毛澤東）現在正在杭州，爲了要在北京過國慶日，他應該立刻會回去吧？我們可以在他返回北京途中的上海下手。錯過這一次機會，再也沒有下一個了。」周宇馳這麼一說，就請江騰蛟負責上海方面的指揮。

八日的晚上，林立果也從北戴河祕密地回到北京。在北京西郊的機場迎接林立果的是空軍副總參謀長胡萍，林立果對他說：「現在黨內上層的領導之間，鬥爭非常的複雜，首長要離開北戴河。」因此，林立果要胡萍立刻準備蘇聯製的伊留申型，和另外一型的飛機兩架，並挑選效忠林彪的機員。

這時候林立果拿出了一張紙條給胡萍看。用紅色的筆歪歪斜斜寫的，筆跡錯不了，是林彪的。上面寫著：「希望按照（林）立果、（周）宇馳同志所傳達的命令行事。林彪，九月八日。」

後來起訴林彪等人的起訴書上面斷言：「九月八日，林彪下達了武裝政變的命令。」

## 註解

【1】以上的情況是根據忠實記錄南巡中，毛澤東的行動跟談話的《汪東興的回憶：毛澤東與林彪反革命集團的鬥爭》（當代中國出版社，一九九七年）這本書而來的。

【2】有關林彪集團的言語行動，是根據天華所編著的《毛澤東與林彪》，以及曹英等人所著的《特別別墅》這些書，推想（很可能）這些書是根據後來被逮捕並受到隔離審查的林彪集團分子們的供述寫成的。

# 24. 「暗殺主席」失敗
## ——毛主席專用列車改變預定行程

中國共產黨主席毛澤東當時正在南方各地巡迴，向黨以及軍方的幹部們「講話」，這是一九七一年八月起到九月止的事情。毛澤東在「講話」當中，指名道姓那一些圍繞在黨副主席兼國防部長林彪身邊「跟班的」軍頭們，批判他們企圖「奪權」。

毛澤東這一番話是指：「一年前在江西省廬山召開的黨第九屆中央委員會第二次全會上面，林彪主張『天才』的毛澤東應該就任國家主席；而林彪的親信人民解放軍頭們大力支持，紛紛發言。」這件事情。

因爲毛澤東說要廢止國家主席，林彪焦急起來，就開始布置「保衛國家主席職位」的議論陣容。這是因爲成爲毛澤東「接班人」的林彪自己，有意圖要就任國家主席的寶座。但是眼前毛澤東把林彪的作爲批判成是「奪權」。

林彪在河北省的度假地北戴河，知道了毛澤東「南巡講話」的內容。雖然毛澤東親口說：「到底林彪還是應該加以保護的。」但卻把在廬山上對林彪派行動的鬥爭，說成是和以前鬥爭劉少奇一樣的「兩個司令部」的鬥爭。

先前像林彪一樣，在黨內排名中僅次於毛澤東，居於第二位的國家主席劉少奇，遭受到毛澤東的對待是：毛澤東親自發動文化大革命把劉少奇打倒，棄置角落讓他慘死無人聞問。林彪率先吆喝助陣，現在自己也步上了像劉少奇那樣悲慘的命運。

在後來的「林彪反黨反革命集團」事件的起訴書中，斷定林彪和妻子葉群、長子林立果等人，在一九七一年九月八日，知道了毛澤東「南巡講話」內容之後，「發出了武裝政變的命令」。

「我們的任務是『五七一工程』。」一九七一年九月九日早上，在北京空軍學院內的一棟小建築物裡，林立果對祕密組織「聯合艦隊」的成員們這麼說，「五七一工程」是意味武裝起義，因為「五七一」和「武（裝）起義」發音相同。[1]

林立果的構想是：讓「南部戰線」把正在南巡當中的毛澤東暗殺，而同時又讓北京的「北部戰線」襲擊政府迎賓館的「釣魚台」，因為「釣魚台」是江青集團的據點。

「南部戰線」和「北部戰線」分別由南京軍區政治委員江騰蛟、空軍司令部副總參謀長兼辦公室主任的王飛指揮。林彪說如果成功的話將要論功行賞，林立果發出檄文說：「成功的話什麼都好辦；要是失敗的話，就化整為零幹到底。」

但是，具體的實行計畫遲遲未能成熟定案。林立果提出三個方案：第一，用噴火器和火箭發射筒攻擊毛澤東專用列車。第二，用高射炮水平發射攻擊列車。第三，在毛澤東要接見駐紮在上海的空四軍政治委員王維國（林立果集團的同夥）的時候，直接下手殺害。

但是，這些構想立刻被江騰蛟否決。因為第一項構想，空軍並沒有噴火器和火箭筒發射器；即使找到了也沒有人會使用。關於第二項構想，如果想要在毛澤東專用列車的附近砲擊的話，立刻會被發現。第三項構想，毛澤東專用列車上裝有偵測器，身上帶著槍是無法進入的。

江騰蛟等人必須再想別的方法。如果毛澤東的專用列車停在通往上海虹橋機場的支線上的話，就引爆附近的石油槽，利用消防救火的混亂，順利的話，連人帶車都可以處理得乾乾淨淨。或者用「日本人幹掉張作霖的方法」，造成第二次的「皇姑屯事件」。江騰蛟提議在江蘇省蘇州附近的碩放爆破鐵橋最好。

雖然林立果決定「先在上海爆破，失敗的話就到碩放」，但是進一步具體的計畫並沒有下文。「北部戰線」方面，擔任指揮的王飛也沒把握的說：「沒有去過釣魚台。」此外，還有另外一個難處：「空軍不允許攜帶武器進入北京市內。」

十日的下午，情況變成是「到底幹還是不幹呢？」連林立果本人也說：「那麼就別幹了。」把這個計畫放棄了。隔天的十一日上午，他打了電話去北戴河，遭到母親葉群的責罵，不得不再度密商大計。

根據隨行毛澤東南巡的黨中央辦公廳主任、中央警衛局局長汪東興的回憶錄，九月八日晚上在杭州得到一個令人不安的消息說：「有人偷偷地給飛機加裝裝備。」另一方面毛澤東也聽到了有人在做一些不尋常的舉動，於是他就下令專用列車移往原先計畫以外的路線。

在杭州擔任毛澤東護衛的人是「聯合艦隊」的成員之一，當時駐屯在杭州的空五軍政治委員陳勵耘。爲了要移動專用列車而找陳勵耘的時候，人卻不見蹤影。原來他跑去和從北京來的朋友空軍黨委辦公室副主任于新野見面。于新野是來杭州刺探毛澤東的動向的。

十日的白天，毛澤東對汪東興說：「出發了！沒有必要和陳勵耘等人聯絡。」列車在下午六點十分抵達上海。汪東興下令隨行的一百個中央警衛團幹部隊，把列車周邊護衛得固若金湯；並且命令兩個哨兵前往距離一百五十公尺之外的機場專用油庫守備。

毛澤東並沒有下車。十一日的中午，毛澤東對接見的上海市革命委員會副主任王洪文以及王維國等人說：「因爲原先沒有安排聚餐，你們就自己去吃吧！」就勸王洪文和王維國去錦江飯店吃中飯。毛澤東靜默不語的把兩人送出去後，立刻下令出發。「聯合艦隊」成員的王維國絲毫無可奈何，眼看著列車走了。

專用列車一離開了上海，毛澤東說：「誰也不見，我要休息。」即使在南京、徐州、濟南、天津等大都市，也只不過是停留個五到十分鐘，一路開回北京。

十一日晚上，林立果等人在北京繼續長談，懸而不決。到了深夜時分，上海的王維國來電話說：「毛澤東的列車已經在白天離開了上海。」對於這一個出乎意料的行程變更，林立果等人一片愕然。

林立果流著眼淚說：「首長（指林彪）交代給我的任務無法完成，首長甚至連命令都託付給我，我再也無顏見他了。」（《毛澤東與林彪》）。

毛澤東所乘坐的列車在十二日下午一點十分，到達了北京郊外的豐台站。

在這裡，毛澤東做了兩個小時的講話之後，在下午四點五分左右抵達了北京車站，乘車回到中南海。起訴林彪等人的起訴書所說的「暗殺毛澤東計畫」，就這樣胎死腹中。

## 註解

【1】天華編著的《毛澤東與林彪》一書寫道：林立果等人決意要暗殺毛澤東。《毛澤東與林彪》這本書被認爲是根據後來告發林彪等人的起訴書，以及那些遭到逮捕、隔離審訊的「聯合艦隊」成員們的口供寫成的，書裡詳細描寫了林立果等人的言談和行動。根據這一本書，「暗殺毛澤東」的行動是如下這般地進行的。

# 25. 林彪深夜起飛
## ——亂槍之中奔入軍用機逃亡

暗殺中國共產黨主席毛澤東計畫失敗，一九七一年九月十一日晚上，黨副主席兼國防部長林彪和他的妻子黨政治局委員葉群，籌劃逃往南方廣州。先前林彪曾經在廣州和人民解放軍總參謀長黃永勝、空軍司令吳法憲、海軍第一政治委員李作鵬、軍總後勤部部長邱會作等軍方首腦，共謀建立幾個分隔而治的國家策略。

後來中國共產黨在告發這個事件的起訴書裡面說，這是一個由「林彪反黨反革命集團」所發動的「暗殺毛澤東主席的計畫」。

林彪把自己關在河北省北戴河的要人專用別墅裡面。九月七日，林彪的女兒林立衡和未婚夫，當時是南京軍區的軍醫，一起被叫到這個別墅來。那時候葉群說了：「一個禮拜之後首長（指林彪）要去大連，國慶日（十月一日中華人民共和國建國紀念日）的時候回到北京。」[1]

九月十二日葉群突然說要替林立衡舉行結婚典禮，她要祕書以及辦事人員準備宴會所需要用的酒，以及各種喜糖等。她打電話給北京的吳法憲，各種慶賀電報的準備也做了。但是突然聽到要舉行結婚典禮而大吃一驚的林立衡反對，結果結婚典禮改變成訂婚典禮。[2]

根據特別檢察廳對林彪集團所做的起訴書，實際策劃暗殺毛澤東的人，是林彪的兒子空軍司令部辦公室副主任兼作戰部副部長林立果和他的集團。林立果在九月十二日，已經準備了逃亡廣州的專用飛機，軍用的三叉戟飛機「二五六號」。他和同夥的空軍司令部處長劉沛豐，一起搭乘這架飛機，前往他雙親所在的北戴河山海關機場。

當林立果一夥人抵達了林彪別墅的時候，已經晚上九點多了。照理說林立果應該要參加他姊姊林立衡的訂婚儀式，但是當晚他把花束送上之後，立刻和葉群慌慌張張的消逝在林彪的辦公室裡（天華編著《毛澤東與林彪》）。

感覺到雙親的言行舉止不自然的林立衡，進一步從林立果的表情確信出了事情。因此林立衡就叫手下偷偷的去聽雙親和弟弟的談話。

林立衡手下報告說，他聽到的好像是「明天早上六點前往南方」。林立衡聽了這個報告大吃一驚，向林彪的警衛參謀吳文虎說這件事情。[3]

吳文虎並不相信「林彪等人搭機飛往南方」的這句話。「首長是要去大連市的喔！」過了一會兒，吳文虎走去林彪的房間，鄭重其事地問：「首長！明天是要去大連的吧？」當時在現場的葉群回答說：「是啊！是要去大連喔！」所以吳文虎就說：「那麼我就調動警衛部隊了。」葉群卻用嚴厲的語調命令說：「不可以調動警衛部隊！」

吳文虎把這句話告訴了林立衡。吳文虎回憶說：「聽到這件事的林立衡，就決心要向負責林彪警衛任務的中央警衛局『八三四一部隊』通報。」根據曹英等著的《特別別墅》這本書，林立衡是在晚上九點五十分告訴「八三四一部隊」，有關林彪等人鬼鬼祟祟的行動。[4]

林立衡的通報立刻傳到北京，被往上報給黨政治局常務委員國務院總理周恩來。

周恩來下令調查所有飛機的動向，得知空軍的三叉戟「二五六號」飛機現在正在北戴河的山海關機場（根據林彪事件的起訴書）。緊接著，十二日晚上十一點左右，林彪也得到一個消息，說周恩來開始有動作要阻止「二五六號」飛機起飛（金聖基著《人民大會堂見聞錄》）。

林彪必須要有一個讓「二五六號」飛機起飛的藉口，所以他說：「向北京報告說我要去大連。」葉群就在晚上十一點二十二分，向周恩來打電話說：「爲了要換個別墅，林副主席現在移動前往大連。」

明明早已經知道「二五六號」飛機現在正駐留在山海關機場，周恩來還是故意問葉群說：「有飛機嗎？」葉群中計了，回：「沒有。」周恩來就更加的懷疑了。

周恩來說：「必要的話，我前往北戴河和林彪同志見面。」周恩來這句話是用婉轉的方法希望葉群和林彪別「逃亡」。但是葉群聽了周恩來的這句話慌了起來，說：「沒有那個必要，因爲林彪很忙。」說完就把電話掛了。[5]

葉群飛奔到走廊，怒聲地對林彪的警衛參謀吳文虎說：「準備好車子！」「總之，快點！有人要來逮捕首長。」葉群近乎悲鳴的聲音，引起一片騷亂。這時候已經是十二日晚上十一點四十分了。

根據吳文虎所說的，除了司機之外，還有林彪、葉群、林立果、劉沛豐，最後吳文虎上了車，車子開向山海關機場。在車內林彪向林立果問說：「到蘇聯的伊爾庫次克有多遠？」林立果說：「不遠！飛一下立刻就到了。」

在「八三四一部隊」的隊部前面遭到盤問，葉群叫著說：「八三四一並非效忠於首長，衝過去！」林立果用手槍抵著駕駛員的背後。車子衝過了盤問處的那一剎那，吳文虎從飛奔的車上跳了下來。林立果開了兩槍，其中一槍擊中了吳文虎的右肩，車子就這樣繼續飛奔而去（《葉群之謎》）。

林彪一夥人的車子以高速衝進機場內，奔向「二五六號」飛機。車子還沒有完全停下，林彪等人就衝了出來。頭髮飛亂的葉群和手握短槍的林立果高喊：「快！快！把飛機開出來！」【6】

因為登機橋已經脫落了，林彪一夥人就踏上了掛在駕駛艙的梯子，連爬帶滾地進入了機內。

緊接著，也不等待「二五六號」飛機的副駕駛和通信員，就在紅色信號燈關閉的狀態下開動飛機，即使飛機的主翼碰撞到油罐車的油槽，依然開向起飛跑道。

這時候雖然「八三四一部隊」追了上來，並且為了要阻止「二五六號」飛機起飛，而將跑道指示燈關掉，飛機還是在一片漆黑的起飛跑道上面加速，十三日凌晨零點三十二分，飛機在西方黑暗的天空中失去蹤影。

## 註解

【1】葉群所說的前往大連的這句話，是寫在熊華源等人所編的《林彪反革命集團覆滅紀實》（中央文獻出版社，一九九六年）這本書上。這本書是林彪的部下張寧的回憶錄。

【2】也有一種看法認為葉群故意說：「林彪從大連市回北京，要為林立衡舉行結婚典禮。」這也是林彪夫婦為了怕他們逃亡廣州的計畫被識破，而故意表演出來的（曹英等著《特別別墅》）。

【3】此後有關於林立衡的行動，是根據焦燁編著的《葉群之謎》（甘肅文化出版社，一九九八年）一書，這本書是記錄葉群女祕書的回想。據說這個女祕書是從吳文虎那裡直接聽到有關當時的狀況。

【4】為什麼林立衡會密告呢？雖然有些人認為是「林立衡和雙親相處不洽」、「林立衡和干涉自己結婚的母親葉群關係惡化」。但是也有些文獻認為是林立衡想要「制止」雙親。

【5】以上周恩來和葉群的對話，是在收錄中央辦公廳主任汪東興所回憶的《林彪反革命集團覆滅紀實》這本書中提到的。

【6】在飛機場裡，山海關機場的副機場長等人，目睹了林彪一夥人的行動，李健編著的《紅牆紀事》引用他們的說法。

# 26. 林彪墜機死亡

## ——「這是事件的理想結局」

搭載著中國共產黨副主席兼國防部長林彪的中型三叉戟噴射客機「二五六號」，在一九七一年九月十三日凌晨零點三十二分，從河北省北戴河的山海關機場強行起飛，飛機的航向不明。

「用無線電呼叫他！北京的西郊機場也好，東郊機場也好，降落的話，我周恩來親自出來迎接。」

黨政治局常務委員兼國務院總理周恩來，向正在用雷達追蹤「二五六號」飛機的軍司令部指揮部下達這樣的指示。周恩來已經命令中國全境的機場禁止任何飛機起飛及降落。

在「二五六號」飛機起飛的山海關機場裡，有目擊證人證實看到林彪，還有他的妻子葉群，和兒子林立果，還有空軍司令部處長的劉沛豐慌慌張張的坐進飛機。

即使周恩來發出了呼籲，但完全沒有回應。雖然飛機是從山海關機場向西飛去，但是在內蒙古自治區的上空突然把飛行方向轉向北方。周恩來急急趕往中南海，請示黨主席毛澤東做最後的判斷。

「要不要加以追擊呢？林彪的飛機還在射程範圍內。」

毛澤東在辦公室內緩慢地踱步，思考之後說：「沒辦法阻止的。就像天要下雨、女兒要嫁人，是沒辦法的。他想怎麼做就讓他去吧！」

十三日凌晨一點五十分，「二五六號」機起飛一個小時之後飛越了蒙古邊界，影像從雷達幕上消失了。[1]

十三日凌晨二點四十分，「二五六號」飛機消息斷絕之後，在北京市沙河機場空軍司令部辦公室處長周宇馳、空軍司令部辦公室副處長于新野、空軍政治部祕書處副處長李偉信現身了。他們全都是林立果一夥的青壯將校。

這三個人欺騙正在值班的直升機駕駛員說「有緊急任務」，將直升機飛往東北方面去。不久之後，周宇馳向駕駛員出示了烏蘭巴托—伊爾庫次克的航線地圖，命令他飛往烏蘭巴托。

周恩來那裡傳來了有不明的直升機正在飛行的情報，於是就展開監視。駕駛員因為「必須要加油」而在北京郊外的懷柔縣迫降，駕駛員當場被射殺，周宇馳和于新野用手槍自殺。李偉信則被逮捕。

九月十四日上午八點，烏蘭巴托市內，中國駐蒙古的大使館電話響了。「許文益大使，有件緊急大事想和您見面。」是蒙古的外交部次官布魯登・畢利卡打來，要會見中國大使許文益的請求電話。

「十三日凌晨兩點左右，在我國的亨提省溫道耳蕃礦區南方約十公里的地點，有一架噴射機墜落。經過調查的結果，墜落的是中國人民解放軍的飛機。飛機上成員九人，其中一個人是女性，全部不幸死亡了。」

畢利卡繼續說：「中國的軍用機深入上蒙古領空，這件事我代表政府提出口頭抗議。希望中國政府盡快地作出正式的說明。」

許文益向蒙古官方申請，由中國方面到現場檢查和蒐證。大使館向北京的外交部聯絡，但是因爲通信不良，並沒有接通。蒙古方面重新接通那一條在一九五〇年代經過烏蘭巴托所開設，現在已經停止使用的北京和莫斯科之間的專用電話線。下午零點二十分，向北京報告狀況。這時候距離林彪專用飛機失去聯絡已經超過三十四個小時了。[2]

「二五六號」飛機在進入蒙古斷絕消息之後，周恩來認爲林彪等人已經往蘇聯逃亡了。根據當時擔任外交部辦公廳主任符浩所寫的回憶錄（收錄在中共中央文獻研究室所編的《黨的文獻》），周恩來指示外交部要好好地注意外國通訊社的報導，要做好能夠對應所有情況的準備。

爲此，外交部設想四種可能情況加以分析檢討：一、林彪會公然（在國外）發表賣國聲明。二、林彪一夥人透過外國的媒體發表談話。三、林彪一夥人雖然不露面，也不發表聲明，但某個外國通訊社會報導說林彪現在正在某國。四、什麼消息也不會發布，但林彪會注意著中國國內的動靜。

九月十四日過了中午，派駐在蒙古的中國大使館傳回來了緊急報告。看過報告電文的代理外交部長姬鵬飛，臉上浮出了笑容，說：「墜機死亡是絕妙的結局。」

這一個緊急報告立刻送達周恩來的手邊，這時候，幾天以來不眠不休的指揮處理林彪問題的周恩來，好不容易靠著安眠藥才剛剛睡著。一接到消息馬上起來，在人民大會堂的福建廳裡接受報告的周恩來，急忙前往毛澤東所在的北京廳。

「主席！『二五六號機』的行蹤已經清楚了。」毛澤東聽了以後站了起來，一連串的追問：「情報可靠嗎？」「油料用盡了嗎？」「和飛機場控制台看法不一樣嗎？」

然而，最關心的事情是「情報有沒有洩漏」，周恩來說明這個情報是用大使館專用電話線報告的。毛澤東一聽，就說出了和姬鵬飛如出一轍的話：「這是處理林彪事件最理想的結局了。」這是警衛隊員們親耳聽到的（毛澤東的警衛隊隊長陳長江等著《毛澤東最後十年》）。

這句話是毛澤東在知道了那一位在無產階級文化大革命中成為自己左右手，由自己指明為接班人，在黨內排名第二位的林彪的死亡消息之後，冷酷到家的發言。[3]

有關於判定墜機現場發現到的燒焦遺體當中有林彪的依據，中國方面的文獻是說根據「遺留物品等的證據」和「事後的調查」。

另一方面，根據《產經新聞》所得到的蘇聯共產黨的內部文書，事故發生經過了一個月之後，蘇聯領導階層得到情報說墜機死亡當中有林彪的屍體，在蒙古政府的同意之下，發掘遺體。發掘的結果和一九三八年起到一九四一年之間，為了療養而留在莫斯科的林彪頭部和牙齒的病歷報告相一致。

蘇聯共產黨在隔年一九七二年一月十七日的政治局會議上決定說：「為了不讓關係進一步惡化，不要切斷對中國關係正常化的管道。」蘇聯方面要把確認林彪墜機死亡這件事加以保密。當時蘇聯對中美兩國改善關係的動向極度關切著。

## 註解

【1】有關周恩來追蹤林彪一行人的行蹤而作出的言行舉止，是根據天華所編著的《毛澤東與林彪》一書。

【2】以上這個事件的經過是由收錄了許文益的回想的《林彪反革命集團覆滅紀實》（中央文獻出版社，一九九六年）這本書中引用的。

【3】根據中國和蒙古方面的調查，認為「二五六號」飛機因為燃料用盡打算迫降而失敗，墜機起火燃燒。墜機死亡的有林彪、葉群、林立果、空軍司令部處長劉沛豐、飛機駕駛員，以及同機的操作員等四個機組人員，合計九人。

# 27. 「接班人」變「賣國賊」——「要是不逃，我也不會殺他」

在蒙古的首都烏蘭巴托，一九七一年九月十三日黎明前，中國人民解放軍的中型噴射機隊機燃燒，機上九人全部死亡，因爲這個事件造成兩國間關係緊張。

蒙古方面主張說：「這是一個用軍機侵犯領空的事件。」對此，中國方面則想要堅持主張「中國民航機『二五六號』由於迷失方向，誤入了蒙古人民共和國的領空。」

當然，中國方面沒有理由說出，墜落的飛機裡面乘坐著中國共產黨副主席兼國防部長林彪、其妻兼黨政治局委員的葉群，及其兒子空軍司令部辦公室副主任兼空軍作戰部副部長的林立果等人。

憤怒焦急的蒙古方面在和同盟國蘇聯商量之後，在事件發生的十六天之後的九月二十九日下午五點，透過國有蒙古電視台，簡短的報告了這個墜機事故消息說：「中國空軍軍機侵犯領空。」

中國共產黨對外拚命的隱藏林彪墜機死亡的消息；在另外一方面，事故的五天之後的九月十八日，高度機密地對全國各省、市、自治區的黨委員會常務委員以上的幹部，發出了關於「林彪背叛祖國，逃亡國外」的通知。

「一九七一年九月十三日，林彪倉皇逃亡，投身敵國，背叛黨和祖國，自取滅亡。」「這是林彪這個資產階級野心家、陰謀家一切攤在陽光下，徹徹底底破產的事件。」

這裡所談到的事情，是指林彪在一九七〇年夏天，在黨第九屆中央委員會第二次全會上面，妄想奪取國家主席寶座，和黨政治局常務委員的陳伯達等人共謀，陰謀敗露而逃亡。關於這一個第九屆二中全會的問題，最初毛澤東批判的矛頭是指向陳伯達。但是，批判的對象逐漸擴大到林彪親信的軍頭們。就在林彪「逃亡」的前夕，追究到了林彪的責任。

毛澤東說：「十天之內，看看情況不是嗎？要是能夠老老實實承認錯誤的話，就寬大處理吧！能夠把過錯改正的話就算了。」

毛澤東對該如何處理林彪的親信們而煩惱。這些親信的中心人物是總參謀長黃永勝和三位副總參謀長吳法憲、李作鵬、邱會作。毛澤東叫來了黨政治局常務委員兼國務院總理周恩來，指示他要注意這四個人的動靜。

九月二十四日，事故發生後十一天，周恩來和黨中央辦公廳主任汪東興向毛澤東報告：「他們都拚命地要隱滅證據。」毛澤東說：「這樣的話就是自找死路，那夥人要做困獸之鬥到底。」

黃永勝等四個人被「隔離審查」，嚴厲的追究罪狀。周恩來把這四個人叫到人民大會堂的福建廳，當場加以逮捕。[1]

林彪事件之後，一肩承擔黨和國家日常工作的人是周恩來。十月初，周恩來在毛澤東的同意下，廢除了被林彪集團所盤踞的黨中央軍事委員會辦事組，而成立了由務實派所負責的黨中央軍事委員會辦公會議。在揭發林彪集團的反革命罪狀同時，也以周恩來為中心，推動恢復在文化大革命中「被誤認而打倒的」軍方老幹部們的名譽。

十月四日，接見了黨中央軍事委員會辦公會議成員時，毛澤東說：「文化大革命當中有好多位老將軍被拉下馬，那是林彪和陳伯達幹的。」「好好整頓我們的軍隊，黨軍事委員會在討論重大問題的時候，也讓（周恩來）總理參加。」

十月二十五日，林彪失勢或者死亡的傳言擴散開來，聯合國全會採納了一個歷史性的決議。儘管美國和日本等國抗議，但是中華人民共和國加入聯合國，並要求把以「中華民國」名稱作爲中國代表權的台灣逐出聯合國，這兩個議案以懸殊的比數通過。中華人民共和國建國經過二十二年，終於成爲聯合國的一員。

西方世界流傳一種看法，認爲獲致這一個外交成果，和周恩來等務實派的抬頭及激進左派的林彪失勢有所關聯。

中國共產黨在一九七一年十二月到一九七二年七月爲止，分三次向共產黨內部分發了一份資料，題目是「粉碎林陳反黨集團的反革命政變鬥爭」。在此同時，全國各地推動了「批林整風（批判林彪、整頓思想）」。然而，最初一般黨員以及國民都不太能夠了解這個運動的意義。

一九六九年黨第九屆全國代表大會，在黨章上被明文登記爲「接班人」的林彪，爲什麼會在一夜之間變成了「叛國投敵分子」呢？

這件事無法避免的，對那一個把林彪安排爲接班人的毛澤東而言，造成了威信上的傷害（李健編著《紅船交響曲》，中共黨史出版社，一九九八年）。

林彪事件之後，在毛澤東身邊辦事的人眼中，他看起來顯得更加老邁了。根據葉永烈所著的《江青傳》一書，毛澤東所坐的沙發旁邊常常不得不放一個痰壺，因爲感冒常常成爲支氣管炎，甚至惡化成肺炎。

一九七二年一月，毛澤東帶病出席了曾經被林彪激烈批判的前黨政治局委員國務院外交部長陳毅的追悼儀式。儀式完畢回到住宅的毛澤東比平常更加疲累，幾天之後心臟病發作。經過醫師施行緊急的急救措施，終於得以平安無事。

「林彪要是不逃亡的話，我也不會殺他，連黨籍也會給他保留……。」毛澤東甚至曾經這樣向他的身邊人吐露心境（曹英等著《特別別墅》）。所謂的「殺他」，應該是「置（林彪）於死地」吧！

雖然林彪事件難保不會否定文革的正當性，但是不承認這一點的毛澤東，逐漸強化對與林彪一起支持文化大革命的江青所帶領的集團的偏私。而對周恩來等務實派的抬頭，感到如鯁在喉的江青，也再度燃起政治的野心。

毛澤東是在一九七二年六月底，公開承認林彪的失事以及死亡。毛澤東在接見斯里蘭卡首相班達拉奈克事後說：「那時候的所謂左派，其實是一些反革命分子，重重黑幕的總頭頭是林彪。」

一九七三年八月二十四日，黨中央正式承認了「林彪反革命集團的罪狀審查報告」，決定將林彪以及「反革命集團的主要成員」陳伯達、葉群、黃永勝、吳法憲、李作鵬、邱會作等人的黨籍永遠剝奪。

「野心家、陰謀家、反革命兩面派、叛徒、賣國賊」，「毛主席的親密戰友」在四年後被同一個中國共產黨如此地斷罪了。

## 註解

【1】從事發開始到黃永勝等人被隔離審查為止的情況，汪東興在《林彪反革命集團覆滅紀實》這本書中有所回想。後來中國共產黨黨中央以官方形式，提出了林彪一夥人「企圖暗殺毛主席、策劃反革命政變」的始末。然而，在一九八一年宣布判刑的特別法庭判決書裡，並沒有提到這四個將軍直接參與政變計畫的事情。到現在還有很多海外的專家認為政變計畫是「虛構的」。

# PART 5

# 儒者宰相對紅都女皇

本書是從一九七六年十月開始寫起的，當時隨著無產階級文化大革命而抬頭的激進左派「江青四人幫」，在毛澤東死後遭到逮捕、失勢。接著將時代往上溯，記錄了促使毛澤東決心發動文化大革命的背景、文化大革命瘋狂的高揚起來、再經過整肅國家主席劉少奇，再到取代劉少奇站上了毛接班人地位的林彪如何在逃亡國外的途中，戲劇性的墜機死亡，而結束了全書的第四部分。

第五部分是要描述一九七一年九月林彪事件後，各方勢力開始覬覦體力日漸衰退的毛澤東死後的權力分配，展開激烈的權力鬥爭的時代。在這個時期，周恩來開始採取動作去修補因爲文化大革命所造成混亂不堪的內政和外交；而鄧小平也復活過來。對這些現象抱著危機感的四人幫開始在毛澤東身上下功夫，宣布發動爲了要「打倒周鄧」的「第二次文革」。左右兩派的勢力就這樣衝上決戰的舞台。

# 1. 林彪墜機和加入聯合國
## ——「意外的兩大勝利」

中國共產黨副主席兼國防部長林彪在蒙古墜機死亡這件事情，雖然對外一再地被隱瞞，但是林彪落馬的消息在世界各地紛飛。這個林彪事件經過一個月又一個禮拜之後，一九七一年十月二十日晚上九點，黨副主席兼國務院總理的周恩來，出現在北京中南海黨主席毛澤東的住宅兼辦公室裡面。負責外交政策的黨中央軍事委員會副主席葉劍英、國務院代理外交部部長姬鵬飛等人也同時出席。

這一天，美國總統國家安全顧問季辛吉來訪北京。這一次和三個半月前的密訪中國不同，是公開的訪問。預定在明年的年初，美國總統尼克森將踏上北京的土地，進行歷史性的中美兩國領導會談。

季辛吉博士在人民大會堂和周恩來所舉行的首次會談上，突然提案說：「（美國）總統訪問中國時，應該發表中美兩國共同聲明。」在第一次祕密訪問中國確定的折衷方案裡，美國方面完全沒有提到有關發表共同聲明的事情。如果要發表共同聲明的話，中美兩國之間最大懸案的台灣問題，應該如何處理呢？周恩來把會談早早做個結束，而急急忙忙來到毛澤東的處所。

毛澤東眼光掃過周恩來等人的臉說：「那就等美國提出草案再做考慮吧！雖然，發表聲明也好，不發表聲明也好。但是如果要發表聲明的話，就必須要提一些好的東西。」之後突然碰觸到了中華人民共和國加入聯合國的問題。

「聯合國從去年開始討論中國代表權的問題，尼克森爲什麼在這個時候叫季辛吉來北京呢？」在對美國交涉中，扮演周恩來輔助角色的葉劍英回答說：「大概是想讓美國的提案可以通過吧？」

所謂「美國的提案」就是指有關於：若要從聯合國逐出以「中華民國」身分握著中國代表權的台灣，必須要有聯合國全會三分之二以上的代表國家贊成。雖然美國和日本等國家到當時爲止，一直提出決議案，說「中華人民共和國加入聯合國是一件重要事項」。但是情勢已經演變成贊成中華人民共和國加入聯合國的國家數，不會達不到三分之二的程度了。因此美日兩國反過來把「趕走台灣」當作重要事項，也就是美國和日本在聯合國的政策轉換成「反向重要事項指定方式」，這樣做是爲了要確保（中國）「雙重代表」之途。

毛澤東說：「美國是一個算計很高的國家。他們的策略大概是希望季辛吉博士一回到美國當天，或者是隔天，他們『兩個中國』的提案能夠被聯合國採納吧？」「把中華民國趕出聯合國吧！要是搭上『兩個中國』的賊船的話，今年就不要加入聯合國。」[1]

季辛吉在北京的住所是被安排在政府迎賓館的釣魚台五號樓，季辛吉非常不高興。他所住的房間裡擺放的發送電報用的便箋上，用英語印刷著「全世界的人民大團結，打倒美國帝國主義」的字樣。

這件事傳到周恩來的耳裡，他向國務院外交部禮賓司的負責人問這件事，但回答是愛理不理的「這是新華社的規則！」

毛澤東知道這件事後，反應和周恩來不同。他說：「告訴他們去，這只是『放空砲』。」

經由周恩來而聽到了毛澤東這句話的季辛吉，沒有辦法理解這句話的意味。周恩來做了說明：

「（在中國）也有一種只有口號，沒有伴隨著行動的『放空砲』。也就是說，希望你不要認眞看待中國所發出來的言詞，要注意看的是行動。」

果如預期，協議的過程環繞著台灣問題產生了糾紛。中國方面主張要在共同聲明草案裡明記「台灣是中國的一個省」這件事；而季辛吉則反彈說：「這是要讓我們的總統飽嘗屈辱的滋味嗎？」季辛吉把原定二十五日出發的行程延後了，雙方的鴻溝相當難以跨越。

後來提出解決之道的是季辛吉，他說：「美國認識到台灣海峽兩岸的所有中國人，都認爲中國只有一個，台灣是中國的一部分。這樣如何呢？」

美國避免了直接承認「一個中國」的表現方式，而且也不說台灣是中華人民共和國的一部分，只是巧妙迂迴地說台灣「單單指地理概念的中國」的一部分。「不愧是個博士，這眞是一個深奧微妙的發明（說法）。」周恩來把季辛吉博士的提案一個字一個字在口裡重複吟唸，臉上露出嚴厲的表情。[2]

和周恩來激辯交鋒了二十三個小時四十分鐘的季辛吉，在一九七一年十月二十六日上午九點，走出釣魚台，踏上歸國之途。就在這時候，聯合國全會有關中國代表權問題的各項決議案，正進入了表決。

在前往機場的車子裡，中國外交部副部長喬冠華問季辛吉說：「你有沒有考慮在今年的聯合國全會上恢復中國議席？」季辛吉思考了一會兒回答說：「今年很難吧？對啦，應該會在明年尼克森總統訪問中國之後實現吧！」（楊明偉等著《周恩來外交風雲》，解放軍文藝出版社，一九九八年）。

但是在聯合國全會上，由美國等國家所提案的「反向重要事項指定決議案」以五十五票贊成、五十九票反對、十五票棄權、兩票缺席而遭到否決。相反的，由阿爾巴尼亞所提出的，要求中華人民共和國加入聯合國，以及把台灣逐出聯合國的提案，卻以七十六票贊成、三十五票反對、十七票棄權、缺席三票的懸殊比數通過。

季辛吉得知這個消息的時候，正是他所搭乘的總統專機「空軍一號」從北京首都機場剛剛起飛之後。

這天的晚上九點過後，毛澤東再度傳喚周恩來等人。毛澤東這時剛剛睡足醒來，心情愉快滿臉浮現著笑容，坐在沙發上說：「今年有兩大勝利，一個是林彪，一個是聯合國。這些真是想都沒想到的勝利。」（《百年潮》增刊號）。

## 註解

【1】毛澤東的發言，見於熊向暉發表在中共中央黨史研究室的季刊《百年潮》上的文章。熊向暉是一位外交官僚，由外交體系派往人民解放軍總參謀部擔任國際問題研究，並且曾經列席中美協議。

【2】周恩來和季辛吉交涉的內容，是根據陳敦德所著的《毛澤東・尼克松在一九七二》等書。

## 2. 陳毅的追悼會
### ——穿著睡袍突然出現在會場

林彪事件發生兩個月後的一九七一年十一月十四日，毛澤東在北京接見了四川成都的幹部們。「（林彪一夥人）想要我擔任國家主席，是騙人的；林彪自己想要擔任國家主席才是眞的。」毛澤東雖然說了這些話，但是當晚當黨政治局委員兼中央軍事委員會副主席的葉劍英一進入房內，毛澤東就指著葉劍英對著滿坐的人員說：「大家再也不可以把他說成是『二月逆流』。」

所謂的「二月逆流」，是指在一九六七年二月文革期間，葉劍英等軍方長老們對於老黨員們所遭受到的批判打抱不平，猛烈反彈。林彪以及毛澤東之妻江青等激進派，攻擊葉劍英等人的行爲是「文革的逆流」。江青等人告狀激怒了毛澤東，害得軍方元老一個個相繼的失勢，遭受到紅衛兵屈辱的批鬥。

毛澤東曾經說：「所謂的『二月逆流』，到底具有什麼樣的性質呢？這是他們（葉劍英等）老將軍們卯上了林彪的一個事件。人民解放軍的老元帥們滿腹的怒氣，卻只吐露了一點抱怨。他們固然有一些缺點，但是我早已經不在意了。那時候我的確對事情的狀況有些不了解……。」（蔣建農等編

《世紀偉人毛澤東》，紅旗出版社，一九九六年）。

在大約一個月之前，毛澤東把林彪一夥人作爲掌握軍權據點的中央軍事委員會中樞機構加以改組，由周恩來所推薦的葉劍英一派人掌握了這一個機構。

那時候毛澤東說：「好好整頓軍方！」

「凡是重大事情的討論一定要請總理參加。」看起來，毛澤東顯然對林彪的「脫韁行爲」感到深深的挫折。雖然如此，他絕對不承認，這是由他自己發動的文化大革命所帶來的結果。正因爲如此，讓他心理上的勞瘁更加嚴重，身心同時衰老到了眼睛看得見的程度。

在「二月逆流」裡遭受林彪一夥人的攻擊，嘗到了艱苦滋味的軍方元老陳毅，爲了治療癌症，倒臥在北京的解放軍總醫院（通稱三〇一醫院）床上。一九七一年十二月二十六日，早上吃完毛澤東的生日壽麵之後不久，病情更加危篤。

一九七二年一月六日晚上，葉劍英趕往陳毅的病房，站在枕頭旁邊的葉劍英手上拿著一張紙條，眼中含淚聲音哽咽的讀著，字條上寫的是毛澤東給黨內的指示說：「不可以再談『二月逆流』的事情」。

葉劍英在幾天前和周恩來一起被毛澤東叫過去，毛澤東託他向陳毅傳達口信說：「再也不談『二月逆流』的事了，麻煩您向陳毅同志傳達這個消息。」葉劍英這時候又對陳毅說：「毛主席和黨中央派我來這裡向您說，請您放心，好好休養。」

陳毅的女兒姍姍站在枕頭邊拚命的出聲說：「爸爸，聽到的話，請眨一下眼睛。」他這麼一說，陳毅就慢慢的張開眼睛，然後又閉上了。就在那天晚上十一點五十五分，陳毅去世了，享壽七十歲（袁德金著《毛澤東和陳毅》，北京出版社，一九九八年）[1]。

一月八日，陳毅死亡之後兩天，黨政治局的報告書送到了毛澤東的處所，內容是關於預定在十日舉行陳毅的追悼會，主持追悼會的人是人民解放軍總政治部主任的李德生。之所以不由國務院以及黨中央來主持，是因爲沒有得到毛澤東的指示。毛澤東雖然否定林彪等人所搞的「二月逆流」，但也不至於讓那些在文化大革命中遭到批判的老同志們，接受共產黨和國家所舉行的追悼會。毛澤東搖擺不定。

「現在幾點了？準備車子，我要去陳毅同志的追悼會。」毛澤東從床上起身了。

追悼會就在一個小時之後。毛澤東這時候身上穿著睡衣，用一條毛線編的腰帶紮著。在服務人員的攙扶之下，毛澤東就只被著外衣，連長褲也沒有穿就坐進了車子。

毛澤東突然改變主意要參加陳毅的追悼會，這件事周恩來也接到毛澤東的警衛隊長陳長江的通知。周恩來急急忙忙透過黨中央辦公廳主任汪東興，向全部的政治局委員發出指示，要他們出席追悼會。只比毛澤東早一步抵達追悼會場（北京西郊八寶山公墓）的周恩來，對陳毅的未亡人張茜說：「主席一定會來，因爲（主席和陳毅同志）是從井岡山以來的老戰友。」[2]

不久之後毛澤東來到了會場，從車上下來的毛澤東握著張茜的手說：「陳毅同志眞是個好同志。要是林彪的陰謀成功的話，那現在像我們這樣的老人全部都落馬了。」

話講到這裡，那一位因爲政變而被逐出國外，流亡中國的柬埔寨國王西哈努克也到達了。毛澤東轉向西哈努克，告訴他說：「林彪在去年的九月十三日，搭著飛機想要逃往蘇聯，在半途墜機死亡了。」

從中國政治舞台上消失蹤影的林彪，在追悼會當時被證實了中國官方向來一直隱瞞的消息。確認了林彪消息的西哈努克當時非常緊張，但是毛澤東毫不在意的繼續說：「這是一件我的親密戰友想要殺害我，但是卻陰謀敗露，最後自己墜機死亡的事件。」「雖然有林彪這種人反對我，陳毅卻是支持我的。」

追悼會結束之後，想要乘車回去的毛澤東，腳抬不起來，踉踉蹌蹌差點跌倒，女祕書張鳳玉等人，慌慌張張的趕緊架住毛澤東的兩腋，毛澤東這才勉強可以坐進車子裡面去。

## 註解

【1】身爲一個窮學生，陳毅在法國留學回國之後，在二十二歲加入中國共產黨。後來加入朱德的部隊，在早期的革命根據地江西和湖南省邊境的井岡山和毛澤東會合了。作爲一個軍事指揮官而嶄露頭角，是中共軍方「十大元帥」之一。之後在周恩來的聘請之下進入國務院，一九五八年就任外交部長。但是因爲文化大革命停職，成爲激進派不斷加以攻擊的目標。

【2】毛澤東出席陳毅追悼會的情況，是根據陳長江等人所著的《毛澤東最後十年》這本書。

## 3. 尼克森訪問中國

### ——病床上指示「我要立刻和他見面」

中國共產黨主席毛澤東身體狀況惡化了，逐漸變成大部分的時間都臥床。一九七二年一月二十五日，毛澤東用好像喘息的聲音，對中央警衛隊長張耀祠說：「帶著醫生去江青那兒，把我的病情告訴她。」

毛澤東的妻子黨政治局委員江青，在政府迎賓館釣魚台一角，構築了一間住宅兼辦公室，和毛澤東分居好幾年了。毛澤東的一位女性祕書張玉鳳，從一年多以前開始照顧毛澤東。

根據張耀祠所寫的《張耀祠回憶毛澤東》（中共中央黨校出版社，一九九六年）一書，張耀祠遵照毛澤東的指示，把毛澤東的病情向江青報告：「毛主席的肺臟和心臟都患了病，因為支氣管炎發作睡不好。」江青聽了之後說：「主席的體質非常硬朗，不會大病的。不過，萬一有什麼重大的變化請向我報告，因為我心裡也有覺悟準備著。」

三天之後，一月二十九日午夜零點，張耀祠和負責的醫生進入寢室，毛澤東癱臥在沙發上，替毛澤東量脈搏的值班醫生，突然臉色蒼白，驚慌的說：「沒有脈搏！」醫療團慌慌張張的準備急救措施，室內一陣騷動。接到張耀祠的緊急報告，黨政治局常務委員兼國務院總理周恩來，和中央辦公廳主任汪東興趕了過來。接到周恩來的電話通知，江青也急急忙忙趕來。根據張耀祠的回憶錄寫道：「江青一到了現場，就責罵負責值班救助的醫生，說是『特務』、『反革命』等。」

兩個禮拜之後，二月十二日上午，毛澤東心臟病發作，脈搏再度停止，意識不清。周恩來一臉沉痛的表情，對醫師說：「我沒有辦法背負這個國家，沒有主席是不行的。」他請求醫師盡一切的手段，挽救毛澤東的性命。

毛澤東這一次還是從昏迷當中搶救過來，恢復了氣息。等到氣色一穩定下來，毛澤東喃喃自語說：「好像睡了一覺呢！」毛澤東讓那些鬆了一口氣的衆人們坐下之後，就用嚴肅的表情對周恩來命令說：「不可以把這件事告訴江青，要是告訴那傢伙的話，只會增加麻煩。」

毛澤東幾度瀕臨絕命危機的這個事實，被當作絕對的機密處理（《張耀祠回憶毛澤東》）。

毛澤東心臟病發作九天之後，一九七二年二月二十一日上午十一點二十七分，美國總統尼克森的專用機「空軍一號」在北京首都機場降落。雖然周恩來等人在跑道上迎接，但是，迎接有邦交國家元首時，所使用的紅地毯和禮砲，則付之闕如。這個歷史性的一刻，透過電視向全世界現場轉播。

自從中華人民共和國建立，以及跟著而來的朝鮮戰爭，長達二十年以上的時間，中美兩國互相以仇敵相待。一九五四年，以結束朝鮮戰爭和中南半島和平爲目標的日內瓦會議上，美國國務卿杜勒斯拒絕和周恩來握手。

爲了一掃這個給人冷峻關係印象的情景，美國國家安全顧問季辛吉向中國方面提議，在尼克森和周恩來初次見面的場面裡，互相配合演一場戲。「希望在機場上和周總理握手的時候，只有周和尼克森兩人而已。」這個提議是爲了要讓這一個會在電視螢幕上播出的場面更加的突出。

在尼克森完全走下登機梯爲止，季辛吉等人的隨行團一直留在機艙內。在寒風中連帽子也不戴而等待在登機梯下的周恩來也自己一個人。尼克森一走下飛機，周恩來上前迎接，整個畫面就只有兩個人用力的互相握手。

尼克森抵達北京的當日，毛澤東的身體狀況依舊不好。

雖然和尼克森會面早已預定好了，但是具體的時間和地點則還未定。毛澤東的身體狀況何時轉好還無法確定，這是最大的理由。根據護士長吳旭君的回憶，那七、八天，毛澤東一直臥病在床，連從病床上起身都沒有。

但是，這一天毛澤東一醒來，立刻就叫喚吳旭君，讓他去確認尼克森所搭乘的飛機預定降落的時刻，還重複了五次。當一確認了尼克森不久就要抵達北京，毛澤東就使盡力氣從床上坐了起來，對吳旭君指示說：「打電話給總理，請尼克森總統從機場直接來這裡，我立刻和他見面。」

吳旭君打電話到周恩來的辦公室，但周恩來已經在前往機場途中，毛澤東的指示並沒有傳到。因此尼克森按照當初的預定，前往他住宿的政府迎賓館釣魚台，進入了叫做「元首樓」的十八號樓。在這段時間內，毛澤東把鬍鬚和散亂的頭髮整理整理，把醫療團叫到身邊開始準備會談。[1]

「毛主席現在想要和貴國總統會談，請您也一道出席。」毛澤東的這個指示是在下午兩點，由周恩來向季辛吉傳達。稍早在從機場到釣魚台的途中，外交部副部長喬冠華才剛剛向美方照會說：「在下午三點和周總理會談之後，想和貴方協議在我國停留的日程。」

這種預定行程的突然變更，讓才剛剛淋了浴正在放鬆休息的尼克森慌了起來。而因擔心毛澤東健康的中國這方面，原先設定的會面時間只有十五分鐘（李健編著《釣魚台國事風雲》，太白文藝出版社，一九九五年）。

## 註解

【1】有關於毛澤東在等候尼克森時的情況，是根據由吳旭君等人所執筆，在香港出版的《歷史的眞實》（利文出版社，一九九五年）這本書。

## 4. 與尼克森對話——「我們共同的老朋友蔣介石」

一九七六年二月二十一日下午兩點四十分，中國共產黨主席毛澤東，在北京中南海的住宅兼辦公室迎接美國總統尼克森。這一天實現了對中國歷史性訪問的尼克森，被告知「毛主席要會見」的消息，才不過是四十分鐘前的事情。

尼克森總統一進入房間，毛澤東在祕書的攙扶下從沙發上站了起來，兩個人幾乎是裝出笑容握手。這時候毛澤東說：「我現在已經不太能夠把話說得清楚了。」

整個嘴巴都不太靈活的毛澤東，這一陣子因爲身體經常生病而急速衰老了。

尼克森的回憶錄當中寫著：「他的皮膚雖然沒有皺紋，但是黃色的肌膚像是臘一樣。」儘管如此，「毛澤東冷酷的眼睛，依然放著銳利的眼光。」

正如同尼克森的觀察，毛澤東頭腦的思考並沒有衰老。尼克森一從國際問題打開了話匣子，毛澤東立刻揮手打斷尼克森的話，想要掌握對話的主導權。

他說：「國際問題的事不是和我談，請你和周總理去談吧！我想要談談哲學！」

美國總統的國家安全顧問季辛吉慌張地插嘴說：「當我在哈佛大學講台上教書的時候，我對學生們說要讀讀毛主席的文選。」尼克森也延續話題說：「主席的著作改變了世界。」

「我寫的東西沒有什麼好學的。」毛澤東繞過美國方面的外交辭令，很巧妙的把話題導向了最大的爭議點——台灣問題。他說：「什麼改變世界？只不過是改變了北京周圍的若干地區而已。我們共同的老友人，也就是蔣委員長，他可不同意你的話唷！他叫我們是共匪。」

蔣介石是一九二八年在南京建立的中華民國國民政府主席，此外還兼任了軍事委員長，大多被稱呼做「委員長」。後來，在和中國共產黨內戰中被打敗的蔣介石，率領中國國民黨逃往台灣，一直主張中華民國政府的正統性。

尼克森半開玩笑地問：「蔣介石要是稱主席您爲匪賊的話，那主席您叫他什麼呢？」毛澤東只是一直笑著，國務院總理周恩來開口幫腔，說：「通常是把他叫做『蔣幫』，在新聞裡面也有稱他爲『匪賊』，因爲他們也稱我們爲『匪賊』。總之，我們是彼此互相罵來罵去。」【1】

在中美兩國元首會談的過程中，周恩來偶爾看看手錶，預定的會談時間十五分鐘早已超過了。雖然周恩來在意毛澤東的健康，但是毛澤東自己倒是完全沒有要結束談話的樣子。

話題談到了美國總統的大選，當尼克森談到了有關「政治上的反對派」的時候，毛澤東說：「我們國內也有反動分子反對和您們改善關係，那些人已經坐飛機逃往國外了。」

很顯然他是指黨副主席兼國防部長林彪一夥人。雖然外界認爲，毫無疑問的林彪失勢了，但是中國官方一直隱藏這個消息。周恩來補充毛澤東的話，說：「之後，飛機在蒙古的溫多魯汗附近的沙漠墜毀。」【2】

毛澤東向外國要人承認，一九七一年九月在蒙古墜落的中國飛機上面搭載著林彪。毛澤東的發言被外界所獲悉，是和尼克森會談四個月之後，他和斯里蘭卡首相班達拉奈克會談的時候。

毛澤東對尼克森所說的有關林彪的談話內容，值得注意的是，毛澤東明確地談到了林彪反對和美國改善關係。在中國共產黨的官方看法裡，完全沒有接觸到「林彪事件」和「對美改善關係的發展」這兩件事情之間的關係。

會談一再延長，達到一個小時五分鐘之久。最後尼克森和毛澤東握手說：「我們中美兩國要是合成一體的話，世界可以改變。」毛澤東不否定也不肯定，只是說：「我不送你囉！」（張湛彬等編《黨和國家高層智慧》，金城出版社，一九九八年）。

尼克森在北京停留的第二天，一九七二年二月二十二日晚上，毛澤東的妻子黨政治局委員江青和周恩來一起招待尼克森觀賞戲劇。這件事情對江青而言，是她第一次參與重要的外交活動。

尼克森後來回憶到他對江青的印象說：「和懂得幽默的毛澤東、周恩來成為對比，江青的話裡面有刺，激烈逼人，讓周圍的人感到不愉快。」

江青在二十五日的晚上，也出現在尼克森主辦的答禮晚餐會上。根據葉永烈所著的《江青傳》（時代文藝出版社，一九九二年）這本書，江青在晚餐會開始前三十分鐘，突然來到晚餐會場的人民大會堂「新疆廳」。江青雖然沒有受到邀請，卻主動提出要以毛澤東夫人的身分跟尼克森夫妻見面，開始談一些不相干的話題。

這時候周恩來等人來到了會場。尼克森看看手錶，注意時間。江青則用自己大概不方便出席的口氣說：「我不能出席宴會。」說完之後，一面用銳利的眼光看著周恩來，一面離開會場。

尼克森在二十六日，離開北京前往杭州，二十七日在最後的訪問地點上海，發表中美共同聲明。當中美兩國踏上關係正常化的軌道時，江青再度開始尋找機會要對周恩來展開攻擊。

## 註解

【1】兩方會談的內容，主要是根據金聖基採用了中國方面資料，再加上引用尼克森的回憶錄而寫成的《人民大會堂見聞錄》這本書及其他相關的書。

【2】中國共產黨的機關雜誌《紅旗》編輯部，根據黨外交史料所編輯的《釣魚台檔案》（紅旗出版社，一九九八年）記述了有關毛澤東向尼克森暗示了林彪墜機死亡的事情。這是一個在尼克森的回憶錄裡面沒有提到，當時兩人會談的重要點之一。（在中國方面）所謂的「檔案」是指「調查資料集」。

# 5. 江青會見錄——下達指示禁止出版

一九七二年二月美國總統尼克森訪問中國，這件事象徵了中國外交的新時代。長久以來中國的「主要敵人」，是蘇聯修正主義和美國帝國主義。現在中國選擇走和美國緩和緊張關係之途。在對蘇聯關係上，中國手中握著美國牌；美國手中也握著中國牌。

這個轉變，是中國共產黨主席毛澤東，想要把他自己所發動的無產階級文化大革命做一個了結而產生的。雖然當時毛澤東依然以絕對的權力，總管著國家的內外政策；但是一手包辦黨和國家日常業務的，是黨政治局常務委員兼國務院總理周恩來。

和周恩來相比之下，在文化大革命中抬頭的江青一夥激進左派的身影顯得單薄。那一位和江青形成二人三腳合作關係，熱烈推動文化大革命的黨副主席兼國防部長林彪，在一九七一年九月於逃亡國外的途中墜機而死的事件，對企圖修正激進路線的周恩來務實派而言，變成了助力順風，但是對江青一夥人卻是一大打擊。

對於把林彪指名為「接班人」的毛澤東而言，他自己的威信受到大大的動搖了。

毛澤東也不得不讓那些在文化大革命當中，受到林彪以及江青等人攻擊而失勢的軍方元老以及務實派們平反復活；相對地，這讓江青一夥激進左派的政治權力削弱。江青想要藉著對林彪徹底的批判，來強調自己的正當性，拚命地想要重新站穩反擊態勢。

林彪和他的妻子葉群，在蒙古墜機而死的五天前，江青收到了林彪夫妻兩人從河北避暑勝地北戴河寄來的四個西瓜。她對特地搭飛機把西瓜送到北京的葉群女祕書說：「謝謝，請代替我向林副主席和葉主任道謝。」（焦燁編著《葉群之謎》，甘肅文化出版社，一九九八年）。

墜機事件的前一天，江青帶著這些西瓜到北京西北部的頤和園去玩，請她的隨行人員享用。「這些西瓜是林副主席送我的，是林副主席對我的好意。大家謝謝林副主席吧！」

但是一聽到墜機死亡事件的消息，江青在緊急召開的政治局會議席上說：「這幾年他（林彪）想盡各種陰險邪惡的手段要抹殺我。在我和他並肩鬥爭當中，林彪的本性一點一點的揭露出來了。」如此一百八十度轉變，開始力說自己長久以來和林彪的緊張關係（李健編著《紅船交響曲》）。

從一九七一年底起，當全國各地展開了揭露、批判林彪「罪狀」的「批林整風」，江青就成了「專家小組」的成員。一九七二年五到六月間，黨中央所召開「批林整風」運動的報告會上，江青掌握了恢復自己政治權威的契機。

那是因爲在報告會議上，江青首次把一九六六年七月，也就是文革剛剛發動的時候，毛澤東寫給江青的信，作爲「最重要的文件」來公開。這些信的內容寫著當時「隱遁」在故鄉湖南省的毛澤東對文革的想法。

在信裡面毛澤東寫到：「因爲黨中央催促我，說想要把我那個朋友的講話散發，我同意。他專門說一些政變的問題，他那種講話的方式是以前所沒有的。我對於他對若干問題的提起方式，深深感到不安。」等的話。

所謂的「我那個朋友的講話」是指林彪於毛澤東隱遁湖南前在黨政治局會議上的談話。在那個談話當中，林彪列舉了中國歷史上的各種政變，毛澤東對反革命政變的事提高警戒。林彪強調毛澤東是天才的、創造的、全面的發展了馬克思列寧主義。

江青之所以會把毛澤東寄給她的私信公開，進一步指示全黨討論和學習，是爲了要強調一件事：毛澤東在很早的階段，就已經開始抱著不安和懷疑，爲什麼林彪會對政變如此異常的關心？並且這麼執著於誇大個人崇拜？毛澤東早已看穿了林彪的本性。同時，在這一封信裡面可以看到毛澤東是相當率直的對江青述說自己的心境，江青是如何地受到毛澤東的信賴。藉著這些信件的公開，很有效率地把這些對她有利的情勢，向全國全黨宣示了（葉永烈著《江青傳》）。

江青把毛澤東寄給她的信公開不久，一九七二年八月，她接受中國近現代史的女性研究人員珞莎努・韋特潔長時間的訪談。珞莎努・韋特潔爲了調查研究現代中國的女性運動，曾經會見了包括周恩來之妻鄧穎超等，很多的女性老黨員。江青用這種形式會見外國人，這還是第一次。

根據珞莎努・韋特潔的說法，江青對她說：「我希望你繼續愛德加・史諾的做法。」美國新聞記者愛德加・史諾在中國共產黨革命戰爭期間的一九三六年，花了長時間訪問毛澤東，在他寫成的《中國的紅星》這本書中，描寫了毛澤東自己所述說的有關他的大半生，而廣爲世人所知。江青也想要像毛澤東一樣，讓珞莎努・韋特潔撰寫自己的傳記，讓全世界知道。

江青侃侃而談，從出身於貧困的家庭，後來一方面從事女演員，同時在政治上也敏感了起來；在革命根據地的延安，如何和毛澤東結識而結婚的經過，以及如何透過文化大革命取得政治權力的過程，以及如何批判林彪。訪談的時間合計七天，長達六十個小時。

但是，珞莎努·韋特潔回到國內之後，並沒有接到原先約定的訪談官方紀錄。珞莎努·韋特潔在她的書中寫道：更過分的是，中共方面曾經透過中國駐聯合國首席代表黃華，要珞莎努·韋特潔不要出版訪談有關的書，同時爲了回報珞莎努·韋特潔，也願意提供金錢。根據葉永烈所著的《江青傳》這本書，由江青親眼仔細看過，並且細心加以修改的訪談紀錄，曾經向周恩來提出。周恩來以「毛主席的指示」爲由，下令禁止把會談紀錄交給珞莎努·韋特潔，並且和相關的資料一起加封條保存。

拒絕了黃華提議的珞莎努·韋特潔，根據自己所做的筆記，把她和江青的對話整理成《江青同志》這本書，在一九七七年出版。但是江青在前一年以「反革命集團」四人幫的首謀遭到逮捕，不久就入獄了。後來出版的中文版本題名是《紅都女皇》。

# 6. 放棄對日賠償要求——「不能比蔣介石器量還窄」

美國政府繞過日本而推動震撼性的中美關係改善動作，對日本政府產生了被稱為「尼克森震撼」的衝擊。

在美國總統尼克森歷史性訪問北京的四個半月之後，一九七二年七月七日，在接佐藤榮作之位的自民黨總裁選舉的決選投票中，田中角榮擊敗了福田赳夫坐上了首相的寶座。他選擇了「中日邦交正常化」作為最重要的施政課題。

中國方面的反應迅速。不久之後，中國共產黨政治局常務委員兼國務院總理周恩來，立刻召集了負責對日外交的相關幹部，向他們傳達了「黨中央決定放棄對日本的戰爭賠償要求權」。這是一個為了促使日本方面進行邦交正常化的重要決斷，周恩來舉出了三點決定的理由：

一、台灣的蔣介石已經放棄了賠償要求，中國共產黨的度量沒有理由比蔣介石狹窄。

二、日本和我國恢復邦交的話，必須和台灣斷交。藉著在賠償問題上採取寬容的態度，這樣有利於讓日本向我方靠攏。

三、要是要求賠償的話，龐大賠款的負擔最後還是加在日本人民的身上。這樣做和我們所謂的「和日本人民世世代代保持友好關係」的願望不相符（金聖基著《人民大會堂見聞錄》）[1]。

田中內閣開始運作的三個禮拜之後，一九七二年七月二十五日，日本公明黨委員長竹入義勝、黨政審會長正木良明、黨部副書記長大久保直彥三個人取道香港，祕密進入北京。他們是受到中國方面邀請訪問中國，商談有關邦交正常化的話題。竹入是在經過四次與田中首相及大平外相綿密的磋商之後，才到北京的。

周恩來和竹入等人的會談到七月二十九日為止，長達十個小時。在經過和田中首相仔細敲定的基礎之上，竹入一行人主張的是：「日本和中國戰爭狀態的結束問題，已經在『中日和平條約』中解決，在國際法上沒有辦法進行再交涉；要是在中日共同聲明裡面載入『廢棄中日和平條約』的話，日本外務省以及自民黨的親台灣派會強硬的反對。」

中日雙方互探底細，一直持續到七月三十日的晚上，周恩來突然提出說：「今天要介紹中國方面的方案，這個方案毛主席也批准了。」竹入一行人急忙地記下周恩來所唸出來的內容，其中明白說道：「（中國）放棄對日本的戰爭賠償要求權。」（《人民大會堂見聞錄》）。

竹入回國後的八月四日，在田中首相的官邸裡，把中國方面的方案「竹入筆記」交給田中首相。田中角榮心裡作了決定。

一九七二年九月二十五日上午，搭載著田中角榮一行人的日本航空公司專機，抵達了秋高氣爽的北京首都機場。田中角榮進入了和美國總統尼克森所住的同一棟宿舍——釣魚台十八號樓，準備下午在人民大會堂的「安徽廳」，舉行和周恩來的第一次首腦會談。

田中角榮一出口就說：「要是想要藉著中日兩國關係正常化，來強迫推銷共產主義的話，那我們就別談了。」衝著這句話，周恩來笑著說：「即使說要輸出共產主義，日本也不會接受的吧？」看起來好像很順利的踏出第一步的雙方交涉，卻在隔天碰上了暗礁。

日本方面的姿態是一貫重複「沒有辦法撕毀宣布戰爭結束的『中日和平條約』」，拿國際法做後盾。對此事，周恩來猛烈的反彈：「本來應該以政治的立場解決的問題，卻想用法律以及條文來處理，在中國對這種人我們叫他做『訟棍』。」在歡迎的晚餐會上，田中的致詞當中有一句話「給中國人民添了許多麻煩」，關於這一句「添了麻煩」，周恩來也表現了不快說：「這一句話是不小心把水濺到女性的裙子上時所用的。」（《人民大會堂見聞錄》等書）。

結果，在共同聲明上面用「結束了不正常的狀態」來取代「結束戰爭狀態」；有關於「中日和平條約」在共同聲明當中倒沒有提到。日本方面在記者招待會上表明說：「失去了存在的意義，可以認爲是已經結束了。」伴隨著日本方面在記者會上表達意義，共同聲明書也承認「中華人民共和國是中國唯一的合法政府」，在共同聲明書中明白記載著：「台灣是中華人民共和國的領土不可分割的一部分，對於中華人民共和國這個立場（日本）充分理解、尊重。」結果日本就和台灣斷交。

在九月二十七日傍晚確定共同聲明可以提出之後，中國方面既不預先告知目的地，也不允許日本方面翻譯官隨行，就讓田中角榮、大平正芳以及官房長官的二階堂進坐上車子。這一行人被招待前往位在中南海中國共產黨主席毛澤東的住宅兼辦公室。

「吵架已經結束了嗎？要是不吵架的話，生意也談不成的喔！」伸手要和田中角榮握手的毛澤東開口第一句話就是這麼說。毛澤東一直在健康上令人擔心，但今天倒是相當有精神。

關於田中角榮的「添了麻煩」的發言，毛澤東也笑著說：「一部分的女性不滿喔！年輕的一輩對這種講法會認爲是不夠的吧？」（楊明偉人著《周恩來外交風雲》）。

美國總統國家安全顧問季辛吉祕密訪問中國的一九七一年起，到隔年一九七二年底爲止，和中國締結外交關係的國家，包含日本在內達到了四十國。自從毛澤東在一九六六年發動無產階級文化大革命以來，中國長時間處在外交孤立的情況；這種狀況的擺脫，不只是能夠在國家安全保障方面緩和緊張；同時，在徹底落後的經濟建設方面，和西方的經濟、技術交流是不可或缺的。

在實務上支撐著毛澤東政策轉換的是周恩來。這一個巨大的變動，在毛澤東體力急速衰老中，促使黨內放眼毛澤東死後的權力鬥爭的激化。毛澤東之妻江青一夥的激進左派，正在積極準備對周恩來等人，布下了「右傾」攻擊以及包圍網。

## 註解

【1】日本在一九五二年和台灣所簽訂的中（共）日和平條約，承認了在和中國共產黨進行內戰中敗北，只能支配台灣一小塊地方的中華民國，爲中國的代表。規定了日本和中華民國的戰爭狀態已經結束。同時在附屬的議定書中，中華民國宣言放棄對日本要求戰爭賠償。

對日本政府而言，他們的立場是戰爭賠償問題已經解決了。要是中華人民共和國提出賠償要求的話，邦交正常化的交涉就會觸礁。日本政府的最大課題變成：不是否定「中（共）日平和條約」，而是如何實現和中華人民共和國的「邦交正常化」。

# 7. 變成極右的林彪

## ——半空中的周恩來，梯子被撤開了

中國共產黨主席毛澤東發起的無產階級文化大革命的風暴過後，因熱烈推行文化大革命，而成為毛澤東接班人的黨副主席兼國防部長林彪，於逃往國外途中墜機死亡。掌握著行政機構的黨政治局常務委員兼國務院總理周恩來，好像萬事俱備只待東風似的，開始一展身手。

周恩來在一九七二年二月美國總統尼克森訪問中國，以及和日本的關係正常化這兩件大事，全面地承擔了實際上的重責大任。與這些外交任務平行的內政方面，他也按部就班的提出了現實主義的穩健政策，譬如說：整頓在文革當中因為「政治掛帥」而被搞得亂七八糟的企業經營；重新調整先前因為無視於現實狀況，而高懸大而無當目標的國家經濟計畫；重新恢復以基礎科學為中心的教育以及研究等，遍及所有的領域。這些動作是想要把在文化大革命當中盪得太「左」的鐘擺，再拉回來的努力。

林彪事件後，周恩來曾經向自己的盟友——國務院副總理兼財政部長的李先念請教：「（經過這些事件之後）本來以為黨中央的問題已經解決了，可是……。」李先念回答說：「中央文革小組的一夥人還當道著呢！」所謂「中央文革小組的一夥」是指毛澤東之妻江青以及張春橋、姚文元（兩個人都是黨政治局委員）等文革激進派。周恩來說：「看起來問題的解決還遠得很呢！難啊！」

李先念後來回憶說他記得那時候周恩來的眼中泛著淚光，深深憂心著中國將如何從「左」調整回來，而東山再起。[1]

自己的接班人高舉反旗，之後逃亡墜機而死，爲了要穩定林彪事件對國家的衝擊，毛澤東下令在全國全黨上下展開「批林整風」運動。在這個運動當中，周恩來認爲之所以會引起林彪事件，是由於「極左」思想之故，所以他積極的展開「極左批判」。

一九七二年八月的一次演說當中，周恩來批評林彪所放任的「極左」思想是：「空洞的、抽象的、極端的形式主義。」違反了毛澤東的思想；他又再度以毛澤東爲後盾強調說：「要是不徹底的批判極左思想的話，難保不會再犯過錯。」（安建設編著《周恩來的最後歲月》，中央文獻出版社，一九九五年）。

極左批判並不是周恩來自己任性妄爲首先發起的。在六月的時候，毛澤東於會見斯里蘭卡首相班達拉奈可的時候，就斷言林彪是「左派」的「幕後大黑手」，是「反革命的傢伙」。還有，江青也在接受八月來華的美國中國史研究者珞莎努・韋特潔長時間訪談中，把林彪叫做「極左」，大加批判。

中國共產黨機關報紙《人民日報》，在一九七二年十月十四日，用頭版全頁刊載了三篇文章，全面的批判極左思想和無政府主義。這些文章是在周恩來的極左批判背景下形成的，但是卻引起江青一夥的姚文元的反彈。他讀了這些文章之後，立刻對《人民日報》的負責人批判說：「現在不得不加以警戒的是右傾思想的抬頭（而不是左傾思想）。」

《人民日報》的論文對藉著群衆運動來「打倒一切」的做法更加批判，並且進一步指出「在上面的一部分人想要利用這種情況，來爭奪黨的領導權」。姚文元很敏感的察覺到，這是在批判文革，是衝著江青一夥人而來的。

姚文元說：「把什麼都說成是無政府主義來批判，這是不可以的。」江青更是露骨的批判說：「這些論文是想要改變全國的鬥爭方向。」張春橋和姚文元下令在上海《文匯報》的內部流通文章當中，刊載一些可以持續反駁的文章，不斷敲打著「右派捲土重來」的警鐘。

到了十一月底，黨中央對外聯絡部和外交部，召開了徹底批判極左思想和無政府主義的會議，把會議報告向黨領導階層提出。周恩來在這份報告書中寫下了他同意的大要，張春橋則加以反對，寫道：「批判林彪和批判極左，以及無政府主義是同一回事嗎？」

長久以來江青把林彪說成是「極左」，現在一百八十度轉變，把林彪打成是「極右」。她在報告書上寫了「現在應該和批判林彪同時進行，把重點放在無產階級文化大革命的勝利上來討論。」（中共中央文獻研究室編《周恩來傳》）。

改變態度的人不只是江青而已，毛澤東也是如此。

一九七二年十二月五日，人民日報社的編輯委員王若水，把一封內容寫著他自己贊同周恩來極左批判的信寄給毛澤東。毛澤東讀了這一封信，在十二月十七日把張春橋和姚文元叫到中南海的住宅兼辦公室，對他們說：「我想這封信不正確，（林彪是）極左的嗎？他是極右的，是修正主義、分裂、陰謀詭計，幹了背叛黨和祖國的事情。」「太過批判極左思想，是不可以的。」

這麼一來，周恩來的梯子就被拆走了。由周恩來發起的極左批判，行之太過，結果會和否定文化大革命掛勾起來。這就是毛澤東害怕的事情。

根據毛澤東的這一段發言，《人民日報》、《解放軍報》、《紅旗》這三家報章雜誌，在一九七三年元旦，共同發表了新年社論，強調「批林整風」的重點是在批判林彪的「極右」。怎麼說呢？因爲林彪一夥「在國內勾結地主、富農、反動派、罪犯、右派，企圖搞資產階級的法西斯獨裁。在國際上，向蘇聯修正社會帝國主義投降，去搞反華反共反革命的事情。」「再也沒有比這個更『右』的了。」周恩來想要主導「極左思想批判」的表現，從各種媒體的版面一起消失了。周恩來原有對人民日報社的支配權，也被江青一夥人完全排除了。

從此以後，在中國共產黨領導階層的內部，想要阻止「搖盪回左」的周恩來一夥穩健務實派，和想要封殺「右派捲土重來的回馬槍」的江青一夥激進革命派，兩派之間展開了激烈的權力鬥爭。在黨和國家的日常業務上，毛澤東雖然不得不倚賴周恩來的力量，但同時他又賦予江青一夥人擔任不斷牽制周恩來的角色。

## 註解

【1】李先念的回憶是根據吳慶彤所著的《文化大革命中的周恩來》這本書（中共黨史出版社，一九九八年）。

# 8. 鄧小平復出——「姑且和劉少奇區隔」

北京天安門廣場的裝飾燈籠點上了。一九七三年四月十二日的晚上，面對廣場的人民大會堂裡面，迎接柬埔寨國王西哈努克的歡迎會就要開始了。在大廳裡面，與會者們三三兩兩聚在一起互相打招呼。

有一個矮小的中老年男子，獨自一個人靜靜地觀察著，駐華的外交官以及外國記者們看到他，吃了一驚，這人是鄧小平。在六年前被剝奪一切權力而失勢的前中國共產黨中央委員會總書記，現在以「國務院副總理」的頭銜，再度現身公共場合。

樂隊演奏樂曲，西哈努克國王和國務院總理周恩來在主客席一坐下，各國的記者就爭先恐後的溜出會場，發出電文：「鄧小平復出！」

隔天，這個消息在世界的主要媒體被大幅報導（薛慶超著《歷史轉折關頭的鄧小平》，中原農民出版社，一九九六年）。

一九六六年，黨主席毛澤東一發動文化大革命，鄧小平就在國家主席劉少奇之後，被以「走資本主義道路的黨內第二個當權派」遭受到集中攻擊，隔年遭到監禁。鄧小平的五個孩子們也遭到波及，在北京大學唸技術物理系的長子鄧樸方，在一九六八年被大學造反派的女性領導人聶元梓等紅衛兵隔離審查。他企圖要從被禁閉的三樓實驗室窗戶跳樓自殺，結果脊椎受傷從此半身不遂。

一九六九年十月，鄧小平在黨副主席兼國防部長林彪的命令下，遭受到「流放」江西省的刑罰。他和一家人被迫住在南昌市郊外的新建縣望城崗一所舊步兵學校的校長宿舍，這是一棟紅色磚造的二層樓小建築，還有官方派人監視。

在新建縣的卡車修理工廠裡面擔任組裝工人，鄧小平每天上午接受約三個小時「勞動改造」，晚上則讀讀書過日子（鄧小平從北京把他的藏書幾乎全部帶過來了）。雖然身處逆境，日常生活反而過得充實。他的第三個女兒肅榕回憶道：「他的思想、信念、意志更加的清楚，變得非常的堅定穩固。」鄧小平相信他總有一天可以回北京，想法一直是樂觀的。

成爲轉機的是一九七一年九月的林彪事件。十一月的某一天，工廠召開了全體的集會，向大家傳達黨內文書的內容：忠實執行文化大革命的林彪企圖發動「反革命武裝政變」失敗，在逃亡過程中於外蒙古墜機死亡。工人們聽了開始七嘴八舌，議論紛紛，只有鄧小平一個人，一直坐在椅子上兩個小時一言不發。

回到家之後，他還是一直默不作聲，但是肅榕說：「父親顯然是很興奮。」等到監視人員下班之後，鄧小平第一次把妻子卓琳所準備的酒喝乾，還悠悠地說出：「林彪不死，天理難容。」（余世誠著《鄧小平與毛澤東》，中共中央黨校出版社，一九九五年）。

「給敬愛的毛主席：前天我聽到了林彪反革命集團陰謀叛亂的罪證，覺得非常的憤怒，也眞正認識了毛主席的英明與偉大。」鄧小平給毛澤東寫了一封四千多字的長信。「就像主席所知道的那樣，林彪一夥人非置我於死地不快。要是沒有主席保護的話，不知道我會變成什麼樣子。我在過去的十七年之間，特別是文化大革命當中犯了極端重大的過錯，主席和全國人民對我的批判完全理所當然；非常感謝全黨全軍全國人民對我的教育和協助。我和全黨全國人民一起，熱烈地慶祝打破林彪反革命集團的偉大勝利。」

「我的身體健康，雖然已經六十八歲了，技術性的工作（像調查研究）也還可以，爲了黨和人民，還可以做一些事情。想要補償過去所犯過錯的萬分之一，沒有其他的要求。靜候主席和中央的指示。」

毛澤東早就對鄧小平的能力有所好評。一九六八年的黨第八屆中央委員會第十二次全會上，對於林彪以及江青主張要剝奪鄧小平黨籍，毛澤東也反對：「要把劉少奇和鄧小平分別開來。」

一九七二年八月三日，鄧小平第二次寫了信。毛澤東在這一次的信裡面批到：「鄧小平同志所犯的過錯重大，但是非把他和劉少奇分別開來不可！」

鄧小平在經歷上沒有問題，又有戰功；建國後也做了許多好事，譬如率領代表團去莫斯科交涉的時候，沒有屈服於蘇聯修正主義。「這些事情我過去已經重說了好幾次，現在再說一遍。」

周恩來沒有放過這個機會，他把附有毛澤東批文的這一封信給黨政治局委員們傳閱，以黨中央的名義下令江西省黨委員會，解除對鄧小平的監視和勞動改造（曹英等著《特別別墅》，改革出版社，一九九八年）。

周恩來發現罹患膀胱癌是在一九七二年五月，之後周恩來更加投注心力於促成作爲自己路線接班人的鄧小平的復出。毛澤東方面也認爲，需要一位能夠代替抱病在身的周恩來，處理複雜龐大的國家日常業務的人才。唯恐重回文化大革命老路子的周恩來，積極的推進「極左批判」。對此，江青一夥人激烈反彈。毛澤東支持江青一夥人，暗暗地批判周恩來正是這一年的秋天。毛澤東又再一次想要把周恩來身後大任交給鄧小平。

隔年的一九七三年二月，在周恩來盡心盡力奔走之下，鄧小平坐上了開往北京的火車，自從被流放到江西省，已經過了三年四個月。另一方面，周恩來連續召開政治局會議，以便討論鄧小平恢復舊職的問題。雖然有江青、張春橋一夥人抵抗，但對於毛澤東的意向也沒有辦法反對到底，最後不得不讓步了（《紅船交響曲》）。

黨中央在三月十日公布「關於恢復鄧小平同志黨組織活動，和國務院副總理職務的決定」。鄧小平再度站上政治舞台。事實上，「文革的戰果」又再一次遭到否定。

鄧小平在五個月之後的中國共產黨第十次全國代表大會上，再度被選爲黨中央委員，輔佐周恩來著手重整國民經濟。擺脫了毛澤東的思路，強力的推進「去除文革」路線。

# 9. 拒絕去除文革
## ——周恩來的病體上又加鞭笞

北京的嚴冬，連日來寒冷刺骨的西北風不斷的吹著。一九七三年一月十三日的早上過了六點，在北京中南海「西花廳」的住宅兼辦公室裡，總理周恩來起身離開辦公桌，一如往常抱著一大堆公文書到臥室的枕頭邊，之後去洗手間。當他解小便的同時，鮮血大量流出，把坐式馬桶的水染成鮮紅；比「血尿」還要嚴重，這是鮮血。值班的警備員爲這突如其來的事情大吃一驚，急忙叫醫生。這是周恩來因爲膀胱癌的第一次出血。

之後雖然還是出血不止，周恩來卻不休養，繼續辦公。好不容易可以喘一口氣是兩個月後的三月十日，也就是中國共產黨政治局正式讓鄧小平復出的日子。周恩來從這一天開始，請了兩個禮拜的病假，不動聲色地到北京郊外的玉泉山醫療設施去做第一次的手術。不過很快就又回到中南海去辦公。[1]

也就是在這個時候，因爲周恩來急於要讓中國脫離無產階級文化大革命路線，對他抱著不滿的毛澤東主席，開始公開批判周恩來。

「最近外交部有若干的問題，我很不滿意。」

一九七三年七月四日，毛澤東把在文化大革命中出頭的張春橋（政治局委員兼上海市黨委員會第一書記）、王洪文（上海市革命委員會副主任）等人叫到中南海的住宅，以這一句爲開場，對他們說話。這時候總管國務院外交部的周恩來並不在場。

引發事情的是在外交部內部刊物《新情況》（第一五三期），上面的一篇文章〈關於尼克森與布里茲涅夫會談的見解〉。在這一年六月的美蘇首腦會議上，美蘇兩國簽訂了所謂的〈不用核子發動戰爭宣言〉，也就是當雙方發生了核子戰爭的威脅時，立刻進行交涉，用一切的手段避免核子戰爭。這篇文章就是在這樣的背景下寫的。這篇文章分析美蘇兩國的首腦會談「欺瞞性愈來愈大」、「美蘇兩國聯手支配世界的氣氛愈來愈濃厚」。這一點受到周恩來的誇獎。

但是毛澤東卻說：「大家都說這篇文章好，我也讀了，說不定我的看法錯了，外交部諸公是對的。但是和黨中央到現在爲止的意見，還是搭不上的，不是嗎？」

毛澤東的意思是說，這一篇文章不應該只是用「欺瞞」、「支配」之類的言詞來裝飾而已。這篇文章根本沒有革命的戰略性，沒有分析到美蘇兩國的會談將要引起世界的「大動亂、大分化、大改組」。他批判這篇文章「沒有看出問題的本質」。

接著他又面對張春橋、王洪文說：「因爲你們現在還不是歲數，最好多少學一學外國語，不要被那些老傢伙們的模式吸引過去，成了惡黨的一夥。」

毛澤東的話愈來愈嚴厲，甚至說：「總理的講話不耐讀。」毛澤東接著挑出外交部的對日分析加以攻擊說：「還有外交部的哪一個什麼屁局（毛澤東是指外交部的亞洲局），說田中角榮無法取得政權，即使取得了也無法改善中日關係。」不知道誰插嘴說：「外交部的確是抱著這樣的認識，田中角榮應該可以取得政權的吧？不過中日關係不應該會立刻變化的吧？」毛澤東說：「這不是五十步和一百步嗎？打了敗仗逃了五十步的士兵，去笑一百步的士兵。這樣是在論數量而已，要是論性質的話，五十步和一百步同樣都是逃。翻翻孟子書看看就了解了。」

講到這裡，話題就跳到思想問題上面。「郭老不但尊重孔子，他還反對法家呢！簡直和國民黨一樣，林彪也是！」毛澤東所說的「郭老」，是那位因爲留學和逃亡而在日本長期生活的著名文學家，也是思想史研究者的老共產黨員郭沫若。他和周恩來關係親密。

毛澤東在五月的黨中央工作會議上也提到一個問題，那就是在批判逃亡國外墜機而死的黨副主席兼國防部部長林彪的同時，也必須要批判孔子。毛澤東把主張中庸之道的孔子批判成是「反動主義者」，把「批林」和「批孔」結合起來。

在那本被看作是林彪一夥人「政變計畫書」的筆記裡，毛澤東被稱做是「現代的秦始皇」。這一點讓毛澤東很在意。秦始皇排斥以孔子爲師的儒家，而採用了追求嚴峻治國、法家政策。毛澤東說：「不可以把秦始皇罵得太過分。」

毛澤東的話題雖然一下子到這邊，一下子到那邊，但最後對外交部做這樣總括的批判：「結論是以下的四句話：大事不討論，小事天天送，此調不改動，勢必搞修正。將來要是搞了修正主義，可別說我在事前沒有說話喔！」【2】

毛澤東的矛頭指向周恩來，這件事是很清楚的。對於張春橋和王洪文等人來說，要攻擊比自己地位高的周恩來，再也沒有比這個更好的武器了。他們從毛澤東的住宅一回到自家，就立刻以要傳達毛澤東談話的內容爲由，要求周恩來召開政治局會議。

周恩來不得已在隔天召開了政治局會議，當他要把會議的結果報告送給毛澤東之際，添了一段自我批判書：「這些過錯和我的政治認識以及工作方式有關聯。」周恩來在文化大革命當中，也做了很多「身不由己，違背自己本意的行爲」。這就是周恩來式的處身之道，因爲周恩來對毛澤東摸不著底的可怕性知道得太清楚了。這時候也是一樣。

毛澤東在周恩來的自我批判書裡面記下了：「這種頑固的毛病到處都有，不是個人的問題，應該研究研究改善的方法。」因此，周恩來召集了外交部的相關負責人舉行會議。大約一個禮拜之後，接到毛澤東告知，沒有必要再做進一步的自我批判書了。周恩來才終於安心下來（中共中央文獻研究室編《周恩來年譜》，中央文獻出版社，一九九七年）。

但是，這些都只不過是不久之後借「批林批孔」運動之名，對周恩來展開激烈批判的前奏曲罷了。

## 註解

【1】有關周恩來的病狀和他的行動，是根據上海人民出版社，一九九七年出版，周恩來晚年的專屬醫生張佐良的回憶錄《周恩來的最後十年》。

【2】毛澤東對張春橋等人一連串的談話，是根據中國言實出版社，在一九九六年出版，李健編著的《紅牆紀事》。

# 10. 革命教育再現——批判教師，小學生也會變英雄

對於由無產階級文化大革命所造成混亂的後果，負責中共中央日常全體業務的國務院總理周恩來，從經濟、社會、外交等所有的領域，推行補救重整的措施。為了達成目的，「去除文革化」是無法避免的。然而在文化大革命當中，聲勢突然崛起的毛澤東之妻，黨政治局委員的江青一夥，對周恩來展開的反擊日漸增強。

一九七二年七月，會見了華裔美籍科學家楊振寧的周恩來，深切地接受了楊振寧對中國科學教育所指出的缺點：「中國的基礎科學極度貧困，此外，和外國也沒有交流。」周恩來指示一起出席的物理學家，北京大學副校長的周培源，要設法提高基礎理論的水準。他說：「要是有什麼障礙的話，把它除掉。甚至有什麼釘子，也必須要把它拔掉。」

受到周恩來指示的周培源，就在十月六日的民主各黨派機關報紙《光明日報》上，發表一篇文章，陳述在綜合大學當中理科教育改革的必要性。周培源在文章中批判了「把理論說成是無用的，那是一套錯誤思想」，這句話引起江青集團激烈的反彈。

江青等人知道，周培源的背後有周恩來的意向在運作著。

張春橋、姚文元（兩人都是黨政治局委員）也挑明說：「周培源的後盾究竟大到什麼程度？」非加以反擊不可。他們說：「那些說要重視基礎理論的傢伙，對馬克思主義沒有了解。」他們兩個人要上海市的《文匯報》，繼續發表反駁的論文（《周恩來傳》）。

在文革開始的時候遭到停止辦理的大學招生活動，到了一九七〇年有部分恢復舉行。但是，主要是工人、農民、士兵透過推薦，經過選拔而入學的。不過，周恩來掌管的國務院在一九七三年四月，提出了恢復學力測驗的入學改革方案。江青等人把這個做法攻擊成「智育第一主義」、「學歷至上主義」，這時候引起了「繳白卷事件」。

當時在都市的中學畢業生，爲了讓他們累積「社會實踐」，被半強迫的「下放」到農村山區去從事勞動。有一位被下放到遼寧省錦州市興城縣人民公社的青年張鐵生，想要進入大學脫離下放生活。他在一九七三年六月，在興城考區參加了大學新生入學的考試。

但是，他的國語才考了三十八分、數學六十一分，而對物理、化學的題目一看就絕望的張鐵生，就在答案紙的背後，寫了一封給有關當局的信。「簡直心有餘而力不足」、「深深感覺到『進大學』這種從小時候開始就一直懷抱著的理想歸於泡影」。

和江青集團關係緊密的毛澤東姪兒毛遠新，那時候是遼寧省黨委員會書記，知道了這件事，就把張鐵生的答案紙拿了過來。讀了答案紙背後所寫的信件後，把它刊載在遼寧省黨委的機關報紙《遼寧日報》上，並且用「編者的話」的名義大加稱讚：

「雖然張鐵生在物理、化學的考試題目上所做的答案幾乎空白，但是對於大學新生入學考試的路線問題，卻提出了充滿優越見識，啓人深思的答案。」中國共產黨中央的機關報紙《人民日報》等主要新聞雜誌也全文轉載了。張鐵生一躍成爲勇敢抵抗「去除文革路線」、「反潮流」的英雄，受到崇拜。張鐵生獲准進入遼寧省內的鐵嶺農學院就讀，甚至憑藉這一點，也獲准加入共產黨。在江青一夥人的支持之下，突然變成了第四屆全國人民代表大會的常務委員這麼高的身分（《文化大革命簡史》、《文化大革命十年史》等書）。

一九七三年七月，河南省唐河縣的馬振扶公社中學的十五歲女學生張玉勤自殺。原因是她在英語的期末考試交了白卷，在白卷後面寫著這樣的諷刺詩：「我是中國人，何必學英語，縱學ＡＢＣ，成爲接班人，繼承革命業，埋葬帝修反（帝國主義、修正主義、反動派）。」因而遭到老師和校長批判，投水自殺。

知道了這個事件的江青，派了她的親信清華大學黨委書記遲群和謝靜宜到當地調查。結果下了這樣的結論：「因爲修正主義的教育路線，逼死了張玉勤。」馬振扶公社中學的校長和老師不斷遭到「批判鬥爭」，以這件事爲契機，全國各地展開了教師批判。

在北京也發生了一起事件。北京市海淀區中關村第一小學的五年級學生黃帥和老師起了口角。一九七三年十一月在雙親的催促下，向北京市黨委的機關報《北京日報》，寄了一封信。這封信被《北京日報》當作內部發行物件加以介紹。

這封信裡面是談到黃帥在向老師表達意見的時候，遭到老師的批判。信裡面不滿地說：「難道連我們這些毛澤東時代的青少年，也要受到舊的教育制度裡『師道尊嚴』的奴役嗎？」

遲群和謝靜宜也注意了這封信，替黃帥撐腰說：「這不是你個人和老師之間的問題，是兩個階級、兩個路線的大問題。」

他們兩人把這封信和黃帥的日記一起刊載在十二月十二日的《北京日報》，同時《人民日報》也轉載了，甚至在「編者的話」裡面大加讚賞說：「黃帥下定決心，勇敢向修正主義教育路線挑戰。」

這麼一來黃帥也成爲了「反潮流」的樣板。「反對『師道尊嚴』」、「批判修正主義教育路線」之類的「革命口號」，在全國各地被廣爲宣傳。在北京，就像文革初期的紅衛兵那樣，小學中學的學生們把窗戶玻璃、桌子、椅子幾乎都砸壞了。教育機構再度陷入混亂，騷動不已（《世紀偉人毛澤東》、《文化大革命簡史》等書）。

黨主席毛澤東在一九七〇年曾經寫過：「必須要勇敢的對抗潮流，反潮流是馬克思主義的一個原則。」這句話和文革初期的口號「造反有理」有相通之處。江青集團找出了可以利用這個「事件」，展開「反潮流」宣傳，奮勇而起想要打倒周恩來。

# 11. 拔擢王洪文

## ——點燃了接班人之爭的導火線

「在北京到底有什麼事呢？」上海市革命委員會副主任王洪文一邊不解地向同行的祕書廖祖康詢問，一面登上了開往北京的國內線班機。這是一九七二年九月七日的事情。

王洪文是接到中國共產黨政治局員（上海市黨委員會第一書記）張春橋從北京打來的電話，要他去北京。電話中什麼理由也沒有說，只是告訴他「來北京學習學習」（葉永烈著《王洪文傳》，時代文藝出版社，一九九三年）【1】。

其實，下令把王洪文叫來北京的人是黨主席毛澤東。一個禮拜之前，在中南海的住宅兼辦公室裡，毛澤東突然問張春橋說：「王洪文能寫文章嗎？」毛澤東是想問王洪文是不是能寫政治論文。毛澤東好像認眞考慮要把王洪文拔擢到中央領導階層來，張春橋回答說：「王洪文雖然也能夠寫，不過，他的功力不及（黨政治局員）姚文元。」【2】

張春橋回到自己位在釣魚台的住宅兼辦公室後，還是很在意毛澤東詢問有關王洪文的事情。張春橋心裡面想：自己是不是沒有掌握到某些事情。因此急忙趕往江青的處所（金聖基著《人民大會堂見聞錄》）。

黨副主席兼國防部長林彪在一九七一年九月十三日，在逃亡國外的途中，於蒙古墜機死亡，已經經過一年了。毛澤東在一九六九年所召開的黨第九屆全國代表大會上，被迫進行政治的清算。在這次的黨大會上，毛澤東親自指名林彪擔任自己的「接班人」，這三個字還明記在黨章上面。

墜機死亡的林彪和妻子葉群，再加上其他的林彪派成員，合起來共五位政治局委員被除名，政治局因此失去了功能；而且亦有必要選出空缺的黨副主席。已經七十九歲的毛澤東體弱多病，體力明顯地衰退了。就這樣，毛主席如果指名黨副主席就附帶有接班人的性質了，張春橋認爲自己是最有力的候選人。

當張春橋提到毛澤東表示對王洪文的關心這件事的時侯，讓江青恍然大悟想起了一件事情。

「幾天前主席和康生（黨政治局常務委員）見面了。那時後，康生向毛澤東說明了關於王洪文等人的活動情況。（毛主席）說：『你說的好！王洪文是一個值得注目的人才。』」（葉永烈著《張春橋傳》，時代文藝出版社，一九九二年）[3]。

幾天之後，毛澤東再度向張春橋聽取有關王洪文的經歷，做了這樣的指示：「把王洪文叫來北京，讓他學習學習。」張春橋確信：毛澤東想要栽培王洪文擔任接班人。

來到了北京的王洪文，被分配了一間房舍，在政府迎賓館所在的釣魚台九號樓。張春橋和姚文元的住宅兼辦公室也在這棟建築物裡面。

不久之後，王洪文得到毛澤東的召見，在張春橋的陪同下，前往中南海。毛澤東在書房裡接見王洪文，和王洪文一握了手，就談到了王洪文的經歷說：「你好像在農民、工人、軍隊等三個方面都有經歷呢！」但是，即使王洪文就在眼前，毛澤東也沒有把找他來北京的理由明說。不過，在離開的時

候，毛澤東訓諭說：「你在北京要多多讀馬克思列寧的著作，參加各種各樣的會議，盡可能多聽各種的意見。」【4】

帶著簡單的行囊，一個人來到北京的王洪文，就這樣不知所以地，開始在北京過生活。

有一天，王洪文在電話裡向上海市黨委書記馬天水訴苦說：「來到北京之後，總是小心翼翼。一整天開會很疲勞，常常回到家裡已經是凌晨三點，很想趕快回到上海。」毛澤東從張春橋那裡知道王洪文想要回到上海這件事，就明確地說：「他爲什麼要回上海呢？我正想要提案讓他當副主席呢！只是，這事是我個人的想法，別跟任何人說，也不可以向王洪文說。」

一九七三年五月二十日，王洪文來到北京九個月之後，由中央和地方的黨領導人兩百四十六人參加的黨中央工作會議，在北京的人民大會堂召開。這是一次爲了三個月後即將召開的第十屆黨大會的準備會議。然而毛澤東並沒有現身會場。

在會議上面，傳達了政治局會議上已經決定的黨人事案。王洪文、湖南省黨委第一書記的華國鋒、北京市革命委員會主任的吳德三人，奉派列席政治局會議，要他們參與政治局的業務。【5】

黨大會召開四天前的八月二十日，在毛澤東的指示之下，王洪文就任了選舉準備委員會的主任委員。這個委員會是負責草擬黨大會議長團的候選人名單。在這個時刻上，除了毛澤東以及黨內排名第二位的政治局常務委員兼國務院總理周恩來之外，在這一個只具備黨中央委員身分的王洪文之下，排著一連串的政治局委員。王洪文就成爲一個異樣的人選。

## 註解

【1】王洪文這時是三十七歲，吉林省的農家子弟出身。十六歲的時候參加韓戰，韓戰結束後在上海的棉紡織工廠擔任工人。一九六六年文化大革命一開始，他就把支持文革的激進武鬥派的工人組織起來，因而嶄露頭角。他對上海市革命委員會的成立有所貢獻，從一九六九年開始，成爲黨中央委員。

【2】和張春橋關係密切的姚文元，也只不過四十歲。一九六五年，當張春橋還是上海市黨委員會書記的時候，在毛澤東之妻江青的指示之下，當時正在擔任上海市黨委員會理論雜誌編輯委員的姚文元，參與撰寫〈評新編歷史劇海瑞罷官〉。這篇文章就成了無產階級文化大革命的導火線。在文化大革命當中，江青、張春橋、姚文元這幾個人，都成爲中國共產黨最高領導部的政治局委員。

【3】一九三〇年代末期到一九四〇年代，當中國共產黨把革命根據地放在陝西省延安的時候，康生是特務工作的負責人，深深地參與了整肅共產黨幹部的事情。在文化大革命當中，也擔任中央文革小組顧問，和江青一夥人把很多幹部打入了失勢的境地。

【4】根據《王洪文傳》這本書，王洪文在第九屆黨代表大會上，以工人代表的身分所作的演講得到毛澤東高度的評價。而且，林彪事件之後，王洪文負責逮捕了林彪的心腹——當時派駐在上海的空四軍政治委員王維國等人，毛澤東也很欣賞王洪文的行動力。

【5】一個月前以國務院副總理身分復出的鄧小平，還沒有回到黨中央的職務上。華國鋒是在毛澤東死後，在逮捕江青和王洪文等四人幫的奔走之下，成爲黨主席。

# 12. 「四人幫」成形

## ——江青試圖靠近那些年輕的接班人

這是一個奇妙的景象。北京人民大會堂裡滿滿的一千兩百人全體起立，向坐在正面講台上的毛澤東拍手，等著毛澤東站起身來。但是毛澤東就是不站起來；一直拍著手的與會者之間開始泛起一團迷霧。

一九七三年八月二十四日，中國共產黨的第十屆全國代表大會的第一天結束了。當宣布散會的時候，「主席兩隻手撐著椅子的扶手想要自己站起來，但是他的兩隻腳卻使不上力，身體也就沒辦法站起來了。」

站在稍遠的地方，注視著毛澤東情況的護士長吳旭君慌了起來。服侍毛澤東的人員被吳旭君提醒，就走近了毛澤東身邊，若無其事地撐著毛澤東的身體，終於讓他站了起來。

台下的情緒更加高昂了，掌聲一直響個不停。因爲像這樣的會議，每次總是不斷的拍手，一直到毛澤東退場爲止。同樣地，此時會場上的人也是在等毛澤東退場，但是毛澤東卻好像走不動。坐在左手邊的國務院總理周恩來讓毛澤東坐下，毛澤東就這樣不再移動了。毛澤東一面揮手回應大家的掌聲，一面閃爍著眼神看向周恩來；周恩來察覺到毛澤東的意圖之後，啜了一口冷茶，就用麥克風宣布說：「請散會！」雖然毛澤東也催促大家退場說：「大家不走的話，我也不走喔！」但是還是沒有人離席。

困惑的周恩來叫來了吳旭君，用毛澤東聽不到的聲音說：「吳同志，你想主席現在還站得起來嗎？」吳旭君搖搖頭。當時七十九歲的毛澤東走路不太穩定，勉強走的話，會引起呼吸困難的情況。周恩來小聲問道：「怎麼辦？有沒有什麼想法？」吳旭君回答說：「總理，你來宣告說毛主席要目送會場的諸位，這樣好不好？」

周恩來再一次湊近麥克風說話：「毛主席要親眼目送大家。請大家現在立刻開始起身，按照順序從各個通路散開，請迅速的退場。」好不容易與會者慢慢地向出口方向移動。

滿面笑容目送大家的毛澤東，在確認全體都已經退場之後，在服侍人員的攙扶之下站了起來。[1]

在毛澤東身體健康不佳的氣氛下，召開的這一次大會，更進一步深化其中兩個重大的課題：一個是如何處理在上一次黨大會（一九六九年四月第九屆）之後發生的林彪事件的善後事宜。向毛澤東高舉反旗失敗，逃亡國外途中，在蒙古墜機死亡的黨副主席兼國防部長林彪，在前一次的第九屆黨大會上面，進行了宣示黨基本路線的「政治報告」，於修正後的黨章上被明記成「毛澤東的接班人」。

另一個是，隨著林彪集團的落馬，建立新領導體制的人事安排。比任何人都清楚自己體力衰退情況的毛澤東，有必要找一個新的人才，取代林彪來繼承自己「不斷革命」的路線。

獲得毛澤東青睞的，是在文化大革命當中表現激進的上海武鬥派工人三十七歲的王洪文。黨大會一開幕，身爲上海革命委員會副主任，只不過是一介黨中央委員的王洪文，竟然可以坐在台上中央，緊捱在毛澤東右側的座位。讓所有與會者眼光通通聚集在他一個人身上。

王洪文站起來報告黨章改正案。根據這一個案，刪除了「林彪擔任毛澤東的接班人」的條文。但是，大會並沒有承認造成了林彪事件的文化大革命路線錯誤。

周恩來自己在內政和外交上雖然決心要「去除文革」，但是在周恩來所進行的政治報告裡面，整個基調毋寧是要把林彪事件講成是「階級鬥爭的勝利」。這個政治報告是由在文化大革命當中崛起的政治局委員張春橋和姚文元所起草，周恩來只不過是朗讀而已。

大會在後來選出「中央委員」，包含以國務院副總理身分復出的鄧小平在內的黨領導階層。這一次的會期，比上一次的二十四天，大幅的縮短，成為中共歷史上最短的五天會期。大會之後的中央委員會全會上，王洪文在毛澤東的指名之下，不僅進入了政治局，還成為五位黨副主席當中的一個，而且他的排名也緊跟在毛澤東和周恩來之後的第三名。

第十屆黨大會半個月之後的一九七三年九月十二日，毛澤東要王洪文一起出席他和法國總統龐畢度的會見，這是要向世界宣示王洪文的存在。對王洪文而言，這是他第一次踏上外交領域的舞台。

「請注意他，他的前途光明。」毛澤東這麼向龐畢度介紹王洪文。在會見的新聞照裡面，毛澤東要王洪文和周恩來並列照相，強調作為接班人的地位（葉永烈著《王洪文傳》）。

毛澤東重用王洪文，使得中國共產黨內部權力鬥爭更加複雜化了。先前在上海以市黨委第一書記身分，原本處於指導王洪文地位的張春橋，雖然這一回在黨內排名完全逆轉，但是藉著和王洪文的合作，也有助於強化自己的權力。

同樣是以上海為根據地，以毛澤東之妻江青為首，在文化大革命中共同奮鬥的張春橋、姚文元等三個人，積極地和王洪文建立緊密的關係。這是「四人幫」的形成。

不喜歡在領導階層內搞派閥的毛澤東，開始逐漸感到不安。

根據毛澤東的警衛隊長陳長江等人所寫的《毛澤東最後十年》（中共中央黨校出版社，一九九八年），毛澤東在十一月二日，於中南海的住宅兼辦公室裡面，和澳大利亞的總理惠特蘭會見。

惠特蘭向毛澤東詢問有關這一位同在席上，令人注目的年輕黨副主席王洪文：「在哪裡找出這位人才？」故作冷淡的毛澤東說：「不知道。」就三緘其口。

毛澤東在和外國人物見面時，要王洪文一起出席的機會愈來愈少，到了隔年一九七四年五月之後，再也沒有過了。

## 註解

【1】中國共產黨的第十屆黨大會情況，是根據中共中央文獻研究室所編輯的影像資料而來。

### 中國共產黨第10屆黨大會前後的黨政治局結構的轉變

| 【舊】 | 【新】 | |
|---|---|---|
| 【政治局常務委員】 | | |
| 1. 毛澤東 | 主席1. 毛澤東 | |
| 2.×林彪 | ※2.○周恩來 | |
| | ※3.●王洪文 | △ |
| ×陳伯達 | ※4.●康生 | |
| 周恩來 | ※5.○葉劍英 | |
| 康生 | ※6. 李德生 | |
| | ○朱德 | |
| | ●張春橋 | |
| | ○董必武 | |
| 【政治局委員】 | | |
| ×葉群 | 韋國清 | △ |
| 葉劍英 | ○劉伯承 | |
| 劉伯承 | ●江青 | |
| 江青 | 許世友 | |
| 朱德 | 華國鋒 | △ |
| 許世友 | 紀登奎 | |
| 陳錫聯 | 吳德 | △ |
| 李先念 | 汪東興 | |
| ×李作鵬 | 陳永貴 | △ |
| ×吳法憲 | 陳錫聯 | |
| 張春橋 | ○李先念 | |
| ×邱會作 | ●姚文元 | |
| 姚文元 | | |
| ×黃永勝 | | |
| 董必武 | | |
| ×謝富治 | | |
| 【政治局候補委員】 | | |
| 紀登奎 | 吳桂賢 | △ |
| ×李雪峰 | 蘇振華 | △ |
| 李德生 | 倪志福 | △ |
| 汪東興 | 賽福晉 | △ |

※代表黨副主席　●代表文革派　○代表行政、軍方元老派
×代表失勢或死亡　△代表新委員，數字則是其排名

# 13. 重用鄧小平——江青對權力的迫不及待，壞了大事

美國總統尼克森訪問中國，爲美國和中國帶來了歷史性的和解。一年九個月之後，一九七三年十一月十日，美國國家安全顧問季辛吉博士訪問北京。中美兩國在半年前，互相設立了聯絡辦事處，但是還沒有達成關係正常化。季辛吉在北京停留五天當中，一再的和中國共產黨副主席兼國務院總理周恩來，就邁向關係正常化進行磋商協議。

季辛吉一離開北京之後，黨主席毛澤東召集了黨政治局會議，談到了有關美國和中國之間的台灣問題，暗地裡批判了周恩來：「（和台灣）打內戰怕嗎？有打的必要的時候，就是要打擊。」[1]毛澤東嚴厲的放話：「不管是誰，只要推進修正主義就該批判。」「要是沒有（批判修正主義的）勇氣的話，就把你們開除！」

有關於和季辛吉交涉的內容，毛澤東除了接受周恩來的報告之外，還從擔任翻譯的外交副部長王海容，以及黨對外聯絡部副祕書長唐聞生兩人那裡，聽到有關周恩來到底談了些什麼話。王海容是毛澤東的表兄弟王季範的女兒（馮治軍著《周恩來與毛澤東》）。

跟隨毛澤東批判周恩來的，是毛澤東之妻政治局委員江青，她把周恩來對美國的姿態打成「投降主義」，而這麼說：「眼看毛主席老邁，迫不及待一直想要爭奪最高權力。」「這是第十一次的路線鬥爭。」（葉永烈著《江青傳》）[2]。

周恩來沒有做任何的反駁，只是靜靜地聽著。然而根據周恩來的專屬醫生張佐良的回憶，「周恩來在此後的十幾天裡面，幾乎都關在中南海的住宅兼辦公室裡面，鬍子也不刮，一頭埋在書堆裡面。」（《周恩來與毛澤東》）。

對周恩來抱著不滿的毛澤東，談到了關於他所召集的政治局會議說：「那次會議眞好，眞是好！」大約三個禮拜之後，一九七三年十二月九日，毛澤東在中南海的住宅兼辦公室裡面，會見了尼泊爾國王畢蘭德拉之後，他把一起出席的周恩來、王洪文，還有擔任翻譯的王海容、唐聞生四個人留在房子裡面說：

「但是呢，會議上有人做了兩個錯誤的議論。」毛澤東是把江青的發言拿出來做問題：「第一個是『第十一次的路線鬥爭』，不應該做這樣的說法，實際上也不是這樣。另外一個是『總理等不及了（想要爭奪權力）』。他（周恩來）並不是等不及，其實她（江青）才是等不及的人，不是嗎？」

這時候，黨最高領導部門的政治局裡面，兩派的對立日漸激烈：一派是積極推進無產階級文化大革命的「文化革命小組」出身的康生（副主席）、張春橋（常務委員）、江青、姚文元一夥；另一派是以周恩來爲首，在文化大革命當中雖然受到了批判，仍然能夠撐過來而復出的葉劍英（副主席）、李先念等務實派。

對江青等文革激進派而言，在毛澤東拔擢之下，他們的年輕同夥王洪文以毛澤東接班人候選人的身分躍升到副主席，這對他們而言是有利的發展。但是有一個令他們在意的人，那就是鄧小平。這個在文革被拉下馬之前，曾經身為黨中央委員會總書記，長達十年間掌握了黨組織的日常業務的不倒翁，在八個月前才以國務院副總理身分復出了。

受到膀胱癌侵襲的周恩來，把鄧小平視為是自己的接班人。知道這個內情的江青一夥人，對周恩來做不斷的、頑強的批判，也把站在周恩來背後的鄧小平當成攻擊目標。但是毛澤東也還是認為：在實務面上，只有鄧小平是能夠替代周恩來的人才。不顧江青一夥人的反彈，毛澤東還是把鄧小平導入共產黨最高領導部門的重要職位上。

毛澤東批判江青三天之後的一九七三年十二月十二日，毛澤東的身體違和。儘管如此，他還是在中南海的住宅兼辦公室裡面召來了政治局委員，主持了政治局會議。

毛澤東向滿座的政治局委員宣布說：「我想讓鄧小平同志擔任黨中央軍事委員會委員，還有政治局委員。」接著他也說：「在軍事問題上我也要提議：全國的各大軍區的司令們互相輪調。」[3]

十三日開始到十五日為止，毛澤東和鄧小平一起連續召集了政治局委員及中央軍事委員會委員，讓鄧小平總理政治局的日常業務之外，也指示讓鄧小平就任總參謀長。鄧小平一口氣掌握了黨和軍雙方的大權限。在一連串會議當中毛澤東這麼說：

「關於他（鄧小平），雖然有一部分的人（指江青）不放心，但是他的行事作風相當果斷，有三分過，七分功。」接著對著鄧小平說：「我貢獻你兩句話：要『外柔內剛，棉裡藏針』，外表上是一副溫和，裡面是堅如鋼鐵。把以前的一些缺點大大的改掉。」[4]

毛澤東在一連幾天的會議裡，每到會議結束的時候，都會教全體做一個奇妙的「儀式」，「來吧，大家一起合唱『三大紀律八項注意歌』。」[5]

歌詞是：「所有的革命軍人要好好記住，三大紀律八項注意，第一，所有行動，聽從指揮，步調一致，取得勝利。」「步調一致」這句話是毛澤東自己起頭，帶頭說的。

## 註解

【1】據說周恩來在一年前會見了美國華商的時候說：「我們不想看到台灣成爲流血之地。」

【2】毛澤東在一九七一年夏天南方巡視時，曾經說到在中國共產黨五十年的歷史裡面，有過十次的重大路線鬥爭。那時候是和作爲毛澤東接班人的黨副主席兼國防部長林彪的鬥爭。

【3】當時的人民解放軍在全國分成十一大軍區來管轄，這些大軍區的司令們在地方上扎根。取代了在文化大革命裡被破壞的黨組織，也擁有了政治權限。因爲這些原因，繼續在「獨立王國化」。司令輪調，預想得到會遭到軍方的強力抵抗。雖然如此，讓得到軍方相當支持的鄧小平平反復出作爲條件，也可以說是周恩來及軍方元老們和毛澤東的互相約束保證。

【4】毛澤東一連串會議上的發言，是根據薛慶超所著《歷史轉折關頭的鄧小平》。

【5】「三大紀律八項注意」是毛澤東一夥人，在長征前往他們最早建立的井岡山革命根據地的途中，給部隊的指示。由此起源，後來成爲人民解放軍的軍紀，也成了軍歌。

# 14. 批林批孔批周

## ——江青高喊：「鬥！鬥！鬥！」

一九七四年元旦，是中國共產黨獨裁制度下中華人民共和國建國二十五週年。

在農曆春節休假的一月二十四、二十五日兩天，北京的首都體育館有一萬人集會，在此召開了「批林批孔（批判林彪、批判孔子）」的動員大會。

在黨主席毛澤東之妻江青（黨政治局委員）主導之下，一月二十四日是中央軍事委員會的各機關和駐紮在北京的人民解放軍部隊；一月二十五日則是黨中央直屬機關和國家機關的職員，分別動員舉行的。

「革命同志們！要把今天的『批林批孔』大會推展到全國。鬥！鬥！鬥！批鬥運動不是放空砲，是要放眞刀眞箭。」從擴音器傳出了江青聲嘶力竭的大喊聲。

一月二十五日的大會在下午三點開始，會場上黨副主席兼國務院總理周恩來面無表情坐著。周恩來在這一天的上午十一點，突然被要求出席這個大會。

在江青之後，和江青關係親密的黨中央委員遲群及謝靜宜做了主要的演講。這兩個人在文化大革命當中，作爲毛澤東思想宣傳隊，分別被派往北京大學和清華大學。在兩個大學的革命委員會上活動，開始和江青關係密切起來。他們在這次的「批林批孔」運動中，組織了由江青等人所支持的執筆群「梁效」（即北京、清華大學「兩校」的諧音），展開了一波波猛烈的宣傳和攻擊。

女性活動家的謝靜宜站上了講壇，拉高了聲調：「代表保守勢力反動的孔子思想，過去有，現在也有，將來也會有。那些代表孔子思想的人地位再高，也要把他從權力的寶座上拉下來！」

謝靜宜所說的「地位再高的人」是對周恩來露骨的影射，這是藉著「批林批孔」之名批判周恩來。[1]

當謝靜宜演說結束後，江青側頭對周恩來說：「總理也請說說話！」站到講台上的周恩來，用心地遣詞用句，開始冷靜的說：

「關於這一次的集會，我事先並不知情。」面對騷亂的會場，不爲所動的周恩來繼續說：「但是，我對文化大革命的情勢發展，並沒有敏感的把握到。幸好，江青同志比較敏感，我必須要做自我批判。」周恩來語帶諷刺的談話，也是以自我批判爲外衣的反擊。[2]

在「批林批孔」動員大會之前，江青和黨副主席王洪文把一份題目是「林彪與孔孟之道」的資料送到毛澤東處所。這些資料是在搜索林彪的住宅時，沒收的孔子和孟子的語錄。因而被江青一夥人說成是「高唱中庸之道，反對階級鬥爭哲學」，而把這些語錄加以批判性的分類、編輯而成一份資料。江青一夥人爲了展開「批林批孔」運動，向毛澤東提案，把這些資料分發到全國各地。毛澤東同意了（葉永烈著《江青傳》）。

春節的這一次動員大會是全國運動的第一發。大會兩天後的一九七四年一月二十七日晚上，被推入了「批林批孔」狂潮當中的周恩來，主持政治局召開的一個會議，把人民解放軍的宣傳部門負責人召集過來。

一開頭，江青就要求發言：「『批林批孔』運動的推展程度，全國各地零亂不均。」江青爲了改正這種狀況，在全國各省、市、自治區之外，連軍區裡也派了擔任聯絡員的記者。而且也賦予記者可以出席幹部會議的資格，讓他們用機密電話直接向中央報告。這等於是宣言要設置一個專門從事於偵探「批林批孔」運動的錦衣衛式的機制。[3]

「總政治部的田維新在嗎？」江青突然眺望整個會場，要找總政治部副主任田維新的身影。田維新站了起來說「在這裡。」江青就對他說：「我問一下，『共產宣言』是在哪一年發表的？」

田維新答不出來，江青窮追不捨：「田維新！我在問你呀，爲什麼不回答？」成爲整個會場視線交集的田維新困窘不堪說：「大概在一八四……。」

「身爲總政治部副主任的軍方高級幹部，連『共產宣言』都不清楚。來呀，誰替我把他的官階章和帽子徽章拿到我這裡來！」江青這麼一指示，就有好幾個軍人從會場外走了進來，把被江青威嚇的不知所措的田維新，軍服上的徽章全都拔了下來。

會議的休息時間，江青走近黨副主席兼中央軍事委員會副主席的葉劍英身旁說：「你的兒子在空軍吧！他是怎麼進空軍的？莫非是『走後門』進去的不成？」[4]

一九七四年一月，江青一夥人想要把「批林批孔」運動搞得如火如荼。和江青共同陣線的王洪文說：「批林批孔運動是第二次的文化大革命。」黨政治局委員姚文元也說：「中國近代史上的重大動亂，都是治療中國的良藥，大動亂是好事情。」

企圖要讓文化大革命死灰復燃的江青等人的行動，毛澤東基本上是支持的。在毛澤東日漸衰老的過程當中，激化「批林批孔」群衆運動的江青等人，以及對立的那一邊，也就是想要構築堅強防禦壁壘的周恩來一派，兩派之間全面的權力鬥爭，日漸白熱化。

## 註解

【1】前黨副主席兼國防部長林彪以自找死路的方式，在逃亡過程中墜機死亡之後，毛澤東又發動了「批林整風」的運動。

當初，毛澤東把林彪斷罪爲「極左的錯誤」，但是又怕和否定文革的左傾路線掛上鉤，於是把林彪打成「極右」、「反動」。用「林彪是反動，反動是親孔子」的歪理，把「批林」和「批孔」兩件事情結合起來。

一般認爲對於周恩來的「去除文革」政策抱著強烈危機感的江青，展開「批林批孔」運動，企圖把被視爲「右派」的周恩來拉下馬。

【2】有關這個大會的情況是根據李健編著的《紅船交響曲》（中共黨史出版社，一九九八年）。

【3】關於這一次的政治局會議，是從張佐良所著的《周恩來的最後十年》（上海人民出版社，一九九七年）這本書引用出來的。

【4】「走後門」是指利用個人私情和關係謀取利益，在大學入學、職務分派等，中國社會各個角落都有的一個傳統毛病。江青一夥人在「批林批孔」的動員大會上，把行政機關以及軍方「走後門」的問題拿出來，想要和「批林批孔」運動，一起積極的加以追究。據說這是爲了要撼動周恩來以及葉劍英等人的權勢地位。

# 15. 鄧小平抬頭——「江青啊！我死了妳怎麼辦！」

進入一九七四年三月不久，國務院外交部收到聯合國的邀請函，是邀請中國出席四月初要召開的聯合國資源問題特別全會，並安排中國的代表做演說。

自從中華人民共和國取代台灣（中華民國）得到聯合國的中國代表權，已經過了兩年四個月。有關地球資源和開發的問題，開發中國家和已開發國家兩者間的利害關係極複雜地對立著。在聯合國的特別全會上，中國作爲第三世界的利益代表來誇示存在的價値，這是一個絕佳的機會。

中國共產黨副主席兼國務院總理周恩來，就代表團的人選問題和毛澤東聯絡磋商。

而黨政治局委員江青要求和毛澤東見面也是在這個時候。江青和毛澤東兩人分居已經好久了。儘管是妻子，江青想要和黨主席個別見面，也非得要透過祕書的申請不可。[1]

但是，毛澤東根本沒有透露任何消息。

「讓鄧小平當代表團團長！」這是毛澤東在讀完了外交部所提出，有關聯合國特別全會問題的報告書之後，向外交部做的指示。然而，江青一夥人必然會反彈。毛澤東很愼重地運作這件事：「不過，這不是我個人的意見，應該先由外交部向黨中央上報，讓政治局去批准。」

這一天，毛澤東對江青的見面要求寫了回信。

「江青啊！還是不要見面的好。好幾年來和妳談的事情，妳都沒有認眞地實行。屢次見面又怎麼樣？妳雖然擁有特權，我死了之後，妳怎麼辦？妳都不討論一些大的事情，只是帶來一些小事。好好想想。」[2]

四天後的三月二十四日，周恩來把派鄧小平擔任聯合國代表團團長的外交部提案，向政治局會議提出。他向政治局會議傳達毛澤東同意的消息，也說自己贊成。江青雖然反對，但也拿不出具有說服力的理由；只是說些鄧小平在國內的事務上很忙，或者說飛航途中的安全無法得到保障之類的理由。

毛澤東在二十五日，向政治局傳達這樣的意思：「讓鄧小平出席聯合國特別大會，是我的提案。政治局的同志們若是不同意的話，我不是該撤回嗎？」因爲毛澤東的這個動作，二十六日再度召開政治局會議，江青嘗試孤軍反抗：「我保留我的意見！」

因此毛澤東親自寫信給江青，警告她說：「要鄧小平同志出國是我的意見，妳最好不要反對。要愼重深思，不要反對我的提議。」

結果，周恩來徹底壓制了江青的抵抗，之後向毛澤東送出如下的報告：「（政治局）全體一致同意讓鄧小平同志出國，同意毛主席您要他參加聯合國全會的決定。」[3]

「形成第一世界的美蘇兩國，彼此互相矛盾，卻又壓制包含中國在內的那些自立自強，想要比對手強大的第三世界。因而引起了處在第一和第三世界之間的第二世界先進國家強烈的不滿。」

在聯合國資源特別大會的第二天，也就是一九七四年四月十日，站上講台的鄧小平展開了毛澤東提倡的「三個世界論」，大大的鼓舞了第三世界的民族主義。就在一年前才戲劇性地平反復出的這個矮個子，吸引了各國代表及新聞界的注目於一身。在國際舞台上也強烈地打出了「復活」的印象。

在返國途中，鄧小平順道在他年輕身爲一個窮學生過留學生生活，又和周恩來相遇相知的巴黎過境停留。在那裡，他一口氣買了一百個讓他懷念的法國麵包。從國務院領來的出國零用金，費用僅僅三十元人民幣，全都用光了。鄧小平回到北京後，把這些法國麵包分給昔日甘苦與共的周恩來等留法同學們。【4】

鄧小平在聯合國演講一個月之後的五月十一日，毛澤東在中南海的書房會見了巴基斯坦首相布托。當時局勢已有所不同：鄧小平隔著翻譯官坐在毛澤東的右側；以往接見外國賓客的場合，周恩來總是陪坐在毛澤東的右側。這一回周恩來是坐在毛澤東左手邊布托的隔座。

周恩來在這一次會見之後的三個禮拜入院。一直到他死亡爲止，過了一年七個月和病魔搏鬥的生活。這一次會見的座位順序，是毛澤東老早就想要讓鄧小平接替周恩來而精心安排的。在此同時，也象徵著毛澤東對周恩來的冷淡。

## 註解

【1】江青想要和毛澤東見面的理由雖然不清楚，一般認爲是關於聯合國代表團團長的人選問題，江青的心情可以由此來推測。

毛澤東對這一次的聯合國特別全會有強烈的關心，很有可能會派遣一個重量級人物。現在外交部長是姬鵬飛，如果要往上更提升一層的話，那就是副總理或者是總理周恩來。但是周恩來正受到膀胱癌的侵擾，沒有辦法出國。這麼一來，不就是副總理鄧小平了嗎？

對江青而言，在文化大革命中落馬的鄧小平，變成一個必須要最加以警戒的政敵。在黨最高領導部門的政治局裡，江青有一群在文化大革命當中共同奮鬥的伙伴，也有權力的地盤。然而，以國務院爲中心的內外政策的實務，是掌握在一直想要「去除文革」的周恩來手裡，對江青而言無法稱心如意。透過「批林批孔」運動，江青張起了一套攻擊網，撒向被比擬成孔子的周恩來。如果毛澤東現在選上了鄧小平作爲出席聯合國特別全會代表團的團長，讓鄧小平踏上了可以展現自己實力的國際社會舞台，就變成公然的認可周鄧路線。

【2】有關與江青的行動和毛澤東的信，是根據曹英等人所著的《特別別墅》（改革出版社，一九九八年）這本書。

【3】有關政治局會議以及毛澤東信的內容，是根據沈丹英編的《文化大革命中的周恩來》、中共中央文獻研究室編的《周恩來年譜》等書。

【4】這件事情，是中共中央黨校出版社，在一九九五年出版的余世誠所著《鄧小平與毛澤東》這本書，轉載後來的國家主席楊尚昆的話，而介紹出來的。

# 16. 批判周恩來
## ——「在君王面前恭恭順順」

北京中南海的正北方，北海公園的西側是中國人民解放軍三〇五醫院。這棟四層樓建築的一樓，有兩間廣大的病房，每間病房都有會客室、辦公室、臥室的成套格局。在樹木的遮蓋下這是間不太起眼的醫院，本來是爲了中國共產黨主席毛澤東而建的；但是毛澤東卻從來沒有入院過。住進來的反而是黨副主席兼國務院總理周恩來，這是一九七四年六月一日的事情。

周恩來的膀胱癌日益惡化，每天都有大量的血尿，出血量也曾經超過兩百毫升。周恩來他平生第一次接受輸血，輸血的次數，到他死亡爲止不到兩年之間，高達八十九次。他的臉色蒼白體力衰弱，只不過是走路或洗臉，呼吸和脈搏都會加快。

周恩來抱病還在做繁重的公務。根據身邊服侍人員的紀錄，到他入院爲止的五個月之間，幾乎每天都工作。一天工作十二到十四小時的有九天，工作十四到十八小時的有七十四天，工作十八小時以上的有三十八天，工作長達二十四小時的有五天，甚至有一次連續工作三十四小時（中共中央文獻研究室編《周恩來年譜》）。

六月一日，周恩來睡到接近中午。在中南海西北角，叫做「西花廳」四合院的住宅兼辦公室，周恩來很晚才吃早飯。之後他到辦公室把文書稍微整理，然後穿上中山裝和灰色的外套走出庭院，那時灰色的專用車已經等在那裡。周恩來靜靜地站在車子的旁邊，依依不捨地盯著這一棟，自從中華人民共和國建國以來，二十五年之間，當作辦公室使用的「西花廳」。

入住三〇五醫院的當天就接受了手術。從此以後，周恩來除了曾經暫時性的外出以外，再也沒有出院過。他就把醫院當作辦公室，一邊辦公一邊過著與病魔搏鬥的生活。[1]

「可不能認為一成了社會主義，就沒有儒家了。我們的黨裡面，還是不斷地冒出不少的儒家。」

一九七四年六月中旬，毛澤東之妻江青在周恩來入院之後，在人民大會堂和她御用的執筆群「梁效」、「唐曉文」（全都是執筆集團的假名）聚會。

江青等人鼓動有關「批林批孔」運動的文章，在他們所掌握的新聞雜誌上發表，拚命攻擊周恩來，他被比擬成毛澤東眼中「反動」的儒家祖師爺孔子。這一年的一月四日，在《人民日報》上發表的論文都把孔子叫做「宰相儒」，要把這位怎麼說都是宰相的周恩來，指桑罵槐比擬成儒者。

在《紅旗》雜誌或者是《北京日報》上發表的論文，把孔子說成是「讓歷史倒退的復辟狂」，復辟的本來意義是「退位的君主再度即帝位」的意思。論文甚至用「虛僞狡滑的政治騙子」、「不學無術的寄生蟲」等惡毒的字眼，藉著痛罵孔子，把周恩來描寫成這樣子：

「雖然老衰七十一歲，重病臥床了」、「還在拚著老命，匍匐跌撞見魯君」、「看哪！他欺世盜名，一旦浪得『至聖先師』名，在公衆場合中，倨傲不恭，自以為重」、「一聽到君主的叫喚，等不及備車安馬，就快步而出……。在君主的面前小心翼翼，作恭順狀」（葉永烈著《江青傳》）。

這些文章很顯然是把孔子對魯君的態度，和周恩來對毛澤東的服從疊合起來，加以諷刺。

「現在沒有儒家嗎？沒有的話，爲什麼非得要批判『孔老二』（孔家的二男，是對孔子侮蔑的稱呼）不可？」「即使到了現在……，還有一個大號的儒者。」「注意了！大儒不是指劉少奇，也不是林彪或者陳伯達喔！」身爲江青親信的執筆群中心人物遲群，也這樣突顯目標窮追猛打。

從六月十七日起大約十天，江青率領了執筆群「梁效」、「唐曉文」兩個集團的成員去天津，宣傳「儒法鬥爭現在還繼續著」。一行人巡迴了若干工廠和農村、部隊，不斷的煽動群衆說：「把現代的大儒揪出來！」在某個地方甚至露骨地說：「這個運動的重點是『批判黨內的大儒』！」

江青集團一聽說「批林批孔」運動如火如荼展開，就前往天津市一個叫做小靳莊的村子。那裡的黨組織女性主任姓「周」，名「福蘭」，江青說：「太封建了！我幫你改名。」「你的名字叫『周克周』吧！這個『周』女士要克那個『周』。」（蔣建農等編《世紀偉人毛澤東》，紅旗出版社，一九九六年，以及沈丹英編《文化大革命中的周恩來》，中共中央黨校出版社，一九九七年等書）。

江青一夥人把「儒法鬥爭」投影到黨內的路線鬥爭。他們自稱爲「法家黨」，爲了要向「儒家黨」奪權，積極的製造輿論。

江青集團的御用執筆群，陸續發表了歌頌那一派藉著嚴刑峻法殘酷統治的法家；及批判儒家的文章：「法家愛國，儒家賣國。」取得天下，建立功績的政治家全都是法家；而亡國之君，頑固的反動派全都是儒家。法家是革新的，而儒家是守舊的。

而且，他們又發表很多有關歷代女王的文章如：「法家人物介紹——呂后」、「古代傑出女性政治家武則天」，寫著：「呂后是中國歷史上著名的女政治家，在劉邦死後掌握了權力，貫徹了法家的路線。」根據某一個統計，那些歌頌法家、呂后、武則天的文章，光是省級以上的新聞雜誌，所發表的就有五千篇以上（《世紀偉人毛澤東》）。

在北京、天津、上海的街頭到處張貼了「批林批孔批周公」的大字報，把周恩來比喻成被孔子景仰成理想聖人境界的周公，露骨地展開批判。

然而，江青集團的活動，在早已經厭倦了文革的廣大群眾當中，引起不滿和反彈。同情心反而靠攏抱有重病、忍耐攻擊、鞠躬盡瘁於公務的周恩來這邊（邱石編《共和國重大事件決策實錄》，經濟日報出版社，一九九八年）。

對於指使江青集團發動「批林批孔」運動的毛澤東而言，到底還是沒有理由不踩踩剎車。

## 註解

【1】有關於周恩來入院前後的情況，由他的專用醫生張佐良所寫的《周恩來的最後十年》（上海人民出版社，一九九七年）這本書寫得很詳細。

# 17. 警告——「別搞四人幫」

在北京中南海，中國共產黨政治局全體會議舉行了，政治局全員到齊。

半年間以來，黨主席毛澤東沒有召集過全體會議。體力已經衰老不堪的毛澤東，特別選擇離他很近的地方召開會議，親自出席。這是一九七四年七月十七日的事情。

在六月才因爲膀胱癌入院的國務院總理周恩來，也拖著手術後的孱弱病體來了。毛澤東的妻子江青，一如往常一副主角的態度，把透過「批林批孔」運動，而被比擬成孔子（儒家老祖宗）的周恩來批判話題，帶到會場來。

「儒者不管大小，非徹底地批判打倒，否則的話，文化大革命無法深深地扎根。我們非得再度把『批林批孔』運動搞大不可！」

「我也贊成江青同志的意見。」黨副主席王洪文接著說：「爲什麼沒有辦法深化呢？因爲在各個階層都有反對勢力。而且，更大的勢力不在下層，而是在上層，是在領導機關裡，箭頭可以指向某些高級領導者們。」

張春橋、姚文元兩人也口徑一致：「某些高級領導人並沒有自覺到，八年多來，他們阻礙了文化大革命的順利進行，更沒有認眞的自我批判！」「他的積極性和頑強性，並不是用在如何支持文化大革命，而是千方百計破壞、妨害文化大革命。」

這顯然是江青四個人，衝著周恩來而來的包圍攻擊，引起大多數的人心裡不快。

毛澤東大口大口地吸菸，皺了眉頭聽江青的發言，終於忍不住叱責說：「江青同志！注意一下妳的話。別人雖然對妳有意見，不好衝著妳的面前說，妳自己都不知道。」

沒有料到毛澤東會指名批判，江青吃了一驚。毛澤東繼續罵：「有兩個工廠是開不得的，一個是鋼鐵工廠（比喻很頑固）；另外一個是帽子工廠，動不動就給別人扣帽子，這樣子不好。妳最好把那兩個工廠關掉！」江青也不甘勢弱說：「免了，鋼鐵工廠送給鄧小平同志好了！」

毛澤東曾經評價國務院副總理鄧小平，說他「裡面是鋼鐵公司」這一句話是包含著「沉默寡言、堅忍不屈」的意味，和毛澤東責罵江青明顯不同。

毛澤東掃視全場說：「聽到了吧？她可不能代表著我唷！是代表著她自己的喔！」

之後毛澤東口氣稍緩：「應該想到她有兩個面相，固然有好的一面，也有不太好的一面。」

江青說：「要是有什麼不好就改了。」毛澤東說：「妳是很不知改過的！」因爲毛澤東這時候口氣又兇了起來，江青也不得不讓步說：「現在開始關閉『鋼鐵工廠』。」

然而，在衆多的政治局委員面前感到面子掛不住的江青，就把話題轉到「帽子工廠」說：「我還沒有把漢奸的帽子給誰戴呢！」毛澤東警覺到江青這一次又要攻擊周恩來，揮揮手制止發言：「總之，江青她只代表她自己，不代表我。」

毛澤東再度用心的強調，把江青的發言和他的意向撇清關係，毛澤東更進一步下了斷語：「她是上海幫的一員，（向張春橋一夥人）你們也要注意，別去搞四人的小幫派！」

毛澤東口中的「四人小幫派」、「上海幫」，大家都知道除了江青之外，還有上海來的張春橋、姚文元、王洪文。這是毛澤東對江青等四個人所發出的最初警告（李健編著《紅牆紀事》）[1]。

毛澤東一結束了政治局會議，就在當天搭乘專用列車南下。他的目的是要「休養」，和以前慣常舉行的「南巡」不一樣；這一次並沒有到沿線視察，更沒有聽取當地負責人的報告，因爲毛澤東已經沒辦法了，八十歲的毛澤東健康狀況一直在惡化。

專用列車幾乎是中途不停靠的抵達湖北省武漢市，毛澤東在他很熟悉的東湖賓館待了將近三個月。之後移往長沙、南昌、杭州各地，整個時間合計起來有九個月。毛澤東離開北京到地方停留，這是最後的一次。

毛澤東從一九七四年起，視力也逐漸衰退，要看清楚變得很困難。向來他是抱著「親眼看書看文件，親手寫指示」的態度，但是現在他不得不請祕書代讀、代寫。

八月的時候，有若干位著名的眼科醫生抵達武漢，聚集在毛澤東身邊，診斷毛澤東的眼睛病情是「老年性白內障」，從此幾乎是失明的狀態。[2]

毛澤東的詳細病情被嚴密地隱藏起來，除了醫療團隊以及身邊的服侍人員，再加上周恩來等少數幾位政治局委員之外，連黨的幹部也都不知道。

在武漢停留的時間，毛澤東有五次接見外國要人，鄧小平一起離開北京同行。因爲周恩來住院，國務院的日常業務事實上是由鄧小平一肩取代承擔。雖然毛澤東把黨中央的業務委任給王洪文，但是王洪文的「上海幫」沒有來過武漢一次。

十月四日，毛澤東要他的祕書張玉鳳打電話告訴王洪文，提案說要讓鄧小平接掌國務院第一副總理。後來，逮捕四人幫之後，找到當時王洪文親手寫的紙條，有這麼一段話：「誰會成為第一副總理？鄧」（顧保孜著、楊筱懷編《聚焦中南海》、陳長江等著《毛澤東最後十年》）。

在不久之後召開的政治局會議上，風雲又起。

## 註解

【1】當初，當然不會只是因為毛澤東扣上批判派閥主義，在江青一夥人被逮捕之後，就會傳出扣上「反革命集團」那樣的新聞。毛澤東在這一年的年底，雖然把江青等四人叫成「四人幫」，但是這個稱呼普遍流傳開來，是到逮捕四人幫的前夕。

【2】根據毛澤東的醫師說，毛澤東從一九七四年起，口齒就不太清楚，手腳上有運動的障礙，是指揮肌肉動作的運動神經細胞機能退化，這種病症叫做「肌肉萎縮性側索硬化症」（李志綏醫生著《毛澤東私人醫生回憶錄》）。

# 18. 批判賣國主義
## ——鄧小平和江青激烈衝突開始

「把國務院副總理鄧小平升格為第一副總理」，毛澤東把這個提案向中國共產黨副主席王洪文照會。毛澤東是希望在最近預定要召開的第四屆全國人民代表大會上，讓大會確認這一件人事高升案。

一九七四年十月四日，為了療養而在湖北省武漢停留的黨主席毛澤東，透過祕書向王洪文做了這樣的聯絡。王洪文在當晚立刻向江青（黨政治局委員）、張春橋（政治局常務委員）、姚文元（政治局委員）三個人傳達這件事。

毛澤東的意圖非常明顯，所謂第一副總理，不只是取代正在住院當中的國務院總理周恩來總管國務院的日常業務；要是周恩來死亡，就要接任周恩來之位而成為總理。

四人幫一片愕然。

雖然在文化大革命運動中江青一夥激進左派抬頭，在中國共產黨領導部內占有重要的地位，但是自從中華人民共和國建國以來，一直由周恩來掌握的國家行政機關裡面，幾乎可以說完全沒有立足點。不斷激烈地攻擊周恩來「去除文革」政策的江青等人，想要利用第四屆全國人大召開的契機，推動「奪權」的人事案。

召開第四屆全國人大，是一件長年的懸案。一九五四年制定的憲法規定，應該四年召開一次。但是一九六四年底第三屆全國人大召開之後，因爲一九六六年起文化大革命的動亂，接近十年都無法召開。

全國人大被視爲是國家權力的最高機關，可以任免國家主席及國務院總理、部長等。在由共產黨指揮、領導政府的中國，這些任免大權由黨的領導部門決定，全國人大只能承認，只不過是一個形式上的機關而已。雖然如此，召開全國人大，要避開人事問題是行不通的，一定會招來權力鬥爭。[1]

把第四屆全國人大當作權力再分配場所，而加以把握的江青集團，也一步步緊密地籌劃。王洪文和張春橋一年多以前，就在國務院的各個部門以及委員會的部長級職位上安插人事，不斷推薦他們自己找來的人選。江青甚至一直進行著要讓張春橋取代周恩來，接掌國務院總理（葉永烈著《江青傳》）。

就在此時，想要把鄧小平作爲周恩來後繼者的毛澤東的提案，突然飛了進來。不過，還沒有正式的決定。在黨政治局會議上，江青一夥人挖出了一個事件，藉此展開對「周恩來—鄧小平」路線拚命的攻擊。

「翻開中國造船工業的發展史，可以明顯看出，近代尊孔派的頭目們全都是從造船工業去下手。」

一九七四年十月二日，上海的報紙《文匯報》和上海市黨委員會的機關報紙《解放日報》在頭版的上段，刊載了批判周恩來的長篇記事和評論文章。由毛澤東發動，把儒家老祖宗孔子以及墜機死亡的林彪叫作「右翼反動」。而在「批林批孔」運動當中，江青等人口中的「尊孔派的頭目」暗指的是周恩來。

這篇長篇記事，提到了在上海江南造船廠所建造的國產一萬噸級遠洋貨船「風慶號」。「風慶號」在一九七四年五月，從上海載米航運遠達歐洲，九月底回到母港。

爲了要自立化和強化海運輸送能力，周恩來在一九七〇年指示要投注心力在造船方面。風慶號也就是在這個理念下建造起來的。在這個指示裡，周恩來還提到，要是造船速度趕不上的話，多少買進一些外國的船舶也沒有關係。

「批林批孔」運動一發生，江青集團就逮住這個機會，攻擊周恩來是「賣國主義路線」，「『船是買的比自造的好；買比借的好』這種洋奴哲學」。

當初，因爲國產的引擎和雷達性能還不夠好，國務院的交通部就限制「風慶號」只能在近海航行。然而在江南造船廠的工人和船員的要求下，還是實現了遠洋航行。對國務院積累不滿的船員們在航海當中，要求召開一個批判大會，批判由國務院交通部派來船上的負責人的思想是「崇洋媚外」，結果被拒絕了。

這件事在「風慶號」回港後，被張春橋、姚文元聽到了，他們兩人把這件事當作是攻擊國務院周恩來的絕佳題材，就把「拒絕」這件事情硬說成是「反動政治事件」。江青也寫信給黨政治局。

「我滿懷無產階級的義憤。交通部裡面，帶有崇洋媚外的買辦資產階級思想，而非只是少數人行使獨裁。政治局應該對這個問題表明態度、採取必要的措施。」（《江青傳》）。

「無產階級文化大革命已經八年了，現在要的是安定，全黨全軍團結一致。」

中國共產黨中央在一九七四年十月十一日，正式的向基層組織發出要召開第四屆全國人民代表大會的通知。通知上用引人注目的黑體字，印著毛澤東訴求安定與團結的「最新指示」。

六天後的十月十七日召開的黨政治局會議上，江青手裡拿著「風慶號事件」的資料，再度對文革期間一度落馬的鄧小平展開攻擊。

「關於『洋奴哲學』批判這件事，你究竟抱著什麼樣的態度？贊成呢？還是反對呢？或者是站在中間立場呢？」

鄧小平剛開始不加理睬。但是因爲江青窮追猛打，緊咬不放，鄧小平不久火大起來：「對這件事我還有必要調查。對於你們的意見，我不能夠叫人家什麼都贊成你們。」

鄧小平這麼乾脆說完，就憤然離開會場。情況演變到此，政治局會議也開不下去了。在一片餘恨難消中，會議草草結束。[2]

當天晚上，江青等四個人，聚集在他們北京的根據地釣魚台十七號樓內，演練對策。隔天，王洪文搭飛機飛往毛澤東所停留的湖南省長沙市。

## 註解

【1】毛澤東在一九七〇年曾經提案要舉行第四屆全國人大。但是，當時的國防部長林彪想要利用這個機會，取代在文革當中被拉下馬的劉少奇，自己坐上國家主席的寶座，結果失敗了。

【2】關於這件事情，鄧小平後來這麼說：「文化大革命期間有所謂的『風慶號』事件，我和四人幫吵了架。一萬噸的船兒算什麼？一九二〇年我去法國留學的時候，坐的可是五萬噸的外國郵船呢！」（中共中央文獻編輯委員會《鄧小平文選》）。

# 19. 對密使的忠告——「江青想要成爲黨主席」

「我是冒著危險來這裡的！」從北京趕來的中國共產黨副主席王洪文，在一九七四年十月十八日的下午兩點，對著爲了療養而來湖南省長沙的黨主席毛澤東這麼說。

王洪文來到長沙，這個決定是經過和黨政治局委員江青、政治局常務委員張春橋、政治局委員姚文元四個人商量過的。對黨副主席兼國務院總理周恩來等其他的政治局委員來說，是一個祕密的行動。

幾天前在北京召開的政治局會議上，江青和國務院副總理鄧小平激烈衝突。因爲關於海運政策，周恩來主張向外國購買船舶，江青、王洪文一夥人攻擊他是「賣國主義」，也逼問和周恩來密切關聯的鄧小平，是不是也站在「賣國主義」的立場上。

江青一夥人要向掌握著國務院等國家行政機關的周恩來、鄧小平「奪權」。這一次會議上，「賣國主義立場」的逼問事件，是江青這夥人想要把周恩來、鄧小平拉下馬，而在政治局會議上設下的一連串攻勢當中的一環。在將要召開的第四屆全國人民代表大會上，毛澤東想要把鄧小平高升爲國務院第一副總理的意向已經很清楚了，這件事情讓「四人幫」江青一夥人的危機感驟增。

「鄧小平之所以那樣憤怒，和最近已經決定了他要就任總參謀長職位這件事有密切關係。」

王洪文這麼指出來，顯示鄧小平氣勢的增長，是因爲毛澤東已經指示要讓鄧小平擔任人民解放軍總參謀長。王洪文之所以向毛澤東強調，他來見毛澤東是「冒著危險也不得不來」，也是爲了要在毛澤東的心裡，塑造出周恩來、鄧小平對權力的野心和陰謀的印象。

毛澤東雖然訓諭他說：「鄧小平同志能打仗，你必須要和鄧小平同志好好團結一致。」然而王洪文對周恩來、鄧小平的攻擊還是不手軟。

王洪文對毛澤東說：「周恩來總理雖然重病，但他還是一天到晚忙著和人會見、談話。經常到總理那裡去的人有鄧小平、葉劍英（黨副主席、中央軍事委員會副主席）、李先念（政治局委員、國務院副總理兼財政部長）同志等。他們最近之所以頻繁的出入，和第四屆的全國人民代表大會的人事安排有關係。」

王洪文這麼說，是暗暗的警告，周恩來和鄧小平務實派集團擴大勢力的圖謀；而另一方面，王洪文向毛澤東稱讚「四人幫」的同夥，要求重用這些人。

毛澤東漸漸不高興了，他斥責王洪文說：「要是有意見的話，當面向他們（周、鄧）說。這樣做（背後說話）不好。」又忠告王洪文說：「你要好好注意江青，不可以和她聯手。回去以後和（周）總理以及葉（劍英）同志好好談一談。」（薛慶超著《歷史轉折關頭的鄧小平》）。

根據毛澤東的警衛隊長陳長江所寫的《毛澤東最後十年》這本書，一到長沙就盛氣凌人的王洪文，在和毛澤東談了一個小時後，出來時一副垂頭喪氣的樣子。

毛澤東在一九七四年七月離開北京，到湖北省武漢市停留之後，從十月開始動身前往離他故鄉很近的長沙市。一直到隔年的二月爲止，在長沙度過了三個多月，他在長沙也會見過國外賓客六次（顧保孜著、楊筱懷編《聚焦中南海》）。

從北京南下擔任翻譯的國務院外交部副部長王海容，和外交部北美大洋洲副局長唐聞生，同行來到長沙，爲毛澤東擔任溝通黨中央和國務院之間聯絡員的角色。

當王洪文在長沙和毛澤東見面的一九七四年十月十八日，江青在北京釣魚台叫來王海容和唐聞生，和他們談到有關國務院裡面的領導人，把自己人一個個帶進來的這些事情，要他們報告毛澤東：「（鄧）小平和（葉）元帥共謀勾結，（周）總理是背後黑手。」

十月二十日，陪同丹麥首相夫妻一同來到長沙的王海容和唐聞生，向毛澤東報告了江青的話。毛澤東憤怒地說：「江青還在那樣的胡鬧著嗎？」就向王洪文和周恩來傳達這樣的指示：

「總理畢竟是總理，第四屆全國人大的準備和人事問題，讓總理和王洪文一起擔當。」

「提案讓鄧小平擔任黨副主席、（國務院）第一副總理、中央軍事委員會副主席兼總參謀長。」

鄧小平一月十二日，和外國要人同行，來到了人在長沙的毛澤東身邊，毛澤東半開玩笑地對鄧小平說：「你在經營鋼鐵公司呢！」他講這句話是在稱讚鄧小平在政治局會議上對江青這個對手毫不讓步。

同樣曾經被毛澤東叫做「鋼鐵工廠」的江青也毫不死心。她把一封給毛澤東的信託付給和鄧小平一起南下見毛澤東的王海容和唐聞生。這一封信寫著江青自己對於第四屆全國人大上應該決定的人事構想：江青主張讓謝靜宜（黨中央委員、北京市革命委員會副主任）擔任全國人大副委員長；遲群（清華大學黨委員會書記）擔任國務院教育部部長；喬冠華（外交部副部長）擔任副總理；並且讓毛澤東的姪子毛遠新（遼寧省黨委書記）、遲群、謝靜宜、金祖敏（中央委員、上海市革命委員會副主任委員）這幾人列席政治局會議，把他們培養成爲接班人。

毛澤東在那封信上寫下了一些話，強烈的要江青自重：

「別太過分，別在文件上加自己的意見，不可以組閣（暗地亂搞）。很多人對妳相當不滿，不跟大多數的人團結是不可以的。千拜託萬拜託！追加一句話——人貴有自知之明。」

江青在一個禮拜之後回信給毛澤東：「我不能符合主席的期待感到很慚愧。我欠缺自知之明，因爲自我陶醉頭腦發昏了之故。」「九大（一九六九年的第九屆全國代表大會）以後，我基本上是百無聊賴，對任何事都沒有盡本分，現在更是變本加厲。」

毛澤東也在二十日回了信：「妳的職務是要研究國內外的情勢，這一點應該是說了好幾次了，不可以說沒事情幹。」

然而，江青可沒那麼容易退縮。根據江青四人幫在一九七六年遭到逮捕之後，王海容和唐聞生所做的告發，一九七四年十一月，或者是十二月，江青透過他們兩個人向毛澤東表達，希望把王洪文任命爲全國人大的副委員長。聽到這個意願的毛澤東這麼說：「江青有野心。她是想讓王洪文當委員長，而自己想要當黨主席的。」（《歷史轉折關頭的鄧小平》）。

# 20. 深夜匆匆傳喚

## ——毛澤東和周恩來徹夜長談

「張醫師，總理什麼時候可以外出？」一九七四年十一月下旬的某一天，向來都是透過機密電話，就有關中國共產黨副主席兼國務院總理周恩來的病狀，聽取專屬醫生張佐良說明的黨副主席葉劍英，這一次改換語氣詢問張醫師。

因爲膀胱癌接受手術的周恩來除了血尿之外，還出現心律不整的情況。葉劍英指示一時不知所措的張佐良醫師，叫他要仔細選擇優秀的醫療團隊，以備周恩來必須要在醫院之外過夜。同時還拜託他這回要祕密的進行（張佐良著《周恩來的最後十年》）。

周恩來在病房裡還在執行公務，北京人民解放軍三〇五醫院訪客不絕於途。因爲負責認可國家機關人事案的第四屆全國人民代表大會日漸接近。江青以及黨副主席王洪文一夥人，不斷的把自己的心腹親信安插到國務院的文化、教育、體育各部的首長。四人幫拚命地想要把周恩來和他的盟友，在國務院建構起來的權力結構加以架空。

周恩來好幾次和副總理鄧小平以及李先念等人，商討對策；教育部門絕對不能退讓，其他的部門則用妥協來對應，想要封殺江青一夥人進一步的要求（中共中央文獻研究室編《周恩來傳》）。

十二月底，第四屆全國人大的準備大致就緒，周恩來和江青集團當中的王洪文，爲了向毛澤東報告而搭飛機前往在長沙市靜養的毛澤東處所。對王洪文來說，這次的見面，距離上一次他向毛澤東「告密」，說周恩來等人的「賣國主義」行徑，反而遭到毛澤東斥責以來，已經過了兩個多月。

就在出發之前，雖然周恩來已經便血，但是出發計畫沒有改變，便血的治療往後順延。據說周恩來向主治醫師主張說：「既然已經被推上了歷史的舞台，我就必須要完成我的歷史任務。」（中共中央文獻研究室編《周恩來傳》）。除了專屬醫生和護士以外，還有心臟血管以及泌尿系統專門醫生的醫療團隊隨行。

周恩來和王洪文在十二月二十三日，一前一後離開北京飛往長沙。最初兩人是預定搭乘同一架專用飛機，但是王洪文晚了三個小時左右才到達長沙，讓周恩來很不耐煩。雖然王洪文找了藉口「睡過頭了」辯解，但也有人說是因爲他和江青一夥人演練對策（顧保孜著、楊筱懷編《聚焦中南海》）。

下午七點半左右，在毛澤東所停留的湖南省黨委員會招待所「蓉園」裡，毛澤東和周恩來、王洪文的會談開始了。

周恩來詢問毛澤東的身體情況。毛澤東心情很好，半年不見的這兩個人，氣氛坦誠親切。「雖然頭也舒服，肚子也沒問題，但就是腳不行。」毛澤東用湖南口音這麼一說，周恩來親切大膽地壓一下毛澤東的腳，問道：「有沒有浮腫？」（曹英等著《特別別墅》）。

毛澤東也詢問周恩來的病況，周恩來說：「等到第四屆全國人大結束，從從容容地去療養的話就好……。國務院的工作如果能夠請鄧小平同志費心那就好。」關於鄧小平，毛澤東手指著王洪文對周恩來說：「政治方面比他（王洪文）還行。」因爲毛澤東已經口齒不清，所以用紅色鉛筆在紙上寫一個「強」字讓周恩來看。

「讓鄧小平擔任軍事委員會副主席，好。中央軍事委員會副主席、第一副總理、總參謀長。」再一次這麼說的毛澤東用動作已經很緩慢的手，拚命地開始在紙上寫：「人才難……」

「人才難得！」周恩來這麼一說，毛澤東就點點頭把鉛筆放下（薛慶超著《歷史轉折關頭的鄧小平》）。

兩個多小時的會談，周恩來心滿意足，因此臉上表現出開朗的容顏；相對地，王洪文就遭到毛澤東的冷落。

隔天還繼續會談，毛澤東再度警告王洪文有關江青集團的事情：「不可以搞四人幫，搞圈圈的話就容易跌倒。」

「從今以後不再搞了！」王洪文雖然立刻這樣回答，但毛澤東還是以嚴厲口吻的說：「我好幾次警告你不要結黨，我一再講的話，你一直都不聽！」要求他寫自我批判書。愁眉苦臉地回到宿舍的王洪文，倒在床上，祕書出聲叫他，一句話也不回答（葉永烈著《王洪文傳》）。

周恩來和王洪文一直到十二月二十七日爲止，五天內和毛澤東會談四次。二十六日是毛澤東八十一歲生日，本來反對慶祝生日的毛澤東，因服侍人員準備了花來裝飾一番，也準備了壽麵和當地的土產「芙蓉酒」，毛澤東也就不特別挑剔了（《聚焦中南海》）。

周恩來也在當天晚上，在他停留的「蓉園二號樓」邀集了湖南省黨委員會書記、當地的黨、地方政府、軍方的領導人們，擺開了慶祝毛澤東生日的小小宴席。周恩來好幾次站起來舉杯說：「爲主席的健康乾杯！」根據專屬醫生張佐良的回想，自從生病以來，周恩來沒有這樣好心情過（《周恩來的最後十年》）。

那一天的午夜，毛澤東突然打電話叫周恩來過來（平常毛澤東總是熬夜到黎明，然後在上午睡覺），開始了把王洪文排除在外的會談。

「你知道爲什麼列寧必須要寫對資產階級獨裁批判的論文嗎？這個問題不把它弄清楚的話，就會變成修正主義囉！有必要叫全國都知道。」「無產階級當中，公家機關的人員當中，都存在著讓大家過資產階級生活的作風。」

毛澤東再次談無產階級文化大革命的「偉大意義」，這是因爲他再一次警告周恩來的「右傾」態度（馮治軍著《周恩來與毛澤東》）。

毛澤東和周恩來的談話，涵蓋了黨和國家的前途，以及中央領導人的人物評價。徹夜的會談長達四個小時。對兩個人來說，這是他們最後的長時間會談（《歷史轉折關頭的鄧小平》）。

周恩來一走出毛澤東的宿舍，東方已經開始發白。這個景象不禁讓人聯想：

這一個被江青一夥人比擬成反動的孔子，而加上了「儒者宰相」之名的周恩來，和那一位後來被諷刺成喜好中國歷代名女王，而被稱做「紅都女皇」的江青，兩個人之間激烈的鬥爭，將共產中國的權力鬥爭歷史彩繪得多采多姿。這兩人之間的鬥爭現在已經大勢底定，終於到了「周恩來—鄧小平」時代揭幕的時刻了。

然而——

# PART 6

# 關於若干歷史問題的決議

# 1. 四個近代化——周把遺言託付鄧

和膀胱癌病魔搏鬥，身體明顯漸漸憔悴消瘦，只有眼光依舊銳利的周恩來，在北京人民大會堂的大講壇上站了起來。這天是一九七五年的一月十三日。

從這天開始，召開第四屆全國人民代表大會。自從第三屆全國人民代表大會以來，長達十年之後的全國人大的開會。中國共產黨副主席兼國務院總理周恩來從病房直奔會場，進行政府活動報告。

「第一步是到一九八〇年爲止，建立起獨立而完整的工業體系和國民經濟體系。第二步是在本世紀之內，全面的實現中國農業、工業、國防、科技的近代化，把我國的國民經濟推上世界的前端。這麼一來的話，應該可以建設一個近代化的社會主義強國！」

這一個「四個近代化」的計畫，周恩來在十年前上一次全國人大已經提出來。然而，因爲毛澤東發動了無產階級文化大革命，而遭到了阻礙。本來在當時周恩來構想下，作爲「工業體系的整備期」，距一九八〇年還有十五年的時間，然而因爲文革十年浪費，現在從第四屆全國人大舉行的時候算起，只剩下五年的時間。

儘管如此，這一個在二十世紀實現中國近代化的目標，周恩來之所以再度提起，是因爲他知道，自己所剩的時間已經不多了。

「我已經罹患了癌症，雖然正在接受治療，但來日已經不長了吧！我要盡一切可能，和大家一起努力奮鬥。」

在第四屆全國人民代表大會的會議期間，周恩來和天津市的代表團討論時，就是這麼講的。因此，所謂的「四個近代化」，說起來也可以算是周恩來的「遺言」。

周恩來在中華人民共和國建國第五年（一九五四年）召開的第一屆全國人大上，已經提出了農業、工業、交通運輸、國防的近代化。在一九五六年的「關於知識分子問題的報告」上面，也用沉痛的心情，吐露出他對近代化的希求：「全世界科學在最近的二、三十年之間有了巨大的進步，這個進步把我國的科學發展，遠遠的拋在腦後。」

周恩來的這些理想，在反右派鬥爭、文化大革命等毛澤東的「不斷革命路線」之前，不得不含淚放棄。雖然如此，周恩來在死期不遠之前，好不容易看到了一個他可以託付悲願，助其實現的希望之光。這個希望之光就是鄧小平。

建國以來，長達二十五年多坐在國務院總理寶座上的周恩來，在一九七五年一月的第四屆全國人大上，仍然被選爲總理；而和周恩來聯手的鄧小平，升格成爲十二個副總理的第一副總理。在全國人民代表大會之前的中國共產黨人事調整案裡，鄧小平已經先被正式的任命爲黨副主席、人民解放軍總參謀長（中央軍事委員會副主席）。紮紮實實地在國務院、黨、軍方的三個權力機構的最高領導部裡，占了重要的一席之地。

這些人事的安排，全都是毛澤東的指示。雖然毛澤東絕對不會否定文化大革命的意義，但是他也承認有必要從文化大革命所帶來的混亂回歸正常。他強烈的希望這個時期要「安定和團結」。

在國務院部會首長的人事安排上，毛澤東之妻黨政治局委員江青一夥，慘敗於和「周鄧體制」有關聯的務實派手下，受到嚴重的震撼。全國人民代表大會閉幕後，江青搭機前往在湖南省長沙靜養的毛澤東身邊，遭到毛澤東冷落，根本不聽她訴苦不滿。二月六日，毛澤東外出七個月之後，一回到北京，江青再一次派人去毛澤東那裡，對領導部的人事安排做不平之鳴。毛澤東說：

「天底下大概沒有人能夠讓她看得上眼吧？有的話只有一個人，那就是她自己。」「連我都不在她的眼中呢！」（陳明顯著《晚年毛澤東》，江西人民出版社，一九九八年）。

取代和病魔搏鬥中的周恩來，鄧小平承擔國務院相當吃重的日常業務，仍密切地和周恩來商量，全心全力地推進中國鐵道運輸、鋼鐵工業等經濟基礎的整備工作。

「要是在革命方面能夠投入心力，在生產方面卻沒有辦法投入心力，這樣做是大錯特錯。」「所謂『鬥爭』就是去和想固執於派閥主義的人鬥爭。慢吞吞，一直在等待的這種人，我們不要。」

雖然在第四屆全國人民代表大會上，高舉周恩來四個近代化的政府活動報告得到採認，但還是脫不了毛澤東「文化大革命」以及「不斷革命」路線的大框框。然而，鄧小平則把那些在文化大革命當中，被鬥爭排擠的技術人員以及管理職人員，大量的平反復活，事實上促進了「去除文革」，甚至進一步說「反文革」。

三月，四人幫終於展開反擊。在黨政治局常務委員張春橋召集的軍方幹部座談會上，張春橋說現在在推行「四個近代化」的當頭，「衛星上天紅旗落地」諷刺著說應該學一學「蘇聯修正主義」失敗的教訓，他警告說現在的「主要危險是經驗主義」。

從此以後，四人幫大大的展開了批判，把周恩來和鄧小平兩人批判成：「不相信理論的有效性；卻單單只是信奉『經驗』的『經驗主義者』。」江青高聲疾呼，說「經驗主義」是背叛共產主義的「修正主義」共犯。黨政治局委員姚文元則是重複的批判說：「現在中國有可能產生新的布爾喬亞（資本）階級。」（葉永烈著《姚文元傳》）。

在周恩來及毛澤東的死期一步一步接近的時候，這些批判是四人幫展開爭奪最高權力決戰的序幕。毛澤東一直保持沉默。

# 2. 對妻子的訓誡

## ——外國人的屁就香嗎?

一九七五年四月十八日傍晚，毛澤東把北朝鮮國家主席，朝鮮勞動黨總書記金日成，請到他北京中南海的住宅兼辦公室。已經明顯衰老的毛澤東動作遲鈍，金日成好像要把毛澤東的兩手包進去似的，緊緊的握著。

因爲北朝鮮入侵韓國引發的朝鮮戰爭（一九五〇～一九五三），中國總共派了三百萬人以上的「抗美援朝志願軍」支援北朝鮮。金日成上次訪問這一個恩人國家，是十四年前的事了。上一次，金日成考慮到蘇聯的感覺，特別取道莫斯科來到北京。這一次和上次不同，是從平壤直接搭列車進入中國。

「我不談政治，這些請和鄧小平談。」和金日成再度見面，心情愉快的毛澤東，把保持距離站在一旁的中國共產黨副主席兼國務院第一副總理鄧小平拉了過來，取代了正在和癌症病魔搏鬥中的黨副主席兼國務院總理周恩來。這一回讓鄧小平一肩承擔，和金日成北朝鮮代表團一行人進行中朝會談。

「鄧小平能夠打仗，也能夠反對修正主義。他被紅衛兵打倒了不知道幾年，還能夠站起來，我非常需要他。」

雖然在文化大革命當中，毛澤東把鄧小平打成「走資本主義道路的當權派」，把他拉下馬來。但是，因為在一次訪問莫斯科的行程中，鄧小平和蘇聯方面進行「蘇聯修正主義」的論爭當中，一步也沒有讓，這一點得到毛澤東高度的評價。因此，毛澤東對金日成的中蘇等距外交的外交政策毫不含糊，密切注意，而抬出了「反對修正主義」。

會見之後，接著有歡迎北朝鮮代表團的晚餐會，當金日成一退場，鄧小平當場立刻利用很短的時間，開口就說：「毛主席……」向毛澤東訴苦有關江青四人幫，對周恩來展開「有計畫、有組織的攻擊」。

雖然毛澤東聽了鄧小平的訴苦之後，沉思了一下，但不久後只是無言地點點頭（余世誠著《鄧小平與毛澤東》）。

江青、王洪文（黨副主席）、張春橋（黨政治局常務委員）一夥的四人幫，點燃了狼煙，想要把掌握著國政日常業務的周恩來、鄧小平等務實派拉下馬來。他們激烈的批判，說務實派將文化大革命的激進左派路線連根拔起，推進經濟優先政策。周鄧這種做法是無視於革命理論存在的「經驗主義」，是和反革命掛鉤的「修正主義」。

四人幫大張旗鼓，一直努力要把像文革那樣的群衆運動炒熱起來。

其實，帶給他們契機的是毛澤東本人。毛澤東在去年底和周恩來、王洪文會談的時候，暢談了「無產階級專政」理論學習的必要性，還指示張春橋執筆寫相關論文。

張春橋一夥人根據毛澤東的指示，寫道：「在中國裡，資本家階級的權力還沒有完全消滅。在黨的領導階層幹部中，還刮著布爾喬亞風。」雖然只差沒有指名道姓，用這種一看就知道的形式，把攻擊的矛頭轉向周恩來和鄧小平等人身上。對毛澤東而言，儘管他讓周恩來和鄧小平等人掌握國家運作的實務，但是他還是感受到有必要踩踩剎車，免得脫離了他的「不斷革命論」路線，這方面他就利用了「四人幫」。

金日成在中國大約停留了十天。在這段期間，柬埔寨共產黨最高領導者波布攻陷首都金邊；在越南方面，共產黨勢力也迫近了首都西貢。在這樣的國際情勢當中，中朝兩國在一九七五年四月二十八日，發表了一份訴求「朝鮮自主統一」、「支持印度支那人民解放鬥爭」的共同公報。之後，金日成踏上了歸途。

西貢陷落三天後，五月三日深夜十一點前，中南海毛澤東住宅前面，黨政治局委員的座車陸續抵達，周恩來也從三〇五醫院趕來。突然召開政治局會議的毛澤東，在他住宅的會議廳入口處迎接，看到周恩來就對他說：「怎麼樣？身體還好吧？」之後毛澤東還對每一個與會者握手寒暄。

會議一開始，毛澤東就談起了有關這一陣子江青和張春橋「四人幫」，爲了要對付周恩來、鄧小平而喧騰一時的「經驗主義」。

「你們大家只是在痛恨經驗主義，卻沒有痛恨到教條主義。」「不管是經驗主義也好，教條主義也好，全都是修正主義。」「（以前教條主義者）統治了這個國家長達四年，威嚇了中國的黨，要把反對的統統打倒。」

所謂「四年」，是指中華人民共和國建國前的一九三〇年代初期，在蘇聯共產黨影響下，王明一夥人指導中國共產黨的那段時期。所謂教條主義，是指被固定的觀念困住的硬梆梆思想、機械式的理論不加思索分析，就囫圇吞下的立場。

「教育界、新聞界、文藝界……還有好多好多，醫學界也是如此，說外國人的屁比較香；連月亮都是外國的比較美？不可小看這種教條主義！」

毛澤東話講到一半，江青插了嘴，江青一插嘴，毛澤東就把矛頭指向她。說：「江青同志經驗少，她正是小經驗主義者。不自我批判的話，不好；要別人自我批判，自己卻不做。不要有自我主張，有意見的話到政治局來討論。」[1]

一個月之後，在鄧小平主持的政治局會議席上，知道「四人幫」受到毛澤東批判的黨副主席兼國防部長葉劍英，逼迫江青自我批判。氣勢被壓下來的江青簡短地說：「我做的自我批判不夠。」張春橋則閉口不談，明哲保身。他在手邊的記事本上寫下：「沉默、沉默、還是沉默。」（薛慶超著《歷史轉折關頭的鄧小平》）。

江青在六月二十八日再度向政治局交出自我批判文，裡面說：「諸位同志的批判、幫助、啓發，對我來講是非常大的收穫。我也能夠認識到，四人小組有可能會發展成爲分裂黨中央的宗派主義。」（《江青傳》）。

從此，江青常常閉關不出。然而，當著大家的面訓斥江青的毛澤東，在兩個月後一口氣把手往「左」一抓，又再給江青四人幫一個全新的反擊機會。

## 註解

【1】在毛澤東召開的這次政治局會議的情況，是根據葉永烈所著的《江青傳》，以及嚴家其等人著的《文化大革命十年史》等書。

# 3. 江青的反擊

## ——「左派的領袖是我！」

毛澤東有心臟、肺和腳等的毛病，講話口齒不清，走路已經變得困難，白內障也相當的嚴重。因爲毛澤東是大讀書家的緣故，從一九七五年五月開始，北京大學中國文學系的女講師蘆荻，被選拔來和毛澤東閱讀和對談古典文章（毛澤東在八月的時候動了右眼的手術，視力有所回復）。

八月十四日深夜兩點左右，蘆荻接到毛澤東祕書的電話，就騎著自行車到了毛澤東的住所。這一天，毛澤東談到了有關中國古典小說《紅樓夢》及《三國演義》。關於描寫聚集在梁山泊的一百零八條好漢的《水滸傳》，他表示了這樣的看法：

「《水滸傳》這本書的好處在於投降，作爲反面教材，教人民有關於投降派的種種。」「《水滸傳》只是反對惡德官吏，並沒有反對皇帝。宋江搞投降，搞修正主義，把晁蓋的聚義廳改稱忠義堂，歸順了朝廷。」（葉永烈著《江青傳》及《姚文元傳》）。

在共產中國裡，《水滸傳》這本書因爲它歌頌農民起義，而受到肯定的評價；然而毛澤東卻持批判的態度。蘆荻所整理的毛澤東談話紀錄，就在當天傳達給主管中國共產黨宣傳部門的姚文元（黨政治局委員），身爲「四人幫」成員的姚文元反應比較敏感。

他說：「中國共產黨員、中國的無產階級、貧農、下層中農等所有的革命大衆，現在這個世紀，以及未來世紀，都要堅持馬克思主義，反對修正主義，堅持毛主席的革命路線。在這方面，（毛澤東的〈水滸傳論〉）有重大而且深奧的意義。」姚文元立刻這樣寫信給毛澤東，並且提案應該廣泛的流傳毛澤東的談話，發表有組織的《水滸傳》評論（李健編著《紅船交響曲》，中共黨史出版社，一九九八年）。

姚文元心裡想：可以把掌握著國家行政實權的國務院總理周恩來，以及第一副總理鄧小平等務實派，比擬成爲《水滸傳》的宋江一夥人，徹底的攻擊他們從革命路線悖離的投降行徑。

就在當天，毛澤東也同意了姚文元的這個提案。這麼一來，再一次給了遭受毛澤東批判而變得沉靜的江青四人幫一夥，一個重新抬頭的契機。

在姚文元的指導之下，中國共產黨機關雜誌《紅旗》在一九七五年八月二十八日，發表了〈重視水滸傳評論〉的評論文章。中國共產黨機關報紙《人民日報》也在八月三十一日跟著刊出一篇題爲〈評《水滸》〉的文章。

這些文章裡面提到了：「充分展開對《水滸傳》的批判，充分發揮這一個作爲反面教材的效用，讓人民大衆了解到投降派的眞面目。」「爲了要對抗修正主義，防止它們的出現，堅持無產階級專政下的不斷革命，就有必要去認識投降派、看清投降派、反對投降派。」

進一步在九月四日的《人民日報》的社論裡提到：「（《水滸傳》批判）是政治思想戰線當中一個新的重大鬥爭。」這篇社論明顯地打出了主題：要認眞批判那一群否定文化大革命的「投降派」。在這篇社論裡面，毛澤東批判《水滸傳》談話的部分，用粗體字印刷，顯示這些話是「最高指示」。

《水滸傳》批判一瞬間波及全國，新聞以及雜誌陸陸續續刊出攻擊投降派的文章，引起一片騷動。很明顯地，四人幫的矛頭是指向周恩來和鄧小平。

「毛主席對《水滸傳》的批評具有現實意義，重點在於對晁蓋的架空做法。現在政治局內有人想把毛主席架空。」

八月下旬，江青把國務院文化部部長于會泳等安插在文化部內的心腹召集過來，暗暗地批判周恩來和鄧小平一夥人。江青在九月中旬也在黨中央和國務院所召開的農業相關全國會議上，擴大批判《水滸傳》。

她說：「敵人只是在表面上做改革，偷偷的潛藏在我們的黨內。」「你看，宋江是如何地排斥晁蓋，把他捧高架空。他把土豪劣紳及武將、文官統統招進梁山泊，把重要的領導職位全都攫奪過去了。」江青用這種表現來影射周恩來和鄧小平，以及那些在文革期間被批判失勢，現在又重新回到指導部門的老幹部們。

在《水滸傳》批判氣勢日增當中，鄧小平好幾次嘗試了反擊，說毛澤東主席對《水滸傳》的批判，並沒有指明特定人物。「是有人想要藉這篇文章（毛澤東的《水滸傳》批判）企圖陰謀。」

但是，江青毫不退怯。九月十七日，在一次召集了電影界及言論界，大約一百人的集會上，江青更加拉高了對周恩來、鄧小平攻擊的調子。

「（毛主席的）《水滸傳》評論是指著特定的對象。以前宋江把晁蓋捧高架空，現在有沒有人要把毛主席捧高架空呢？依我看，有！」「黨內有穩健派，也有左派，左派的領袖是我！」「這幾天我被罵慘了，是修正主義一直在罵我。」「我和他們鬥爭了半年多了。」[1]

獲悉了江青發言內容的毛澤東，雖然憤怒地說了：「說一些瘋話，話題扯遠了。」但是毛澤東自己爲了要堅持自己的「不斷革命」路線，也還是在利用著「四人幫」。《水滸傳》批判之所以能夠變成一個帶有大規模影響力的運動，不只是靠「四人幫」的力量，更重要的是毛澤東的指示。

從一九七五年秋天，取代了日漸接近死亡的周恩來，而把國家行政幾乎一肩承擔的鄧小平，所遭受到的攻擊更加強化了。這種攻擊，帶上了鮮明的「打倒鄧小平」的鬥爭色彩。

## 註解

【1】江青的一連串發言是根據，薛慶超所著的《歷史轉折關頭的鄧小平》（中原農民出版社，一九九六年）等書。

# 4. 反擊右傾翻案風
## ——鄧小平遭到停職

接替國務院總理周恩來，掌握了國家行政大權的國務院第一副總理鄧小平，遭到毛澤東之妻江青「四人幫」一夥人的攻擊開始了。

一九七五年九月，有一個體格精悍的年輕男子，來到了北京中南海毛澤東的住處，新裝設了一台專用電話，毛澤東的「最高指示」透過這個男子向黨領導部門傳達；外面的狀況也透過這個男子向病床上的毛澤東報告。

這個男子是毛澤東親弟弟毛澤民的兒子，當時三十五歲的毛遠新。毛澤東的肺氣腫引起肺原性心臟病，病情日益惡化，八十一歲的身體沒有辦法隨心所欲的動作。因此毛遠新就以聯絡員（毛澤東辦公室主任）身分，變成常駐官員了。

因爲毛遠新小的時候父親死亡，母親再嫁之故，由毛澤東撫養長大。他喊江青「媽媽」，感情很好。江青也費盡心思，讓這位曾經擔任過遼寧省黨委員會書記的毛遠新成爲毛澤東的聯絡員（葉永烈著《江青傳》）。

「外面的情況怎樣？」毛澤東經常這樣地問毛遠新。「外面風吹的很大，是反對文化大革命的風。」毛遠新在九月二十八日如此地報告。「一開口就說『把三項指示奉為至要』，……其實三項當中只剩下了一項，那就是提高生產。」

這是對鄧小平的批判。當時毛澤東指示說要重視：一、要學習馬克思列寧主義理論；二、安定團結；三、國民經濟的提升。毛遠新的意思是說，鄧小平除了第三項以外，其他全都不放在眼裡。

毛遠新在十一月二日也這麼說：「我注意了鄧小平同志的講話，感覺到一個問題，他很少談到有關文化大革命的成果，對劉少奇的修正主義路線也沒有什麼批判。」

身爲國家主席的劉少奇，在無產階級文化大革命當中，被打成了「黨內第一個走資本主義之道的當權派」，最後冤死於獄中。而被打成是「第二個當權派」的鄧小平，則是全面地進行自我批判而獲准平反復出。毛遠新不斷地如此地進讒言攻擊鄧小平，給毛澤東很深的影響。

毛遠新成爲聯絡員後，和大多數黨領導部門的人員往來隔絕的毛澤東，對於全體的政治狀況，逐漸變成無法判斷。在文化大革命發動之前，曾經說：「國家的權力，三分之一握在敵人（修正主義者）手中。」甚至驚恐到幾乎身體激動顫抖的毛澤東，開始用懷疑的眼神對鄧小平。

毛澤東說：「有兩種態度：一個是對文化大革命懷著不滿；另外一個是想要把文化大革命的成果拿回來。」[1]

毛澤東對鄧小平懷抱著不信任感是有原因的。一九七六年八月和十月，兩封信寄到了鄧小平的手邊，引起一個事件。

信是清華大學黨委會副書記的劉冰等人，聯名寫給毛澤東的。劉冰等人在信中批判了遲群（清華大學黨委書記）和謝靜宜（清華大學黨委副書記）的行事作風以及生活態度。當時遲謝兩人聽從以清華大學爲據點的「四人幫」的主張，籌組了一個執筆群。

劉冰擔心這封信在送到毛澤東手中之前，會被攔截，因此就請當時總管黨中央日常業務的鄧小平轉送給毛澤東。【2】

信是由鄧小平送達毛澤東手中，因而成爲招惹毛澤東懷疑的事件。

毛澤東在這一封信裡面，寫了這樣的批評：

「在我看來，這封信的動機不單純，是想要打倒遲群和小謝（靜宜）。他們信的矛頭是指向我。明明我人在北京，爲什麼不直接寫信給我，非得要鄧小平經手不可呢？鄧小平是在給劉冰撐腰。清華大學的問題不是獨立的東西，它反映了現在兩個路線的鬥爭。」

在毛澤東的指示之下，黨政治局在一九七五年十一月二十日召開會議，討論對文化大革命的評價。毛澤東讓鄧小平主持會議，是要他作出一個「三分錯誤，七分功績」肯定文革的決議。

然而鄧小平卻引用陶淵明的詩，說出帶有「我是桃源人，不知世間事」意味的話。他說：「由自己來主宰，推出這樣的決議，不太適當。」就推辭了擔任會議的主持人。

鄧小平在「文化大革命中遭到批判的自己，沒有這個資格」的前提下，想要迴避，免得被暴露在路線問題的千夫所指的困境當中。然而鄧小平自己已經自我批判了在文革中犯的錯誤，問題已經了結了。既然如此，說「沒有辦法對文革作評價」，這種藉口很難講得通。這麼一來，就給江青四人幫對鄧小平的攻擊憑添勢頭。

十一月二十六日，因爲一封信事件引起毛澤東的批評，用黨中央的名義通知了全國：「有一部分人一直對文化大革命抱著不滿，一直想要清算文化大革命，一直想要對文化大革命翻案。」「這是右傾翻案風！」

被文化大革命破壞的經濟及社會的基礎，鄧小平努力地加以整備復興。對鄧小平的做法感到如鯁在喉的江青四人幫，終於逮到絕好的機會，可以布置打倒鄧小平的權力鬥爭。「反擊右傾翻案風」就這樣開始了。

在全國的工作場所、學校裡大字報到處張貼，黨以及政府的幹部們一個個被揪出來批判鬥爭。以中國科學院為舞台，負責進行科學技術整頓恢復的胡耀邦、國務院之鐵路部部長萬里等人都被免職。整個社會的氣氛又十足地的變成了「文化大革命」。

特別是國務院教育部長的周榮鑫，被說成是反對「教育革命」，在「反擊右傾翻案風」運動一開始，就遭受到密集的攻擊。就像文化大革命最瘋狂時期那樣，被批鬥了五十多次（周榮鑫在一九七六年四月，在批判會場上倒地不起，當時五十九歲）。

除了外交領域事務之外，毛澤東終於下達解除鄧小平一切國家行政的日常業務（薛慶超著《歷史轉折關頭的鄧小平》）。

## 註解

【1】毛遠新和毛澤東的言行舉動，是根據邱石編著的《共和國重大事件決策實錄》（經濟日報出版社，一九九八年）等書籍。

【2】關於這件事情，寫在劉冰和別人一起合著的《我親歷過的政治運動》（中央編譯出版社，一九九八年）這本書中。

# 5. 周恩來的最後時日

## ——江青無言離開病房

「這是我和大家拍的最後一張照片唷，以後可不要在我的臉上畫一個大叉叉喔！」

這是一九七五年九月七日，中國共產黨副主席兼國務院總理周恩來，在北京的人民解放軍三〇五醫院的病房裡，和他親信的黨政治局委員李先念等人，一起拍攝紀念相片時所說的話（張佐良著《周恩來的最後十年》）。

打叉叉是「失勢落馬」的標誌。以前，無產階級文化大革命的先鋒紅衛兵，在被他們「打倒」的高層領導人的相片上面，畫了個大叉叉，貼在大字報上大量地在各地張貼。

周恩來的膀胱癌細胞進一步擴散，覺悟到自己死期已近的他，用摻雜著開玩笑的口氣，吐露出心裡想說的話。他擔心自己死後會發生慘烈的權力鬥爭。

這一年的年初，周恩來得到黨主席毛澤東的承認，把國務院第一副總理鄧小平帶頭的國家行政務實派體制編制起來。因爲文化大革命而攪亂的行政以及經濟，終於可以重回軌道。但是，被排除在國家運作的日常業務之外的江青「四人幫」，開始發動了企圖要奪權的「打倒周鄧鬥爭」。

在這個鬥爭的背後，有著毛澤東對「去除文革」政策行之太過的警戒心。毛澤東在八月，對古典小說《水滸傳》批評道：「可以作爲想要學習什麼是『歸順於皇帝的投降派』的反面教材。」毛澤東把這個批評文章公開出來，也是他警戒的反應。四人幫把周恩來和鄧小平等人斷罪成「從革命路線開溜的投降派」而加以批判。毛澤東的做法，也給四人幫對周鄧的批判運動火上加油。

九月二十日，周恩來接受第四次的手術。下午兩點前，在醫師隨時待命的手術房前，妻子鄧穎超和鄧小平、李先念之外，還有四人幫當中的張春橋，一起等待著從病房推出來的周恩來。

雖然早已過了手術開始的預定時刻，周恩來這時候卻在病房內的洗手間裡，寫著一封要給毛澤東的信，旁邊放著的文件封面上寫著「伍豪事件發言紀錄」。[1]

對於自己接受手術後的體力沒有自信的周恩來心裡想，在手術之前如果沒有把問題再一次加以定案的話是不行的。周恩來在一九七二年的某一個場合，被毛澤東催促，應該就伍豪事件發言來主張自己的清白。毛澤東雖然指示把周恩來的發言向全國各地方黨委員會分發，但是並沒有實際實現。周恩來在面臨手術之前，把那時候的發言紀錄再讀一遍，寫信給毛澤東要求把這一份發言紀錄向地方黨委員會散發。

信寫好之後，周恩來把信和資料一起裝進一個大信封裡面密封，交給了因爲擔心而又再度回到病房的妻子鄧穎超。被攙扶上了手術車而來到手術房前的周恩來，把頭稍微向右傾側：「小平同志在哪裡？來一下好嗎？」

鄧小平一靠近，周恩來伸出了消瘦的手，要握鄧小平的手：「這一年來你幹得好！證明了你遠遠比我更有能力。」周恩來故意要讓張春橋聽得見而這麼說，鄧小平靜靜的回握了周恩來的手。

手術車再度推動，快要消失在手術房的時候，周恩來突然驚慌似的說：「我對黨和人民竭盡忠誠，絕對不是什麼投降派！」（這段情景是根據馮治軍引用周恩來的專屬醫生張佐良的回憶而寫成的《周恩來與毛澤東》）。

周恩來從一九七六年秋天開始到冬天爲止，接受了大大小小十次的手術，身體狀況急速衰竭。儘管如此，接在四人幫所主導的《水滸傳》批判之後，又開始了「反擊『右傾翻案風』運動」，風暴吹襲了整個中國。

「權力落到他們四人幫手中可不行！」十二月的某一天，周恩來強忍著全身的劇痛，對來探病的黨副主席兼國防部長葉劍英擠出這句話，甚至還說：「要是不注意和他們鬥的方法……。」周恩來知道四人幫背後有毛澤東撐腰，「要是鄧小平的話就好，他會比我更能幹。」（金聖基著《人民大會堂見聞錄》）。

十二月十三日周恩來終於不能吃飯了，只能靠打點滴維持。他在二十日聽取了國務院的台灣問題報告，過程中有兩次失去意識，陷入昏迷狀態。一九七六年一月七日晚間十一點，周恩來暫時回復意識，對那一群全天候繼續治療的醫師們說：

「我已經不行了，請去照顧其他的同志。」這是他最後的一句話。

從中國共產黨建黨不久開始，就掌握了黨組織和軍權，有一段時間還成爲實質的最高領導者。其後，在激烈的權力鬥爭當中，一直對毛澤東忠實不二，被稱爲「不倒翁」的周恩來，在八日的上午九點五十七分逝世了，享壽七十七歲。

繼未亡人鄧穎超之後，政治局委員們也陸陸續續擠進病房。鄧穎超一面嗚咽，一面對著包著白巾，睡著似地躺在病床上的周恩來說：「就這樣去了，我都趕不及臨終。」接著大家都默不作聲，只有飲泣聲在病房響起。那裡倒是沒有毛澤東的身影。

上午十一點五分，政治局委員幾乎全員到齊，鄧小平打破了沉默：「恩來同志，請安心地睡吧！」順著這一句話，每個人陸續向周恩來表示哀悼之意，然後退出病房，就在這時候江青來了。

江青一靠近周恩來的遺體約一公尺左右的地方，突然轉身說：「小超！小超！小超在哪裡？我找小超有事情！」但是當江青一看到鄧穎超，不知爲什麼，突然默默無語的走出病房（顧保孜著、楊筱懷編《聚焦中南海》）。

## 註解

【1】伍豪是周恩來的別名。一九三二年，中國共產黨遭受蔣介石的國民黨軍包圍攻擊最高峰，有一個情報流傳著說「伍豪脫離中國共產黨」。文化大革命初期的一九六七年夏天，紅衛兵們在舊報紙裡面發現了這一份報導，把它送到江青那裡。江青就把這件事情搞成政治問題。

雖然毛澤東在一九六八年一月駁斥江青的做法說：「這件事情已經很清楚了，是國民黨的中傷挑撥。」然而這個伍豪事件的一部分資料再度流出，一九七六年秋天，捲起了「投降派攻擊」大漩渦，又被作爲攻訐周恩來的材料，而炒熱了起來。

# 6. 周恩來的接班

## ——選擇了「重厚少文」的華國鋒

毛澤東是在病床上聽到周恩來死去的消息，在毛澤東回過神來恢復平靜的幾分鐘後，時針指到了一九七六年一月八日上午十點。毛澤東把手中拿的《魯迅全集》闔了起來，看過了值班護士孟錦雲交給他的紙條，毛澤東無言地點點頭，把這個紙條放在床邊的桌上。

周恩來入住的人民解放軍三〇五醫院，就在毛澤東所住的前面。但是，對於這一位從中國共產黨草創期以來，長達五十年以上的革命同志，且現在在黨內排名是第二位的黨副主席兼國務院總理周恩來，毛澤東終究是沒有去見一面。

黨政治局所做的，關於周恩來死亡的正式報告書，在下午過了三點送到。護士孟錦雲慢慢地唸出這封報告書，毛澤東靜靜地聽著：

「偉大的無產階級革命家、傑出的共產主義戰士周恩來同志，罹患癌症，治療無效，在一九七六年……。」

毛澤東閉著雙眼，眼淚流到了臉頰。但是，還是沒說一句話（李健編著《釣魚台國事風雲》）。

周恩來之死當天並沒有發表，到了一月九日的黎明，才向國內外正式公布了。十日、十一日兩天，舉行了黨的各級幹部告別儀式。十一日下午，爲了要火化遺體，就移往北京西郊的八寶山革命公墓。

在寒風冷冽的沿途，向周恩來送別的北京市民把道路都塡滿了。之後骨灰安放在勞動人民文化館，從十二日開始三天，召開了市民參加的追悼會。追悼的行列不絕於途，人數達到百萬人。

由中國共產黨舉行的追悼會，在十五日零下十度的嚴寒當中舉行。整個喪葬儀式的報告書，內含有參加追悼者的名單、國務院第一副總理鄧小平朗讀的弔詞，在前一天送到毛澤東手邊。祕書張玉鳳一問道：「主席，要出席追悼會嗎？」毛澤東頓了頓腳，有氣無力地說：「我也動不了囉。」接著拿起紅色的鉛筆，在報告書上「主席」兩個字的上方，加上了代表「承認」的紅圈圈，又是沉默下來。

毛澤東在四年前的一九七二年一月，雖然他說不參加軍方元老陳毅的追悼會，但是他曾經突然現身會場。因此周恩來的追悼會當天，警衛隊長張耀祠也在追悼會場附近準備了幹部專用升降梯，以備毛澤東突然出現。下午三點，政治局委員（黨中央辦公廳主任）汪東興打電話到毛澤東的住宅，確認了毛澤東在家裡，追悼會就在毛澤東缺席的情況下開始了（馮治軍著《周恩來與毛澤東》）。

毛澤東必須要決定周恩來的接班人。三年前，當毛澤東讓在文化大革命當中失勢的鄧小平平反復出的時候，毛澤東是想要把周恩來的身後事委託給鄧小平。因此很自然地就讓鄧小平擔任國務院第一副總理，連黨副主席、人民解放軍總參謀長職位也就任了。

鄧小平和周恩來合作無間的這一年，推進了國家行政和經濟的復興工作。但是，毛澤東的妻子江青四人幫，展開了「打倒周鄧」的猛烈攻勢。除了外交工作之外，毛澤東把鄧小平的所有日常業務職務停止了。毛澤東加深了懷疑，認爲周恩來和鄧小平的政策，是脫離了文革路線的背叛路線。

周恩來的追悼會六天之後的一月二十一日，毛澤東對跟隨在身邊，擔任自己和中共領導階層之間聯絡員的侄子毛遠新問道：「你覺得張春橋怎麼樣？」曾經是上海市黨委員會第一書記的「黨政治局常務委員」張春橋是江青的盟友，四人幫的一員。

毛遠新說：「張春橋這個人陰陽怪氣的。」毛澤東又問：「那麼華國鋒如何？」毛遠新說：「華國鋒忠厚老實。」毛澤東又說：「不！是重厚少文吧？」[1]

華國鋒在中國共產黨建國之後，擔任毛澤東的故鄉湖南省湘潭縣的黨委員會書記，他寫的有關農業問題的論文得到毛澤東的賞識。毛澤東在一九七一年把當時已經成爲湖南省黨委員會第一書記的華國鋒，拉拔到中央，讓他參加政治局會議。雖然一年前他開始擔任國務院副總理兼公安部長（黨政治局委員），不過，並不是一個耀眼存在。

然而在一九七五年九月，所召開有關農業的全國大會上，正當鄧小平攻擊江青四人幫，兩派決裂的時候，主持會議的華國鋒用兩派討好的和事佬方法收尾，展露了他調和鼎鼐的能力。[2]

「華國鋒說，國務院的負責人請主席來裁斷，他自己想要承擔具體的業務。」毛遠新這麼一報告，毛澤東說：「既然這樣的話，就請華國鋒擔任國務院的負責人，他總是覺得自己的政治水平很低。」「外交任務就讓鄧小平去管轄。」[3]

在毛澤東的意向之下，黨中央在二月二日決定：華國鋒擔任國務院總理代理，用一九七六年的「一號文件」往下層通知。三日，一直期待自己可以代理總理的張春橋在他的筆記本上寫道：

「去年雖然也有（任命鄧小平爲第一副總理）一號文件，錯誤的路線是行不通的。關鍵在於人民，要是能站在人民群眾的一方，立刻可以勝利。」

張春橋把希望寄託在像文化大革命那樣，動員群衆來奪權。然而自從文化大革命發動以來，大約過了十年。對於鬥爭已經精疲力盡的大衆們，對激進路線鬱積了很多不滿。這些不滿，不久之後藉著追悼周恩來的形態爆發出來（薛慶超著《歷史轉折關頭的鄧小平》）。

## 註解

【1】毛澤東對毛遠新所說的「忠厚」兩個字，用同樣的發音「重厚」兩字來取代，「重厚少文」這一個詞在司馬遷的《史記》裡面可以看到。

史記這本書裡面記載，臥病在床的漢高祖劉邦被他的妻子呂后問說：「你要是有什麼萬一，而宰相蕭何也死了的時候，（我）要任命誰做宰相呢？」劉邦舉了幾個臣下的名字說：「曹參可以，接著雖然是王陵，但是王陵死腦筋，沒有大智慧，讓他繼續輔佐陳平可以。還有一個人周勃，雖然『重厚少文』，但是能夠守護我們劉家基業的就是周勃吧！可以讓他擔任軍事首腦。」然而根據《史記》這本書，周勃在呂后死了之後，和陳平聯手滅掉呂氏。

【2】一九七六年九月毛澤東一死，華國鋒就動手逮捕毛澤東的未亡人江青四人幫，簡直是步上了《史記》裡面所講的周勃道路。

【3】毛澤東和毛遠新的對話，是根據湯應武所著的《一九七六年以來的中國》（經濟日報出版社，一九九七年）這本書。

# 7. 反擊四人幫

## ——「江青，把帽子脫掉！」

「江青，把帽子脫掉！」

中國共產黨副主席兼國務院總理周恩來逝世兩天之後，一九七六年一月十日，在北京醫院所舉行的告別式，在中央電視台晚間新聞放映了。毛澤東的妻子黨政治局委員江青在默哀的時候還戴著帽子，街頭的市民看到這種景象，憤怒之聲飛湧而來。

江青四人幫對周恩來的死亡一片冷漠。在他們控制下的《人民日報》等媒體，對於那些歌頌周恩來功績的報導，盡可能的加以壓制；而對於那些意味著對周恩來一夥人批判的「反擊右傾翻案風運動」的相關論文則盡力地刊載。這種做法無疑是給追悼周恩來的國民感情潑冷水。

大眾的不滿高漲。在四人幫的根據地上海，一月十五日上午九點五十七分，配合周恩來的斷氣時刻，所有的船舶不顧違反規則，汽笛齊鳴斷斷續續的長達三十分鐘以上，這個行動也是抗議的表現（李健編著《紅船交響曲》）。

一連串官方追悼儀式在一月中旬一結束，四人幫的攻勢進一步加強。他們的目標對準鄧小平一夥的務實派。

因爲，儘管鄧小平一夥人現在正在努力推動、重建被文化大革命破壞的行政和經濟，但是周恩來這一個大靠山已經倒下去了。

二月十三日，《光明日報》上面刊載了題目爲〈孔丘的擔憂〉的文章。這篇由專門反應四人幫主張的執筆群所寫的文章寫道：「舊制度的『職業孝女』抱著孔丘的遺骸陷入憂戚，就讓他們去呼天搶地、嚎啕大哭好了！」

大多數的人認爲，這段文章的意思是在諷刺悲傷哀悼周恩來的人，暗示他們是意識遲頓的「職業孝女」。

群衆原來已經被《光明日報》的話激怒了，接著在四人幫根據地上海的《文匯報》的一連串做法，更給群衆的憤怒火上加油。

三月五日是周恩來的生日，也是毛澤東爲了要歌頌在執行任務當中因爲意外事故殉職的人民解放軍士兵，而發表了「向雷峰同志學習」題辭的十三週年。

這一天，由國營通訊社新華社所發布的記事上面，也引用了周恩來生前有關雷鋒的有名題辭：「愛憎念深的階級立場、言行一致的革命精神、大公無私的共產主義風格、不顧自身的無產階級鬥志。」

幾乎全國所有的報紙都刊載了這一則記事。然而，在四人幫的張春橋及姚文元控制之下的《文匯報》，卻把這一段記事刪除了。甚至在三月二十五日，《文匯報》的頭版報頭刊載了一則記事：「走資派還在繼續走著，我們非得跟他鬥爭不可。」「黨內的某一個走資派被打倒，到了今天已經把死不悔改的走資派推上政權的寶座。」

「死不悔改的走資派」成爲這段期間，在批判鄧小平的時候所使用的口頭禪。把鄧小平推上了政權寶座，而被罵成「黨內的某一個走資派」的人，是指周恩來。這件事誰都知道。

對於這兩則記事，有四百二十多封的抗議信和接近一千通的抗議電話湧向了《文匯報》社（葉永烈著《張春橋傳》）。

在《文匯報》刊載攻擊周恩來、鄧小平的記事之後，一九七六年三月二十八日早上，南京大學數學系的老師和學生好幾百人，高舉著巨大的周恩來遺像和花圈列隊行過繁華大街，走向梅園新村。周恩來在中華人民共和國建國之前，曾經在那裡生活過、打過革命戰爭。一路上很多市民加入了隊伍。

隔天二十九日，也有南京大學以及其他學校的學生，分成二十幾個集團走上街頭，他們在主要街道上到處分發海報，上面寫著：「把《文匯報》的幕後黑手揪出來！」「打倒所有反對周總理的人！」等字樣。到了晚上，學生們蜂擁衝進車站。在鐵路工人的幫忙之下，開來南京的所有列車的車廂上面也寫滿了口號。

學生們的口號當中有「把那些反對周總理的驢頭敲破！」這樣的話。「驢頭」是否指張春橋的長相，不得而知。之後又出現了指名道姓的口號「打倒陰謀家張春橋」，在南京市中心的一棟大樓高掛著這一幅引人注目的口號。

南京市被包圍在一片騷動異樣的氣氛當中，群衆行動的批判指向了江青四人幫。十年前的一九六六年，毛澤東發動文化大革命以來，群衆們對那一夥積極推進文化大革命的江青以及張春橋公然批評的這類事情，是不可能發生的。現在，這種批評行動，以悼念周恩來的形式具體化了。

「張（春橋）、江（青）、姚（文元）把多數的老同志逼死，企圖要欺黨奪權。」

「站起來！勇敢作戰！全國人民緊急行動，對叛徒、野心家、陰謀家的張春橋、江青、姚文元之輩展開絕不妥協的鬥爭！」

北京比南京更早一步，在兩個半月以前就出現了這一類的宣傳單。而到了三月初，責難攻擊四人幫的宣傳單和大字報，也在杭州、重慶、西安、廣州等地擴展開來（范碩著《葉劍英在一九七六》）。

掃墓、追思革命烈士的四月四日清明節即將來臨，與悼念周恩來活動合而爲一的抗議四人幫行動，在全國各地開始星火燎原起來。

江青四人幫吃驚了，加深了他們的危機感。

四月一日晚上，由四人幫所主導的黨政治局會議召開，檢討對策。和周恩來關係密切的鄧小平及黨副主席兼國防部長葉劍英，並沒有出席這個會議。之後用黨中央的名義，發出了有關南京問題的通知，通知上面這麼說：「這幾天，矛頭指向中央領導同志的大字報、口號在南京出現，這是一件要分裂以毛主席爲首的黨中央，並且和『鄧小平批判』方向背道而馳的政治事件。」（《張春橋傳》、《葉劍英在一九七六》）。

這一天，四人幫的姚文元在日記上這麼記著：「南京的大字報已經指名道姓提到張春橋，說什麼『打倒！』『揪出來！』『野心家』『陰謀家』……。昨天晚上，政治局召開了六人的緊急會議，我主張要發出嚴厲的通知。這個通知要是能夠下達的話，雖然應該可以一掃那股像瘋狂逆襲的妖風，但是鬥爭應該不會就此罷休吧！」（邱石編著《共和國重大事件決策實錄》）。

正如姚文元的預料，藏身在「追悼周恩來」活動當中的群衆抗議行動沒有罷休，甚至日增激烈。

# 8. 流血事件的前夜

## ——鄧還是一副「黑貓白貓」的調調

追悼周恩來的群衆行動，很明顯的帶上了政治色彩。周恩來逝世兩個月後，一九七六年三月，在南京所發生的數萬人規模的追悼示威活動，以及大量的大字報出現，顯示了對四人幫反彈的激烈。

狂熱地鼓舞了由中國共產黨主席毛澤東所發動的文化大革命，而把群衆煽動得如瘋如狂的江青四人幫，和周恩來兩相對照之下，周恩來自我克制的態度相當明顯。對於毛澤東的文革路線，周恩來並沒有站出來高唱異議，但是他平靜沉穩的言行舉止，讓群衆對他產生一種對其他共產黨領導人所缺乏的信賴感。

群衆們面對周恩來的死亡，又看到了江青一夥好像故意和群衆感情唱反調的冷淡表現，招來了對江青一夥更深的反感。但是，對於想要從周恩來和鄧小平手中奪回國家行政實權的四人幫來說，周恩來的逝世，又是一個讓他們可以重新站到奪權鬥爭優勢地位的絕好機會。

南京市裡爆發追悼周恩來行動的一個月前，二月二十五日，中國共產黨中央召集了各省、市、自治區以及大軍區的負責人開會。會議上，宣達到一月爲止，四個月期間毛澤東所說的談話。在這些談話裡面，吐露了毛澤東對鄧小平無法令他稱心有強烈的不滿和焦躁。

「文化大革命是幹什麼的？是階級鬥爭吧！」「這個傢伙不重視階級鬥爭，從頭到尾都不高舉這個大綱，畢竟是一副『黑貓白貓』的調調。也不分帝國主義？馬克思主義？」[1]

「因爲鄧小平沒有表露本心，所以大家都怕，不敢和他說話。他不傾耳聽聽群衆的意見，身爲一個領導人，這種態度是大問題。」

「不過，畢竟鄧小平和劉少奇、林彪有某個程度的差別，鄧小平做了自我批判。雖然不自我批判不行，但是一擊就打倒是不可以的。好好警戒以前的失敗，謹愼的規劃將來，治病救人。是這樣的一個人。」（薛慶超著《歷史轉折關頭的鄧小平》）[2]。

在一次召集了地方負責人所開的會議上，公布了毛澤東談話。趁著周恩來死去的機會，四人幫對鄧小平的攻擊，因爲毛澤東的這次談話而進一步如虎添翼，更增勢頭。

三月二十六日，在中南海的紫光閣召開的政治局擴大會議上，作爲北京、清華兩所大學代表而出席的四人幫集團分子遲群（清華大學黨委員會書記）一夥人，激烈的把鄧小平攻擊成「陰謀家」、「野心家」、「一貫反對毛澤東思想、反對階級鬥爭」。在有關經濟政策和外交路線上，非難鄧小平「煽動了物質刺激」、「想要把中國搞成帝國主義的殖民地」。

鄧小平緊閉雙眼一言不發，惱羞成怒的四人幫罵他說：「死豬不怕開水燙。」（范碩著《葉劍英在一九七六》）。

失去了周恩來這個最大盟友的鄧小平，在四人幫對他「打倒鬥爭」日增激烈的時候，在南京發生的追悼周恩來和反四人幫的群衆行動，隨著中國人追思亡人的清明節接近，一瞬間在各地星火燎原起來。

三月三十日，矗立在北京天安門廣場正中央，爲了紀念在革命鬥爭當中死亡的人們而建造的人民英雄紀念碑上面，貼出了追悼周恩來、批判四人幫的弔辭，這些弔辭是由北京市總工會工人理論群所寫的。大約十天前開始，人民英雄紀念碑的四周，就有人獻上了很多悼念周恩來的花圈，而現在在首都咽喉的正中央，對四人幫的公開批判堂堂登場了。

從那時候開始，造訪紀念碑的人與日俱增，人民英雄紀念碑簡直成了追悼周恩來的祭壇。花圈和花籃不斷增加，弔辭、詩和口號一個挨著一個地張貼著。人們朗誦詩歌、發表演講、靜靜默禱，用各種各樣的方法追悼周恩來；而在另一方面也有人非難說「妖魔」、「鬼怪」、「階級敵人」、「披著馬克思主義外皮黨內資產階級的代表人物」等。在周恩來追悼一事上，錯綜複雜的這些表現，很顯然是對四人幫的公然批判。天安門廣場充滿著異樣的熱烈氣氛。

由四人幫主導的北京市黨委員會，在四月二日發出的電話通知裡面說：「在清明節獻花是舊風俗，必須要加以打破。」「天安門廣場上正在發生反革命動亂。」因而指示在各個工作場所的工人們不要前往天安門廣場，但這反而更加招來了反彈的結果。

四月二日在北京，追悼周恩來的第一個示威隊伍登場了。一大早，中國科學院一〇九工廠的工人們，大約三、四百個人扛著四個巨大的花圈，隊伍井然地走過北京最繁華的王府井大街，進入了天安門。同一時候，北京重型電機工廠的工人，爲了不讓公安當局搶走，而用鋼鐵組合製作了一個高四公尺的花圈，也雄踞在人民英雄紀念碑旁邊。

藉著悼念周恩來，而把天安門廣場變成一個像解放區一樣的地方。對這種異常事態，強烈感到危機感的北京市公安當局，組織了一個由公安警察、首都工人民兵，再加上人民解放軍北京衛戍部隊所組成的「聯合指揮部」，把部隊的據點設在天安門廣場東南方的一棟三層樓建築當中。

四人幫成員之一的黨副主席王洪文，四月三日一大早四點四十分，在穿便服警察保護之下，祕密地來到了天安門廣場。他用藏在懷中的小手電筒照出了人民英雄紀念碑四周的花圈，以及露骨的攻擊四人幫的弔辭和海報，讀完之後極度憤怒。他打電話給公安部門怒說：「還在睡覺嗎？」命令他們：「那些反動的詩文你們照相存證了嗎？把他們全都當作事件來處理！」

公安部門立刻動手把花圈等東西撤去，有二十六個市民憤怒抗議公安部的拆撤行動，卻遭到逮捕，引發一片騷動。公安部隊強硬的手段反而變成了導火線，引起了更激烈淒慘的流血狀況。

## 註解

【1】「黑貓白貓」是指鄧小平引用他的故鄉四川省諺語所說的一句話「黃貓、黑貓，只要能夠抓老鼠就是好貓」。這一句話顯示了鄧小平務實的姿態，而廣爲人知。然而也因爲有人認爲這一句話會模糊了階級鬥爭，使得這一句話也成爲非難的對象。

【2】把周恩來和鄧小平所推行的國家行政再建，看作是「去除文革」路線的毛澤東，把國務院第一總理鄧小平的所有職務，除了外交這項之外，一概停止。周恩來逝世後的一九七六年一月下旬，選擇了黨政治局委員兼國務院公安部長的華國鋒作爲周恩來後繼者，讓他暫時擔任「代理總理」。

# 9. 鮮血染紅的天安門廣場

## ——「幕後黑手是鄧小平！」

一九七六年四月四日清明節，剛好是星期日。傳統上追念祖先和死者的這一天，北京的天空暗雲低垂，寒冷徹骨。天安門廣場從一早開始，就包圍在一片熱騰騰的氣氛當中。爲了要追悼年初逝世，建國以來長年擔任國務院總理的周恩來，同時也要彈劾周恩來的政敵四人幫，而自發形成的群衆運動達到最高潮。從全國各地而來的人們湧向天安門廣場，據說人數高達兩百萬人。

人民英雄紀念碑整個基座埋在無數的花海當中。上面安放了周恩來的巨大畫像，下面張開著一片大橫幕，黑底白字寫著：「我們日日夜夜想念敬愛的周總理！」

首都鋼鐵公司一名青年工人一面流著眼淚，一面開始悼念周恩來的演講。群衆們呼應高喊：「周總理永遠不死！」「不管是誰，反對周總理統統打倒！」那青年高喊：「我們必須要堅持信念，把那些野心家、陰謀家徹底粉碎！」

誰都聽得出來，他的矛頭是指向毛澤東之妻江青一夥的四人幫。即使入了夜，留在廣場上的群衆們依舊團團環繞紀念碑。這時候，紀念碑掛上了題爲「第十一次路線鬥爭大事記」的大字報。毛澤東曾經說過，中國共產黨在過去曾經有過十次的路線鬥爭。「大事記」說，現在和四人幫的鬥爭是第十一次。

在「大事記」裡面，周恩來和鄧小平與江青一夥人鬥爭的種種，按照時間很清楚的記載著。這個「大事記」說，江青一夥人以周恩來、鄧小平為目標的一連串攻擊是「一小撮的野心家瀕死的困獸之鬥。他們已經失去了大多數中國人的民心，成了人人喊打的過街老鼠。」（薛慶超著《歷史轉折關頭的鄧小平》）。

清明節之夜，在四人幫的運作之下，國務院總理代理兼公安部長（黨政治局委員）的華國鋒所主持的緊急政治局會議召開了。身為鄧小平和周恩來盟友的黨副主席兼國防部長葉劍英，並沒有被照會出席。[1]

北京市革命委員會主任兼市長的吳德（黨政治局委員），根據四人幫所提供的資料，說明了天安門廣場的狀況：「這次好像是一個有組織的行動。鄧小平從一九七四年起到一九七五年為止，為大規模的製造輿論作了準備。很明顯地，黨內走資派的矛頭直接指向毛主席。」

這時候，祕書傳了一張剪報給黨政治局委員姚文元。這是四人幫控制之下的黨機關報紙《人民日報》的記者，所做的有關於「第十一次路線鬥爭大事記」的報告。姚文元在現場就把「大事記」的內容唸了出來，江青聽完之後，就砰砰的敲打桌子，責問華國鋒說：

「有人在惡毒的攻擊中央的領導人，你取締了嗎？對於到底是誰在洩漏黨內的機密，這件事不是應該調查嗎？寫大字報的人不是應該逮捕嗎？這些事你要是不幹的話，我就去主席那兒（告狀）。」

華國鋒慌了，連忙制止。雖然江青很不滿的勉強坐回座位，但是他還是指示毛澤東的侄子，擔任毛澤東聯絡員的毛遠新說：「遠新，好好的記錄下來回去報告主席，特別是華國鋒代理總理的話，要一字一句清楚的記下來。」

四人幫的王洪文下斷言說：「天安門大騷動背後的黑手是鄧小平！」四人幫的另外一個人張春橋說：「讓人聯想起了二十年前的匈牙利。」【2】

四月四日深夜，天安門廣場的群衆減少了。四月五日的凌晨一點，警察開始強制撤離花圈和看板等，大約兩百台的卡車把兩千多個花圈全載走。數千名的工人民兵和公安警察們，包圍封鎖了人民英雄紀念碑。擔任看守花圈的五十七個人遭到逮捕。

天亮以後，群衆再度聚集到廣場來，知道花圈被公安警察和民兵部隊撤走，還有大量的人被逮捕，因而感到異常憤怒，數萬人擁向了面對廣場的民兵和公安警察指揮部，引起了衝突。在混亂當中，指揮部的車子有好幾台被燒壞，指揮部的建築物也被點火了（范碩著《葉劍英在一九七六》）。

江青握著一根木棒突然出現在毛澤東的住宅，對躺在病床上的毛澤東叫道：「我在來這裡之前，特別到天安門廣場繞了一圈。廣場上的火藥煙硝四起。有人在放火燒房子、燒車子。」「這是拿死人來壓活人的行爲。鄧小平是他們的幕後黑手，我來告發他，提案剝奪鄧小平的黨籍。」

毛澤東對江青瞟了一眼，什麼都沒說。江青說：「政治局已經在著手召開會議，請您放心。」

傍晚六點半，天安門廣場的喇叭一起響起，市長吳德的聲音透過收音機放送：「好好認清這次政治事件的反動性，把他們的陰謀詭計暴露出來。必須要加強革命的警戒心，不要被騙了。革命群衆們！請趕快離開天安門廣場。」

晚上九點半，廣場的燈光照明突然一齊熄滅了，才一瞬間立刻又再點亮，把整個廣場照亮起來。這好像是信號一樣，待命著的一萬個人民兵和三千名公安警察、人民解放軍北京衛戍區部隊手拿棍棒和皮條一齊出動。留在廣場上的群衆被包圍起來追捕，遭到激烈毆打的群衆一個一個被打倒在地。

十五分鐘後，廣場的石地板上大量的鮮血蔓延，兩百個人以上臉部、身上各處浮腫起來，因痛苦地呻吟而蹲下來。

這就是衝擊了全國和全世界的一九七六年的天安門事件。根據葉永烈所著的《張春橋傳》這本書，在北京有三百八十八人，全國各地接近千人被逮捕了。

用武力鎮壓之後的五日深夜，一百個公安警察從天安門廣場北邊一字排開，用水和抹布把黏在地面上的血痕擦拭沖洗掉。[3]

## 註解

【1】關於這次會議的情形，是根據葉永烈所著的《張春橋傳》。

【2】蘇聯共產黨獨裁者史達林死後，成爲蘇聯共產黨最高領導人的赫魯雪夫，在一九五六年發動了對史達林的批判。以此爲契機，匈牙利的共產黨改革派和民衆發起了要求民主化的群衆行動，蘇聯軍隊用武力加以鎮壓。

【3】武力鎮壓的狀況，是根據《葉劍英在一九七六》和嚴家其、高皋等著的《文化大革命十年史》。

# 10. 鎮壓「反革命」——「士氣大振，好！好！好！」

用武力鎮壓群衆在北京的天安門廣場上追悼周恩來造成流血的慘事，經過五個小時之後的四月六日凌晨三點，毛澤東在天安門廣場不遠的住宅兼辦公室還沒睡。毛澤東手邊是一份中國共產黨政治局會議的報告書，這個會議剛剛才在面對天安門廣場的人民大會堂裡結束。

出席這個會議的，除了江青一夥四人幫之外，還有代理總理華國鋒（政治局委員）等極少數的幾個人。會議作成結論：追悼周恩來的群衆行動「有反革命動亂的性質」，把武力鎮壓正當化了。由擔任黨領導部和毛澤東之間聯繫的聯絡員（毛澤東辦公室主任）毛遠新所整理的會議報告書，就是這一份。

「（群集在天安門廣場上的群衆所做的）演講和傳單集中攻擊毛主席和黨中央，也有人不批判鄧小平，公然擁護鄧小平。這些人的背後有一群『白髮人』，這是法西斯主義，是史無前例的反革命動亂。」[1]

毛澤東對鎮壓天安門廣場群衆的報告書上面，寫下了這樣的評價：「士氣大振，好！好！好！

身向著這五人。

當天的午後，江青、黨副主席王洪文、政治局常務委員張春橋、政治局委員姚文元等四人幫和毛遠新，一起來到了毛澤東的處所。這一陣子體力明顯更加衰退的毛澤東橫躺在床上，只把面孔和上半身向著這五人。

江青從病床旁邊的沙發上站起身來，向毛澤東報告說：

「大多數的反革命暴徒已經被逮捕了。」毛遠新插嘴說：「向天安門廣場的人民英雄紀念碑獻花的群衆，每天數萬人，多的時候達到二十萬人；表面上是悼念周恩來，實際上是企圖要分裂，有一部分還直接攻擊主席。」

「廣場上的情況你們自己親眼看見的嗎？」毛澤東終於開了口。江青說有一捲從人民大會堂拍攝的錄影帶，一問道：「我帶過來給您看好嗎？」毛澤東不高興的回答說：「那種東西我沒興趣。」不過，手裡拿著鉛筆轉著轉著，靜靜看著天花板的毛澤東不久後說：「這裡面的確有反革命的性質。」（金聖基著《人民大會堂見聞錄》）。

悼念周恩來的群衆運動顯示了濃厚的批判四人幫色彩，爲什麼周恩來都已經死了三個月了，在中國全境這樣的群衆運動還會擴展開來呢？江青四人幫在懷疑，這背後一定是鄧小平有組織的運作。讓四人幫感到戰慄的天安門事件，被他們視爲是一個絕好的機會，可以一口氣地把被他們視爲是「右派」的鄧小平一夥人追殺落馬，進一步掌握著黨和國家行政兩方面的實權。

四月七日一早，姚文元把他控制之下的黨機關報紙《人民日報》總編輯魯瑛等人，叫到人民大會堂，指示他們要把天安門事件向全國宣傳成是「反革命動亂」，撰寫一份現場報告。

「要在文章裡面納入『這是有組織、有計畫製造出來的反革命政治事件』這樣的表現。即使文章稍微粗糙一點也沒有關係，但是要把批判鄧小平凸顯出來，配合晚上八點的電視新聞播出。」

在同一個時候，毛遠新向毛澤東請求，准許把天安門事件公開報導成反革命動亂。毛澤東說：「剝奪鄧小平的一切職務，保留黨籍以觀後效。以上的決定在三中全會審議、追認。」

毛遠新問說：「是由政治局決議、公開報導嗎？」

毛澤東說：「是的。政治局決議、公開報導。此一次事件有三個要素：第一是在首都、第二是在首都的天安門、第三是有放火和暴力。因爲有了這三個因素，就改變了運動的性格。（把鄧小平）趕出去！」

毛澤東一邊說，一邊揮著手，好像要把眼前什麼東西趕走似的。

毛遠新要走出房間的時候，毛澤東接著指示他說：「別讓鄧小平參加，也別叫葉劍英。」

「任命華國鋒爲（國務院）總理吧！也把這件事作爲政治局決議登載報紙上，趕快去！談好了之後再一次來向我報告。」

毛澤東在下午透過毛遠新追加了一個新的指示：「把華國鋒也任命爲黨的副主席！加註一條『這也是政治局的決議』。」[2]

天安門事件兩天之後，四月七日晚上，政治局會議根據毛澤東的「最高指示」，執行了「關於華國鋒同志就任黨第一副主席兼國務院總理的決議」和「關於解除鄧小平黨內外一切職務的決議」。一個小時之後的晚上八點，作爲黨中央的新聞發表，透過中央電視台的電視新聞，向全國報導了。

華國鋒一口氣在黨和國家行政兩方面，被拔擢到僅次於毛澤東，成爲排名第二的領導者。從此以後，四人幫雖然擁立了華國鋒，但他們企圖要掌握實質的權力，這又再度成爲激烈的權力鬥爭火種。

爲了監視座落在北京市東交民巷鄧小平住宅的動向，派出了警衛部隊。鄧小平事實上已經陷入了軟禁狀態。長久以來一直掩護鄧小平的葉劍英，也用靜養的理由把自己閉關在北京市西郊西山十五號樓。這個別墅後來成了葉劍英祕密進行逮捕四人幫的根據地。

鄧小平在中國共產黨草創期的一九三〇年代初，和毛澤東一起被當時的蘇聯派領導階層排擠。到了文化大革命的時候，則是遭到毛澤東和四人幫的批判，被下放到地方。才剛剛平反復出，馬上又陷入了第三次的落馬失事。

## 註解

【1】所謂的「一群白髮人」是暗指著周恩來的同盟者黨副主席兼國防部長葉劍英、黨政治局委員李先念等軍方以及黨的務實派元老們。他們和鄧小平一起努力，重建遭到文化大革命破壞的國家行政。

【2】毛澤東和毛遠新的對話是從《釣魚台國事風雲》這本書引出來的。

# 11. 兩個遺產——「是和平還是戰爭？天知道！」

一九七六年四月，用武力鎮壓悼念周恩來的群衆行動的北京天安門事件，給中國共產黨領導部的權利結構帶來巨大的變化。

受周恩來託付他自己未完成的近代化路線的鄧小平，被解除了包括黨副主席兼國務院第一副總理在內的所有職務，失勢了。從事於重建國家行政的務實派勢力急速後退；另一方面，江青四人幫得勢了。

取代周恩來坐上國務院總理寶座的華國鋒，被拔擢到僅次於毛澤東，在黨內排名第二的黨第一副主席的地位。因此，原先被毛澤東期待作爲接班人的王洪文，在黨內的排名就掉下來了。但是，四人幫把在黨內基礎薄弱的華國鋒推出檯面，更加深他們自己可以掌握實權的自信。

「加強上海民兵的戰鬥力」，天安門事件三天後的四月八日一早，王洪文從北京打電話給上海市革命委員會副主任，屬於四人幫派的王秀珍，命令他訓練加強工人民兵。

「這次天安門事件暴露了北京民兵的弱點，連學生的腿都抓不住，簡直是豆腐兵。」（葉永烈著華國鋒被任命爲總理之後，緊接著就寫信給上海的家人：「天下安定，勝利一個個到來。」（葉永烈著《張春橋傳》）。

四人幫之一的政治局常務委員張春橋，雖然沒有得到他一直在祕密進行爭取的總理職位，但他在《王洪文傳》）[1]。

天安門事件一個月後的五月十六日，是毛澤東所發動的文化大革命十週年。四人幫所控制的黨機關報紙人民日報，在這一天刊登了一篇題目爲〈文化大革命永遠發光芒〉的紀念論文。

「在批判鄧小平和反右傾翻案風的鬥爭當中，取得偉大勝利的現在，進一步認識文化大革命的必要性以及它的深遠影響；重新學習在無產階級專政之下堅持不斷革命。這些都有著重要的意義。」

四人幫在黨中央的名義之下，在全國各地組織了批判鄧小平，和支持新領導部的群衆動員大會，朝著文化大革命的再活性化，炒熱群衆運動鼓動批鬥，藉此來推進整肅反對派。

毛澤東的健康狀態急速惡化，除了控制手腳和嘴巴的神經細胞壞死、肌肉萎縮性側索硬化症之外，也有肺氣腫、心臟病等狀況。

一九七六年五月二十七日，毛澤東在北京中南海的住宅兼辦公室會見巴基斯坦首相布托。電視上毛澤東出現了缺乏表情的臉，用疊在沙發椅把手上的衛生紙不斷擦嘴巴，瀕臨朽死的老態。從此以後，毛澤東再也沒有接見外國要人了。六月下旬，毛澤東好幾次心肌梗塞發作昏倒。

七月六日，被稱爲人民解放軍的「建軍之父」，和毛澤東同爲革命元勳，人望很深厚的朱德（黨政治局常務委員）以八十九歲高齡死去，比毛澤東年長七歲。革命第一代的元老周恩來、朱德相繼死亡，向世人告知了一個時代即將結束。

七月二十八日，唐山大地震震央在河北上百萬人口的都市唐山，規模達到地震儀七點八度的大地震襲擊中國。這是一個據傳死亡人數高達二十四萬，史無前例的大地震。以周恩來之死爲開頭的這一年，社會的不安更加深刻。

身爲國家行政的負責人，華國鋒忙於災區救援，八月十一日《人民日報》發表了一篇整理姚文元談話而成，題目爲「加強鄧小平批判、援救震災傷害」的社論。這個社論說，鄧小平一夥投機主義者利用唐山大地震一時的困境，「扭曲革命方向，正在圖謀資本主義復活」。[2]

身爲周恩來的盟友，一路和鄧小平共同奮鬥的黨副主席兼國防部長葉劍英，在鄧小平失勢之後，正面臨了四人幫所發動的更加激烈的批判攻擊。在這種處境下的某一天，另一位也是正遭到四人幫攻擊的國務院副總理王震來到葉劍英處所。

「讓那一夥人繼續囂張跋扈嗎？把他們逮捕起來立刻就可以解決了吧？」

這麼一說，葉劍英靜靜的把右手拳頭往王震身上一戳，拇指向上，旋轉指下。王震這樣的理解他的意思：「等毛主席死亡之後！」（范碩著《葉劍英在一九七六》）。

天安門事件之後，毛澤東曾經指示說：「多多宣傳華國鋒同志，讓全國人民逐漸認識華國鋒同志。」他這樣做是想要抬高華國鋒的威信，以利黨內外的團結。然而，四人幫並沒有配合行動（葉永烈著《一九七八中國命運大轉折》）。

六月十五日，毛澤東把華國鋒和四人幫叫到他的住宅。雖然聲音有氣無力，發音也不清楚，但是毛澤東認真地說：「我一生幹了兩件事。」他說的是把國民黨的蔣介石趕到台灣；發動了文化大革命。毛澤東接著又說：

「這兩件事還沒完，把它作爲遺產留待下一個世代。要怎麼留呢？要是不維持和平的話就會動搖，成爲血腥的戰場。你們會怎麼辦？天知道！」（馬齊彬等著《中國共產黨執政四十年》，中共黨史資料出版社，一九八九年）。

訴求黨內團結的毛澤東在九月九日死亡。正如毛澤東所預料的，不久之後黨內外就成爲激烈權力鬥爭的戰場。[3]

逮捕四人幫是某一種的政變。主導這個政變的葉劍英背後，有著失勢當中的鄧小平的影子。接著，還有奪權鬥爭劇的第二幕。

## 註解

【1】作爲人民解放軍後備部隊，由民衆武裝部隊組成的民兵，本來是準備打仗時才派上場，但也有一部分是常備部隊。在人民解放軍沒有影響力的四人幫，把權力的靠山——武力這種東西，寄託在民兵身上，整個民兵的主力是在四人幫活動根據地的上海。在毛澤東死後的奪權鬥爭當中，四人幫在上海準備著要發起十萬民兵的武裝起義。

【2】這篇社論相當顯示了四人幫的特徵：什麼都是政治優先、鬥爭優先的觀點出發。從這篇社論出現，華國鋒也開始了「擺脫四人幫」的動作。

【3】激烈的權力鬥爭在毛澤東死後，環繞著接班權力而激化。失去了毛澤東這個靠山的華國鋒，陷入了四人幫所發動的奪權攻勢。葉劍英一夥人策劃了許久的逮捕四人幫行動，下了決斷。

# 12.「神」的咒縛——毛澤東神話的崩潰

貫穿北京市東西的長安街有一部分突然被封鎖起來。中國製造的紅旗高級車加快速度，一輛輛通過，開向了嚴密警戒狀態的住宿和會議設施「京西賓館」。

這是一九八一年六月二十七日上午八點的景象。這一天，中國共產黨的第十一屆中央委員會第六次全會（第十一屆六中全會）召集了中央委員三百六十二人，開幕了。

毛澤東死亡已經過了四年九個月。這個六中全會，事先各方預測，是要把一九六六年毛澤東所發動的無產階級文化大革命，加以定罪的一個歷史性的會議。如果否定文化大革命的話，必然不得不承認毛澤東的錯誤。究竟要如何評價毛澤東呢？這個問題引來了強烈的關注。

「文化大革命之前的十年，總體來說是好的。基本上，應該認爲是健康的發展，這中間雖然有曲折，也有錯誤，但主要是以成果方面爲主。與此相比，文化大革命是很重大的、全面的錯誤。」

緊接在六中全會之前的預備會議上，黨副主席兼國務院第一副總理鄧小平如此的斷言，他接著又說：「現在四人幫的餘黨和一部分胸懷不軌的集團，正高舉著誰的大旗呢？現在是華國峰的旗幟，是擁護華國鋒。」（嚴家其、高皋等著《文化大革命十年史》）。

華國鋒是中國共產黨主席、中央軍事委員會主席，身爲副主席的鄧小平公然攻擊華國鋒。華國鋒已經是失去了實權，鄧小平是事實上的最高權力者。[1]

在四人幫被逮捕之後，葉劍英一夥人逼迫華國鋒說：「應該立刻恢復（鄧）小平同志的職務。」然而對鄧小平心懷戒心的華國鋒沉默以對。隔年的一九七七年二月，他提倡了所謂「兩個凡是」：「凡是毛主席決定的事情，都要堅決地執行；凡是毛主席的指示，都要遵守不得改變。」

毛主席在臨死之前，在和華國鋒談到某一個有關地方問題的時候，遞了一張他親手寫的紙條「你辦事我放心！」給華國鋒，因爲這件事讓華國鋒成了毛的接班人。所以對華國鋒而言，繼承毛澤東路線才是自己權力的保證。

鄧小平在五月的時候，對當時擔任副總理，關係親密的王震一夥人說：「『兩個凡是』是不可以的。這樣的話，我的復出問題就沒有辦法提出來；天安門廣場的群衆運動也就沒有辦法得到合理的評價。」（程中原等著《一九七六—一九八一年的中國》，中央文獻出版社，一九九八年）

儘管如此鄧小平還是在七月，實現自己人生第三次的復活。儘管華國鋒掌握了黨主席、國務院總理、黨中央軍事委員會主席，這些黨、政、軍的最高職位，但是他不得不以鄧小平復活作爲代價，以求鞏固自己的地位。因爲擁護鄧小平的勢力是如此的巨大。

爲了要讓周恩來沒有實現的近代化進程納入軌道，非要把黨和民衆從「神格化的毛澤東」的咒縛中解放出來不可。有這種想法的鄧小平，和高舉繼承毛澤東路線的華國鋒，兩個人之間的權力鬥爭於焉開始。

讓鄧小平的勝利拍板定案的是「眞理基準」的論爭。這個論爭是鄧小平和他的親信胡耀邦（當時擔任黨中央組織部部長），一起設計展開的。鄧小平所說的「實踐是檢驗眞理的唯一標準」、「實事求是」這些主張，雖然是把基礎建立在毛澤東思想上，但他的目的卻是要崩解毛澤東的絕對性神話（沈寶祥著《眞理基準問題的討論始末》，中國青年出版社，一九九八年）。

「文化大革命不是一個重大的錯誤嗎？」抱著這樣想法的國民和多數的黨員，愈來愈多人支持「眞理的基準」這個論爭。

在這個背景之下，鄧小平一派在一九七八年十二月第十一屆三中全會上，把天安門事件的評價，從「反革命事件」成功逆轉成「革命事件」。事實上也等於是承認了毛澤東的錯誤，因此華國鋒就落敗了。

一九八一年六月二十七日開幕的六中全會，華國鋒辭去黨主席，由胡耀邦接任。而華國鋒先前已經丟掉的國務院總理寶座，則由另外一個鄧小平的親信趙紫陽接任。本身爲黨中央軍事委員會主席的鄧小平，在實質上就支配了黨、政、軍。

「總的來說，以毛澤東同志評價問題爲核心的決議，是一個好的決議。過去若干問題的責任應該由集團承擔，當然，毛澤東同志應該負主要的責任。」

帶著強烈四川省口音，鄧小平的聲音在六中全會的會場響起。鄧小平所說的決議是「關於建國以來黨的若干歷史問題的決議」。

「一九六六年五月起到一九七六年的十月爲止，因爲『文化大革命』的緣故，使我們的黨和國家以及人民，蒙受了建國以來最大的挫折和損失。這個文化大革命是由毛澤東同志所發起、領導的。」

「文化大革命是因爲領導者的錯誤引起，被反革命集團利用，是一個給黨和國家以及各民族人民帶來大災厄的內亂。」

「毛澤東同志逐漸地驕奢起來，脫離了實際，漂浮在大衆之上，變得愈來愈主觀主義和專斷的作風，把自己置身於黨中央之上。」

由三萬五千個字、八個項目所構成的「歷史決議」的第五項「文化大革命的十年」中，發動文化大革命毛澤東的錯誤，首次被官方文書公開的指摘出來。但是在此同時，第七項的「毛澤東同志的歷史地位和毛澤東思想」，是這麼說的：

「毛澤東同志是偉大的馬克思主義者，是偉大的無產階級革命家、戰略家、理論家。雖然他在長達十年的文化大革命中犯了重大的錯誤，但從他整個生涯來看，他對中國革命的功績，遠遠超過了所犯的錯誤。對他來說，功績是第一義，錯誤是第二義。」

這份歷史決議被採納兩天後，一九八七年七月一日，中國共產黨迎接建黨六十週年。如果對毛澤東作全面地否定，會讓中國共產黨的威信大大的損害；中國共產黨獨裁支配的正當性，沒有辦法不連根動搖。因此，雖然中國共產黨現在也還繼續依存著「毛澤東的權威」，但是它再也不是被當作「神」來信奉了。藉著這一個「關於建國以來黨的若干歷史問題的決議」，中國正式的開始走上和「毛澤東時代」訣別的道路了。然而，漫長而充滿曲折的道路，還沒有到達眞正的終點。

## 註解

【1】一九七六年九月毛澤東死後，江青四人幫突然發動奪取最高權力，華國鋒和四人幫決裂。他和黨副主席兼國防部長葉劍英以及軍方的元老們合作逮捕四人幫，坐上了黨主席的寶座。

# 後跋——什麼能說？什麼不能說？

一九九八年三月二十二日起，開始登載《毛澤東祕錄》連續一百二十四回之後連載完畢。最初是構想把整個目錄分成六部分，每一部分平均二十回，整個連載的過程大約如預定地進行了。執筆撰稿的記者是長谷川周人、阪本佳代兩人，整理資料助理一人，再加上編輯採訪總監的我，一共四人的團體。這個長期連載之所以能夠努力加以完成，相當大程度有賴於衆多讀者蜂擁而來的勉勵。像「每天期待一讀」這樣的一張明信片，或者一通鼓勵的電話，都不知道給我們帶來多少努力不懈的勇氣，在此再度重申感謝之忱。

中華人民共和國，對於這個似近實遠的鄰居，充滿波瀾和動盪的國家發展歷程，我們究竟知道到什麼程度呢？就我自己來說，可以說是只擁有極其概略性的知識而已。我自己的大學時代剛好是「無產階級文化大革命」高峰期的最後階段，我們是一個對紅衛兵「造反有理」口號耳熟能詳的一個世代。

那個被說成是毛澤東接班人，一直走在文化大革命運動先鋒的林彪失勢和墜機死亡，美國帝國主義的總帥尼克森訪問中國，這些事都對當時是大學生的我也帶來極大的震驚。雖然如此，「究竟文化大革命是怎麼回事?」這樣的疑問始終就被這麼放著未答。長谷川先生和阪本小姐比我年輕一個世代，儘管兩個人都有在中國留學和生活的經驗，但文化大革命對他們來說，也是很遙遠的事情。

據說最近在中國，以文化大革命時代爲中心的歷史回顧書籍大量出版。其中也有一些是描繪著以前被包在層層厚重紗幕之下，一直隱諱不明、充滿內幕的書。

究竟，哪些事情被揭露了?哪些事情被述說了?

對於這些問題的疑問和興趣，是《產經新聞》連載這部《毛澤東祕錄》的契機。

長谷川先生到北京的主要書店來回走遍，挖掘、搜刮了大量的文獻，像傳記、非小說、回憶錄、事件的分析解說等各種各樣的文獻，多達大約兩百五十冊。這裡面有些是一手資料，也有些是引用這些一手資料寫成的二手資料。明記著原典的記述，和出處不明的記述，我們都加以兼容並蓄。儘管如此，他們個別的內容實在都是很有意思。

從專門研究中國的研究者和專家看來，這些著作出版品當中，有很多早已是衆所周知的事情。但是對我們編輯採訪群來說，還是充滿著新鮮的驚奇。我們想，這些東西對讀者而言，不也是同樣新鮮驚奇嗎?在日本研究江青第一把交椅的帝塚山大學伊原吉之助教授指出：「即使是研究者，對於不斷出籠的書籍和文獻，也沒有辦法全都過目一遍。能夠把這些出版物文件全部涉獵，作出一個『哪本書寫了些什麼』的總覽出來，再加以綜合整理，這樣的作業是有價值的。」這些話也是推動連載開始的一大助力。

面對這些各種各樣數量龐大的文獻，開始究竟要寫些什麼?如何來寫?個別的文件中所處理的時代也好、人物也好、事物也好，全都是零零落落不相連貫。但是，這些人、事、物，它們或者直接，或者是間接的，沒有一個不是和「毛澤東」這個主題關聯著的。不論是好是壞，抽離了「毛澤東」來談論現代中國，那是無法描述的。我們編輯採訪團就選擇了把「毛澤東」放在中心主軸的手法，構成了整個的長篇連載。這就是爲什麼我們把連載的題目訂爲「毛澤東祕錄」的原因了。

在中國共產黨一黨獨裁制下的中國，在出版以及表現方面自然地有所制約。特別是在歷史問題方面，由於當時的最高權力者以及政權的不同，歷史評價也會有所改變。所以歷史問題也就是這樣微妙地成爲政治問題了。

比如說，對於作爲整個連載中心主題的文化大革命的評價，現在的中國共產黨官方解釋，是沿襲了本連載最後一回提到的「關於建國以來黨的若干歷史問題的決議（一九八一）」。

根據這份決議，毛澤東所發動的文化大革命被認爲是「錯誤的」，而被全面地否定。江青「四人幫」以及林彪一派，則被判定成是「企圖奪取最高權力的反革命集團」。我們所蒐集到的文獻也毫無例外，沒有一個是超越過這一個「歷史決議」的框架。

當然，當我們在撰寫連載內容的時候，對於中國共產黨的文革評價，沒有必要一成不變的接受。本來，我們也沒有打算在這連載當中，對毛澤東以及文革加以評價。毋寧說是，刻意排除這樣的歷史評價，專心致志地從大量的文獻當中，揀拾出「發生了哪些人、事、物」，把這些東西重新加以組構起來。

然而，在現在的中國裡，對於「發生了哪些人、事、物」，可不能全部都加以自由地書寫。有些可能被認爲和「歷史決議」相矛盾的「事實」，我們的眼睛是很難看到、接觸到的。很自然地，我們在編輯採訪的過程當中，對於這些「事實（要素、材料）」就受到量的制約了。當我們寫到某一個段落，即使心裡想「這一部分很想知道得更詳細一點」，可惜毫無疑問地，中國方面的編者、作者們已經碰到了「不能再往下寫得更詳細了」或者「不寫了」之類的，令他們爲難的內情。

儘管如此，當我們進行資料蒐集，碰到意外的情況也所在多有。這些在連載的過程中，我們都已採納進去了。在此只舉一例：

對於林彪事件，中國共產黨的官方見解是：林彪想要奪取最高權力的野心被毛澤東識破，而遭到窮追猛打的批判，逼得他企圖暗殺毛澤東並進行政變，結果失敗了，在逃亡國外途中墜機死亡。另一種很強烈的看法認爲：林彪失勢的背後，牽扯到很複雜的黨內路線鬥爭，是關於中國和美國雙方拉近關係的路線鬥爭。然而卻找不到印證這種看法的資料。

不過，中國共產黨的機關雜誌《紅旗》編輯部內的一個小組，根據外交資料所整理出來的文獻裡，有一段話是和尼克森總統會談時毛澤東自己說的：「在我們的國家裡，也有反對和你們發展關係的反動分子存在。不過，他已經搭飛機逃往國外了。後來這架飛機墜毀在蒙古的烏蘭巴托附近的沙漠。」

這是一段很珍貴、重要的談話資料，讓我們得以窺知在中國共產黨內部，對於中美兩國拉近關係的問題，有著毛澤東、周恩來一組，林彪一組，兩相對立的黨內路線鬥爭的存在。

在連載過程當中所採用的文獻，我們堅持在原則上是只採用由中國人撰寫、編輯，而在中國出版的材料。我們這樣做是因爲考慮到，我們想要透過這個連載，可以讓以下的問題浮現出來：

在二十世紀的這個時點，在中國允許對一些事情談論到什麼樣的程度呢？哪些事情依然是不能談的呢？或者，哪些事情是被用模稜兩可的方式來談論著呢？

讀者們對這些問題只要有一丁點感受的話，就這一點，我們繼續書寫這個連載就有意義了。

這段漫長的連載期間，讀者們的愛顧賜閱，謹致感謝之忱！

《毛澤東祕錄》編輯採訪小組組長

名雪雅夫

# 年表

**一八九三年**

**十二月二十六日**　毛澤東在湖南省湘潭縣韶山沖出生

**一九二一年**

**七月**　中國共產黨在上海創黨

**一九四九年**

**十月一日**　中華人民共和國成立

**一九五六年**

**二月**　赫魯雪夫在蘇聯共產黨第二十屆黨大會上面批判史達林

**四月**　毛澤東提出了「百花齊放、百家爭鳴」的口號

**九月**　第八屆黨大會，劉少奇作政治報告。鄧小平起草一份刪除個人崇拜的新黨章

**十月**　匈牙利暴動

**一九五七年**

**二月**　毛澤東演講「關於如何正確地處理人民內部矛盾的問題」

**六月**　「反右派黨爭」開始

**一九五八年**

**五月**　第八屆黨大會第二次會議，提出「社會主義建設的總路線」，「大躍進」運動開始

**七月**　赫魯雪夫訪問中國，毛澤東拒絕蘇聯所提出的「中蘇共同艦隊案」

**八月**　黨中央政治局擴大會議決議：設立「人民公社」、擴大鋼鐵增產等議案

**一九五九年**

**四月**　第二屆全國人大的一次會議，選出劉少奇爲國家主席

**六月**　彭德懷前往蘇聯東歐諸國訪問，和赫魯雪夫會談之後回國

**七月**　中共中央廬山會議，對「大躍進」政策提出批判的彭德懷等人，遭到解除職務

**九月**　林彪就任國防部長

赫魯雪夫訪問中國，中蘇關係開始惡化

**秋天**　中國發生了嚴重的糧食危機，「大躍進」政策的失敗更加明顯

**一九六〇年**

**四月**　中蘇論爭表面化

**七月**　蘇聯把派駐中國的專家全部召回

**九月** 林彪提倡「四個第一」，在軍方發起學習毛澤東思想的運動

**一九六一年**

**一月** 第八屆九中全會，劉少奇、鄧小平著手展開經濟政策的調整

**一九六二年**

**一月** 在中央擴大工作會議（七千人大會）上，毛澤東進行自我批判

**九月** 第八屆十中全會，毛澤東強調「不斷革命論」

**一九六三年**

**五月** 杭州會議，公布了農村社會主義教育運動（四清運動）的「前十條」

**九月** 繼續公布「後十條」

**一九六四年**

**五月** 毛澤東在黨中央工作會議上提出了「國防三線建設」

**八月** 東京灣事件爆發

**十月** 中國首次原子彈試爆成功

**十一月** 周恩來和賀龍訪問蘇聯

**十二月** 毛澤東警告「黨內的修正主義」

**一九六五年**

**一月**　中國共產黨黨中央發表「二十三條」

**二月**　美國開始轟炸北越

**五月**　羅瑞卿主張「反美統一戰線」

**九月**　林彪發表了「人民戰爭勝利萬歲」

**十一月**　上海的《文匯報》刊登了〈評新編歷史劇《海瑞罷官》〉文章

**一九六六年**

**二月**　中共黨中央公布了彭眞案的「二月提綱」

**五月**　毛澤東在一封寫給林彪的信中提出「五七指示」

黨中央政治局擴大會議採認了「五一六通知」案

中央文革小組成立

**六月**　大字報首次登場，對北京市黨委和大學當局展開攻擊

黨中央和北京市黨委發表彭眞解任

**八月**　第八屆十一中全會採認了「關於無產階級文化大革命的決定」一案

毛澤東自己寫大字報「砲打司令部！」

毛澤東和林彪等人在天安門的「百萬人大會」上接見紅衛兵

**十二月**　「打倒劉少奇、鄧小平」的大字報登場

一九六七年

一月　上海市的造反派在「奪權鬥爭」過程中，召開打倒市黨委的大會

　　毛澤東和劉少奇的最後一次對話

二月　「上海公社」成立

　　軍方元老批判文革（「二月逆流」）

四月　毛澤東指示把「上海公社」的名稱改成「革命委員會」

　　中國全國展開「成立革命委員會」運動

七月　爆發「武漢事件」

　　毛澤東在南巡的時候呼籲「革命的大聯合」

八月　發動對劉少奇、鄧小平、陶鑄的「百萬人批鬥大會」

　　王力、關鋒遭到隔離審查

九月　毛澤東下達指示「禁止武鬥」，發出命令禁止紅衛兵掠奪軍方

一九六八年

三月　楊、余、傅事件

六月　廣西壯族自治區爆發大規模武裝鬥爭，連支援北越的物資也遭掠奪

七月　「首都工人毛澤東思想宣傳隊」進駐清華大學，擴大到其他大學

　　毛澤東下達指示把紅衛兵下放農村山間

八月　蘇聯入侵捷克

十月　《人民日報》報導「五七幹部學校」，開始了黨、軍幹部的再教育運動
第八屆十二中全會，決議將劉少奇從中國共產黨永久除名

**一九六九年**

**三月**　中蘇兩國邊境爆發武裝衝突（「珍寶島事件」）
**四月**　第九屆黨大會、黨章上明記林彪爲毛澤東的接班人
**六月**　新疆爆發了中蘇兩國邊界武裝衝突
**九月**　周恩來和柯錫津在北京會談
**十月**　中蘇國界問題協議
**十一月**　劉少奇在監禁地河南省死亡

**一九七〇年**

**三月**　中央工作會議上，承認了毛澤東所提「不設國家主席一職」一案
**五月**　毛澤東發表〈支持全世界反美鬥爭〉的聲明
**八月**　第九屆二中全會，對於國家主席問題，林彪派和江青派嚴重對立
毛澤東在「我的意見」中批判了林彪派的陳伯達
**十月**　毛澤東在國慶日儀式當中接見美國新聞記者愛德加・史諾
**十二月**　在中美祕密交涉中，中國方面傳達了邀請尼克森訪華的意向

一九七一年

三月　林立果製作了政變計畫書《「五七一工程」紀要》

四月　中美兩國乒乓外交

七月　季辛吉祕密訪問中國，發表尼克森訪問中國計畫

八到九月　毛澤東在南巡中批判林彪

林彪一夥人在逃亡途中，於蒙古地區墜機死亡

十月　廢除了原先林彪派掌握的「軍事委員會辦事組」。葉劍英主持軍事委員會辦公會議

聯合國全會決定恢復中華人民共和國的聯合國代表權

十一月　毛澤東把「二月逆流」當中遭到批判的軍方元老恢復名譽

十二月　開始「批林整風」運動

一九七二年

一月　陳毅死亡，毛澤東出席其追悼會

二月　尼克森訪問中國，發表共同聲明

四月　在文化大革命當中失勢者的名譽陸續恢復

九月　田中角榮訪問中國，簽署共同聲明

一九七三年

一月　《人民日報》等報紙主張「批林整風」的重點在於「極右批判」

三月　鄧小平以國務院副總理身分復出

**七月** 毛澤東批判外交部

**八月** 中共黨中央批准「林彪反黨集團罪狀審查報告書」

第十屆黨大會，周恩來做政治報告

第十屆一中全會，選出王洪文為黨副主席，江青一夥的「四人幫」成形

**十二月** 毛澤東提案讓鄧小平就任黨政治局委員、總參謀長等職務

**一九七四年**

**一月** 江青一夥人展開「批林批孔」運動

**四月** 鄧小平在聯合國大會上演講毛澤東所提倡的「三個世界論」

**六月** 江青把周恩來批判成「黨內的大儒家」

**七月** 毛澤東在政治局會議上批判四人幫搞派系

**十月** 在政治局會議上四人幫攻擊鄧小平，毛澤東批判江青的野心

**十一月** 李一哲發表大字報「社會主義、民主及法制」

**十二月** 毛澤東在長沙和周恩來討論接班人問題

**一九七五年**

**一月** 在第十屆二中全會上，鄧小平就職黨副主席、黨中央軍事委員會副主席、總參謀長

**四月** 蔣介石死亡

**五月** 毛澤東在政治局會議上批判四人幫搞派系活動

**六月** 在黨中央軍事委員會擴大會議上，葉劍英、鄧小平提倡「整頓軍隊」

七月　黨中央提出「整頓黨的思想、組織」
八月　毛澤東提出「批判水滸傳」，江青根據這個評論批判周恩來、鄧小平
九月　召開「農業學大寨」全國會議
毛遠新攻擊鄧小平
十一月　「反擊右傾翻案風運動」開始，對鄧小平的批判激烈化

**一九七六年**

一月　周恩來死亡，鄧小平在追悼大會致追悼詞
毛澤東決定讓華國鋒代理國務院總理、總管黨中央日常業務
四月　第一次天安門事件
鄧小平失勢，華國鋒就職第一副主席兼國務院總理
七月　朱德死亡
唐山大地震
九月　毛澤東死亡
十月　逮捕四人幫
華國鋒就任黨主席、中央軍事委員會主席

**一九七七年**

二月　三大報共同社論主張「兩個凡是」
鄧小平批判「兩個凡是」

「工業學大慶」全國會議

**五月**　華國鋒提倡「在無產階級專政制下推進『繼續革命』」

**七月**　第十屆三中全會，鄧小平恢復所有的職務，開除四人幫黨籍

**八月**　第十一屆一中全會，選出華國鋒爲黨主席，鄧小平、李先念等人爲副主席

華國鋒在第十一屆十一全大會宣告結束文化大革命

**一九七八年**

**二月**　華國鋒在全國人民代表大會上作政府活動報告

**五月**　開始了「實踐是檢驗眞理的唯一標準」的論爭

**十一月**　〈評「評新編歷史劇《海瑞罷官》」〉

**十二月**　第十一屆三中全會上，批判「兩個凡是」，提出往「現代化」的路線變更。陳雲成爲黨副主席，恢復彭德懷、陶鑄等人的名譽

**一九七九年**

**一月**　中（共）美兩國建交

鄧小平主張「四個堅持」

**六月**　全國人民代表大會決定廢除革命委員會、恢復人民政府

**一九八〇年**

**二月**　在第十一屆五中全會上，恢復劉少奇名譽

**八月** 華國鋒發言「毛主席在文化大革命期間犯了重大錯誤」
鄧小平發言「毛澤東功績第一、錯誤第二」
全國人民代表大會第三次會議上，華國鋒辭去總理職務，選出趙紫陽接任
**十一月** 審判林彪、四人幫

**一九八一年**
**一月** 林彪、四人幫審判終結判刑
**六月** 第十一屆六中全會，採認了「關於建國以來黨的若干歷史問題的決議」，華國鋒降格為黨副主席，胡耀邦接任黨主席

**一九八二年**
**九月** 第十二屆黨大會，廢除黨的主席制度，胡耀邦就任黨總書記

**一九八三年**
**一月** 江青、張春橋減刑為無期徒刑

**一九八九年**
**四月** 胡耀邦死亡，學生示威活動激烈化
**六月** 第二次天安門事件
第十三屆四中全會，趙紫陽下台，江澤民接任總書記

**一九九七年**

**二月** 鄧小平死亡，中國又進入一個新的時代

# 參考文獻

《葉劍英在一九七六》，范碩著，（中共中央黨校出版社，一九九五年）
《鄧小平改變中國：一九七八中國命運大轉折》，葉永烈著，（廣州出版社，一九九七年）
《特別別墅》，曹英等著，（改革出版社，一九九八年）
《決擇》，湯應武著，（經濟日報出版社，一九九八年）
《大轉變的日日夜夜》，張湛彬著，（中國經濟出版社，一九九八年）
《歷史的眞實》，吳旭君等著，（利文出版社，一九九五年）
《江青傳》，葉永烈著，（時代文藝出版社，一九九三年）
《文化大革命十年史》，嚴家其、高皋著，（遠流出版社，一九九〇年、岩波書店，一九九六年）
《王洪文傳》，葉永烈著，（時代文藝出版社，一九九三年）
《決定中國命運的二十八天》，師東兵著，（河南人民出版社，一九九三年）
《從華國鋒下台到胡耀邦下台》，胡績偉著，（明鏡出版社，一九九八年）
《紅牆紀事》，李健編著，（中國言實出版社，一九九六年）
《再生中國》，李黯等著，（中共黨史出版社，一九九八年）
《紅牆裡的瞬間》，顧保孜著，（解放軍文藝出版社，一九九七年）

《黑紅內幕》，葉永烈著，（作家出版社，一九九九年）
《姚文元傳》，葉永烈著，（時代文藝出版社，一九九三年）
《張春橋在獄中》，師東兵著，（繁榮出版社，一九九七年）
《指點江山》，李曉文著，（中國工人出版社，一九九八年）
《我爲劉少奇當秘書》，劉振德著，（中央文獻出版社，一九九四年）
《劉少奇冤案始末》，黃峥著，（中央文獻出版社，一九九八年）
《張耀祠回憶毛澤東》，張耀祠著，（中共中央黨校出版社，一九九六年）
《毛澤東與林彪》，天華編著，（內蒙古人民出版社，一九九八年）
《紅船交響曲》，李健編著，（中共黨史出版社，一九九八年）
《晚年毛澤東》，陳明顯著，（江西人民出版社，一九九八年）
《我親歷過的政治運動》，蕭克、劉冰等著，（中央編譯出版社，一九九八年）
《毛澤東最後十年》，陳長江等著，（中共中央黨校出版社，一九九八年）
《關鍵會議親歷實錄》，李劍主編，（中共中央黨校出版社，一九九八年）
《走上天安門》，董保存著，（中國青年出版社，一九九八年）
《劉少奇的最後歲月》，黃峥編著，（中央文獻出版社，一九九六年）
《那個年代中的我們》，者永平主編，（遠方出版社，一九九八年）
《從寶塔山到中南海》，趙桂來著，（中央文獻出版社，一九九八年）
《周恩來的最後歲月》，安建設著，（中央文獻出版社，一九九五年）
《鄧小平與毛澤東》，余世誠著，（中共中央黨校出版社，一九九五年）

《聚焦中南海》，顧保孜著、楊筱懷編，（中國青年出版社，一九九八年）
《陳伯達傳》，葉永烈著，（人民日報出版社，一九九九年）
《陶鑄在文化大革命中》，權延赤著，（中共中央黨校出版社，一九九一年）
《中南海備忘錄》，樹軍編著，（中共中央黨校出版社，一九九八年）
《廬山眞面目》，師東兵著，（麥田出版社，一九九二年）
《憶毛澤東》，吳冷西著，（新華出版社，一九九五年）
《毛澤東與彭德懷》，張樹德著，（北京出版社，一九九八年）
《廬山會議實錄》，李銳著，（春秋出版社，一九八九年）
《國防部長浮沉記》，馬泰泉等著，（解放軍文藝出版社，一九九七年）
《毛澤東與赫魯曉夫》，權延赤著，（內蒙古人民出版社，一九九八年）
《釣魚台檔案》，中國共產黨黨機關雜誌《紅旗》編輯部編（紅旗出版社，一九九八年）
《劉少奇與毛澤東》，唐振南等著，（湖南人民出版社，一九九八年）
《文化大革命簡史》，席宣、金春明著，（中共黨史出版社，一九九六年）
《新中國外交啓示錄》，孫津著，（廣東人民出版社，一九九八年）
《文革前十年的中國》，晉夫著，（中共黨史出版社，一九九八年）
《劉少奇在湖南》，唐振南等著，（湖南人民出版社，一九九八年）
《人民大會堂見聞錄》，金聖基著，（中共黨史出版社，一九九八年）
《中共早期領導人活動紀實》，曹英著，（改革出版社，一九九九年）
《若干重大決策與事件的回顧》，薄一波著，（人民出版社，一九八七年）

《林彪的一生》，少華等著，（湖北人民出版社，一九九四年）
《毛澤東與周恩來的合作生涯》，孫琦編著，（吉林人民出版社，一九九六年）
《毛澤東眼中的美國》，徐學初等編著，（中國文史出版社，一九九七年）
《微行——楊成武在一九六七》，權延赤著，（廣東旅遊出版社，一九九七年）
《共和國領袖的要事珍聞》，楊勝群等編，（中央文獻出版社，一九九八年）
《秘密專機上的領袖們》，李克菲等著，（中共中央黨校出版社，一九九七年）
《歷史轉折關頭的鄧小平》，薛慶超著，（中原農民出版社，一九九六年）
《毛家灣紀實：林彪秘書回憶錄》，張雲生著，（春秋出版社，一九八八年/日文譯名《林祕書回想錄》，蒼蒼社，一九八九年）
《汪東興回憶：毛澤東與林彪反革命集團的鬥爭》，汪東興著，（當代中國出版社，一九九七年）
《毛澤東・尼克松在一九七二》，陳敦德著，（解放軍文藝出版社，一九九八年）
《林彪反革命集團覆滅紀實》，熊華源等編，（中央文獻出版社，一九九六年）
《乒乓外交幕後》，錢江著，（東方出版社，一九九七年）
《葉群之謎》，焦燁編著，（甘肅文化出版社，一九九八年）
《黨的文獻》，中共中央文獻研究室等編，（中央文獻出版社，一九九八年）
《周恩來外交風雲》，楊明偉等著，（解放軍文藝出版社，一九九八年）
《世紀偉人毛澤東》，蔣建農等編，（紅旗出版社，一九九六年）
《毛澤東與陳毅》，袁德金著，（北京出版社，一九九八年）
《釣魚台國事風雲》，李健編著，（太白文藝出版社，一九九五年）

《黨和國家高層智慧》，張湛彬等編，（金城出版社，一九九八年）
《周恩來傳》，中共中央文獻研究室編（中央文獻出版社，一九九八年）
《周恩來的最後十年》，張佐良著，（上海人民出版社，一九九七年）
《張春橋傳》，葉永烈著，（時代文藝出版社，一九九三年）
《周恩來與毛澤東》，馮治軍著，（皇福圖書，一九九八年）
《文化大革命中的周恩來》，沈丹英編，（中共中央黨校出版社，一九九七年）
《共和國重大事件決策實錄》，邱石編，（經濟日報出版社，一九九八年）
《一九七六年以來的中國》，湯應武著，（經濟日報出版社，一九九七年）
《中國共產黨執政四十年》，馬齋彬等著，（中共黨史資料出版社，一九八九年）
《一九七六－一九八一年的中國》，程中原等著，（中央文獻出版社，一九九八年）

## 事典

《中國文化大革命事典》，（中國書店，一九九六年）
《現代中國事典》，（岩波書店，一九九九年）

# 人物介紹

## 二劃

**丁盛**（一九一三～一九九九）

出生在浙江省于都縣，一九三〇年參加工農紅軍，一九三二年加入中國共產黨。中華人民共和國建國後之後，擔任過第四野戰軍的師長，以及新疆軍區副司令員等，之後晉升爲少將。一九六八年文化大革命時擔任廣州軍區副司令員，後來升上司令員。一九七三年成爲南京軍區司令員，和江青集團走得很近。一九七六年四人幫被逮捕之後，遭到解職。一九八二年解放軍軍事檢察院決定不起訴。

## 三劃

**方志純**（一九〇五～一九九三）

出生在江西省弋陽縣。一九二四年加入中國共產黨，經歷過弋陽縣黨委員會書記等，在南部指導游擊戰。中華人民共和國建國後，擔任江西省省長代理、江西省黨委書記。文化大革命期間被批判是「叛徒」等罪名而失勢。據說，這是因爲他在一九五九年廬山會議期間，黨政治局擴大會議在開會的時候，他協助促成毛澤東和他的前妻賀子珍的重逢，遭到江青的記恨。一九七五年五月恢復名譽，就任江西省革命委員會副主任、黨中央規律委員會委員。

## 四劃

**毛遠新**（一九四一～）

毛澤東的姪子，出生在湖南省湘潭縣。因爲他的父親，也就是毛澤東的親弟弟毛澤民被殺害，所以他從小就在毛澤東的身邊長大。一九六四年從哈爾濱的軍事工程學院畢業，文化大革命開始後，在黑龍江省組織了紅色造反革命委員會，一九六八年擔任遼寧省革命委員會副主任。之後經歷過瀋陽軍區政治部副主任、政治委員、遼寧省黨委書記等，被稱爲是「東北的太上皇」。一九七五年在北京擔任毛澤東辦公室主任，以毛澤東的聯絡員身分在臥病的毛澤東身邊活動。一九七六年隨著四人幫被逮捕接受隔離審查，一九七七年被逮捕。一九八六年在瀋陽中級人民法院被判有期徒刑十七年，剝奪政治權利四年。

**毛澤東**（一八九三～一九七六）

革命家、思想家、戰略家，領導中華人民共和國革命，造就中華人民共和國的建國。死後被中國共產黨指責他發動了「無產階級文化大革命」的錯誤，受到了「功勞第一、錯誤第二」的評價。從一九三〇年代開始，成爲中國共產黨的終身主席。詩的名聲也很高，出生在湖南省湘潭縣的農家。從一九一四年到一九一八年，在湖南第一師範學校唸書。五四運動前後接觸馬克思主義，一九二〇年組織了湖南共產主義小組。一九二一年參加中國共產黨的創立大會，一九二三年成爲中共第三屆黨大會的中央執行委員，從這時候開始重視農民運動，高唱武裝鬥爭，逐漸掌握黨的領導權。一九二七年，在一次中國共產黨決定和中國國民黨武力對決的緊急會議上，成爲臨時中央政治局候補委員，領導了湖南江西省邊境地區的秋收「起義」失敗。往江西湖南省邊境的井岡山撤退，發動了土地革命，擴大農村革命的根據地。一九三〇年工農紅軍第一方面軍一組織起來，就成爲總政治委員。一九三一年在江西省瑞金成立的中華蘇維埃共和國臨時中央政府，毛澤東成爲主席。但是被對毛澤東持批判態度的王明一夥的領導層人物們，接受了蘇維埃區的黨權和軍權。一九三五年，被國民黨軍追剿的長征途中的政治局擴大會議上面，批判了當時掌握著軍權的中心領導人周恩來，逼迫他做自我批判，毛澤東自己則恢復領導權。在千辛萬苦長征之後，抵達陝西省北部的延安，在那裡建立根據地，就任中央軍事委員會主席。一九三七年，中日戰爭一擴大，毛澤東就展開抗日民族統一戰線。從一九四二年開始在延安展開整風運動，肅清他的反對派，鞏固了領導權。

一九四三年被選爲黨中央政治局主席，獲得了黨的最終決定權。一九四五年的第七屆黨大會上，「毛澤東思想」被定爲一黨的領導思想，藉著土地改革把農民大衆吸引到共產黨一邊。在一九四六年到一九四九年的國共內戰中，取得最後勝利。一九四九年中華人民共和國建國，就任中央人民政府主席。一九五〇年，決定中國參加朝鮮戰爭。一九五四年到一九五九年，擔任首任國家主席。

一九五八年開始強行推動「大躍進」運動和人民公社。一九五九年的廬山會議上，國防部長彭德懷指責大躍進的失敗，毛澤東把他拉下馬。從一九五九年到一九六一年之間，天災人禍交加，導致了大飢荒災害。在一九六二年的「七千人大會」（黨中央擴大工作會議）上進行自我批判。之後，劉少奇等人爲了經濟的復興，推動了調整的政策，毛澤東抱著危機感，擔心黨和國家的實權一步步被劉少奇等人奪去，因此把劉少奇批判成「走資本主義之道的當權派」。爲了要把「當權派」、「修正主義者」拉下馬等目的，他在一九六六年發動了「無產階級文化大革命」。毛澤東死後五年的一九八一年，在鄧小平的領導下召開黨第十一屆六中全會，採認了「關於建國以來黨的若干歷史問題的決議」。根據這個決議，儘管文化大革命遭到全面地否定，卻也對毛的歷史地位下了「功勞第一、錯誤第二」的評價。

王力（一九二二～一九九六）

出生在江蘇省淮安縣，一九三九年加入中國共產黨，在山東擔任黨山東分局《大衆日報》的記者，經歷過山東渤海區黨委宣傳部長。中華人民共和國建國後，經歷了河北省副省長、《紅旗》雜誌副總編輯，一九六四年黨中央對外聯絡部副部長。一九六六年文化大革命發動後，成爲中央文化大革命小組的成員。一九六七年七月，在武漢市煽動了反軍區的造反派，因而被反對派的軍民集團綁架，後來被救出（武漢事件）。八月在國務院外交部呼籲造反派奪權，造成了北京英國代理大使館被焚燒搶奪的事件。在毛澤東的認可下，和關鋒、戚本鹿一起失勢。

王任重（一九一七～一九九二）

出生在河北省景縣，一九三三年加入中國共產黨。中華人民共和國建國後，經歷了湖北省黨委第一書記、武漢人民解放軍部隊第一政治委員、黨中南局第一書記等。一九六六年五月文化大革命發動時，雖然成了中央文化大革命小組的副組長，但和江青一夥人的激進派有所爭執。一九六七年，被打成了「反革命修正主義分子」，紮紮實實地受到批判而失勢。在江青四人幫被逮捕後平反復出。一九七八年任陝西省黨委的第一書記，後來歷任了國務院副總理、中央書記處書記兼宣傳部長。

一九八三年第六屆全國人民代表大會常務委員會副委員長。

**王光美（一九二一～二〇〇六）**

劉少奇國家主席之妻，父親是天津的民族資本家。一九四三年從北平輔仁大學物理系畢業，一九四五年理學碩士畢業，任該大學物理系助教，就在此時參加革命運動。一九四六年任軍事調停執行部中共方面的翻譯官，同年進入延安。一九四八年加入中國共產黨，和劉少奇結婚。一九四九年被派到黨中央辦公廳，之後成爲劉少奇的祕書。一九六六年文化大革命初期，在劉少奇的指示之下，以工作組成員的身分前往北京的清華大學，批判那些激進的左派學生。毛澤東認爲工作小組壓制學生，責罵了劉少奇等人，王光美也被迫在清華大學做自我批判。一九六七年，隨著劉少奇遭到更激烈的批判，王光美也被批鬥受到迫害。一九六七年九月，毛澤東之妻江青所主導的「王光美特別審查小組」，以王光美是「美國、日本、國民黨的特務」等罪名，將她逮捕下獄。江青四人幫被逮捕兩年之後，於一九七八年十月獲得釋放。一九七九年恢復名譽，歷任了中國社會科學院外事局長、第五屆全國政治協商會議委員、第六屆全國政治協商會議常務委員。

**王洪文（一九三五～一九九二）**

在文化大革命當中崛起的四人幫中的一人，出身在吉林省長春市。一九五二年加入中國共產黨，他在朝鮮戰爭中從軍，後進入上海綿紡織第十七工廠當工人。文化大革命一開始，他就把激進左派的人組織成「上海市工人革命造反總司令部」，成爲領導人，展開向上海市黨委員會奪權的鬥爭。一九六七年二月成爲上海市革命委員會副主任，之後也在反對派人士所控制的工廠裡設計展開武鬥。

一九六九年被選爲中國共產黨第九屆中央委員，他獲得毛澤東的賞識，被大力拔擢成一九七三年黨第十屆政治局常務委員、副主席。江青、張春橋、姚文元組成了人四人幫。毛澤東死後的一九七六年三月，和江青等人一起遭到逮捕。一九八一年一月，在最高人民法院特別法庭上，被判無期徒刑，在服刑當中患病死亡。

**王若水**（一九二六～二〇〇二）

出生在湖南省，北京大學哲學系畢業。中華人民共和國建國後，在《人民日報》的理論部門工作，後來成爲編輯委員。文化大革命後的一九七二年，批判極左思潮。一九八〇年代，他高論要擺脫社會主義，提倡擁護人道主義。一九八九年天安門事件，被有關當局說是煽動民主化運動。一九九三年移居美國。

**王恩茂**（一九一三～二〇〇一）

軍人，江西省永新縣出生。一九三〇年加入中國共產黨，參加長征，歷任了八路軍第三百五十九旅團副政治委員、第一野戰軍第二軍政治委員等職務。一九四九年進入新疆，從中華人民共和國建國起，到文化大革命爲止，是新疆實質的領導人，擔任新疆維吾爾自治區黨委第一書記、新疆軍區司令員兼政治委員等。中國共產黨的第八屆中央委員，在文化大革命初期被造反派攻擊，一九六八年擔任新疆維吾爾自治區革命委員會副主任。之後歷經了南京軍區副政治委員、吉林省黨委第一書記、新疆維吾爾自治區黨委第一書記。黨第十一屆、第十二屆中央委員、一九八六年成爲政治協商會議全國委員會副主席。

**王海蓉**（一九三八～二〇一七）

湖南省湘潭縣出生，女性，父親王季範是毛澤東的表兄弟。從北京外語學院英語系畢業，擔任國務院外交部翻譯官。一九七一年擔任中華人民共和國駐聯各國代表團副團長等的職務，一九七二年擔任外交部長助理，一九七四年成爲外交部副部長，四人幫被逮捕之後解除職務。後來恢復職務，擔任國務院參事室副主任等職務。

**王維國**（一九一九～一九九三）

出生在河北省元氏縣，擔任空軍第四軍政治委員。一九六九年末，組織一個小組替林彪的兒子林立果找新娘。一九七〇年，林立果把這個小組變成個人的集團。一九七一年，林立果一夥人擬定了政變計畫的《「五七一工程」紀要》，王維國成爲這個指揮集團的一人。林彪事件之後，遭到隔離審查，判決有期徒刑十四年、剝奪政治權利三年。

**王震**（一九〇八～一九九三）

軍人，出生在湖南省劉陽縣。一九二五年進入黃埔軍官學校，一九二七年加入中國共產黨，參加長征，成爲八路軍第三五九旅的團長兼政治委員。一九四九年，以第一野戰軍的第一兵團司令員身分進入西安、新疆。一九五四年擔任新創設的鐵路建設兵團司令員兼政治委員，一九五五年晉升爲上將。一九五六年擔任國務院農墾部長、中國共產黨第八屆中央委員。他在文化大革命當中受到批判，從一九六八年到一九七二年爲止，被下放到江西省紅星開拓場。一九七五年任國務院副總理。一九七六年在逮捕四人幫過程中，扮演了重要的角色。一九七八年任黨政治局委員，一九八二年任中共中央黨校校長，一九八三年任中日友好協會名譽會長，一九八五年黨中央顧問委員會副主任，一九八八年國家副主席。

## 五劃

田家英（一九二二～一九六六）

出生在四川省成都市，中學時代因參加反日運動，被開除學籍，前往延安。一九三八年加入中國共產黨，一九三九年在馬克思列寧學院學習。經歷過一九四一年的中國共產黨政治研究室、一九四三年黨宣傳部，一九四八年成爲毛澤東的祕書。中華人民共和國建國後，兼任了黨中央辦公室副主任等職務，全面參與《毛澤東選集》的編輯事務。他的內心和一九五九年的廬山會議上批判大躍進政策而遭到解任的彭德懷意見產生共鳴。另外，因爲他認同一九六二年農業的包產到戶制度，與毛澤東關係埋下鴻溝。文化大革命發動前後，遭到激進派的「徹頭徹尾的右翼」之類的批判而自殺。四人幫垮台後，恢復名譽。

## 六劃

江青（一九一五～一九九一）

毛澤東的第三任妻子，四人幫的領導。本名李進，出生在山東省諸城縣。她和母親離開當木匠的父親，住進一個地主家幫傭一起生活。一九二九年，進入山東實驗劇院就學。一九三三年前往青島，成爲青島圖書館館員，該年加入中國共產黨。一九三四年在上海過著女演員的生活。一九三四年被國民黨當局逮捕，釋放後仍然以「藍蘋」的藝名繼續其電影和舞台的活動，在這段期間和電影導演唐納結婚，不久就離婚。一九三七年進入革命根據地延安，因此認識了毛澤東。一九三八年和毛澤東結婚，改名江青，生了一個女兒名李訥。中華人民共和國建國後，雖然擁有政務院（政府）文化部電影事業指導委員會委員、黨中央宣傳部電影處長等頭銜，但並沒有活躍的政治活動。一九六四年在毛澤東的支持下，開始進行文化藝術批判，也積極推展唱「京劇革命」的革命樣板戲的創作。

一九六五年十一月，和張春橋合作，叫姚文元執筆寫作〈評新編歷史劇《海瑞罷官》〉，在上海的《文匯報》等媒體發表，這篇文章就成爲文化大革命的狼煙。一九六六年四月，在林彪的撐腰之下提出了「部隊文藝工作座談會紀要」，強力警告「文藝界裡面有黑色反動路線」。一九六六年五月，隨著文化大革命的正式發動，組織「中央文化革命指導小組」，江青擔任第一副組長，站在文化大革命激進派的最先鋒，以劉少奇、鄧小平等中央領導人以及軍方元老爲目標，展開批判攻擊，把這些人打得落馬失勢。雖然在文化大革命逐漸進入後退期的一九六九年，於第九次黨大會上成爲政治局委員，但是在文化大革命當中，同樣誇耀權勢囂張一時的林彪，在一九七一年失勢。而以周恩來爲中心的務實派則是氣勢上升，江青因此逐漸失去威勢。但是當一九七三年鄧小平一復出，權力架構爲了取得平衡，使得同樣是文化大革命激進派的王洪文突然進入黨政治局成了黨副主席，張春橋成爲黨政治局常務委員，加上政治局委員的姚文元形成了四人幫，和鄧小平、周恩來一派對抗。一九七六年一月，周恩來一死，四人幫轉爲攻勢，成功的把鄧小平拉下馬。同年九月，隨著毛澤東一死，立刻採取動作掌握權力，但是在同年的十月六日，由華國鋒、葉劍英等主流派發動攻勢，把四人幫成員一起逮捕了。一九八一年以「反革命集團」的首謀，在最高人民法院特別法庭被判死刑（緩刑兩年）。雖然在一九八三年被減爲無期徒刑，但她在一九九一年自殺。

**江騰蛟**（一九一一～二〇〇九）

出生在湖北省黃安縣。一九三〇年參加工農紅軍，一九三七年加入中國共產黨，擔任過東北野戰軍一一五師政治部主任等，一九五五年晉升少將。一九六七年，文化大革命期間擔任南京軍區空軍政治委員。一九七一年，林彪的兒子林立果設計了政變計畫《「五七一工程」紀要》，江騰蛟被任命爲總負責人，林彪事件之後遭到逮捕。一九八一年，在林彪、四人幫大審中，被判有期徒刑十八年，剝奪政治權利五年。

## 七劃

**余立金**（一九一三～一九七九）

出生在湖北省大冶縣。一九三〇年加人中國共產黨。參加長征，經歷過紅六軍師政治委員等職。中華人民共和國建國後，擔任過南京軍區空軍司令等職。一九五五年升上將。文革發動之後，成爲林彪集團批鬥的對象。在「楊、余、傅」事件中失勢。一九七三年恢復名譽，經歷過空軍第二政治委員等職。

**余秋里**（一九一四～一九九九）

出生在江西省吉安縣。一九三二年加入中國共產黨，中華人民共和國建國後，經歷過黨中央軍事委員會委員兼副祕書長、石油工業部部長等。一九六五年成爲國家計畫委員會副主任，一九七二年成爲主任。文化大革命期間，雖然遭到造反派的批判鬥爭，還是努力協助周恩來的經濟運作。一九六七年，在黨政治局聯絡會議上強烈批判文化大革命的錯誤。江青集團失勢後，擔任過國務院副總理、國家能源委員會主任、人民解放軍總政治部主任等。一九八七年擔任中央顧問委員會常務委員。

**吳晗**（一九〇六～一九六九）

出生在浙江省義烏縣，他所寫的京劇劇本《海瑞罷官》遭到批判，這件事情成爲發動文化大革命的狼煙。一九三四年清華大學畢業後，曾經在清華、雲南大學等校教授歷史。一九四三年加入中國民主同盟。中華人民共和國建國後，擔任過清華大學歷史系主任、文學院院長、北京市副市長、中國民主同盟副主席。一九五七年加入中國共產黨，一九五九年撰寫《海瑞罷官》。一九六五年十一月，姚文元發表了論文〈評新編歷史劇《海瑞罷官》〉，跟著江青一夥人展開說吳晗是「反動的大毒草」的批判運動。以此爲契機，發展成對當時北京市長彭眞等北京市黨委會領導階層的批判，成爲文化大革命的序幕。他在文化大革命當中不斷的遭受到公開批鬥等的迫害，最後自殺。

**吳法憲**（一九一五～二〇〇四）

出生在江西省永豐縣。一九三〇年參加老農紅軍，一九三二年加入中國共產黨，參加長征，擔任過第四野戰軍第三九軍政治委員等。中華人民共和國建國後，擔任過空軍政治委員、司令員。一九五五年晉升中將，一九六七年擔任副總參謀長兼空軍司令員，一九六九年成爲黨政治局委員。一九七〇年八到九月的黨第九屆二中全會（廬山會議）上，身爲林彪的心腹大將，對四人幫的張春橋展開批判攻擊，之後受到毛澤東逼迫做自我批判。一九七一年被認爲參與了林彪事件，辭去空軍司令員職務，一九七三年受到開除黨籍處分。一九八一年的林彪、四人幫大審，被判處十七年有期徒刑，剝奪政治權利五年。

**宋碩**（一九二三～一九六九）

出生在浙江省杭縣。一九四一年進入北京大學工學院，畢業後在北京大學從事教職。一九四五年加入中國共產黨，中華人民共和國建國後，經歷過北京市黨委高等教育機關委員會副書記等。加入中國共產黨初期，擔任北京市黨委會大學部副部長。聶元梓張貼大字報攻擊北京市及大學的黨委會，宋碩受到指名的攻擊。因為毛澤東支持這張大字報，宋碩因而失勢。之後也受到紅衛兵暴力的攻擊而病死。一九八〇年恢復名譽。

**李先念**（一九〇九～一九九二）

出生在湖北省黃南縣，以國務院財務部長身分成為周恩來的左右手。一九二七年加入中國共產黨，一九三一年成為紅軍第四方面軍政治委員。中華人民共和國建國後，經歷過中原軍區司令、中國共產黨中原局副書記、湖北省黨委書記、國務院副總理兼財務部長等。文化大革命期間，在「二月逆流」事件當中遭到批判。在一九七五年，對鄧小平的經濟再建有所貢獻，卻遭到四人幫的攻擊而離開政務。四人幫被逮捕之後，盡力促成鄧小平復出。一九七七年在華國鋒體制之下擔任黨副主席。中共政權轉移到鄧小平體制之後，在一九八三年擔任國家主席。

**李作鵬**（一九一四～二〇〇九）

出生在江西省吉安縣。一九三二年加入中國共產黨，擔任過第四野戰軍四十三軍軍長等。一九五五年晉升中將，一九六二年成爲海軍常務副司令員，一九六七年擔任海軍第一政治委員，一九六九年黨政治局委員。一九七一年，被認爲是林彪事件的首謀者之一而失勢。一九八一年被判有期徒刑十一年，剝奪政治權利五年。

**李志綏**（一九二〇～一九九五）

出生北京市。從四川省的華西協會大學醫學院畢業後，一九四七年在澳大利亞的聖文森醫院工作。一九四九年回國後，被任命爲中南海醫師會幹事。一九五四年至一九七六年，爲毛澤東的醫師成員。文化大革命後，一九八八年移居美國。一九九四年，出版了一本暴露毛澤東日常生活的《毛澤東私人醫生回憶錄》，但是被認爲是捏造事實；毛澤東的其他醫師成員，在一九九五年也出版了《《毛澤東私人醫生回憶錄》的眞相》。

**李偉信**（生卒年不詳）

林彪的兒子林立果所組成的「聯合艦隊」的主要成員。林彪逃亡後也想要搭直升機逃亡，在北京郊外迫降被逮捕。一九八一年被判十五年有期徒刑。

**李強**（一九〇五～一九九六）

出生在江蘇省常熟縣。一九二五年加入中國共產黨，在延安時，擔任毛澤東、朱德的政治祕書。一九二八年，設立最初的中國共產黨無線電廣播。中華人民共和國建國後，擔任郵電部電信總局局長、無線電總局長。一九五四年擔任國務院對外貿易部副部長，一九六〇年外交部第二亞洲局副局長等。一九七三年黨中央委員，一直到一九八一年爲止擔任對外貿易部部長，一九八二年中央顧問委員。

**李雪峰**（一九〇七～二〇〇三）

出生在山西省永濟縣。一九三三年加入中國共產黨，擔任過中國共產黨中原局組織部部長。中華人民共和國建國後，擔任全國人民代表大會常務委員會副委員長等。一九六六年接替失勢的彭眞，擔任北京市黨委第一書記。一九七三年，被認爲是和林彪集團勾結，被開除黨籍。一九八二年恢復名譽後，擔任黨中央顧問委員會委員、全國政治協商會議常務委員。

**李富春**（一九〇〇～一九七五）

出生在湖南省長沙市。一九一九年前往法國留學，一九二二年加入中國共產黨。中華人民共和國建國後，經歷過政務院財經委員會副主任、國家計畫委員會副主任、國務院副總理等。文化大革命期間因爲「二月逆流」遭到批鬥，只留下黨中央委員的頭銜，被解除了黨政治局常務委員等職務。一九七二年復出成爲國務院副總理。

**李瑞山**（一九二〇～一九九七）

出生在陝西省延安縣。一九三六年加入中國共產黨，中華人民共和國建國後，經歷過湖南省黨委組織部部長。一九六九年成爲陝西省革命委員會主任，一九七一年擔任陝西省黨委第一書記。四人幫垮台後，擔任國家農業委員會副主任、全國人民代表大會常務委員。

**李德生**（一九一六～二〇一一）

出生在河南省南縣。一九三二年加入中國共產黨，中華人民共和國建國後，經歷過解放軍第二野戰軍師長。一九五一年，在朝鮮戰爭中擔任人民志願軍師長。一九五五年晉升少將，文化大革命期間，兼任南京軍區副司令官等。一九七一年擔任北京軍區司令官，一九七三年任黨副主席，兼任瀋陽軍區司令員等。因爲和四人幫對立，在一九七五年辭去黨副主席。四人幫被逮捕後，一九八〇年恢復名譽。經歷過國防大學政治委員、政治局委員、黨中央顧問委員等。一九八八年晉升上將。

**汪東興**（一九一六～二〇一五）

出生在江西省弋陽縣。一九三三年加入中國共產黨，一九三四年參加長征。中華人民共和國建國之後，先後擔任了公安部第九局長、公關部副部長、江西省副省長、黨中央辦公廳副主任兼中央警衛局長。一九六五年十一月，在文化大革命發動前夕，因爲楊尙昆失勢而擔任中央辦公廳主任。在文化大革命中，因爲他管轄的中央警衛部（八三四一部隊）是負責重要人物的警備，他以司令員身分，成了護送劉少奇、鄧小平等人的人身安全的負責人。一九六九年成了政治局候補委員，一九七三年政治局委員。一九七六年，在逮捕四人幫的過程中扮演積極的角色。然而在一九七七年，他和黨主席華國鋒一起主張要堅持毛澤東的路線，提出了「兩個凡是」的方針，因而和鄧小平等人對立。雖然他在同年成爲黨副主席，但在一九七八年的政治局會議當中，被解除中央辦公廳主任一職。一九八〇年的二月，中國共產黨第十一屆二中全會上，被解除所有和黨、國家的指導性職務。一九八二年降爲黨中央委員會補候委員，一九八五年中央顧問委員。

## 八劃

**周小舟**（一九一二～一九六六）

出生在湖南省湘潭縣。一九三一年進入北京大學就讀，成爲學生運動的領導人。加入中國共產黨，經歷過北平臨時市黨委宣傳部長，延安時代成爲毛澤東的祕書。中華人民共和國建國後，擔任過湖南省黨委宣傳部長等。後來在擔任湖南省黨委第一書記的一九五九年廬山會議（黨政治局擴大會議及黨第八屆八中全會）上面，當時國防部長彭德懷公開指出毛澤東「大躍進」的問題點，周小舟和彭德懷同調，因而失勢。文化大革命發動之後，再度遭到批判而自殺。一九七九年恢復名譽。

**周宇馳**（一九四〇～一九七一）

被認定是林彪的兒子林立果集團的主要成員。林立果以空軍司令部辦公室處長的身分，組織了祕密結社「聯合艦隊」，周宇馳成爲了實質的參謀長，參與了被中共官方認爲是政變計畫書的《「五七一工程」紀要》的擬定工作。林彪逃亡之後，他試圖要搭乘直升機逃亡，遭到迫降，以手槍自殺。

**周恩來**（一八九八～一九七六）

中華人民共和國建國後，到死爲止一直擔任國務院總理。在包含無產階級文化大革命在內的各個激烈的權力鬥爭當中，也總是高坐最高領導的寶座，被冠上一個不倒翁的綽號。原籍是浙江省紹興市，出生在江蘇省淮安縣。一九一七年天津南開學校畢業後，前往日本留學，在東亞高等預備學校讀書。一九一九年歸國，成爲天津學生運動的領導人。一九二〇年西渡法國，在那裡成爲中國共產黨黨員。一九二四年歸國，經歷了黃埔軍官學校政治部主任等。一九二七年兼任了黨中央委員、政治局委員、中央軍事委員會書記、中央祕書長，和賀龍等人一起指揮南昌「起義」。一九二八年成爲政治局常務委員、組織部長、軍事委員會書記。在這段期間，成爲黨實質上的最高領導人。對國民黨清黨的中國共產黨，在一九三四年放棄江西的中央蘇維埃區，開始長征。一九三五年在貴州省遵義縣的擴大政治局會議（遵義會議）上，接受了毛澤東批判他在軍事指導上的失敗，反過來協助毛澤東確立領導地位，加入以毛澤東爲首的中國共產黨領導部門。一九三六年，在張學良爲了訴求停滯國共內戰，而將蔣介石監禁的西安事變當中，作爲中國共產黨的代表介入調停活動，爲抗日民族統一戰線建立了基礎。一九四五年成爲政治局委員。一九四六年，日本戰敗之後的國共內戰期間，擔任中央軍事委員會副主席兼代理總參謀長。中華人民共和國建國後，開始擔任中央政府的國務院總理兼外交部長（擔任總理到死亡爲止，外交部長兼任到一九五八年爲止）。從此一直擔任黨副主席、政治局常務委員及中央軍事委員會副主席等，總理了中華人民共和國政府和黨最高指導部的實質業務，大略上一直在黨內保持排名三位以內的地位。一九六四年提倡「四個近代化（農業、工業、國防、科學技術）」，雖然一直保持著對近代國家建設的理想，但是對一九六六年開始的文化大革命並沒有積極的反對，即使有時候遭到林彪和江青一夥激進左派的攻擊，也一直維持著對毛澤東效忠的實務者本色。一九六九年以後，文化大革命進入收縮期，他率領務實派擴大權限。一九七一年林彪失勢（在逃亡途中於蒙古墜機死亡）之後，在黨內排名僅次於毛澤東而居於第二名，威信進一步提高。江青一夥四人幫對抗周恩來這種氣勢，就在周恩來和四人幫的對立日見深刻化當中因病去世。

**周培源**（一九〇二～一九九三）

出生在江蘇省宜興縣。一九五九年加入中國共產黨，一九二四年從清華學校（現在的清華大學）畢業後，至美國和德國等國留學，一九二九年歸國。一九三六到三七年再度赴美，在普林斯頓的高級研究所，受到愛因斯坦的指導，學習物理學。中華人民共和國建國後，經歷過北京大學副校長、中國科學院學部委員等。一九七二年以後，在周恩來的指示之下發表一篇論文，這篇論文訴求在綜合大學內理科教育改革的必要性，因此遭到四人幫的批判。四人幫垮台後，擔任北京大學校長、第五屆政治協商會議副主席。

**周榮鑫**（一九一七～一九七六）

出生在山東省蓬萊縣。一九三七年加入中國共產黨，在革命根據地的延安，擔任中央黨校教務處幹事。中華人民共和國建國後，歷任了中央人民政府財政經濟委員副祕書長、教育部副部長、祕書長等。在文化大革命當中遭到批判，一九七五年復出後，擔任國務院教育部長。但是後來又遭到四人幫的攻擊，在一九七六年四月的批鬥大會上被趕出去，心臟病發作隔天死亡。一九七七年恢復名譽。

**林立果**（一九四五～一九七一）

林彪的長子，出生在湖北省黃岡縣。文化大革命初期從北京大學進入空軍，一九六九年在林彪的運作之下，高升為空軍司令部辦公室副主任兼作戰部副部長。一九七〇年集結一個祕密組織「聯合艦隊」。一九七一年策劃了暗殺毛澤東計畫，即所謂的《「五七一工程」紀要》。在和雙親林彪、葉群等人一起逃亡途中，在蒙古上空墜機死亡。

**林立衡（一九四四～）**

林彪的女兒，出生在延安。從北京的清華大學插班轉入北京大學。一九六七年加入人民解放軍，擔任《空軍報》副總編輯。因爲結婚的問題和林彪之妻葉群產生摩擦，在一九七一年河北省北戴河舉行訂婚儀式中，知道了林彪的逃亡計畫，而向有關當局通報，因此舉發了林彪事件。事件之後雖然受到審查處分，但得到毛澤東的擁護。

**林彪（一九〇六～一九七一）**

出生在湖北省黃岡縣，在蒙古墜機死亡。政治家、軍人「十大元帥」之一。鼓吹毛澤東的個人崇拜，推進毛澤東的神格化。雖然被安排爲毛澤東的接班人，但後來毛澤東對他的批判卻日漸增強。一九二五年進入黃埔軍官學校，加入中國共產黨，以國民革命軍小隊長的身分從軍北伐。一九二八年在井岡山的革命根據地和毛澤東的部隊會合。一九三二年成爲紅軍第四軍軍長，在長征的過程中爲紅軍第一軍軍團長。抗日戰爭中以八路軍第一一五師長活躍，聲名大噪。一九三八年被子彈打傷脊椎骨，爲了減輕痛苦而使用嗎啡，據說從此染上了嗎啡毒癮。在國共內戰期間擔任第四野戰軍司令員。中華人民共和國建國後，擔任中南軍區司令員，一九五五年晉升元帥。一九五六年黨政治局委員，一九五八年黨副主席兼政治局常務委員。

一九五八年的廬山會議上，彭德懷指出毛澤東的大躍進路線失敗，失勢而遭到解職。林彪取而代之接任國防部長。在人民解放軍裡，努力推動政治優先的毛澤東思想的教育，透過在一九六四年出版《毛主席語錄》等方式，推動毛澤東神格化。因爲推動大躍進、人民公社化造成激進的社會主義建設的失敗，迫使毛澤東在一九六二年的中央工作會議（「七千人大會」）自我批判而陷入孤立，林彪卻強力擁護。一九六五年，發表一篇遵循毛澤東戰略論的論文〈人民戰爭勝利萬歲〉，對軍方內部反對毛澤東的政治優先論的幹部窮追猛打。一方面又在一九六六年二月，鼓動毛澤東之妻江青主辦部隊文藝工作座談會，作爲文化大革命的開路先鋒。到了五月文化大革命一發動，就和江青一夥人鼓動全國國民陷入狂熱狀態。一方面加強對軍方元老的批判攻擊，同時也積極造成劉少奇等「當權派」的失勢。在一九六九年的第九次黨大會中，在黨章上被明記爲毛澤東的「接班人」。

但是，毛澤東開始要收拾文化大革命，林彪眼見周恩來等人的務實派因爲掌握了國家的行政，自己就覬覦國家主席的寶座，因而招來毛澤東的不信任。甚至，周恩來主導了拉近對美關係的實務，更加深了林彪的孤立感。一九七一年，毛澤東對林彪的批判日漸加強，同年在蒙古境內和妻子葉群、兒子林立果等人墜機死亡。中國共產黨把這個事件斷罪成林彪等人企圖暗殺毛澤東，和發起政變失敗之後，企圖逃亡的事件。

**邱會作**（一九一四～二〇〇二）

出生在江西省興國縣。一九二九年參加工農紅軍，一九三二年加入中國共產黨，參加長征，經歷了第四野戰軍第四十五軍政治委員等職。中華人民共和國建國後，擔任華南軍區政治部主任等職，一九五九年成爲軍總後勤部部長，一九六九年黨政治局委員。一九七〇年的黨第九屆二中全會（廬山會議）上，參與運作要讓林彪就任國家主席，因而被毛澤東強迫做自我批判。一九七一年因爲參與林彪事件的理由而辭職，一九七三年被黨開除黨籍。一九八一年在林彪、四人幫審判當中被處十六年有期徒刑，剝奪政治權利五年。

**金祖敏**（一九三四～一九九七）

出生在浙江省紹興市，一九六〇年加入中國共產黨。一九六六年參加上海工人造反組織，經歷了上海市革命委員會副主任等。作爲江青的心腹參與四人幫的奪權鬥爭，四人幫遭到逮捕之後，被解除所有職務，開除黨籍。

## 九劃

**姚文元**（一九三一～二〇〇五）

四人幫的一員，文藝評論家。出生在浙江省諸暨縣，一九四八年加入中國共產黨，在胡風批判運動當中所發表的論文得到毛澤東的注意。一九五八年在上海市風景黨委會的雜誌擔任編輯委員，同時也兼任由張春橋擔任總編輯的《解放日報》的編輯委員、文藝部主任。一九六五年來到了上海的江青和張春橋一起組織了「海瑞罷官」的批判小組，姚文元被選爲執筆者。同年十一月發表了〈評新編歷史劇《海瑞罷官》〉的文章，成爲文化大革命的導火線。在一九六六年所發表的〈評「三家村」〉一文，揭開文革大戲的序幕，爲文革一系列批判定下基調。此戰功成發跡後，從《解放日報》編委一躍成爲中共上海市宣傳部部長，再躍爲中央文革小組成員，在上海和張春橋一起進行打倒上海市黨委的活動。一九六七年上海市革命委員會一成立，就擔任副主任。一九六九年成爲黨政治局委員，一九七一年上海市黨委第二書記。一九七三年在政治局和江青、張春橋、王洪文形成了共同合作的關係，後來被稱爲「四人幫」。在批林批孔運動當中攻擊周恩來，在一九七六年則對復出的鄧小平展開攻擊。在毛澤東死的同年十月被逮捕，一九七七年從黨除名。一九八一年以「林彪江青反革命集團的主犯」爲由，被判處二十年有期徒刑，剝奪政治權利五年。一九九六年服役期滿釋放。

**柯慶施**（一九〇二～一九六五）

安徽省歙縣出生。一九二二年加入中國共產黨。在兩度訪問蘇聯之後，於一九二六年擔任安徽省黨委員會書記、中央祕書長、中央統戰部副部長等職務。中華人民共和國建國後，經歷了江蘇省黨委員會書記等職務。在一九五八年由上海市長躍升爲中央華東局第一書記，積極地推動毛澤東的大躍進政策。一九六五年擔任國務院副總理。

**紀登奎**（一九二三～一九八八）

出生在山西省武鄉縣。一九三八年加入中國共產黨，一九四九年成爲河南省許昌地區的黨委員會書記，一九五九年洛陽地區的黨委員會第一書記，一九六三年河南省黨委常務委員兼祕書長，一九六八年河南省革命委員會副主任。一九六九年被拔擢成爲黨政治局候補委員，一九七三年政治局委員。雖然在一九七五年成爲國務院副總理，但是在一九八〇年隨著華國鋒的失勢，自己也失勢了。一九八三年成爲國務院農村發展研究中心研究員。

**胡績偉**（一九一六～二〇一二）

前《人民日報》社長，出生在四川威遠縣。一九三〇年代開始，當時就讀四川大學的他，從事中國共產黨宣傳部門的工作，經歷過西北軍政委員會宣傳部長等。一九五四年至一九五六年，擔任中國共產黨機關報紙《人民日報》的副總編輯。文化大革命期間遭到批判，四人幫被逮捕後，於一九七六年擔任總編輯，一九八二年成爲社長。一九八三年擔任全國人民代表大會常務委員，後來因爲反對「反精神污染運動」，主張人道主義之故，離開人民日報社。一九八九年的天安門事件反對戒嚴令而遭受到批判。

**范瑾**（一九一九～二〇〇九）

出生在浙江省紹興縣，女性。一九三八年加入中國共產黨，八路軍總政治部前線記者團、《冀中導報》社長等。中華人民共和國建國後，擔任北京市黨委宣傳部副部長、北京市副市長。一九五二年起，擔任北京市黨委的機關報紙《北京日報》的社長。一九六六年，在文化大革命發動之後的北京市黨委改組，被解除《北京日報》社長的職務，受到批判。一九七五年復出，擔任北京市黨委研究室主任，後來成爲北京市人民代表大會常務委員會副主任等。

## 十劃

**倪志福**（一九三三～二〇一三）

出生在江蘇省川沙（現在合併成上海市）。一九五〇年，在上海青年工作政治學習班學習，成爲北京永定機械廠總工程師。一九五八年加入中國共產黨，一九六九年任黨中央委員，一九七三年任黨政治局候補委員。之後經歷了北京市黨委書記、上海市革命委員會第一副主任、天津市黨委員會書記等。一九八二年任黨政治局委員，一九八八年起擔任全國人民代表大會常務委員會副委員長。

**唐聞生**（一九四三～）

出生在美國。一九五〇年歸國，進入北京外語學院就讀。一九七一年加入中國共產黨。一九六七年進入外交部，經歷過翻譯官、北美大洋洲局副局長，也曾擔任過毛澤東的翻譯。一九七八年被免職，接受審查。

**姬鵬飛**（一九一〇～二〇〇〇）

出身在山西省臨猗縣。一九三一年參加工農紅軍，一九三三年加入中國共產黨，參加長征。中華人民共和國建國後，進入外交部。一九五〇年擔任駐東德大使，一九五二年任外交部副部長，一九七一年代理外交部長，一九七二年到一九七四年擔任外交部長襄助周恩來。一九七五年任全國人民代表大會常務委員兼祕書長。一九七八年擔任黨中央對外聯絡部部長、國務院副總理，一九八二年到一九九〇年擔任國務院香港澳門辦公室主任。

**孫玉國**（一九四一～）

出生於河北省。二十歲加入人民解放軍，一九六三年加入中國共產黨。一九六九年擔任黑龍江省軍區烏蘇里江畔國境警備所所長。同年三月，因爲在他的管轄區內，發生了中蘇邊境武裝衝突（珍寶島事件），立下戰功，因而得到戰鬥英雄的稱號，其後擔任黑龍江省軍區副司令員等。一九七三年任黨中央委員，一九七四年擔任瀋陽軍區副司令員，透過同一個軍區的政治委員毛遠新，與江青四人幫結下深厚關係。四人幫遭到逮捕後的一九七七年，被解除瀋陽軍區副司令員職務。

**徐向前（一九〇一～一九九〇）**

「十大元帥」當中的一人，出生在山西省五台縣，第一次國共合作中創立的黃埔軍官學校的第一屆畢業生（一九二四年入學）。一九二七年加入中國共產黨，參加廣州「起義」之後，擔任過紅軍第四方面軍總指揮。一九三五年，在長征過程中，爲了要和毛澤東等黨中央第一方面軍會合，而走出陝西蘇維埃區向西挺進。但卻聽從和毛澤東意見對立的張國濤的指示，半途折返。雖然於一九三六年在延安和毛澤東會合了，卻和那一些受到毛澤東批判的紅四軍其他幹部一起被降格。經歷過八路軍第一二九師副師長、人民解放軍第十八兵團司令員兼政治委員。一九四九年中華人民共和國建國後，擔任人民解放軍總參謀長（至一九五四年）。一九五五年成爲元帥。一九六六年任黨政治局委員。一九六七年，文化大革命發動後，雖然成爲中央軍事委員會文化大革命小組組長，但是當軍方元老抵抗紅衛兵的批判而爆發「二月逆流」，他被打成首謀者之一，不斷遭受到批鬥。從一九六八年到一九六九年，被迫在北京火車車輛工廠從事勞動，之後還從中央被移往地方。一九七五年，擔任全國人民代表大會常務委員會副委員長。一九七七年任黨政治局委員，一九七八年至一九八〇年擔任國務院副總理兼國防部長。

**徐景賢（一九三三～二〇〇七）**

出生在上海市奉賢縣，擔任過上海市黨委員會寫作組支部書記。文化大革命初期，加入張春橋激進派的一邊，成爲造反派向上海市黨委員會進行奪權鬥爭。一九六七年上海市革命委員會成立，成爲副主任，掌握實質的領導權。一九六九年成爲黨中央委員，一九七一年成爲上海市黨委書記。在一九七六年，逮捕江青、張春橋四人幫的行動爆發前夕，以計畫政變之名而被逮捕。一九八二年在上海市高級人民法庭被判有期徒刑十八年，剝奪政治權利四年。

**烏蘭夫**（一九〇六～一九八八）

出生在現在的內蒙古自治區的蒙古人，一九二五年加入中國共產黨。他在莫斯科留學之後，於一九二九年起在內蒙古活動。一九三八年前往延安，一九四七年擔任內蒙古自治政府主席。一九五四年擔任國務院副總理、中國共產黨第八屆中央委員。一九六七年，文化大革命期間被紅衛兵批判說他搞民族分裂，因而失勢。一九七三年平反復出，擔任中國共產黨第十屆中央委員，一九七五年擔任第四屆全國人民代表大會常務委員會的副委員長。一九八三年到一九八八年擔任國家副主席。

**耿飈**（一九〇九～二〇〇〇）

出生在湖南省醴陵縣。一九二八年加入中國共產黨，一九三四年參加長征。經歷過八路軍第一二九師第三八五旅團副旅團長、隴東軍分區司令員等。一九六〇年成爲國務院外交部副部長，一九七一年任黨對外聯絡部部長。一九七六年，逮捕四人幫的時候，擔任指揮官壓制中央電視台。一九七七年成爲黨政治局委員，一九七八年任國務院副總理，一九七九年擔任中央軍事委員會常務委員兼祕書長，一九八一年任國防部長，一九八二年國務委員、第六屆全國人民代表大會常務委員會副委員長。

**馬天水**（一九一二～一九八八）

出生在河北省唐縣。一九三〇年代加入中國共產黨，一九四九年擔任安徽省皖南區黨委副書記。一九五三年擔任中國共產黨華東局工業部長，一九五六年上海市黨委副書記。一九六〇年升爲書記。

文化大革命期間，跟從張春橋、江青四人幫。一九六七年擔任上海市革命委員會副主任，一九七一年上海市黨委書記，一九七三年黨中央委員。一九七六年，四人幫被逮捕之後，不久也被逮捕。一九七八年剝奪黨籍，一九八二年在上海的人民法院因爲心因性精神病的理由暫停起訴。

**馬連良**（一九〇一～一九六六）

著名的平劇演員，出生在北京市的回族，十歲的時候就登上舞台。一九五一年擔任北京京劇團長。一九六〇年向吳晗預訂新編的歷史劇《海瑞罷官》的劇本，自己擔任海瑞的角色而受到毛澤東的稱讚。但是，當以批判《海瑞罷官》爲契機而發動了文化大革命，馬連良立刻受到批判，遭受到紅衛兵的暴力批鬥，一九六六年死亡，不過也有人說他是自殺。一九七九年恢復名譽。

## 十一劃

**康生**（一八九八～一九七五）

出生在山東省諸城縣。一九二五年加入中國共產黨，一九三〇年成爲黨中央審查委員，一九三一年任黨中央組織部長。一九三三年前往蘇聯，擔任中國共產黨駐共產國際代表團副團長。一九三四年成爲黨政治局委員。一九三七年歸國進入延安，從黨中央社會部部長轉爲情報部長，從事檢舉「反黨分子」等的特務工作。一九四二年起發動的延安整風運動裡，他參與整肅多數的黨幹部。中華人民共和國建國後，成爲中國共產黨山東分局書記。後來因爲生病的理由，長時間停止了黨的活動。一九五六年以黨政治局候補委員身分復出，在反右派鬥爭當中，擔任檢舉「右派」的工作。一九六二年擔任黨中央書記處書記，後來隨著文化大革命的發動，就任「中央文化大革命指導小組」的顧問，與江青等人合作，對以劉少奇爲首的務實派展開黨內的大規模整肅，相當活躍，誇耀權勢一時。一九六九年成爲政治局常務委員，一九七〇年成爲黨中央組織宣傳組組長，一九七三年黨副主席。一九七五年病死。一九八〇年被開除黨籍，雖然他也被判罪成「林彪江青反革命集團」的首謀者之一，但是因爲已經死亡而沒有被追究刑事責任。

**張玉鳳**（一九四四～）

毛澤東晚年的女祕書，出生在黑龍江省牡丹江市。一九六〇年進入國務院鐵道部，擔任毛澤東專用列車的服務員，頗得歡心。一九七〇年起，在中南海的毛澤東住宅擔任照料毛澤東生活起居的身邊服務人員。一九七五年，開始負責處理毛澤東的重要文書，擔任機密祕書。一九七六年毛澤東一死，便受到江青等人的逼迫，要她交出毛澤東的相關文書。四人幫被逮捕之後，因爲有和江青等人內神通外鬼之嫌而遭到隔離審查，但在審判四人幫的時候作證舉發江青等人的罪狀。之後在檔案館工作。

**張春橋**（一九一七～二〇〇五）

在文化大革命抬頭的四人幫之一，出生在山東省巨野縣。一九三二年進入省會濟南的中學後，成爲國民黨組織「華帶社」創立發起人之一，在《華帶》雜誌上發表小說。一九三五年前往上海，在雜誌社一邊擔任校對工作，一面撰寫文藝作品以及評論文章。在《大晚報》的文藝欄用狄克的筆名撰寫批判魯迅的論文。一九三八年進入延安，加入中國共產黨，一直在理論宣傳的園地裡耕耘。中華人民共和國建國後，擔任上海市黨委員會機關報《解放日報》的社長兼總編輯、上海市黨委員會書記。

一九六五年和江青、姚文元一起推動製作了一系列的論文，批判吳晗所寫的《海瑞罷官》。

一九六六年，文化大革命發動之後，擔任江青等人御用單位的黨中央文化革命指導小組的副組長。一九六六年到一九六七年，鼓動由王洪文等造反派，帶頭對上海市黨委員會進行攻擊行動和奪權鬥爭，進而促成了最初的革命委員會的建立，自己擔任上海革命委員會的主任（後來成爲上海市黨委第一書記）。之後也和江青結成一夥，設計規劃了一套針對軍方元老，以及老幹部的攻擊行動，在許多的整肅活動當中扮演重大的角色。文化大革命開始進入收縮期的一九六九年，成爲黨政治局委員。因爲和林彪派對立，而成爲攻擊目標。一九七一年林彪墜機死亡，之後，毛澤東對周恩來等務實派的抬頭開始懷抱警戒心。在毛澤東的支持下，張春橋擔任了政治局常務委員，和王洪文（被大力拔擢成爲同樣是政治局常務委員兼副主席）、政治局委員的江青、姚文元組成了四人幫。一九七五年成爲國務院副總理，兼解放軍總政治部主任，和江青等人對復出的鄧小平展開攻擊。一九七六年一月，周恩來死亡之後把鄧小平鬥垮去職。毛澤東死亡後，一九七六年十月，在華國鋒、葉劍英等人主流派發動之下，和其他的四人幫成員一起被逮捕。在大審判當中始終保持沉默，一九八一年一月，被判死刑，剝奪政治權利終身。一九八三年減刑爲無期徒刑。

**張聞天**（一九〇〇～一九七六）

出生在上海。曾參加一九一九年的五四運動，一九二〇年前往日本東京、美國舊金山苦學，一九二四年回國。一九二五年加入中國共產黨，之後前往蘇聯，在共產國際的東方部門活動。一九三一年回國，擔任黨中央宣傳部長，以政治局常務委員的身分成爲最高指導部的一員。後來參加一九三四年起的長征，在遵義會議上支持毛澤東的領導權確立，成爲黨總書記。一九三八年以後，經歷了馬克思列寧學院院長、黨中央宣傳部部長。中華人民共和國建國後，轉往外交部門，一九五一年駐蘇聯大使，一九五四年起擔任國務院外交部第一副部長。一九五九年在廬山會議上，彭德懷指責毛澤東的大躍進、人民公社政策的問題點，張聞天站在彭德懷一邊，被毛澤東打成「反黨集團」之一員而失勢。在文化大革命當中，也遭受批判和攻擊。雖然遭受到軟禁以及轉移到地方去的待遇，卻始終維持著對林彪、江青等人文化大革命急進派的抵抗傲骨，就在逮捕四人幫的前夕病死。一九七九年恢復名譽。

**張鐵生**（一九五〇～）

出生在遼寧省興城縣。一九七三年以工農兵學生身分參加大學入學考試，在空白答案紙張背後寫文章，批判這種偏重於知識的入學考試方式。毛澤東的侄子毛遠新把他當英雄看待，讓他進入鐵嶺農學院就讀，後來成爲全國人民代表大會常務委員。四人幫被逮捕之後，被判有期徒刑十五年，剝奪政治權利三年。

**戚本禹**（一九三一～二〇一六）

出生在山東省威海縣。從中央共青團學校被派往黨中央辦公廳，擔任田家英的祕書。田家英是毛澤東祕書、中央辦公廳副主任，後來擔任信訪科長。一九六一年，戚本禹寫關於工作災害調查報告，一九六三年寫了一篇把太平天國領導人李秀成認定爲叛徒的論文，都受到毛澤東的好評，因此拔擢他爲中國共產黨機關雜誌《紅旗》的歷史組組長。在文化大革命當中，成爲江青等人的中央文化大革命指導小組成員，因是攻擊黨軍幹部的急先鋒而相當活躍。一九六八年被毛澤東定爲極左派而失勢，遭到拘禁。一九八三年被以反革命宣傳煽動、破壞、掠奪罪等，判刑十八年有期徒刑，剝奪政治權利四年，於一九八五年獲得釋放。

**曹萩秋**（一九〇九～一九七六）

出生在四川省資陽縣。一九二九年加入中國共產黨，以上海、武漢等地爲中心活動。中華人民共和國建國後，經歷過重慶市黨委書記兼市長等。文化大革命後，被造反派設定爲奪權鬥爭的目標而失勢，其後也不斷受到激烈的迫害。一九七八年恢復名譽。

**梁必業**（一九一六～二〇〇二）

出生在江西省吉安縣。一九三二年加入中國共產黨，經歷過第四野戰軍三八軍政治委員等。中華人民共和國建國後，擔任過中南軍區政治部副主任、人民解放軍政治學院教育長等，一九五五年晉升中將。文化大革命初期和羅瑞卿一起遭到林彪批判，被解除職務後還遭到監禁。文化大革命後恢復了名譽，擔任軍事科學院政治委員。一九八七年任黨中央顧問委員會委員。

**郭沫若**（一八九二～一九七八）

中國現代文學的開拓者、社會運動家，四川省樂山縣出生。他生在一個地主的家庭，接觸到辛亥革命而參加學生活動。一九一三年訪問日本，在日本讀高中和九州大學的醫學系。回國後，以國民革命軍總政治部祕書長身分參加北伐戰爭。一九二七年參加南昌「起義」之後，加入中國共產黨。一九二八年，國共分裂後，再度去日本。前後十年之間在千葉縣市川市過著亡命的生活。盧溝橋事件之後，回國參與策劃抗日文化宣傳工作。中華人民共和國建國後，前後經歷了政務院副總理、中國社會科學院院長、中日友好協會名譽會長、第一到第三屆全國人民代表大會常務委員會副委員長等職務。文化大革命發動之後，被毛澤東逼迫做自我批判，而受到迫害。一九七八年，文化大革命之後，擔任全國人民代表大會常務委員會副委員長、全國政治協商會議副主席。

**陳再道（一九〇九～一九九三）**

出生在湖北省麻城縣，一九二八年加入中國共產黨。中華人民共和國建國後，經歷中原野戰軍第二縱隊司令員，一九五五年晉升上將。一九六七年，在擔任武漢軍區司令員時，文化大革命造反派和軍區對立，爆發了武漢事件，他被認爲是首謀者而遭到解任。一九七一年林彪事件後復出，經歷過一九七五年中央軍事委員會顧問等，一九八二年成爲黨中央顧問委員。

**陳伯達（一九〇四～一九八九）**

擔任過毛澤東祕書的理論派，文化大革命成爲黨中央文化大革命指導小組組長，後來失勢。出生在福建省惠安縣，在上海的勞動大學學習。一九二七年加入中國共產黨，前往蘇聯留學。一九二九年歸國，一九三一年擔任北平的中國大學教授。一九三七年，在延安成爲毛澤東的政治祕書，協助毛澤東完成許多論文。中華人民共和國建國後，經歷過中國科學院副院長、中央宣傳部副部長等，在這段期間負責《毛澤東選集》的編輯。一九五六年成爲黨政治局候補委員，一九五八年創刊的黨機關雜誌《紅旗》的總編輯，一九六二年國家計畫委員會副主任。一九六六年在毛澤東的指示之下，起草文化大革命的綱領文書「五一六通知」。隨著文化大革命發動，擔任中央文化革命指導小組組長。他和江青、張春橋等人批判劉少奇、鄧小平一夥人對文化大革命的處理方式。他掌握著編輯權的《人民日報》等媒體，鼓舞文化大革命，積極參與對多數的黨政軍幹部的整肅活動。一九六六年，竄升成爲黨政治局委員，甚至政治局常務委員。一九六九年再度被選爲黨政治局常務委員，在黨內的排名居於第四。然而就在這段期間和江青、張春橋等人產生了裂痕，開始接近林彪。一九七〇年八月在黨第八屆二中全會上，林彪爲了確保通往國家主席的道路，向想要廢除國家主席的毛澤東進言，要毛澤東就任國家主席。陳伯達則高唱毛澤東「天才論」，和林彪一起展開共同戰線。這個「天才論」被毛澤東批判是「騙子」，陳伯達因而失勢。一九八一年「林彪、四人幫審判」大會上，被看成是林彪反革命集團的主犯之一，判刑十八年有期徒刑，剝奪政治權利五年。一九八八年刑期期滿釋放，隔年病死。

**陳雲（一九〇五～一九九五）**

被認爲是中國共產黨內屈指可數的經濟政策專家，出生在上海。最早是上海商務印書館的排字工人，參加了一九二五年的五三〇勞工運動，加入中國共產黨，從事農民運動、勞工運動。一九三一年成爲黨中央委員，一九三四年成爲黨政治局委員兼白區（國民黨控制地區）工作部長。在遵義會議支持毛澤東，在上海從事地下活動。之後，以共產國際中共代表團身分前往莫斯科。一九三七年返回延安，擔任黨組織部長，經歷了東北財政經濟委員會主任等，一九四八年成爲全國總工會主席。中華人民共和國建國後，擔任政務院（後來的國務院）副總理兼財經委員會主任，一九五六年成爲黨副主席。毛澤東的大躍進失敗之後，爲了要處理經濟的困難，和劉少奇等人一起主導了經濟調整，因而受到毛澤東的冷酷待遇。在文化大革命當中，受到「資本主義復活的急先鋒」等的激烈攻擊。一九七六年，以國務院副總理身分復出，一九七六年成爲全國人民代表大會常務委員會副委員長。一九七八年成爲黨政治局常務委員兼副主席。一九八二年到一九八七年，擔任黨政治局常務委員。一九八七年到一九九二年，擔任黨中央顧問委員會主任。他的經濟理念是在計畫經濟的框架內，認可市場調節的功能。

**陳毅**（一九〇一～一九七二）

革命功臣的「十大元帥」之一，後來成爲外交部長，出生在四川省樂至縣。一九一九年，從工業學校畢業之後，在中國勤工儉學運動風潮下前往法國。在留學生的示威活動當中被逮捕，一九二一年強制遣返。一九二三年，當時他是北京中法大學學生，此時加入中國共產黨。一九二七年，在武漢的中央軍事政治學校擔任政治工作課程，之後加入朱德的部隊。一九二八年參加湖南「起義」，在井岡山和毛澤東的部隊會合，擔任工農革命軍第四軍政治部主任。一九三〇年紅軍第六軍政治委員，第二十二軍軍長。一九三二年擔任江西軍區總指揮兼政治委員，在長征期間留在南方指導游擊戰，之後參與新四軍的創設。一九四一年擔任新四軍長代理，一九四五年擔任新四軍軍長兼山東軍區司令員，任黨中央委員至一九七二年，一九四七年開始擔任華東野戰軍司令員等。一九四九年，以第三野戰軍司令員兼政治委員身分負責南京、上海等的解放，兼任上海市長。中華人民共和國建國後，兼任華東軍區司令員。一九五四年，應周恩來之邀請，前往擔任國務院外交部部長。一九六七年，因爲軍方元老和江青、林彪一派對立，發生「二月逆流」的事件，他被停職。之後也不斷遭受激進派的窮追猛打，一九六九年降格爲中央委員，被迫轉往地方在工廠勞動，一九七〇年爲了治療癌症回到北京。一九七二年一月他的追悼儀式上，毛澤東現身參加。

**陳獨秀**（一八七九～一九四二）

中國共產黨草創期的領導人，出生在安徽省安慶縣。日本留學歸國後，在安徽省進行革命運動。一九一五年，辛亥革命後，在上海創刊《青年雜誌》（後來的新青年雜誌）。在一九二一年傾力創建中國共產黨，擔任過總書記。一九二二年接受共產國際的方針，轉換政策進行國共合作。一九二七年中國共產黨被國民黨排除，陳獨秀被解除總書記之職。一九二九年因爲批判黨而被除名，一九三一年成爲「中國共產黨左派反對派」總書記。一九三二年被逮捕，一九三七年釋放之後，在四川省過著隱遁的生活。

**陳錫聯**（一九一五～一九九九）

出生在湖北省紅安縣。一九三〇年加入中國共產黨，經歷過紅軍第四方面軍的連隊政治委員、八路軍的旅團副旅團長、第二野戰軍第三兵團司令員等。和毛澤東的侄子毛遠新關係親密，支持文化大革命激進派。一九六八年擔任遼寧省革命委員會主任，一九六九年黨政治局委員。一九七三年，林彪墜機死亡之後，擔任北京軍區司令員。一九七五年國務院副總理兼中央軍事委員會常務委員。一九七六年毛澤東死亡之後，轉協助葉劍英等人逮捕文化大革命激進派的江青四人幫。一九八〇年被解除黨政治局委員、北京軍區司令員、國務院副總理。

**陳勵耘**（一九一九～二〇〇四）

出生在四川省成都市。一九三八年加入中國共產黨。中華人民共和國建國後，擔任空五軍政治委員。一九六八年，文化大革命期間，擔任浙江省革命委員會第一副主任。被認爲是一九七一年林彪的兒子林立果政變計畫的重要指揮人員，林彪事件之後，受到隔離審查。一九七八年，四人幫被逮捕之後開除黨籍。

**陸平**（一九一四～二〇〇二）

出生在吉林省長春市。一九三三年加入中國共產黨。中華人民共和國建國後，擔任過國務院鐵道部副部長、北京大學校長等。一九六五年，批判北京大學聶元梓等造反派的活動，被指控是在破壞文化大革命，而被解除職務。一九七五年復出後，擔任第七機械工業部副部長。四人幫落馬後恢復名譽，擔任全國政治協商會議常務委員、全國政治協商會議祕書長。

**陸定一**（一九〇六～一九九六）

出生在江蘇省無錫縣。一九二五年加入中國共產黨。一九二八年到一九三〇年間在蘇聯停留。中華人民共和國建國後之後，經歷過工農紅軍總政治部宣傳部長、《解放日報》總編輯、黨中央宣傳部部長、國務院副總理、黨中央委員會書記處書記等。文化大革命前夕成爲「文化革命五人小組」的成員，但在文化大革命發動後，被認爲想要壓制對吳晗《海瑞罷官》的批判，因而失勢。一九七八年，四人幫被逮捕之後恢復名譽，擔任全國政治協商會議常務委員、全國政治協商會議祕書長。

**陶鑄**（一九〇八～一九六九）

出生在湖南省祁陽縣。一九二六年進入黃埔軍官學校，加入中國共產黨。一九二七年參加南昌起義、廣州起義。一九二九年到三三年，擔任福建省祕書長。一九三三年被國民黨逮捕，一九三七年在中共的援救下獲得釋放，擔任湖北省黨委宣傳部長。一九四〇年進入延安，經歷過黨中央軍事委員會祕書長、總政治部祕書長兼宣傳部長、遼寧省、遼北省黨委書記等。一九四八年，作爲人民解放軍平津前線司令部的代表潛入北京，和傅作義交涉不流血開城。中華人民共和國建國後，經歷過中南軍區政治部主任、中南局第一書記兼廣東省黨委第一書記等。一九六六年被拔擢成爲黨中央書記處書記、黨中央宣傳部部長。文化大革命發動，成爲中央文化大革命小組顧問，被大大的拔擢到黨政治局常務委員。一九六七年被認爲對劉少奇的批判態度消極，因而遭受到江青文化大革命小組成員的攻擊。毛澤東也支持對他的攻擊，因而失勢，遭受到紅衛兵激進派的激烈批鬥。一九六九年被轉移到安徽省而死亡，一九七八年恢復名譽。

## 十二劃

**傅崇碧**（一九一六～二〇〇三）

出生在四川省的通江縣。一九三三年加入中國共產黨，經歷過華北軍區第十旅團旅團長、第十九兵團軍長等，後來升爲少將。在文化大革命發動當時，身爲人民解放軍北京衛戍區的司令官，在周恩來等人的指示下，負責保護中國共產黨的老幹部。一九六八年被林彪、江青等人打成是反革命集團「楊、余、傅」事件的首謀者，遭到逮捕解任。一九七四年，林彪墜機死亡三年之後，毛澤東認可恢復他的名譽，就任北京軍區政治委員等職務。

**喬冠華**（一九一三～一九八三）

出生在江蘇省鹽城縣。一九三三年清華大學畢業，一九三三到三五年留學日本東京大學，一九三五到三八年留學德國。一九三九年加入中國共產黨，一九四二年擔任重慶的《新華日報》總編輯，一九四六年擔任新華社華南分社社長。一九四九年中華人民共和國建國後，擔任國務院外交部外交政策委員會副主任，一九五四年任外交部長助理，一九六四年擔任外交部副部長。文化大革命初期，受到激進派的批判。一九七四年成為外交部長，一九七六年因為協助江青四人幫而遭到免職。

**彭珮雲**（一九二九～）

女性，出生在湖南省瀏陽縣。一九四六年中國共產黨入黨，一九四九年從清華大學社會系畢業。中華人民共和國建國後，擔任清華大學黨總支部書記。文化大革命的前夕，擔任北京大學黨委副書記。一九六六年在聶元梓的大字報當中，被批判成「北京大學的黑幫」遭到迫害。四人幫落馬之後恢復名譽，之後經歷了國家計畫生育委員會主任等。一九九二年任黨中央委員，一九九八擔任年全國人民代表大會副委員長。

**彭眞**（一九〇二～一九九七）

身為劉少奇派的中心人物，在文化大革命初期失勢。出生在山西省曲沃縣。一九二三年加入中國共產黨，經歷過唐山市黨委書記、天津市黨委書記、中央黨校副校長等。一九四五年成為黨中央組織部長、黨中央委員。中華人民共和國建國後，擔任政務院政法委員會副主任。一九五一年到一九六六年之間，擔任北京市市長。一九五六年到一九六六年間，擔任黨中央書記處書記。一九六〇年代，在劉少奇、周恩來之下，參與中央的日常業務。一九六四年成爲「文化革命五人小組」的組長。吳晗的《海瑞罷官》一開始遭受到批判的時候，因爲他擁護吳晗，因而隨著文化大革命的發動而失勢，文化大革命期間好幾次遭受到激烈的批判鬥爭。一九七九年恢復名譽，成爲全國人民代表大會常務委員會副委員長、黨政治局委員。一九八三年到八八年全人大常務委員長。

**彭德懷**（一八九八～一九七四）

「十大元帥」之一，批判毛澤東的大躍進政策而失勢。出生在湖南省湘潭縣，從湖南陸軍軍官講武堂畢業。一九二八年加入中國共產黨，在抗日戰爭、國共內戰期間是八路軍的副總指揮，經歷過中國人民解放軍副總司令、中國人民解放軍第一野戰軍司令員兼政治委員等。中華人民共和國建國後，任黨中央西北局第一書記、西北軍政委員會主席。一九五〇年，以人民志願軍司令員兼政治委員的身分指揮朝鮮戰爭。一九五四年起，擔任國務院副總理兼國防部部長，推動軍隊的近代化。任第六、七、八屆的黨政治局委員，在一九五九年的廬山會議上，向毛澤東寫信批判大躍進等政策，激怒了毛澤東，而被解除所有職務。一九六五年，被任命爲黨西南局「三線」建設委員會副主任。隨著文化大革命的開始，被捲入全國性的批判暴風當中遭到迫害。一九七八年恢復名譽。

**華國鋒**（一九二一～二〇〇八）

毛澤東死後的中國共產黨主席，山西交城縣出生。一九三八年入黨，經歷了交城縣抗日救國會主任、交城縣和陽曲縣的委員會書記等職務。中華人民共和國建國後，擔任湖南省湘陰縣黨委員會書記、湖南省黨委統一戰線部長。一九五五年，他寫了一篇關於農業問題的論文得到毛澤東賞識，在一九五九年召開的廬山會議上，湖南省黨委第一書記的周小舟失勢，他就被毛澤東指名擔任該職。一九六六年文化大革命初期，抵抗了激進的造反派。然而在一九六七年做了「我違逆了毛主席的革命路線」的自我批判，得到毛澤東的稱讚。一九六八年擔任湖南省革命委員會副主任，一九六九年擔任黨中央委員，一九七〇年任湖南省黨委第一書記。一九七一年，在毛澤東的指名之下，成為國務院業務組副組長，列席黨政治局會議。一九七三年成為政治局委員，一九七五年國務院副總理兼公安部長。

一九七六年一月周恩來死亡，他被毛澤東指名擔任國務院總理代理，同年四月成為黨第一副主席兼國務院總理。同年九月毛澤東死亡，十月他和葉劍英等人協力下手逮捕江青四人幫。在政治局會議上被指名擔任黨主席、中央軍事委員會主席，在一九七七年黨第十屆三中全會上獲得承認。該年他提出了主張要堅持毛澤東路線的所謂「兩個凡是」方針，因而和鄧小平產生爭執。一九八〇年八月辭去國務院總理一職，在十二月的政治局擴大會議上被迫辭去黨主席、中央軍事委員會主席頭銜。一九八一年六月，中國共產黨第十一屆六中全會上降格為黨副主席（政治局常務委員）。一九八二年九月，第九屆黨大會上的頭銜只剩下「黨中央委員」而已。

**賀子珍（一九〇九～一九八四）**

毛澤東的第二任太太，出生在江西省永新縣。一九二五年加入中國共產黨的青年組織「中國共產主義青年團」（共青團）。一九二六年入黨，經歷中國共產黨永興縣婦女委員會書記等職務之後，進入井岡山，以中央軍事委員會委員的身分，扮演毛澤東的祕書角色。一九二八年和毛澤東結婚（毛澤東在一九二一年的時候，和他恩師的女兒楊開慧結婚，雖然當時已經有三個孩子，但和楊開慧處於分居狀態）。參加長征之後，在延安產下了女兒嬌嬌（李敏）。經歷過延安的抗日軍政大學之後，一方面也為了治療在長征過程中所受的傷病，於是在一九三七年前往莫斯科，在東方工人共產主義大學就讀。這時候毛澤東又和江青結識，在一九三八年同居，後來結婚。毛澤東和賀子珍離婚的時間點不清楚。一九四七年歸國，擔任上海市黨委組織部長等職之後，移往江西省南昌市。一九七六年毛澤東死亡，江青等人遭到逮捕之後，在一九七九年恢復公職，在第五屆政治協商會議被選為全國委員會委員。

**賀龍**（一八九六～一九六九）

湖南省桑植縣出生。響應孫文的理想，而在一九一六年組織了農民起義等活動，轉戰於湖南省、四川省之間。之後，在一九二六年參加北伐，一九二七年擔任南昌起義的部隊總指揮。這一年加入中國共產黨，擔任了紅軍第二方面軍總指揮等職務，在各地從事革命戰爭、參加長征。抗日戰爭開始後，成為八路軍的第一二〇師長、西北軍區司令員等。一九四九年中華人民共和國建國後，經歷了西南軍區司令員、國務院副總理兼國家體育運動委員會主任等。一九五五年選出「十大元帥」是其中的一員，一九五六年成為黨政治局委員，一九五九年成為黨中央軍事委員會副主席。一九六六年文化大革命發動之後，遭到林彪的迫害，被批成「大軍閥」等罪名。在周恩來的幫忙之下，被保護在北京西郊。然而也因此反而受到林彪、江青等人的軟禁，在迫害當中含恨而死。在一九七四年雖然有人運作恢復他的名譽，但是不夠徹底。到了一九八二年才徹底恢復名譽。

**黃永勝**（一九一〇～一九八三）

出生在湖北省咸寧縣。一九二七年加入中國共產黨，參加長征，經歷了第四野戰軍十三兵團司令員等。中華人民共和國建國後，成爲廣州軍區司令員，一九五五年晉升上將。文化大革命發動之後，一九六八年廣東省成立革命委員會，擔任主任。當時陸續發生了「廣東地下黨」、「反革命集團」的整肅事件，他被認爲主使了許多的拘留、迫害行爲。一九六八年成爲軍總參謀長、黨中央軍事委員會辦事組組長。一九六九年黨政治局委員，一九七一年被認爲參與了林彪事件被解除職務。一九八一年，在林彪、四人幫審判裡，被判十八年有期徒刑，剝奪政治權利五年。

**黃克誠**（一九〇二～一九八六）

出生在湖南省永新縣。一九二五年加入中國共產黨，曾參加北伐，經歷紅軍總政治部組織部長、新四軍第三師長、東北軍區司令員等。中華人民共和國建國後，擔任過湖南省黨委書記、人民解放軍副總參謀長、總參謀長。一九五九年，於廬山會議上和彭德懷口徑一致，批判毛澤東的大躍進政策，被打成「反黨集團」分子而遭到解職。文化大革命時也被批判。一九七七年中央軍事委員會顧問。一九七八年，恢復名譽，擔任黨中央規律檢查委員會常務書記、一九八二年成爲同委員會第二書記。

**黃華**（一九一三～二〇一〇）

出生在河北省磁縣，參與過學生運動，一九三六年加入中國共產黨，進入延安。美國新聞記者艾德格史諾會見毛澤東時，擔任翻譯。他曾經歷過朱德的政治祕書、黨海外工作委員會祕書長等。中華人民共和國建國後，參與促成毛澤東和美國大使司徒亞特的接觸。擔任過一九五三年朝鮮戰爭停戰政治交涉的中國代表，駐加拿大大使等職務。一九七一年肩負中美兩國祕密接觸任務之後，成爲聯合國主席代表。一九七六到一九八三年，擔任國務院外交部長。一九八七年任黨中央顧問委員會常務委員。

**楊成武**（一九一四～二〇〇四）

出生在福建省長汀縣。一九三〇年加入中國共產黨。中華人民共和國建國後，經歷過北京軍區司令等。一九五五年晉升上將。一九六五年，羅瑞卿被罷免之後，擔任副總參謀長代理、中央軍事委員會副祕書長。一九六七年，以全軍革命小組副組長身分，參加奪權鬥爭，遭受到林彪集團的攻擊。在「楊、余、傅」事件當中和余立金、傅崇碧一起失勢。一九七三年恢復名譽，一九八三年成爲全國政治協商會議副主席。

**楊尚昆**（一九〇七～一九九八）

和鄧小平親近的軍事、政治家，出生在四川省潼南縣。一九二六年加入中國共產黨，一九二七年前往莫斯科中山大學留學。一九三一年歸國後，經歷全國工人組合總聯合會宣傳部部長、黨中央宣傳部長、工農紅軍第一方面軍政治部主任、中央軍事委員會總政治部副主任、第三軍團政治委員等。中華人民共和國建國後，於一九三八年任黨北方局書記。一九四五年任黨中央軍事委員會祕書長，一九四八年擔任黨中央辦公廳主任、副祕書長，一九五六年中央書記處互補書記。一九六五年，被解除黨中央辦公廳主任職務，轉任廣東省黨委。一九六六年文化大革命一開始，就和彭真、羅瑞卿、陸定一等人一起被打成「反黨集團」，遭到迫害、逮捕，一直關到一九七八年。一九七八年恢復名譽後，經歷過廣東省黨委第二書記、副省長、廣州市黨委第一書記等。一九八一年，成爲中央軍事委員會常務委員兼祕書長、黨務副主席，推動軍方近代化。一九八二年開始成爲黨政治局委員，一九八八年成爲國家主席，一九九三年辭去國家主席、中央軍事委員會等職務。

**楊振寧**（一九二二～）

出生在安徽省合肥市。一九四二年西南聯合大學畢業，一九四五年去美國攻讀理學博士。一九五七年，獲得諾貝爾物理學獎。林彪事件之後，向周恩來說明中國的基礎科學教育的重要性。

**楊獻珍**（一八九六～一九九二）

哲學家，出生在湖北省鄖縣。一九二六年加入中國共產黨，馬克思列寧學院院長。擔任過中共中央高級黨校校長，講授馬克思主義哲學。一九五六年開始成爲黨中央委員、全國人民代表大會代表、全國政治協商會議常務委員。一九五九年批判大躍進政策，一九六四年提出「合二爲一」的辯證法哲學，卻和毛澤東強調階級鬥爭的「一分爲二」觀點相反，遭到激烈的批判。在文化大革命成爲被打倒的對象，一九六七年到一九七五年間被抓入獄，後來下放到陝西省。一九八〇年恢復名譽。

**葉群**（一九一七～一九七一）

林彪之妻，出生在福建省閩侯縣。一九三八年前往延安，一九四二年和林彪結婚。中華人民共和國建國後，擔任林彪的祕書（林彪辦公室主任）。一九六七年，擔任全軍文化革命小組副組長、黨中央軍事委員會辦事組成員等。一九六九年黨政治局委員，一九七一年讓兒子林立果等人，準備暗殺毛澤東和政變的計畫。九月，和林彪等人搭乘軍用機逃往國外途中，在蒙古墜機死亡。一九七三年被黨除名。

**葉劍英（一八九七～一九八六）**

「十大元帥」中的一人，周恩來的盟友。毛澤東死後，在逮捕四人幫過程中扮演主導的角色。出生在廣東省梅縣。雲南講武堂畢業後，參加廣東革命政府軍。一九二四年成爲黃埔軍官學校教授部副主任，在校和中國共產黨政治委員周恩來結識。在他的影響之下，於一九二七年加入中國共產黨，指揮廣州起義。一九二八年，前往莫斯科的中國共產主義工人大學留學。一九三〇年歸國後，經歷過黨中央軍事委員會參謀長等。中華人民共和國建國後，於一九四一年起，在延安擔任中央軍事委員會參謀長作戰指揮。一九四五年當上黨中央委員，在國共內戰當中，以解放軍參謀長身分負責作戰指揮。之後，經歷過黨華南局第一書記、廣東省人民政府主席經廣州市長、國防委員會副主席等。一九六六年黨中央書記處書記、黨中央軍事委員會副主席兼祕書長，總管了軍事委員會的日常業務。一九六七年，文化大革命期間的「二月逆流」事件當中，被解除了黨和軍的領導任務。然而在一九七一年的林彪事件之後復歸原職。一九七三年任黨副主席，一九七五年國防部長，一九七六年在逮捕四人幫過程中扮演決定性的角色。一九七八年起擔任全員大常務委員長、中央軍事委員會副主席、黨副主席等。

## 十四劃

**廖沫沙（一九〇七～一九九〇）**

出生在湖南省長沙市。一九三〇年加入中國共產黨，一九四一年在香港創刊《華商報》。中華人民共和國建國後，擔任過北京市黨委宣傳部副部長、統一戰線部長等。一九六一年和吳晗等人用「馬南村」的筆名，執筆寫作〈三家村札記〉，透過故事諷刺現代，遭到毛澤東和江青的批判。四人幫被逮捕之後，成爲北京市全國政治協商會議副主席、全國政治協商會議委員。

**蒯大富**（一九四五～）

在文化大革命當中抬頭，典型的武鬥造反派。江蘇省濱海縣出生。文化大革命發動當時，他是清華大學學生，是文化大革命急進派的造反學生組織「井岡山兵團」的領導人。後來成爲「首都大學專科學校紅衛兵代表大會」中核組的副組長、北京市革命委員會常務委員、發起批判王光美鬥爭大會、「把劉少奇揪出來」運動，對反對派展開激烈的武鬥。一九六八年被批判爲極左分子，被下放到寧夏省回族自治區擔任工廠工人。一九七一年因爲和林彪事件有所關聯，受到隔離審查，被安置在北京的工廠監視其工作。一九七八年被逮捕，一九八三年以反革命之罪判刑十七年，一九八七年獲得釋放。

## 十五劃

**劉少奇**（一八九八～一九六九）

以國家主席的身分，被視爲是毛澤東的接班人，但後來被毛澤東指責成「走資本主義道路的當權派」，被紅衛兵激烈的批鬥，最後被棄置在監禁的地方，無人聞問而死。劉少奇出生在湖南省寧鄉縣，在湖南陸軍講武堂念書。一九二一年，進入莫斯科東方共產主義工人大學，同一年加入共產黨。一九二二年，領導了安源鐵路、礦山工人罷工運動。一九二五年，擔任工人組織的中華全國總工會副委員長，同年被逮捕。一九二六年被釋放之後，在廣州、武漢組織工人運動。一九二七年任黨中央委員，負責在上海等國民黨支配的地區，領導地下活動。一九三一年成爲黨政治局候補委員，一九三四年中華人民共和國建國後，在遵義會議上支持毛澤東掌握黨的領導權。一九四三年，在延安擔任黨中央書記處書記兼黨中央軍事委員會副主席。一九四五年的第七屆黨大會上，進行黨章修正案報告說「把毛澤東思想作爲黨的活動方針」，成爲黨副主席。

一九四九年擔任中央人民政府副主席、人民革命軍事委員會副主席。一九五六年的第八屆黨大會的政治報告上，提倡穩健前進的社會主義建設。然而當毛澤東一開始推進大躍進、人民公社化的激進路線，劉少奇立刻支持。一九五九年，接替毛澤東就任國家主席、國防委員會主席。大躍進路線失敗明確以後，和鄧小平等人一起推動經濟調整政策。對於被毛澤東看作是階級鬥爭一環的社會主義運動該如何加以定位的問題，劉少奇和毛澤東也意見不合。劉少奇因而招來毛澤東的不信任，毛澤東認爲由劉少奇和鄧小平這兩個黨內的修正主義、當權派已經形成了「司令部」，在一九六六年發動了無產階級文化大革命，把他當作打倒的目標。同年八月的第八屆十一省中全會上，劉少奇在黨內的排名從第二名降到第八名，遭到極端激烈的批判攻擊和監禁。一九六八年被解除所有的職務，永遠逐出共產黨。一九六九年十月在監禁的狀態下，被移送到河南省開封。隔月，在倉庫的庫房內死亡。一九八〇年恢復名譽。

**劉伯承**（一八九二～一九八六）

「十大元帥」當中的一人，出生在四川省開縣。一九二六年加入中國共產黨，一九二七年參與指揮南昌起義之後，前往蘇聯的赫魯齊畢事學院留學。一九三二年擔任紅軍第一方面軍參謀長，一九三三年以黨中央軍事委員會總參謀長身分，指揮長征的進軍。國共內戰期間擔任第二野戰軍司令員（政治委員是鄧小平）。中華人民共和國建國後，經歷過中央軍事委員會副主席等，一九五五年晉升元帥。一九五八年提倡蘇聯式的軍事近代化路線，遭到林彪的攻擊，被解除黨政治局委員職務。一九六六年擔任黨中央軍事委員會副主席，一九六九年政治局委員。一九八九年因爲健康的理由退休。

**劉志堅**（一九一二～二〇〇六）

出生在湖南省平江縣。一九三二年加入中國共產黨，中華人民共和國建國後，經歷過紅軍第四方面軍政治部宣傳部長、黨中央軍事委員會情報部長。一九六六年，文化大革命期間，擔任中央文化大革命指導小組副組長、全軍文化革命小組組長。然而受到江青批判，說他阻止軍方內部的造反運動，而被解除職務。一九七四年恢復名譽，擔任軍政治學院院長、中央顧問委員。

**劉沛豐**（～一九七一）

一九六七年以後，成爲林彪的長子林立果的輔佐人物，參與了被視爲是暗殺毛澤東計畫的《「五七一工程」紀要》的提案。一九七一年九月，企圖和林彪等人一起逃亡，在蒙古墜機死亡。

**劉豐**（一九一五～一九九三）

出生在河南省澠縣。一九三四年加入中國共產黨，一九五五年晉升少將。一九六七年的武漢事件之後，擔任武漢軍區政治委員。一九六八年任湖北省革命委員會副主任，被認爲在一九七一年毛澤東到武漢視察的時候，把毛澤東的談話內容傳給林彪，成爲林彪派推動政變計畫的導火線。林彪事件之後被隔離審查。

**蔣介石**（一八八七～一九七五）

軍人出身的中國國民黨最高領導人，是率領中國共產黨的毛澤東的死敵。出生在浙江省奉化縣。一九〇九年，在日本新瀉縣，用陸軍士官候補生的身分加入軍隊。一九一一年辛亥革命後，在孫中山的麾下投身革命。孫中山在廣州建立臨時政權，蔣介石在軍事方面輔佐孫中山。一九二四年，就任黃埔軍官學校首任校長。孫中山死後，他和中共對立，一九二八年就任南京國民政府主席，在這個期間和宋美齡結婚。一九三六年西安事件被張學良拘禁。在周恩來的調停下，以停止內戰為條件，獲得釋放。一九四五年抗日戰爭結束之後，在重慶會議上，國共雖然同意和平，但不久協議破裂。一九四九年國共內戰，蔣介石挫敗，和八十萬國民黨軍一起移往台灣。之後，宣稱中華民國政府的正統性，高喊反攻大陸的口號，在台灣就任中華民國總統。

**鄧子恢**（一八八六～一九七二）

出生在福建省龍岩縣。一九二五年加入國民黨，一九二六年加入中國共產黨。一九三一年擔任江西省瑞金縣的中華蘇維埃共和國臨時中央政府財政人民委員兼財政部長。中華人民共和國建國後，在福建省西部參加游擊戰。後來成為新四軍政治部主任、中國共產黨華中分局書記兼華中軍區政治委員、中南局第二書記兼第二政治委員等。一九五三年，擔任中國共產黨農村工作部部長，一九五四年任國務院副總理。一九五五年提倡「農業合作化慎重論」。一九六二年支持農業的包產到戶制度，遭到毛澤東的批判。一九六二年被解除國務院副總理職務、全國政治協商會議副主席。在文化大革命期間遭到攻擊病死，一九八一年恢復名譽。

鄧小平（一九〇四～一九九七）

中國共產黨代表性的軍事戰略家，有領導力的政治家。雖然在文化大革命期間，被江青為首的政敵批成「黨內第二個當權派」而失勢。但在毛澤東死後五年左右，就確立了黨內最高的領導權，大大的讓中國往改革開放路線轉變，建立了鄧小平時代。他出生在四川省廣安縣，父親是地主。一九二〇年，在中國半工半讀「勤工儉學」的風潮之下，前往法國。一九二一年到一九二五年止，在鐵工廠等地方一面工作一面讀書。他在當地和中國社會主義青年團旅歐支部的領導人周恩來結下深厚的交誼。一九二四年加入中國共產黨，在莫斯科停留數月之後，於一九二六年回國，擔任國民革命軍第七軍政治委員，在漢口、上海等地從事中共中央委員會的活動。一九二九年在廣西領導「百色起義」。

一九三一年，轉往以江西省瑞金為中心的中央蘇維埃區，擔任紅軍總政治部副主任、黨機關報紙《紅星報》的編輯長。一九三三年，由王明等左派控制的黨中央發動對毛澤東的批判，波及鄧小平，因而失勢。中華人民共和國建國後不久，就以中央祕書長身分復出。抗日戰爭期間，擔任八路軍總政治部副主任、一二九師（師長是劉伯承，後來成為人民解放軍中原野戰軍，再成為第二野戰軍）的政治委員。一九四五年國共內戰，劉伯承和鄧小平軍團的戰功彪炳，從最初期的上黨戰役，到決定勝利的三大戰役當中的淮海戰役，甚至長江渡河作戰都脫穎而出。

中華人民共和國建國後，經歷過西南局第一書記等，之後擔任政務院（後來的國務院）副總理，一九五四年國防委員會副主席、中央祕書長。一九五五年任黨政治局委員，一九五六年成為政治局常務委員兼黨總書記。一直到文化大革命為止的十年之間，總括了黨的日常組織業務。他在反右派鬥爭當中，一直忠實於領導衝鋒陷陣的毛澤東。在中蘇對立最高潮的一九六三年，擔任團長率領中共代表團訪蘇，和赫魯雪夫交手。在另一方面，毛澤東激進的經濟政策「大躍進」破產的一九六〇年代初期，他以「黑貓白貓論」知名的現實主義，進行經濟調整政策。一九六六年起的文化大革命當中，在劉少奇之後被打成「走資本主義之道的黨內第二個當權派」而失勢，陷入軟禁狀態。一九六九年被移往江西省，在拖拉機工廠工作。一九七三年，突然以國務院副總理身分再度復活。一九七四年，以中國代表團團長身分出席聯合國特別全會。一九七五年擔任中央軍事委員會副主席、解放軍總參謀長、黨副主席、黨政治局常務委員，接替患病的周恩來主管政府的日常業務。此時，和江青四人幫的對立開始尖銳化。一九七六年周恩來過世，群衆的追悼紀念行動招來第一次天安門事件，被迫承擔政治責任，因此第三次失勢。然而，經過毛澤東之死、四人幫被逮捕之後，於一九七七年第三度復活，成爲黨的副主席，一九七八年成爲第一副總理。一九七八年十二月的黨第十一屆三中全會上，導引中國轉向了近代化的路線。一九八〇年華國鋒辭去國務院總理，一九八一年第十一屆六中全會上，採認了否定文化大革命的「歷史決議」，華國鋒辭黨主席，鄧小平以軍事委員會主席的身分確立了最高領導者的地位，積極推進了經濟的改革開放路線，這個路線大膽的導入了市場經濟。一九八九年，鎮壓日益升高的民主化運動，引起了流血的第二次天安門事件。一九九〇年辭去中央軍事委員會主席，一九九二年發表了以改革開放的加速爲訴求的「南巡講話」。五年之後病死。

**鄧拓**（一九一二～一九六六）

出生在福建省閩侯縣。一九三〇年加入中國共產黨，一九三七年河南大學畢業。中華人民共和國建國後，經歷晉察冀中央局宣傳部副部長、《晉察冀日報》社社長等。一九四四年編輯了中國首次的

《毛澤東選集》。一九五〇年到一九五九年，擔任黨機關報《人民日報》的副社長、總編輯、社長。一九五九年，成爲北京市黨委書記、機關雜誌《前線》總編輯。一九六一年到一九六二年，在北京晚報寫隨筆文章〈燕山夜話〉，一九六一年到一九六四年在《前線》雜誌上和吳晗、廖沫沙合作發表連載隨筆文章〈三家村札記〉，對社會進行諷刺。一九六六年，文化大革命發動前夕，毛澤東把〈燕山夜話〉和〈三家村札記〉批判成是反黨、反社會主義，把鄧拓定罪成「壞人」、「叛徒」，因此被捲入批判的漩渦中而自殺。一九七九年恢復名譽。

**鄧樸方**（一九四四～）

鄧小平的長子，出生在陝西省延安。一九六五年加入中國共產黨。一九六七年，文化大革命期間，因爲鄧小平而遭受連坐，被逮捕監禁。一九六八年，在就讀的北京大學遭到迫害而半身不遂。一九八〇年在加拿大手術，一九八二年回國後，參與了殘障者福利的相關事業。一九八九年被發覺有斂財的嫌疑，被鄧小平解除一部分職務。一九八四年，擔任中國國際友好聯絡會顧問，一九八八年接受聯合國特別獎。

**鄧穎超**（一九〇四～一九九二）

周恩來之妻，女性革命家。出生在河南省信陽區。一九一五年進入天津第一女子師範之後，參加周恩來所領導的革命組織。一九二五年加入中國共產黨，擔任天津地區黨委婦女部長，和周恩來結婚。一九二八年，成爲中國共產黨婦女部長。中華人民共和國建國後之後，在武漢、重慶等地從事統一戰線工作。一九五三年擔任婦女聯合會副主席，一九五五年擔任國際民主婦女聯合會執行委員等。一九五九年擔任中國共產黨婦女工作委員會書記，在文化大革命期間不太露面。一九六九年成爲黨中央委員，一九七六年擔任全國人民代表大會常務委員會副委員長。一九七八年黨政治局委員，一九八三年全國政治協商會議主席等。一九八七年退休，她收養了革命孤兒李鵬（全國人民代表大會常務委員長）爲養子。

**魯迅**（一八八一～一九三六）

中國現代文學史的代表性作家，出生在浙江省紹興市，本名周樹人。在清末的一九〇二年留學日本。一九〇九年回國後，對瀰漫在中國全境的辛亥革命的挫折感感到失望。一九一二年中華民國臨時政府成立之後，以教育部幹部之身分發表小說《狂人日記》。在往後的作品當中，展開對時局的批判。毛澤東評價他是「中國文化革命的主將、偉大的思想家、偉大的革命家」，在文化大革命當中被神格化了。

**魯瑛**（一九二七～二〇〇七）

出生在山東省龍口市。經歷過渤海新聞記者、上海的《解放日報》記者、上海市黨委會事務主管室主任。一九七五年成爲黨機關報《人民日報》的總編輯。一九七六年的天安門事件，在姚文元的指示之下，把追悼周恩來的群眾行動報導成「反革命動亂」。四人幫被逮捕之後被剝奪黨籍，後來又從事於《人民日報》的編輯業務。

**翦伯贊**（一八九八～一九六八）

出生在湖南省桃源縣，維吾爾族人。一九一九年從武昌商業專科學校畢業，一九二四年到美國加州大學留學攻讀經濟學。一九二六年回國後，進入國民革命軍總政治部，加入中國國民黨。一九三七年加入中國共產黨，一九三九年發表〈歷史哲學教程〉。中華人民共和國建國後，擔任北京大學歷史系主任，一九六二年任北大副校長。文化大革命爆發的前夕，毛澤東支持戚本禹發表了論文，批判他是反馬克思主義的歷史觀。文化大革命當中，遭受到紅衛兵的暴力批鬥，一九六八年在軟禁當中和妻子一起自殺。一九七八年恢復名譽。

## 十六劃

**蕭勁光**（一九〇三～一九八九）

出生在湖南省長沙市。一九二〇年加入毛澤東的俄羅斯研究會，一九二一年前往莫斯科的東方工人共產主義大學留學。一九二二年加入中國共產黨。一九二四年回國，參加北伐。一九二七年，再度前往列寧格勒的軍政學院留學，回國後擔任過紅軍第三軍聯隊政治委員等。中華人民共和國建國後，經歷了八路軍陝甘寧留守兵團司令員、人民解放軍第四野戰軍副司令員等。一九五〇年到一九八〇年擔任海軍司令員，一九五四年兼任國防部副部長。文化大革命期間，雖然受到林彪等人的批判，卻還能夠保持著地位。

**蕭華**（一九一六～一九八五）

出生在江西省興國縣。一九三〇年加入紅軍，加入中國共產黨。一九三四年中華人民共和國建國後，擔任八路軍一一五師政治部主任、第四野戰軍特種兵司令員、人民解放軍空軍政治委員等。一九六一年，擔任軍總政治部主任代理、主任。一九六七年，文化大革命發動後，成爲文化大革命小組副組長之後失勢。一九七五年復出，成爲軍事科學院第二政治委員。一九七七年蘭州軍區政治委員，一九八三年全國政治協商會議副主席。

**遲浩田**（一九二九～）

出生在山東省招遠縣。一九四六年加入中國共產黨，經歷過第三野戰軍中隊敏政治指導員等，中華人民共和國建國後，參加朝鮮戰爭。一九六〇年代軍事學校畢業之後，擔任過人民解放軍各連隊及師的政治委員。一九七九年北京軍區副司令員、一九七六年四人幫被逮捕之後，被派往人民日報布署軍事管制。一九七七年擔任解放軍副總參謀長。之後，一九八七年成爲總參謀長。一九九三年起擔任國務院國防部長至今。一九九七年起黨政治局委員。

**遲群**（一九三二～一九八三）

出生在山東省乳山縣。曾經擔任過保護要人的中央警衛隊八三四一部隊宣傳科副科長。一九六八年，在文化大革命期間，在毛澤東爲了要一掃武鬥派紅衛兵的指示下，成立了「毛澤東思想宣傳隊」。遲群進駐清華大學，擔任該大學的黨委書記兼革命委員會主任，聽從江青等人的意思，參與了各式各樣的整肅活動。一九七四年，組織一個清華大學、北京大學兩校諧音的「梁效」執筆小組，進行對鄧小平、周恩來批判的宣傳工作，隨著四人幫被逮捕而失勢。一九八三年被判有期徒刑十八年，剝奪政治權利四年。

## 十七劃

**薄一波**（一九〇八～二〇〇七）

出生在山西省定襄縣。一九二五年加入中國共產黨。一九三一年被國民黨逮捕，擔任中國共產黨獄中支部書記。一九三六年出獄，在山西省參加抗日運動後，擔任過太岳區政治委員、中國共產黨華北局第一書記等。一九四五年成爲黨中央委員。中華人民共和國建國後，擔任過政務院財政委員會副主任、財政部長。一九五六年任黨政治局候補委員、國務院國家經濟委員會主任兼國務院副總理。文化大革命，因爲早期從國民黨的監獄釋放所引發的「叛徒問題」，而遭到林彪以及康生一夥人激烈的批判攻擊，因而失勢。一九七九年復出，成爲黨中央委員、國務院副總理等。一九八二年到一九九二年爲止中央顧問委員。

**謝富治**（一九〇九～一九七二）

出生在湖北省洪安縣。在文化大革命當中，以國務院公安部長身分參與了整肅活動。一九三〇年參加紅軍，一九三一年加入中國共產黨。一九三六年中華人民共和國建國後，經歷了八路軍縱隊政治委員、第二野戰軍縱隊（相當於軍團）政治委員等。一九四九年，擔任雲南省黨委第一書記等。一九五九年任國務院公安部長，一九六七年任副總理兼公安部長，還兼任北京市革命委員會主任。

一九六九年黨政治局委員，一九七一年北京市黨委第一書記。一九七二年病死。一九八〇年被開除黨籍，一九八一年在「林彪、江青四人幫審判」中被判定是主犯之一。

**謝靜宜**（一九三五～二〇一七）

出生在河南省商丘縣。女性。一九六八年在毛澤東的指示之下，加入工人、解放軍毛澤東思想宣傳隊進駐清華大學，就任清華大學革命委員會副主任。一九七三年中央委員、北京市革命委員會副主任，和江青的親信遲群一起創造出「反對右傾逆流運動」等活動。一九七四年，和北京大學的批林批孔小組合流，組成了「梁效」宣傳組織。四人幫失勢後，受到隔離審查、開除黨籍之外，被解除所有職務，後來免除起訴處分。

**鍾漢華**（一九〇九～一九八七）

出生在江西省萬安縣。一九二六年加入中國共產黨，一九五五年升爲中將。一九六七年在武漢事件當中，以武漢軍區第二政治委員身分，保護文化大革命激進派王力的人身安全。一九七一年林彪事件後，經歷了廣州軍區副政治委員、裝甲兵團政治委員、成都軍區司令員等。後來成爲中央顧問委員會委員。

## 十八劃

**聶元梓**（一九二一〜二〇一九）

文化大革命期間的大學造反派女性領導人。出生在河南省的滑縣。一九三八年加入中國共產黨，進入延安，和康生之妻曹軼歐認識，經歷過哈爾濱市區黨委宣傳部長等。一九六三年成爲北京大學哲學系講師，一九六四年擔任北大哲學系中國共產黨總支部書記。文化大革命發動後的一九六六年五月，在曹軼歐的勸誘下，在北京大學的校園裡面張貼大字報，攻擊北京市和北京大學的黨委，被毛澤東稱讚是「全國第一個馬克思列寧主義的大字報」，一躍而成爲全國知名的人，擔任北京大學文化大革命委員會主任，指揮全國的造反運動。一九六七年，擔任北京市革命委員會副主任、首都大學專科學校紅衛兵代表大會中核小組組長。一九六八年和其他的紅衛兵領導人，一起遭到毛澤東的批判。雖然在一九六九年被選爲黨中央委員會候補委員，但不久卻遭到下放。一九七八年，被以「積極參與林彪、江青反革命集團」之名遭到逮捕，一九八三年判決有期徒刑十七年，剝奪政治權利四年。

**聶榮臻**（一八九九〜一九九二）

出生在四川省江津縣。一九一九年，在半工半讀的「勤工儉學」運動之下，以一名苦學生的身分前往法國。一九二二年加入中國共產黨。一九二五年，擔任黃埔軍官學校的政治部祕書兼政治教官，參加南昌起義、廣州起義。一九三二年，擔任紅軍第一軍團政治委員等。中華人民共和國建國後，擔任八路軍晉察冀軍區司令員兼政治委員。一九四八年，任華北軍區司令員等。之後，曾擔任人民解放軍副總參謀長、北京市長。一九五四年任人民革命軍委員會副主席，一九五五年成爲元帥。一九五八年，成爲國家科學技術委員會主任。一九五九年，以中央軍事委員會副主席的身分，推動原子彈試爆的開發工作。一九六七年，文化大革命發動後，因爲激進派攻擊，激怒了軍方元老們，爆發了「二月逆流」，他因爲參與其事而遭到激進派的批判。林彪墜機死亡之後復出。一九七六年，逮捕四人幫行動時協助葉劍英，成爲政治局委員，一九八七年退休。

## 十九劃

**羅瑞卿**（一九〇六～一九七八）

出生在四川省南充縣。一九二八年加入中國共產黨。一九三四年，中華人民共和國建國後，經歷過政務院公安部長、公安軍司令員兼政治委員、國務院副總理、人民解放軍總參謀長等，在公安、軍方、軍事產業方面有很大的影響力。他和林彪對立，在文化大革命爆發前夕，一九六五年底，於上海召開的政治局擴大會議上被嚴厲的批判，被移送隔離審查。一九六六年在北京再度召開批判大會，他從樓上跳下來企圖自殺未遂，兩腳跌斷。和彭眞、陸定一、楊尙昆一起被打成「反黨集團」，解除職務，之後長期被拘禁。在腳傷未癒的情況下，經常被帶到批判大會上接受暴力的盤問批鬥。一九七三年平反復出，四人幫被逮捕之後完全恢復名譽。一九七七年，擔任中央軍事委員會常務委員兼祕書長。

**譚震林**（一九〇二～一九八三）

出生在湖南省攸縣。一九二六年加入中國共產黨。中華人民共和國建國後，一九四三年任新四軍第六師長兼政治委員、第三野戰軍副政治委員等。一九四九年擔任浙江省人民政府主席、江蘇省人民政府主席等。一九五九年擔任國務院副總理（期間並擔任黨政治局委員）。一九六七年，文化大革命期間，對於江青、林彪等人攻擊軍方幹部的作爲表露憤怒，被視爲是「二月逆流」首謀之一，遭受到迫害軟禁。一九七三年，林彪墜機死亡後，在黨中央委員會決定下復出平反。一九七五年，擔任全國人民代表大會常務委員會委員長，一九八二年任黨中央顧問委員會副主任。

**關鋒**（一九一九～二〇〇五）

出生在山東省慶雲縣。一九三三年加入中國共產黨，一九五八年成爲中國共產黨機關雜誌《紅旗》的編輯委員，後來成爲總編輯。一九六六年，參與起草了作爲文化大革命正式發動的通知，成爲中央文化大革命小組成員、軍總政治部副主任。一九六七年成爲全軍文化大革命小組副組長，在七月的時候向軍方內部的造反派呼籲起來奪權，八月的時候被打成「極左分子」，和王力一起失勢。四人幫被逮捕之後，連帶被開除黨籍（免受起訴）。

## 二十劃

**蘇振華**（一九一二～一九七九）

出生在湖南省平江縣。一九二八年參加平江農民起義，一九三〇年加入中國共產黨。一九三四年中華人民共和國建國後，經歷過第二野戰軍第二兵團政治委員、貴州軍區司令員等。一九五七年開始擔任海軍政治委員、中央軍事委員會常務委員等。因爲和林彪派對立，在文化大革命遭到批判，一九六七年失勢。林彪死後恢復職務，一九七五年擔任中央軍事委員會常務委員。一九七六年四人幫被逮捕之後，擔任上海市黨委第一書記兼上海市革命委員會主任，負責肅清上海的四人幫分子。一九七七年成爲政治局委員，一九七八年因爲飛彈驅逐艦的事故，被追究政治責任而失去實權。

博雅文庫 129

# 毛澤東祕錄

作　　者　產經新聞「毛澤東祕錄」取材班
譯　　者　童長義
發 行 人　楊榮川
總 經 理　楊士清
總 編 輯　楊秀麗
副總編輯　劉靜芬
責任編輯　林佳瑩
封面設計　王麗娟
出 版 者　五南圖書出版股份有限公司
地　　址　106台北市大安區和平東路二段339號4樓
電　　話　(02)2705-5066
傳　　真　(02)2706-6100
劃撥帳號　01068953
戶　　名　五南圖書出版股份有限公司
網　　址　https://www.wunan.com.tw
電子郵件　wunan@wunan.com.tw
法律顧問　林勝安律師事務所 林勝安律師
出版日期　2016年1月初版一刷
　　　　　2022年6月二版一刷
定　　價　新臺幣600元

國家圖書館出版品預行編目資料

毛澤東祕錄／產經新聞「毛澤東祕錄」取材班著；童長義譯. -- 二版. -- 臺北市：五南圖書出版股份有限公司, 2022.06
面；　公分
ISBN 978-626-317-802-1（平裝）

1.CST: 毛澤東　2.CST: 傳記　3.CST: 中國大陸研究

782.887　　　　　111005423